KB207059

이타적이고 유능한
AI 정부

디지털·AI 기반 사회 혁신 공공 전략 50가지 레시피

이타적이고 유능한
AI 정부

최정묵 지음

01·검찰 조서, 법원 판결서, 권익위 의결서 공개 및 데이터 분석 02 각종 행정 조서 전면 재검토 03 부처별 데이터·AI 기반 문제 해결 대회 04 행태 인식적 데이터 기반 국정 운영 05 데이터 기반, 위험 가게 기혼여성 전문 은행 06 감사원 감사 수요 패턴 및 예측 분석 07 위기 속 민주주의, AI 기반 국민 의견 반영전략 08 후마니타스 국가 지표 개발 09 국민권익위원회 데이터센터 신설 10 정책 전달 체계의 문제 해결, 포용 첨검단 11 AI 시대, 내 정보 가가는데, 돈을 내는 게 맞나요? 12 이슈 예측 달력 13 시장과 주민의 소통형 AI 전자 상황판 14 복지 사각지대 제로 AI 프로젝트 15 유튜브 기자들의 자발적 윤리 강화 노력과 AI 정부의 체계적 지원 방안 16 AI 기반 국민권익행정사 17 정책 소통 하이브리드 18 메타버스, 대통령과의 숙의토론 19 데이터 기반 사회적 모병제 20 AI 기반 정부–시민사회 정책 협약 21 AI 기반 대통령 행동 강령 축조 및 국정 과제 추가와 점검 22 정부의 AI를 활용한 ESG 경영 지원 23 1,000보 동네 특화 프로젝트: 어린이 작은 도서관, 치유가 있는 노인정 24 공공시설물과 주민의 1:1 매칭 관리 프로그램 25 AI 인증 마크, 국민이 함께 만드는 신뢰 기반 AI 생태계 26 AI 시대, 증거 기반 경험주의 정치를 위한 정책 정당 지원 특별법 제정 27 국민 참여형 동네 병·의원 AI 지도 28 AI와 병과 관리 병무 혁신 29 지역사회 인프라 혁신 30 AI와 소상공인의 만남 31 AI 기반 공공기관 갈등 관리 32 지역화폐 데이터 활성화 33 AI 기반 치안 방법 34 주거 복지 사각지대, 폭우 반지하 방어 프로젝트 35 키오스크 기반 건설 현장 안전 관리 시스템 36 초중고생 생활 건강 관리 맵 37 고용노동부의 'AI 일자리 대체 및 창출 의무제' 38 AI 기반 참여소득 39 AI 기반 맞춤형 평생교육 프로그램 40 AI 시대 필수, 헌법 교육 의무화 41 AI 시대의 양 날개, AI 기본법·디지털 포용법과 교육 혁신 42 주거지 화재 예측 대응 43 개인 의료 통합 시스템 44 염증성 호흡기 질환 지역 방어 시스템45 집이 삶을 결정하는 않는 사회를 만드는 AI 정부 46 생활체육 바우처 제도 47 노인 돌봄 전달 체계 개편을 위한 데이터 분석과 AI의 적용 48 AI를 활용한 사회적 약자 비대면 의료 지원 49 의료·요양·돌봄 통합 지원과 AI 및 데이터 기반 혁신 50 AI 정부의 새로운 역할: 인간–식물–반려동물 공진화 정책

푸른나무

추천사

유능한 AI는 이타적일 수 있을까요?

AI 정부는 민주주의를 고양시켜 인간에게 이롭게 작동할 수 있을까요?

감사하게도 이 책에서 최정묵 소장은 공공선을 위한 AI 설계의 50가지 전략을 제시하고 있습니다.

앞으로 국회는 AI와 데이터의 경제성뿐만 아니라 사회적 책임을 제도화할 책무가 있습니다. 이 책은 국회가 공공성 측면에서 AI 윤리와 관련된 입법과 감시, 그리고 사회적 합의를 이끌어가는 데 필요한 통찰을 제공합니다. 기술은 계속 발전할 것입니다. 기술이 민주주의와 시민의 권리를 확장할 수 있게 설계되는 길을 찾아야 합니다. 이 지난한 여정에 이 책은 든든한 동반자가 될 것입니다.

최민희 _국회 과학기술정보통신위원회 위원장

이 책을 보면서 작년에 노벨 경제학상을 수상했던 애쓰모글루의 『권력과 진보』가 떠올랐다. 애쓰모글루는 "과학기술이 인류 삶의 개선에 쓰이려면 기술만으로는 안 되고, 포용적인 제도와 비전이 중요하다"라고 했다. 최정묵 소장은 애쓰모글루의 주장을 더 발전시키고 있다. 저자는 AI가 효율성을 높이면서도 공동체 전체를 위한 이타적인 도구가 되어야 하고, 우리의 선택에 따라 이것이 충분히 실현 가능하다고 주장한다. 그러면서 AI와 데이터가 이타적으로 쓰일 수 있는 매우 실천적인 50가지 해결 과제를 제시한다. 그동안 최정묵 소장의 열성적인 활동을 보면서 깜짝깜짝 놀랄 때가 많았다. 그가 제시하는 사회문제 해결책은 항상 구체적인 데이터 분석에 기초해 있기 때문에 신선하고 믿을 만했다. 사회 혁신에 관심을 가진 분들이 매뉴얼처럼 참고해야 할 책이다.

문용식 _전 한국지능정보사회진흥원(NIA) 원장, 아프리카TV 창립자

『유능하고 이타적인 AI 정부』는 AI가 공공의 선을 실현하는 윤리적 도구가 될 수 있다는 가능성을, 현장의 경험과 구체적인 실천 전략을 통해 설득력 있게 펼쳐 보입니다.

최정묵 소장은 지난 20년간 공공문제의 최전선에서 데이터를 무기로 사회적 난제를 해결해온 전략가입니다.

그는 '서생의 문제의식'과 '상인의 현실감각'을 동시에 품고, AI를 단순한 기술이 아닌, 사회 정의의 도구로 재정의해왔습니다. 그의 경험과 통찰은 추상적 담론을 넘어서, 정부와 시민, 기술이 어떻게 협력해야 하는지를 명확하게 보여줍니다.

어떤 정부가, 어떤 가치를 기준으로, 누구를 위해 AI를 활용하는가에 따라 기술은 민주주의의 파수꾼이 될 수도, 감시자의 얼굴을 가질 수도 있습니다.

이 책은 그 갈림길에 선 우리에게 한 걸음 더 나아갈 용기와 방향을 제시합니다. AI 시대의 공공성과 혁신을 고민하는 모든 이에게 이 책은 분명한 나침반이 되어줄 것입니다.

윤천원 _전 한국정보통신산업연구원(KICI) 원장, 전 과학기술정보통신부 장관 정책보좌관

AI와 함께하는 미래 정부 설계

기술은 그 자체로 선도 악도 아니다.
중요한 것은 우리가 그것을 어떻게 사용하는가이다.

멜빈 크랜즈버그(Melvin Kranzberg)

우리는 도구를 만들고 그 후 도구가 우리를 만든다.

마셜 맥루한(Marshall McLuhan)

AI는 인간보다 더 공정할까요? 우리를 더 이롭게 만들 수 있을까요? 아니면 통제 불능의 권력이 될까요? 우리는 AI 기술이 행정 혁신을 넘어 새로운 시대의 '정부'를 만들어가는 순간을 살고 있습니다. 과거의 정부는 인간의 손으로 법과 질서를 유지하며 사회적 문제를 해결하는 역할을 맡아왔습니다. 그러나 AI 기술이 발전하면서 정부는 데이터를 통해 문제를 예측하고, 자동으로 해결책을 제시하며, 인간의 한계를 뛰어넘을 수 있는 존재가 되고 있습니다. 이러한 변화는 단순한 효율성의 문제가 아닙니다. 정부라는 개념 자체를 다시 정의해야 하는 시점입니다.

정부란 무엇일까요? 정부는 인간이 만든 위대한 '발명품' 중 하나입니다. 개인의 자유와 공동체의 질서를 조화시키기 위해 우리는 정부를 만들었습니다. 하지만 오늘날 정부는 AI 기술과 결합하며 새로운 정체성을 찾아야 합니다. AI 정부는 디지털 시스템이 아니라 시민의 참여와 공공 윤리를 중심으로 설계되어야 합니다. AI가 만든 미래는 '효율적인 독재'일 수도 있고, '투명한 민주주의'일 수도 있습니다. 이 갈림길에서 우리는 AI를 정부 운영에 도입하기 이전에 반드시 물어야 할 질문들이 있습니다. 우리는 어떤 정부를 원하는 걸까요, AI는 우리를 더 자유롭게 만들까요? 이 책은 이러한 질문에서 출발합니다.

왜 지금, AI 기반 정부인가?

우리는 기후위기, 사회 양극화, 민주주의 위기, 복지 사각지대 등 복잡한 문제들에 직면해 있습니다. 기존 정부 시스템은 점점 더 복잡해지는 사회적 요구를 효과적으로 반영하지 못하며, 행정적 비효율성과 의사결정 지연은 신뢰 위기를 초래하고 있습니다. 이를 해결하려면 데이터 기반의 선제적 대응, 실시간 정책 조정, 투명한 행정 운영이 필수적이며, AI는 이러한 변화를 주도할 핵심 도구가 될 수 있습니다. AI 기반 공공 정책은 더욱 공정하고 투명한 행정을 구현하고, 시민과 정부 간의 협력을 강화하며, 복지와 사회 안전망을 정교하게 설계할 수 있는 가능성을 열어줍니다.

AI는 소외된 이들을 찾아 지원하고, 의사결정 과정에서 편견을 줄이며, 문제 해결의 속도와 정확성을 높입니다. AI는 정부가 더욱 이타적이고 유능해질 수 있도록 돕는 도구이며, 이를 어떻게 설계하고 운영할지는 전적으로 우리의 손에 달려 있습니다.

AI 기반 정부의 비전과 방향

이 책은 AI 정부가 행정 자동화가 아니라 사회적 가치 창출의 플랫폼이 되어야 한다는 점을 말하고 있습니다. AI 유니버스 위원회와 데이터청을 기반으로 한 정책 설계, 시민 참여를 촉진하는 AI 기반 행정, 공공 서비스 혁신을 위한 AI 기술 도입 등 정부의 다양한 역할을 재정의해야 합니다. AI는 기술이 아니라, 정부의 존재 방식 자체를 변화시킬 수 있는 힘입니다. AI는 복지, 국방, 행정, 사법, 교육 등 거의 모든 분야에서 새로운 가능성을 열어줍니다. AI 기반 국민 의견 반영 전략, 정책 전달 체계의 개선, 의료 및 복지 서비스 혁신 등은 AI 정부의 핵심적인 방향이 될 것입니다. 하지만 중요한 것은 AI 정부의 방향을 결정하는 것은 결국 인간이라는 점입니다. AI는 인간의 도구일 뿐이며, 도구가 어떤 결과를 만들어낼지는 그것을 활용하는 우리의 철학과 가치관에 달려 있습니다.

AI 정부의 실천적 접근과 과제

AI 기반 정부는 기술적 혁신을 넘어 사회적 가치 창출과 문제 해결력을 강화하는 방향으로 변화해야 합니다. 그러나 AI를 정부 운영에 도입한다고 해서 자동으로 혁신이 이루어지는 것은 아닙니다. 중요한 것은 AI를 '어떻게' 활용할 것인가이며, 그 과정에서 인간 중심의 가치와 윤리적 기준을 명확히 정립하는 것이 필수적입니다. AI의 예측력과 문제 해결 능력은 데이터의 질과 양에 크게 의존하며, 현실의 복잡성을 완전히 반영하기 어려운 경우가 많습니다. AI 기술이 모든 시민의 요구를 충분히 반영하지 못하거나, 의사결정 과정이 지나치게 복잡하고 비직관적이라면 민주적 정당성이 약화될 수 있습니다. 시민이 자신의 의견이 정책에 반영되지 않는다고 느낄 경우 AI 정부에 대한 반발이 거세질 것입니다. AI는 데이터를 통해 사회적 문제를 해결할 수 있는 도구이지만, 그 자체가 민주주의를 보장하지는 않습니다. AI 정부는 민주주의를 보완하는 도구가 되어야 하며, 데이터 기반 행정이 시민의 권리와 참여를 강화하는 방향으로 활용될 때 진정한 혁신이 가능할 것입니다.

AI와 민주주의의 결합, 새로운 사회적 전환

AI는 정부가 더욱 투명하고 효율적으로 운영될 수 있도록 돕지만, 동시에 시민 참여와 민주주의를 활성화하는 방향으로 활용되어야 합니다. AI가 민주주의와 공공의 신뢰를 강화하는 방향으로 활용될 수 있는가, AI 기술을 통해 이타적이고 유능한 정부를 실현할 수 있는가는 우리 앞에 매일 던져지는 질문일 것입니다. AI 기반 정부 운영은 효율성 개선을 넘어 보다 포용적이고 공정한 사회를 만들기 위한 필수 과정이 될 것입니다. 이제 우리는 AI와 함께 미래를 설계해야 하며, 그 과정에서 정부의 역할과 방향성을 새롭게 정의해야 합니다. AI와 시민의 협력을 통해 우리는 더 좋은 정부, 더 나은 사회를 만들어낼 수 있습니다. 이 책이 그러한 질문들에 대한 답을 찾는 데 도움이 되기를 바라며, AI가 공공의 선을 위해 어떻게 활용될 수 있는지를 고민하는 모든 독자에게 유용한 가이드가 되기를 기대합니다.

차례

1장 | AI 그리고 새로운 정부

01 진화의 문턱에서 정부를 묻다 • 19

기능적 진화를 넘어 새로운 진화의 문턱에 서다 • 19 | 정부라는 발명품 • 21 | 이타성과 유능함 • 23 | 이 책을 쓰게 된 이유 • 24 | 왜 지금, AI 기반의 이타적이고 유능한 정부 만들기인가? • 27

02 AI 시대, 공공의 재구성 • 32

4가지 관점 • 32 | 굶주림 • 35 | 정부 비전 • 38 | 공공 혁신 • 41 | 공공 전략가, 사회 혁신가 • 45 | 문제 해결과 혁신 • 50 | 한계 • 53 | 공공 서비스 AI 활용 국내 주요 사례 • 55 | 공공 서비스 AI 활용 해외 주요 사례 • 58

03 'AI 유니버스 위원회'와 '데이터청' • 68

입법부·사법부·행정부의 역할 • 69 | AI 유니버스(Universe): 새로운 AI 거버넌스 모델 • 70 | 데이터청: AI 유니버스의 핵심 지원 체계 • 73 | AI 정부의 통합 거버넌스 • 75

2장 | 데이터 기반 행정 및 문제 해결

3장 | 사회 혁신 및 시민 참여

4장 | 공공 서비스와 인프라 개선

5장 | 건강, 교육, 복지와 안전

1장

AI 그리고
새로운 정부

01
....

진화의 문턱에서
정부를 묻다

기능적 발전을 넘어 새로운 진화의 문턱에 서다

인류는 끊임없이 발전해왔습니다. 특히 생존을 위해 진화하는데 부족한 시간을 메우는 방식으로 기능적 발전을 해왔습니다. 팔의 힘을 보완하기 위해 삽이나 굴착기를, 다리의 힘을 확장하기 위해 트럭과 비행기를 개발했습니다. 더 멀리 보기 위해 망원경을, 더작은 것을 관찰하기 위해 현미경을 개발해, 시력을 확장했습니다. 믹서기는 인간의 소화 능력을 지원하고, 보청기는 청력을 확대합니다. 이처럼 인간은 기능적 발전을 멈추지 않고 지속해왔습니다.

그렇다면 우리는 더 나아진 도구를 만드는 것을 넘어 어떤 방향으로 나아가고 있는 걸까요? 우리가 망원경으로 먼 우주를 탐색했던 것처럼, AI는 인간의 인지적 한계를 넘어선 내면의 우주도 탐험하게 합니다. 이는 시야를 넓히는 도구가 아니라, 새로운 사고방식을 만들어내는 진화의 한 형태입니다. 이제 기술은 인간의 사고와 의사결정을 뒷받침하는 단계를 넘어, 그것을 형성하고 확장하는 존재로 변화하고 있습니다.

이제는 인간의 소통 방식과 관계, 그리고 지능적 기능을 확대하고 강화하는 새로운 진화의 문턱에 서 있습니다. 이는 정보통신 기술과 AI 기술의 발전에서 비롯됩니다. 과거의 기능적 발전은 신체 기능의 한계를 보완하는 데 집중했습니다. 그러나 양자컴퓨팅 기반의 정보 소통과 AI 기술은 인간의 예측 범위를 넘어설 가능성이 있습니다. 이는 우리가 한 번도 경험해보지 못한 수준의 초현실적이고 실시간적이며 대규모적인 진화를 의미할 수 있습니다.

특히 AI 기술의 발전은 기존 기능적 발전과 차원이 달라 보입니다. 자전거·자동차·비행기 개발 과정에서 발생한 실수는 대체로 제한적인 영향을 미쳤습니다. 반면, AI 기술은 우리의 일상을 실험실로 만들며 훨씬 광범위한 영향을 미치고 있습니다. 기능적 장비와 기계는 대부분 금속이라는 주재료를 사용하지만, AI는 인간의 정보·인식·태도·행태·지식을 주재료로 활용합니다.

그러나 이러한 발전은 단지 가능성의 확장만을 의미하지 않습니다. 기술의 발전은 우리가 무엇을 더 나아지게 할지 고민하기 전에, 무엇을 포기하고 있는지 성찰하게 만듭니다. 예를 들어 AI 기반의 추천 시스템은 우리의 선택을 돕는 도구가 아니라, 우리의 선택 자체를 형성하는 역할을 합니다. 이는 효율성의 문제가 아니라 인간 다움의 정의에 대한 도전이기도 합니다.

또한, AI 채용 시스템이 특정 인종이나 성별에 대해 편향된 결정을 내렸던 사례는 AI 기술의 한계를 보여줍니다. 기술이 데이터를 학습한다고 해서 중립적이라는 보장은 없습니다. 이는 우리 사회가 기술의 발전과 함께 윤리적 기준을 정교히 세워야 하는 이유이기도 합니다.

이처럼 고도화된 기술을 사용할 때는 예상되는 긍정적 효과만큼이나 예상하기 어려운 부정적 문제까지 신중히 고려해야 합니다. 기술이 가져올 가능성을 성찰하고 그것을 올바르게 활용하기 위해 논의하는 것은 필수적입니다. 이러한 논의는 기술 발전이 효율성을 추구하는 데 그치지 않고, 우리 사회의 가치와 조화를 이루는 방향으로 나아가야 한다는 점에서 더욱 중요합니다.

이 책에서는 이러한 맥락을 바탕으로 기술적 접근보다 기술의 사회적 활용, 그로 인해 발생할 가치와 혁신 가능성을 이야기해보고자 합니다.

정부라는 발명품

우리는 정부를 권력 구조나 제도로만 이해해서는 안 됩니다. 정부는 인간의 지성과 협력, 그리고 이상을 구현하려는 창조적 발명품으로 볼 수 있습니다. 이는 자유·정의·연대와 같은 인간의 이상과 질서·안전·생존이라는 현실적 필요 사이에서 균형을 맞추기 위해 설계된 지적 산물입니다. 마치 난해한 퍼즐 조각을 맞추듯, 오랜 시간 인간이 경험과 지식을 축적하며 만들어온 정부는 개인을 넘어 공동체 전체의 발전과 생존을 위해 설계된 창조물입니다.

인간은 본능적으로 사회적 존재로서 협력을 통해 생존 확률을 높여왔습니다. 그러나 자연 상태에서는 이기심, 갈등, 자원의 독점으로 인해 협력이 깨질 위험이 존재했습니다. 토마스 홉스는 이를 "만인의 만인에 대한 투쟁"이라 표현하며, 이러한 혼란을 해결하기 위해 정부(중앙권력)가 필요하다고 주장했습니다.

정부라는 개념은 시간이 흐르며 더욱 세분화·구체화 되었습니다. 이는 인간의 창의성과 논리적 사고가 결합한 결과입니다. 법률, 정책, 규제 등은 특정 목적을 달성하기 위해 설계된 도구적 개념입니다. 예를 들어, 헌법은 인간 스스로를 통제하고 권력의 남용을 방지하기 위해 발명된 체계입니다. 또한, 복잡한 문제를 해결하기 위해 정부는 분업과 전문화를 도입했습니다. 입법부·행정부·사법부로 나뉘는 삼권분립은 권력의 균형과 효율성을 확보하기 위해 인간이 설계한 대표적 구조입니다. 권력 집중을 방지한다는 철학적 토대는 몽테스키외의 저서 『법의 정신』에서 찾을 수 있습니다.

정부는 특정 목적을 달성하기 위해 계속 고안되고 발전하고 있습니다. 존 로크는 정부의 존재 이유를 인간의 생명, 자유, 재산 등을 보호하는 데 있다고 설명하며, 이를 위해 권력이 위임된다고 주장했습니다. 정부는 이러한 기본적인 보호뿐만 아니라 개인의 이익을 넘어 공공선을 실현하기 위한 공동체적 기구로 발전해왔습니다. 또한, 개인과 집단 간의 균형을 유지하고 사회적 약자를 보호하며 불평등을 완화하는 데 중요한 도구로 작용하고 있습니다.

정부는 인간 사회의 생존과 발전을 위해 고안된 가장 효과적인 도구입니다. 인간의 이상과 현실적 필요를 조화롭게 결합한 정부라는 발명품은 지금도 변화하는 사회적 요구에 맞추어 진화하고 있으며, 그 본질은 협력과 균형, 그리고 공공선 실현에 있습니다.

이타성과 유능함

정부는 개인 간의 갈등을 조정하고 공동의 목표를 이루기 위해 사회적 계약의 산물로 등장했습니다. 인간은 자신의 자유를 일부 양도하여 정부를 구성하고, 그 대가로 안정과 보호를 얻습니다. 따라서 정부는 힘의 우위를 가진 자가 권력을 쥐는 구조가 아니라, 사회적 합의에 기반한 시스템으로서 협력을 극대화하고 생존을 보장하는 수단입니다.

이타성과 유능함은 상호 보완적입니다. 이타적이지만 유능하지 못한 정부는 이상을 실행하지 못하며, 유능하지만 이타적이지 않은 정부는 국민의 신뢰를 잃습니다. 두 요소가 결합할 때, 정부는 국민의 신뢰와 협력을 바탕으로 지속 가능하고 정의로운 사회를 이끌 수 있습니다. 이타적이고 유능한 정부는 국민과 사회의 생존과 번영을 위한 필수 조건이자 발전의 '특정 목적'입니다. 이타적이고 유능한 정부를 구축하기 위해 AI를 활용해야 하는 이유는 공공의 이익을 추구하고, 효율적이며 혁신적인 방식으로 문제를 해결할 수 있기 때문입니다.

AI는 복잡한 사회적 문제를 분석하고, 맞춤형 정책을 설계하며, 국민과의 소통을 강화함으로써 정부의 이타성과 유능함을 극대화할 수 있는 도구입니다. 구체적으로, AI는 복지 사각지대에 놓인 취약계층을 자동으로 식별하여 지원할 수 있으며, 산불·홍수와 같은 자연재해 발생 위험을 조기에 경고하고 대응책을 마련할 수 있습니다. 또한, 복지 정책 설계 과정에서 모든 계층의 데이터를 분석해 형평성을 높일 수 있고, 장애인을 포함한 다양한 계층의 접근성을 고려한 공공 서비스 최적화를 구현할 수 있습니다. 민원 처리 자동화 시스템을 구축하여 국민의 불편을 줄이고 행정 효율성을 향상할 수 있으며, 의료나 교육 분야에서 개인 맞춤형 서비스를 제공해 국민 삶의 질을 높일 수 있습니다. 대화형 AI를 통해 국민이 정책 설계에 참여할 기회를 확대할 수 있으며, 정부 예산 사용 내역을 실시간으로 공개하여 국민 신뢰를 높일 수 있습니다. 더 나아가, AI 기반 기후변화 대응 계획을 통해 스마트 농업과 재생 에너지 최적화를 실현할 수 있습니다.

AI는 기술적 혁신을 넘어, 정부가 더 이타적이고 유능한 조직으로 발전하는 데 핵심적인 역할을 할 것입니다. 이를 윤리적으로 적절히 활용한다면, 정부는 국민의 삶의 질을 근본적으로 향상시키며 지속 가능한 사회를 구축할 수 있을 것입니다.

이 책을 쓰게 된 이유

저는 지방자치데이터연구소를 10년째 운영하고 있습니다. 주로 지방정부가 직면한 다양한 사회문제를 더 효과적으로 해결할 수 있도록 알고리즘 기반의 데이터 분석을 진행해왔습니다. 예를 들어, 자살 위기자를 전국 단위로 예측 분석하거나, 산불에 효과적으로 대응하기 위해 지리 정보를 분석하며, 저층 주거지 화재를 예측하는 등의 작업을 해왔습니다. 이러한 분석은 높은 예측률을 보이기도 했습니다. 코로나바이러스가 국내에서 한창 유행하던 시기에는, 5대 염증성 호흡기 질환과 관련한 1억 건의 발생 지점 데이터와 코로나바이러스 발생 지점 간의 상관관계를 분석하는 연구도 진행했습니다. 이 과정에서 초기에는 독감, 후기에는 감기와 높은 상관성을 확인할 수 있었습니다. 이 외에도 복지 사각지대 발생 예측, 집중호우로 인한 반지하 피해 지역 예측, 치안 방범 수요 예측, 골목 주차난 예측, 통합 돌봄 수요 예측 등 다양한 프로젝트를 수행했습니다.

저는 AI를 전문적으로 또는 학문적으로 연구하거나 현장에서 활용하는 전문가라고 할 수는 없습니다. 그러나 알고리즘 기반 데이터 분석과 AI 기술이 사회에 어떤 방식으로 활용되어야 하는지에 대해 깊이 고민하며 활동하는 데이터 기획 및 분석 연구자입니다. 그 정체성과 고민 속에서 이 책을 집필하게 되었습니다.

책을 쓰겠다고 결심한 또 다른 이유는 지난 몇 년간 제 연구와 노력이 가짜뉴스로 인해 정치적 논란이나 불필요한 오해 속에서 왜곡되는 일을 겪었기 때문입니다. 윤석열 대통령이 비상계엄을 선포한 이유 중 하나가 부정선거 의혹 때문이었다고 합니다. 만약 12·3 비상계엄이 친위 쿠데타적 성격을 띠며 성공했다면, 저 역시 어딘지도 모를 곳으로 끌려가 고문을 당하지 않았을까 하는 섬뜩한 상상이 듭니다.

저는 연구나 특강을 진행할 때, 다음 두 가지를 특히 강조합니다. 첫째, 알고리즘 기반 데이터 분석의 결과가 문제 해결로 이어질 수 있도록 설계하는 것입니다. 이는 이타적 행정을 구현하고, 개인·시민사회·기업·정부가 함께 협력하여 문제를 해결할 수 있는 협치 행정을 지향합니다. 둘째, AI의 기술적 활용 능력이나 데이터 분석 능력만큼 중요한 것은, 이러한 기술이 사용되어야 할 영역과 사용 방

[그림 1] 부정선거 혐의자로 몰아붙인 가짜뉴스

식, 그리고 목표하는 결과에 대해 명확히 이해하고 설계하는 것입니다. 그러기 위해선, 분석 능력보다 질문을 만들어내는 능력이 더 중요합니다. 데이터가 풍부해도, 우리가 던지는 질문이 빈약하다면 의미 있는 해결책을 도출할 수 없습니다. '빅데이터'보다 '빅퀘스천 (Big Question)'이 더 중요한 이유가 여기에 있습니다.

저는 이 책을 통해 데이터와 AI가 어떻게 사회문제 해결을 위한 강력한 도구가 될 수 있는지, 그리고 그것이 정치적 이해관계를 떠나 오로지 공익을 위해 활용될 때, 얼마나 큰 변화를 가져올 수 있는지를 강조하고 싶습니다. 정부 기관이나 공무원은 집중호우로 침수를 겪은 반지하 할머니의 눈물, 컨테이너에서 생활하는 세 남매, 스물셋 어린 엄마의 슬픔, 기약 없는 아빠의 월급날과 같은 안타까운 사례들이 더 이상 반복되지 않도록 문제를 해결해야 합니다. 서민과 약자가 고통받지 않는 사회를 만들겠다는 확고한 의지가 있어야만, AI 기반의 이타적이고 유능한 정부를 구현할 수 있다고 믿습니다. 부족하지만, 우리가 더 나은 사회를 위해 어떤 질문을 던지고, 어떤 방식으로 데이터를 활용해야 하는지에 대한 고민을 이 책에 담았습니다.

왜 지금, AI 기반의 이타적이고 유능한 정부 만들기인가?

2017년 촛불은 한국 사회에 네 가지 중요한 변화를 가져왔습니다. 첫째, 1987년 민주화 이후 보수에 유리했던 유권자 지형, 이른바 '기울어진 운동장'이 평평해졌습니다. 교차투표자가 두 배 이상 증가하며, 다양한 정치적 의견이 반영될 수 있는 조건이 만들어졌습니다. 둘째, 과거 산업화와 민주화 시대에 강조되던 도전적이고 개척적인 국민성은 줄어들고, 복잡한 사회 위기에 민첩하게 적응하며 반응하는 이타적 국민성이 증가하고 있습니다. 이는 사회적 연대와 협력을 강화하는 기반을 마련한 중요한 진전입니다. 셋째, 법·질서·평등·공정이라는 시대 과제는 능력주의·물질만능주의·합리주의가 만연한 한국 사회에서 한계를 드러냈으며, 이러한 한계를 극복하기 위해 연대와 협력이라는 새로운 시대 과제로 궤도를 수정하였습니다. 넷째, 리더십에 대한 인식도 변화하고 있습니다. 과거에는 리더를 도전·개혁·통합의 상징으로 여겼지만, 이제는 도전과 개혁은 물론 확실한 성과를 내는 리더가 선호되고 있습니다. 절대군주와 같은 리더십에 대한 환상은 사라지고, 안정적 생존과 실질적인 성과를 위해 실용적 리더십이 대두되고 있습니다.

이러한 변화는 한국 사회가 산업화와 민주화라는 시대적 과제를 완수하고, 새로운 방향으로 나아가고 있음을 보여줍니다. 산업화와 민주화는 사고방식·가치관·문제 해결의 틀을 제공하며 한국 사회 발전을 이끌었습니다. 그러나 동시에 사회적 편향, 의사소통의 한계, 권력 독점, 맥락의 의존성과 같은 문제도 남겼습니다. 과거의 이기적이고 폭력적인 자원 독점, 강압적 리더십의 추종, 단일 목표를 위해 동원하는 방식은 더는 유효하지 않습니다. 이제는 평평한 운동장 위에서 이타적 시민들이 연대와 협력을 통해 문제를 해결하고, 혁신과 성과를 창출하는 시대로 나아가고 있습니다. 그렇다면 이러한 변화를 이끈 촛불이 진정으로 원했던 것은 무엇이었을까요?

1987년 이후 기울어져 있던 유권자 지형을 붕괴시킨 촛불이 요구한 것은, 사유화된 공권력의 무관심 속에서 쌓여온 사회문제를 해결하고, 이를 재생산해온 낡은 사회 시스템을 대전환하는 것이었습니다. 특히, 세대·계층·지역 간 갈등, 교육과 의료의 격차, 저출생, 기후 위기 등은 더 이상 방치할 수 없는 문제들입니다.

그러나 촛불이 만들어낸 변화에도 불구하고, 그 어떤 정치 세력도 사회 대전환의 길을 열어주지 않았습니다. 그 결과 윤석열 정권이 들어섰고, 민주주의는 후퇴했으며, 사회는 점점 더 다양하고 심각한 위험에 노출되는 위험 사회로 접어들었습니다. 촛불은 정치가 그르친 일을 바로 세우기 위해 동원되는 대상이 아닙니다. 촛불은 모든 권력의 모든 것입니다. 따라서 시민을 중심으로 의회·정부·시장·이해관계자들이 함께 참여하는 거버넌스가 필요합니다. 거버넌스는 각종 사회문제를 한데 모아 공론화 과정을 통해 숙의하고 토론하며, 개선된 의사결정을 책임 있게 만들어내는 제도적 틀이어야 합니다.

그렇지 못한 상황에서 의료대란 등과 같은 위기를 경험하고 있습니다. 사회문제를 지속 가능하고 효과적인 방법으로 해결해야 합니다. 촛불은 과거를 넘어서 한국 사회의 새로운 방향과 가능성을 제시하고 있습니다. 이제는 촛불이 요구하는 사회 대전환을 실현할 구체적인 제도와 실천이 필요합니다.

촛불은 권력을 교체하는 데 그치지 않습니다. 시민들은 이제 자신의 권리를 주장하는 데 멈추지 않고, 공동체의 이익을 위한 연대와 협력을 요구하고 있습니다. 이러한 요구를 충족시키기 위해서는 정부 역시 이타적이어야 합니다. AI는 개인의 이익에 휘둘리지 않는 공정한 의사결정을 가능하게 하고, 복잡한 정책 과제를 신속하고 효율적으로 처리할 수 있는 능력을 제공합니다. 이는 국민의 신뢰를 회복하고, 실질적 성과를 만들어내는 데 핵심적 역할을 할 것입니다.

한국 사회는 더 이상 지연될 수 없는 전환점에 서 있습니다. 촛불이 제시했던 새로운 방향은 여전히 실현되지 않았고, 현 정부 아래에서 민주주의는 후퇴하며 사회적 위험은 더욱 심화되고 있습니다. 이러한 위기를 극복하기 위해서는 새로운 시대에 걸맞은 도구와 제도가 필요합니다.

AI는 단지 효율적인 도구에 머물지 않습니다. 사회의 다양한 이해관계를 균형 있게 조율하는 데 핵심적 역할을 할 수 있습니다. 복잡한 사회문제를 공정하고 체계적으로 해결할 방안을 제공함으로써, 기존의 관료적 한계를 넘어 새로운 정책 방향을 제시합니다. 또한, 공론화 과정을 지원함으로써 시민들의 의견을 더 효과적으로 반영하고, 이를 바탕으로 지속 가능한 의사결정을 가능하게 만듭니다. 이는 단지 기술의 발전이 아니라, 시민들의 연대와 협력을 실질적으로 뒷받침할 수 있는 새로운 사회적 기반입니다.

촛불이 밝혔던 희망은 과거의 문제를 해결하는 데 그치지 않습니다. 미래를 바라보며, 우리가 함께 만들어갈 새로운 사회적 비전을 제시하고 있습니다. AI는 이러한 비전을 실현하는 데 있어 필수적인 도구이자 동반자가 될 수 있습니다. 기술의 발전이 시민의 권리와 결합될 때, 우리는 진정한 사회 대전환의 시작점에 설 수 있습니다.

지금이야말로 AI를 기반으로 한 이타적이고 유능한 정부를 만들어야 할 때입니다. 이는 기능적이고 기술적인 차원을 초월합니다. 촛불이 요구했던 사회 대전환의 구체적인 실현이며, 한국 사회가 위험사회를 넘어 지속 가능하고 포용적인 미래로 나아갈 수 있는

길입니다. AI와 시민의 협력을 통해 우리는 더 좋은 정부, 더 좋은
사회를 만들어낼 수 있습니다.

AI 시대,
공공의 재구성

이타적이고 유능한 AI 정부의 4가지 관점

윤리와 효율성을 동시에 고려하는 AI 정부

AI와 인간의 관계를 다룬 기존 연구들이 무엇에 주목하고 있는지 살펴보면서 AI 정부의 모습을 그려보고자 합니다. 『AI 빅뱅』(김재인 저)은 인간과 기계의 공생을 강조하며, AI 기술이 인간의 협업과 창의성을 대체하지 못한다고 주장합니다. '이타적 AI 정부'는 시민의 협력을 기반으로 윤리적이고 지속 가능한 정책을 설계해야 한다는 점을 시사합니다. AI 기술의 도입으로 시민과의 협력 구조를 강화해 효율성뿐 아니라 사회적 책임을 다해야 합니다.

『AI 임팩트』(이주선 저)는 AI가 경제 성장과 효율성을 촉진하는 동시에 소득 분배와 사회적 불평등 문제를 야기할 수 있다고 경고합니다. '유능한 AI 정부'는 기술의 효율성을 활용하는 동시에, 이로 인한 부작용을 방지하기 위한 사회 안전망 구축에 앞장서야 합니다. 또한, 『인류와 공존하는 미래: 인공지능』(최예지 저)에서는 AI 기술이 시민의 삶 속에 깊이 스며드는 과정에서 윤리적 관점이 필수적임을 강조하며, AI 기술이 효율성과 윤리적 사용을 동시에 고려하며 시민의 신뢰를 구축해야 한다고 제안합니다.

신뢰와 효율성을 갖춘 AI 정부

『AI 이후의 세계』(헨리 키신저 외 저)는 'AI 네이티브' 세대의 출현을 논하며, 기술적 혁신과 시민 신뢰 간의 균형이 중요함을 역설합니다. 이를 통해 AI 정부는 기술을 일상에 자연스럽게 융합시키는 동시에, 데이터 보호와 투명한 의사결정을 통해 시민의 신뢰를 확보해야 한다고 주장합니다. 한편, 『AI 임팩트』는 AI가 시장과 정부의 효율성을 극대화하면서도 새로운 사회적 위험을 초래할 수 있음을 언급하며, 기술 도입으로 경제적 성과를 내면서 시민이 체감할 수 있는 공공 서비스 개선에 주력해야 한다는 점을 강조합니다. 『2023 국가지능정보화백서』(과학기술정보통신부)에서는 AI 기술이 공공행정 전반에서 효율성을 높이는 방식을 사례 중심으로 설명하며, 정부의 의사결정 속도를 높이고 행정의 투명성을 개선함으로써 시민 신뢰를 강화할 수 있는 도구로 AI를 활용해야 한다는 시사점을 제공합니다.

다학제적 접근으로 완성되는 AI 정책

『AI는 인문학을 먹고 산다』(한지우 저)는 AI 시대에 인문학적 소양이 인간 중심의 기술 윤리를 이끄는 데 필수적이라고 주장합니다. 이에 따라 AI 정부는 인문학적 관점을 기반으로 기술의 인간적 가치를 탐구해야 한다고 제안합니다. 『서양과 동양이 127일간 e-mail 을 주고받다』(김용석, 이승환 공저)에서는 동서양 철학의 대화를 통해 다원적 시각과 공존의 중요성을 강조하며, AI 정부가 다양한 문화 와 철학적 관점을 포용하여 글로벌 리더십을 구축해야 한다는 통 찰을 제공합니다. 또한, 『AI에게 AI의 미래를 묻다』(인공 저)는 AI와 의 대화를 통해 경제적 자유와 인간 존엄성을 조화시키는 방법을 모색합니다. 그리고 시민의 질문에 답하면서 기술적 혁신과 윤리적 책임을 균형 있게 달성하는 AI 정부의 필요성을 역설합니다.

우리 사회에 적용 가능한 AI 정책

『2019년 과학기술정보통신부 ICT를 통한 착한 상상 프로젝트 사 례집』(과학기술정보통신부)은 범죄 예방을 위해 LED 가로등과 같은 기 술적 해결책이 활용된 사례를 통해, 기술이 사회적 약자의 삶을 어 떻게 개선할 수 있는지를 보여줍니다. 이를 통해 AI 정부는 기술을 활용해 사회적 약자와 취약계층을 지원하며, 시민 삶의 질을 향상 시켜야 한다는 시사점을 제공합니다. 『2023 국가지능정보화백서』 (한국지능정보사회진흥원)는 한국 정부의 AI 정책 및 공공행정 사례를 통해 AI의 실제적 활용 가능성을 제시하며, 지역사회 문제 해결을 위해 맞춤형 AI 솔루션을 제공하고 시민과 협력해 정책을 실현해야 한다는 점을 강조합니다.

굶주림

장 지글러의 책 『왜 세계의 절반은 굶주리는가?』는 현대 사회에서 굶주림이 "자연재해가 아니라 인간이 만든 문제"라는 점을 강조하며, 이를 뒷받침하는 다양한 사례를 제시합니다. 저는 이 책을 읽으며 굶주림 문제의 본질이 자원 부족이 아닌 불평등임을 깨달았습니다. 그런데 인간이 만든 문제라면 인간을 대신해 이를 해결할 더 나은 의사결정 지원 주체로 AI 정부를 상상할 수 있지 않을까요? AI는 감정과 사적 이익에 휘둘리지 않고, 방대한 데이터를 기반으로 효율적이고 공정한 결정을 내릴 수 있는 도구로서 해결 가능성을 보여줄 수 있습니다. 이미 의료나 물류 분야에서 효과를 입증한 AI의 잠재력은 기아 문제 해결에서도 중요한 역할을 할 수 있을 것입니다.

AI는 식량 생산과 분배를 실시간으로 모니터링하고 최적화할 수 있습니다. 일부 국가에서는 농업 데이터를 활용해 작물 수확량을 예측하고 분배 효율을 높이는 시스템이 도입되고 있습니다. 글로벌 데이터 분석을 통해 어디에 식량이 부족한지, 어디에서 과잉 생산이 이루어지는지를 신속히 파악하고 공정하게 분배할 수 있습니다. AI는 우리가 미처 보지 못했던 굶주림의 원인을 밝혀내는 역할을 할 것입니다. 또한, AI는 공정한 무역 시스템을 설계하고 다국적 기업의 착취적 관행을 방지하는 규제를 구현할 수 있습니다. 무역 데이터를 분석해 불공정 거래를 탐지하고 투명성을 강화하며, 농업 보조금의 불균형 문제를 해소하고 개발도상국의 자급자족형 농업을 촉진하는 정책을 설계할 수 있습니다.

AI는 부패에 영향을 받지 않는다는 점에서 개발도상국의 자원 관리와 국제 원조 배분에서 투명성과 효율성을 보장할 수 있습니다. 인간의 비효율적이고 부정적인 개입 없이 최적의 결정을 지원하는 시스템을 구축할 수 있으며, 농업 기술을 혁신하여 식량 생산량을 극대화하고 기후변화에 적응할 수 있는 스마트 농업을 지원할 수도 있습니다. 빅데이터와 머신러닝 기술을 활용해 토양 상태, 날씨 패턴 등을 분석하고, 가난한 지역의 농부들에게 맞춤형 솔루션을 제공하며 기술 격차를 줄이는 데 기여할 수 있습니다. 국제기구와 협력하여 글로벌 식량 기금의 사용 현황을 감시하고, 분쟁 지역에 인도적 지원을 원활하게 제공할 수도 있습니다. AI는 국가 간 협력을 조율하는 신뢰할 수 있는 중재자로 작동하며, 협력의 효율성을 높이는 데 중요한 역할을 할 수 있습니다.

물론 AI도 한계는 존재합니다. AI가 데이터를 기반으로 결정을 내리더라도, 도덕적 가치 판단이나 문화적 다양성을 완벽히 이해하기는 어렵습니다. '공정성'을 정의하는 과정에서는 여전히 인간의 개입이 필요합니다. AI 기술이 모든 국가와 지역에 동일하게 적용되기 위해서는 기술 격차를 해소하는 것이 필수적입니다. 기술 접근성이 낮은 빈곤 국가에서 AI 기반 시스템을 실행하려면 추가적인 지원과 시간이 필요합니다. 더 나아가 AI 정부가 강력한 권력을 가지게 되면, 이를 통제하는 인간 집단의 의도와 방향성에 따라 부작용이 발생할 가능성도 있습니다. AI의 설계와 운영이 특정 이념이나 이해관계에 치우친다면, 오히려 기존 문제를 악화시킬 위험도 있습니다.

그럼에도 불구하고 AI는 선진국의 책임을 강화하고 공정한 국제 협력을 실현하는 데 중요한 역할을 할 수 있습니다. 예를 들어, AI는 선진국의 원조와 지원금 흐름을 추적하고 자금이 필요한 곳에 제대로 전달되도록 감시함으로써 원조의 효과성과 책임성을 높일 수 있습니다. 탄소 배출량과 농업 자원 소비를 실시간으로 분석하여 개발도상국과의 불균형을 줄이기 위한 국제적 합의를 지원하며, 다국적 기업과 선진국의 무역 관행을 감시하고 개발도상국이 불이익을 받지 않도록 공정 거래를 보장할 수 있습니다. 선진국이 주도하는 국제 프로젝트에서 균형 잡힌 참여와 기여를 유도하며 불공정한 정책을 최소화할 수 있습니다. 이러한 역할을 통해 AI는 굶주림 문제를 해결하는 데 있어 선진국과 개발도상국 간의 신뢰 구축에 기여할 수 있습니다.

기아 문제 해결을 위해 활용할 수 있는 AI 시스템은 다양한 형태로 설계될 수 있습니다. 예측 분석 AI는 위성 데이터, 기후 정보, 농업 생산량 데이터를 분석해 기근 위험 지역을 사전에 예측하고 이에 대한 선제적 대응 방안을 제시할 수 있습니다. 분배 최적화 AI는 식량 물류를 실시간으로 관리하며, 공급 사슬의 병목 현상을 제거해 효율적인 분배를 보장할 수 있습니다. 정책 분석 AI는 각국 정부의 식량 관련 정책을 분석하여 개선점을 제안하고, 공정하고 지속 가능한 정책 설계를 지원할 수 있을 것입니다. 교육 및 기술 지원 AI는 농부들에게 현지에 맞는 농업 기술과 정보를 제공하며 디지털 격차를 줄이는 역할을 합니다. 이러한 AI의 기능은 인간의 의지와 공감이 결합될 때 기술적 도구를 넘어 비로소 완전한 잠재력을 발휘할 것입니다.

AI는 기술적 혁신과 인간의 협력이 결합되어 굶주림 문제 해결에 한걸음 더 다가가는 열쇠가 될 수 있습니다. 이타적이고 유능한 AI 정부는 기술적으로 굶주림 문제를 해결할 잠재력을 가지고 있습니다. 그러나 이는 기술적 완성도뿐만 아니라 윤리적 방향성과 사회적 합의가 뒷받침될 때 가능합니다. 장 지글러가 강조한 것처럼, 기아는 인간이 만든 문제이기에 해결책 또한 인간의 의지와 가치에 달려 있습니다. AI는 이 의지와 가치를 구현하는 도구로 작용할 수 있습니다. 기아 문제의 해결은 AI라는 기술적 혁신을 넘어 서로를 돌보는 책임과 공감에서 출발해야 합니다. 우리가 AI와 인간의 협력을 통해 더 나은 세상을 상상하고 실현할 때, AI는 인류를 위한 가장 강력한 도구로 자리 잡을 것입니다.

정부 비전

세계는 현재 AI를 중심으로 한 새로운 전환점을 맞이하고 있습니다. AI 정책은 기술적 혁신에 그치지 않고, 국가 경쟁력을 강화하며 사회적 가치를 실현하는 데 초점을 맞추고 있습니다. 이타적이고 유능한 AI 정부는 이러한 흐름을 이해하고 정부 비전을 국민 중심의 혁신적 정책으로 잡아야 합니다. 특히 AI 정책을 신뢰와 포용의 관점에서 해석하고 이를 국가적 전략으로 발전시키는 것은 미래 방향성을 결정짓는 핵심 과제가 될 것입니다.

주요 국가의 AI 정책 흐름

미국은 AI 기술이 신뢰를 바탕으로 지속 가능하게 발전해야 한다는 점을 강조하며, 2023년 AI 안전성 평가 의무화와 개인정보 보호 강화를 골자로 한 행정명령을 발표했습니다. 이러한 조치는 기술 혁신이 경제적 성과를 넘어 사회적 약자와 대중의 신뢰를 얻는 데 초점을 맞추고 있음을 보여줍니다. 이는 기술을 안전과 신뢰의 두 축 위에서 굴러가게 하려는 노력으로 볼 수 있습니다. 우리 정부는 이를 참고하여 공공 AI 서비스에서 안전성과 신뢰성을 최우선 과제로 삼고, 국민 생활 속에서 AI 기술의 안전성과 투명성을 보장해야 합니다.

유럽연합은 세계 최초로 AI 규제법을 도입하며, AI 기술이 시민의 권리를 존중하고 공공의 이익을 보장할 수 있도록 촘촘한 규제를 시행하고 있습니다. 이는 기술의 부작용을 사전에 방지하고 시민들이 AI 기술을 신뢰하며 사용할 수 있는 환경을 조성하는 데 중점을 두고 있습니다. 우리는 유럽의 접근 방식을 반영하여 AI 윤리 헌장을 제정하고, 기술의 책임성을 강조하며 AI가 윤리적 기반 위에서 발전할 수 있도록 정책적 가이드라인을 강화해야 합니다.

중국은 AI를 국가 전략으로 지정하고 과감한 투자와 신속한 실행력을 통해 글로벌 AI 경쟁에서 두각을 나타내고 있습니다. 2023년 발표된 정책은 규제 완화와 혁신 지원을 통한 AI 기술의 빠른 상용화와 확장을 목표로 하고 있습니다. 기술 개발을 넘어 AI를 통해 국가적 영향력을 확장하려는 전략으로 볼 수 있습니다. 한국은 이러한 사례를 바탕으로 민관 협력을 통해 기술 개발 속도를 높이고, AI 기술이 공공 서비스와 산업 전반에 실질적으로 활용될 수 있도록 해야 합니다.

한국 AI 정책의 전략적 비전

한국의 AI 정책은 초거대 AI 플랫폼 개발을 통해 독자적인 기술력을 확보하고 글로벌 시장에서 경쟁력을 강화하려는 전략을 취하고 있습니다. 이는 기술적 자립과 함께 국가 기술 주권을 강화하려는 의도가 반영된 것으로 볼 수 있습니다. 이러한 독자적인 기술력은 국민의 실생활 문제를 해결하는 데 적극적으로 적용돼야 합니다. 복지·교육·안전망과 같은 공공 서비스 영역에서 AI 기술을 활용하여 국민이 체감할 수 있는 성과를 만들어내는 것이 중요합니다.

AI 정책은 기술의 포용성을 확대하고 사회적 격차를 줄이는 데 기여해야 합니다. AI 교육과 기술 인프라를 취약계층과 지역에 우선 제공함으로써 모든 국민이 AI의 혜택을 공평하게 누릴 수 있는 환경을 조성해야 합니다. 개인정보 보호는 AI 활용 과정에서 국민 신뢰를 형성하는 데 핵심적인 요소로 작용합니다. 데이터 처리의 투명성을 높이고 국민이 안심하고 AI 서비스를 사용할 수 있도록 보호 체계를 강화하는 것이 필요합니다.

AI 기술은 효율성을 높이는 도구가 아니라 국민의 삶을 실질적으로 개선하고 사회적 약자를 포함한 모든 계층에 이익을 제공하는 방향으로 설계되어야 합니다. 예를 들어, AI 기반 돌봄 서비스, 맞춤형 학습 추천 플랫폼, 실시간 안전망 구축 등은 이타적 AI 정책의 대표적인 사례가 될 수 있습니다.

AI 기술의 발전 속도를 높이기 위해 민간과의 협력을 강화하고, 민간의 혁신적 기술을 공공부문에 효과적으로 도입하면서도 공공 서비스의 신뢰성과 안정성을 유지하는 균형 잡힌 접근이 필요합니다. 규제를 통해 기술적 위험성을 최소화하는 동시에, 혁신을 저해하지 않는 유연한 정책 설계도 중요합니다. 이를 통해 AI 기술이 안전하고 윤리적으로 활용될 수 있는 환경을 마련할 수 있습니다.

한국의 AI 정책은 글로벌 정책 동향과 조화를 이루되 독창적인 기술력과 성공적인 사례를 통해 국제적 모범이 되는 것을 목표로 삼아야 합니다. 이를 통해 AI 기술이 경제적 성과를 창출하는 데 그치지 않고 세계적으로 인정받는 공공 혁신의 도구로 자리 잡을 수 있도록 해야 합니다.

따라서 이타적이고 유능한 AI 정부는 신뢰 기반의 혁신, 포용적 기술 활용, 글로벌 경쟁력 강화를 정부 비전으로 삼아야 합니다. 이러한 정책은 AI 기술이 국민의 삶의 질을 높이고, 사회적 약자와 국민 모두를 위한 도구로 자리 잡으며, 국가와 사회가 더욱 발전하는 데 기여할 것입니다. AI 기술이 국민이 공감할 수 있는 사회적 가치를 창출할 때, 진정한 의미의 AI 정부로 자리 잡을 수 있습니다.

AI 정부의 조건

디지털 시대의 정부는 기술적 혁신과 공공의 신뢰를 결합하는 새로운 역할을 요구받고 있습니다. 이타적이고 유능한 정부는 국민의 삶을 개선하고 효율적이며 공정한 공공 서비스를 제공하기 위해 AI를 중요한 축으로 삼아야 합니다. 특히, 챗GPT(ChatGPT)와 같은 거대 언어 모델 기반 AI는 방대한 데이터를 학습해 인간과 유사한 방식으로 정보를 제공하며 교육, 의료, 법률, 고객 서비스 등 다양한 분야에서 긍정적인 변화를 일으키고 있습니다. 그러나 이러한 기술 발전은 공공부문에서 투명성과 윤리적 책임의 강화라는 새로운 과제를 제기하고 있습니다.

이타적이고 유능한 정부는 국민의 이익을 최우선으로 삼으며, 기술을 활용해 효율성과 공정성을 극대화합니다. AI는 복잡한 데이터를 분석해 최적의 정책 결정을 지원하고 국민 맞춤형 서비스를 제공함으로써 이러한 목표를 실현할 수 있게 하는 유력한 도구입니다. 하지만 이러한 잠재력에도 불구하고 몇 가지 중요한 도전에 직면해 있습니다. 첫 번째 과제는 AI의 투명성과 신뢰성을 확보하는 일입니다. 심층신경망과 같은 기술은 블랙박스 구조로 인해 의사결정 과정이 불명확하여 국민의 신뢰를 저하할 수 있습니다. 또한, 공공 정책에서 AI가 윤리적 논란을 일으키거나 개인의 권리를 침해할 가능성도 존재합니다. 다양한 이해관계자가 얽힌 공공 정책에서는 기술의 신뢰성을 국민에게 증명하는 것이 필수적입니다.

이타적이고 유능한 정부의 가능성은 이미 일부 공공 서비스에서 확인되고 있습니다. 예를 들어, 미국 펜실베이니아주는 PRM(위험 예측 모델, Predictive Risk Model)을 통해 아동 학대와 방임 고위험 사례를 선별하고 자원을 효율적으로 배분해 일관성과 공정성을 강화했습니다. 이는 복지 정책의 효과를 높였지만, 복잡한 모델 때문에 그 결과를 국민에게 충분히 설명하지 못하는 한계도 있었습니다. 미국 DARPA(국방고등연구계획국)는 군사 작전과 사이버 보안 분야에서 AI를 도입해 특정 결정의 이유를 설명하며 신뢰를 확보하려 하고 있습니다. 공격 대상 선정과 보안 위협 식별의 이유를 제시해 정책 실행력을 높이는 중입니다. 재난 관리 분야에서도 AI는 그 가능성을 입증했습니다. 코로나 19 팬데믹 동안 AI는 맞춤형 대안을 제시했습니다. 반면에 긴급 상황에서의 적시성 부족 문제와 현실을 완전히 반영하지 못하는 기술적 한계도 존재했습니다.

이러한 사례들은 AI가 이타적이고 유능한 정부를 실현하는 데 효과적인 도구임을 보여줍니다. 그러나 기술적·윤리적 과제가 여전히 남아 있음을 경고합니다. 이를 해결하기 위해 몇 가지 정책 방향이 필요합니다. 첫째, AI 기본법을 제정해 기술의 투명성과 신뢰성을 강화하고 공공부문에서 AI 활용을 위한 명확한 법적 틀을 마련해야 합니다. 둘째, 고위험 영역별로 구체적인 기준을 설정해 정책의 효과성과 기술 적용의 공정성을 보장해야 합니다. 셋째, AI 적합성 평가와 인증, 운영 과정의 모니터링을 담당할 감독 기구를 설립해 기술의 안전성을 지속적으로 점검해야 합니다. 넷째, 국가 간 협력을 통해 규제 표준화를 이루고 초국가적 기술 활용에서의 혼란을 줄여야 합니다.

이타적이고 유능한 AI 정부는 기술적 혁신과 공공 신뢰가 조화를 이루는 미래를 지향합니다. AI는 국민의 삶을 개선하고 신뢰를 기반으로 한 정책 수립과 집행을 가능하게 합니다. 이를 위해 투명성과 윤리성을 바탕으로 한 체계적인 정책과 국제적 협력이 필수적입니다. 국민의 이익을 최우선으로 고려하는 이타적 접근과 고도로 발전된 기술력을 활용하는 유능함이 결합될 때, 공공부문에서 AI는 진정한 혁신의 동반자가 될 것입니다.

¤ 미국 AI 전략의 진화와 트럼프 행정부 2기 전망

미국의 AI 전략은 시대적 과제와 기술 발전 단계에 따라 점진적으로 진화하며, 기술 혁신과 사회적 책임의 균형을 지속적으로 추구해왔습니다. 오바마 행정부는 기초 연구와 혁신 촉진에 중점을 두어 AI 연구개발과 정책 기반을 마련했으며, 트럼프 행정부는 글로벌 리더십 강화와 민간 혁신 지원을 통해 데이터 인프라와 경쟁력을 확대했습니다. 이어 바이든 행정부는 AI의 급속한 확산과 상용화로 발생하는 사회적 위험을 관리하며, 안전성과 윤리적 사용을 강조하고 대중의 신뢰를 확보하는 데 주력했습니다. 이러한 전략적 진화는 미국이 기술적 리더십과 사회적 책임을 조화시켜 지속 가능한 미래를 지향하고 있음을 보여주는 사례로 평가됩니다.

트럼프 행정부 2기는 1기의 기조를 이어 민간 주도와 혁신 중심의 AI 발전을 더욱 강화할 가능성이 큽니다. 데이터 인프라와 기술 생태계 확장을 통해 AI 활용 기반을 더욱 넓히고, 글로벌 기술 패권 경쟁 속에서 국가 안보와 경제 경쟁력을 강화하기 위한 대규모 투자가 지속될 것입니다. 규제는 최소화하되, AI의 신뢰성과 안전성을 확보하기 위한 노력을 병행하며, 투명성과 공정성을 강조한 정책을 추진할 것으로 보입니다. 또한, AI 인재 양성을 위한 교육과 지원을 확대하고, 국제 협력과 글로벌 규범 설정에서 미국 중심의 질서를 구축하려는 움직임이 강화될 전망입니다. 이러한 전략은 기술 혁신과 글로벌 리더십을 유지하는 동시에 사회적 신뢰와 안전성을 보장하려는 균형 잡힌 접근으로 평가될 수 있습니다.

공공 전략가, 사회 혁신가

AI 과학자와 AI 사회 혁신가·공공 전략가의 협업
팬데믹 예측 및 방역 대응 체계 구축

팬데믹 상황에서 AI 과학자는 방대한 전염병 데이터를 수집하고 이를 분석하여 확산 경로를 예측하는 AI 모델을 개발했습니다. 이와 동시에 공공 전략가는 지역별 감염 위험도 정보를 바탕으로 방역 정책을 설계하고 시민들에게 투명하게 정보를 전달하며 정책에 대한 신뢰를 높였습니다. AI의 정밀한 예측력과 사회적 실행 전략이 결합하여, 자원 배치의 효율성과 방역 정책의 수용성이 동시에 향상되었습니다.

교육 격차 해소를 위한 AI 학습 플랫폼

AI 과학자는 학생들의 학습 데이터를 분석하여 개인화된 학습 경로를 설계하는 AI 기반 학습 플랫폼을 개발했습니다. 사회 혁신가는 이 플랫폼이 소외 지역 학생들에게도 제공될 수 있도록 디지털 교육 정책을 제안하고 기기 지원 및 교육 프로그램을 모니터링했습니다. 이 협업을 통해 학습 격차를 해소하고 학생 개개인의 잠재력을 극대화하는 데 성공했습니다.

AI는 복잡한 문제를 해결하고 공공 서비스를 혁신하며 사회적 가치를 창출하는 데 중요한 도구로 자리 잡을 것입니다. 특히, 공공 행정 분야에서 AI는 시민의 요구를 선제적으로 파악하고, 효율적이고 투명한 정책을 실행하는 데 있어 혁신적인 가능성을 열어줄

것입니다. 이타적 정부는 시민의 복지와 공공선을 최우선으로 하며, 지속 가능하고 포용적인 사회를 지향합니다. 이러한 가치를 AI에 접목하면 인간 중심의 정책 설계와 실행이 가능해지고, 방대한 데이터를 활용하여 다양한 이해관계자의 이익을 조화롭게 고려하는 의사결정을 내릴 수 있습니다. AI 기술이 이타적 역할을 하려면 투명성·책임성·공정성을 보장해야 하며, 윤리적 기준 준수와 시민과의 소통을 통해 신뢰를 구축하는 것이 중요합니다.

AI는 행정 절차를 자동화하고 실시간 데이터 기반 의사결정을 지원하면서 효율성을 극대화합니다. 데이터 수집과 분석, 시각화를 통해 정책 설계 과정에서 중요한 통찰을 제공하며 시행착오를 최소화할 수 있습니다. 공공 서비스의 경우, 시민의 요구에 신속히 대응하고 맞춤형 서비스를 제공하는 데 기여합니다.

예를 들어, 개인화된 추천 시스템은 공공 서비스 접근성을 높이고 사회적 불평등을 분석하여 이를 완화할 수 있는 정책 대안을 제시합니다. 또한, 교육 격차 해소와 의료 접근성 개선을 지원하며, 시민 참여를 촉진하는 플랫폼을 구축하여 정책 결정 과정에서 다양한 목소리를 반영하도록 돕습니다. 대규모 여론 분석이나 온라인 공론화 플랫폼은 더 많은 시민이 정책 과정에 참여하도록 독려합니다. 그리고 이것은 기후변화와 자원 관리 같은 글로벌 문제에도 효과적으로 활용됩니다.

AI는 전략적 의사결정을 지원하며, 복잡한 문제를 다각적으로 분석해 최적의 해결책을 제시합니다. 이를 통해 정부는 단기적 성과와 장기적 목표를 균형 있게 달성할 수 있으며, 팬데믹과 같은 위기 상황에서도 전염병 확산 경로를 예측하고 자원 배분을 최적화할 수 있습니다. 또한, 국제적 협력을 강화하여 국경을 초월한 문제 해결 방안을 모색할 수 있습니다. 이 과정에서 AI 과학자는 기술적 혁신과 정확성을 뒷받침하는 중요한 역할을 합니다. 그러나 기술을 사회적 가치 창출로 연결하는 AI 기반 사회 혁신가와 공공 전략가의 역할이 더욱 본질적입니다. 이들은 공공 정책의 현장에서 시민과의 소통과 협력을 통해 AI 기술이 모두가 더 나은 삶을 살 수 있는 사회를 만드는 데 기여하도록 합니다.

결론적으로, 이타적이고 유능한 AI 정부는 기술과 인간 중심의 가치를 융합하여 새로운 패러다임을 제시합니다. 윤리적이고 투명한 AI 기술 개발과 활용, 시민과의 소통 강화, 지속 가능한 발전을 위한 전략적 접근이 필수적입니다. 이를 통해 AI 정부는 기술적 도약을 넘어 인간과 사회의 복지를 근본적으로 향상하는 역할을 하게 될 것입니다.

AI 기술은 의료, 교육, 교통, 행정 등 다양한 분야에서 변화를 이끌고 있습니다. 이러한 흐름 속에서 '이타적이고 유능한 AI 정부'의 구현은 AI 기술의 효율적 활용을 넘어, 이를 통한 사회적 가치 창출을 핵심 과제로 삼아야 할 것입니다. 이 과정에서 AI 과학자와 AI 기반 사회 혁신가·공공 전략가의 역할은 서로 다르지만, 후자의 역할이 더 중요하다는 점을 강조하고자 합니다. AI 과학자는 알고리즘 개발, 데이터 분석, 머신러닝 모델 훈련 등 기술적 가능성을 확장하는 데 기여합니다. 그러나 이들이 기술 자체에 초점을 맞출 경우, 사회적·윤리적·정책적 맥락을 충분히 고려하지 못해 부작용을 초래할 위험이 있습니다.

반면, AI 기반 사회 혁신가와 공공 전략가는 AI 기술이 사회문제

[표 1] AI 과학자와 AI 사회 혁신가 · 공공 전략가의 협업

	AI 과학자	AI 기반 사회 혁신가 · 공공 전략가
핵심 목표	기술 개발 및 혁신	사회적 가치 창출 및 공공 이익 증진
주요 활동	알고리즘 연구, 데이터 분석, 기술 최적화	공공 정책 설계, 윤리적 검토, 리스크 관리
전문성	컴퓨터과학, 수학, 데이터과학	사회과학, 공공 정책, 윤리학, 시스템 사고
협업 범위	기술 중심	다분야 협력
성과 측정	기술적 성능(정확도, 효율성 등)	사회적 영향(평등, 신뢰, 수용성 등)
문제 해결 접근법	데이터와 알고리즘을 기반으로 문제를 분석하고 해결	사회적 맥락과 이해관계자의 요구를 통합하여 해결
윤리적 고려	선택적, 기술 중심	필수적, 사회 중심
의사결정 관점	기술적 실현 가능성에 중점	공공의 수용성과 지속 가능성에 중점
장기적 관점	기술 발전과 성능 향상에 초점	사회적 변화와 지속 가능성에 초점
리더십 스타일	기술적 권위와 전문성 강조	협력적이고 참여 중심의 리더십

를 해결하고 공공의 이익을 증진하는 데 기여하도록 방향을 설정합니다. 이들은 기술의 윤리적·사회적·경제적 맥락을 깊이 이해하고 이를 공공 정책에 통합하며, 기술의 사회적 수용성을 높이는 데 주력합니다. 주요 역할은 사회적 불평등을 해소하거나 공공의 삶의 질을 개선하는 데 기술을 조율하는 것입니다. 또한, AI 과학자, 정책 입안자, 시민사회단체 등 다양한 이해관계자와 협력하며 기술과 사회적 니즈를 연결합니다. 복잡한 기술적 개념을 대중과 정책 결정자들에게 명확히 전달하여 기술의 사회적 수용성을 높이는 일도 포함됩니다.

AI 과학자와 AI 기반 사회 혁신가·공공 전략가의 차이를 명확히 하기 위해 두 직군의 역할을 비교하면, AI 과학자는 기술 개발 및 혁신을 목표로 하며 알고리즘 연구, 데이터 분석, 기술 최적화와 같은 활동을 수행합니다. 이들의 성과는 기술적 성능, 즉 정확도나 효율성과 같은 측면에서 측정됩니다. 이들은 데이터와 알고리즘을 기반으로 문제를 분석하고 해결하며, 윤리적 고려는 선택적이고 기술 중심적입니다. 장기적으로는 기술 발전과 성능 향상에 초점을 맞춥니다.

반면, AI 기반 사회 혁신가와 공공 전략가는 사회적 가치 창출 및 공공 이익 증진을 목표로 하며 공공 정책 설계, 윤리적 검토, 리스크 관리와 같은 활동을 수행합니다. 이들의 성과는 사회적 영향, 즉 평등·신뢰·수용성 같은 측면에서 측정됩니다. 이들은 사회적 맥락과 이해관계자의 요구를 통합해 문제를 해결하며, 윤리적 고려는 필수적이고 사회 중심적입니다. 장기적으로는 사회적 변화와 지속 가능성에 초점을 맞추며, 협력적이고 참여 중심적인 리더십 스타일을 갖습니다.

이타적이고 유능한 AI 정부는 기술과 사회적 맥락의 조화를 통해 실현될 수 있습니다. AI 과학자는 혁신의 기반을 마련하는 데 중요한 역할을 하지만, 이를 사회적 가치로 전환하고 지속 가능성을 확보하는 것은 AI 기반 사회 혁신가와 공공 전략가의 몫입니다. 따라서 AI 기술의 발전과 더불어, 이를 사회적으로 올바르게 활용할 수 있는 공공 전략가를 양성하는 것이 더욱 중요합니다. 기술의 진보가 곧 사회의 진보로 이어지기 위해서는 사람 중심의 접근이 필수적입니다.

문제 해결과 혁신

만약 미래를 내다볼 수 있는 망원경과 발밑을 확대해 보여주는 돋보기를 정부가 동시에 쥔다면 어떤 모습일까요? AI 시대의 정부는 이 두 도구를 모두 활용해 기존 문제를 뛰어넘어 새로운 가능성을 탐색해야 할 것입니다.

망원경은 AI 기반 혁신(AI-driven Innovation)을 상징합니다. 미래를 예측하며 새로운 기회를 발견하는 역할입니다. 반대로 돋보기는 현실 기반 문제 해결(Reality-based Problem Solving)을 상징합니다. 현재 문제를 세밀하게 파악하고 즉각적인 해결책을 제시합니다. 이 두 접근법은 상반된 듯 보이지만, 실상은 상호 보완적이며 균형 잡힌 정부 역할을 위한 도구가 됩니다.

AI 기반 혁신은 데이터를 바다처럼 활용합니다. 수많은 데이터가 출렁이는 파도 속에서 혁신적 해법이라는 새로운 항로를 발견합니다. 이는 기술 도입을 넘어 새로운 세상을 창조하는 여정에 가까울 것입니다. 정밀 의학은 환자 개개인에게 맞춤형 치료를 제공하며 의료 시스템을 혁신합니다. 자율주행 기술은 교통사고와 체증을 줄이고 도시 교통 체계를 재설계합니다. 금융 시장에서는 알고리즘 트레이딩이 변동성을 최소화하며 효율적인 자산 관리를 돕습니다. 이러한 변화는 새로운 가능성을 열지만, 초기 비용과 자원이 많이 소모된다는 단점이 있습니다. 고성능 컴퓨팅 자원과 대규모 데이터 셋, 전문 인력 투자가 필수적이기 때문입니다. 또한, 기술 의존도가 높아지면서 실패 가능성도 존재합니다. 그러나 AI 기반 혁신은 정부가 미래를 준비하고 장기적 비전을 제시하는 유용한 도구 중 하나입니다.

반면 현실 기반 문제 해결은 국민의 일상과 밀접한 현재의 문제를 해결하는 데 초점을 둡니다. 이는 실제 환경의 제약 조건과 현장의 목소리를 반영하여 실행 가능한 변화를 만듭니다. 응급의료 시스템은 최첨단 기술보다 신속하고 효율적인 대응 체계가 더 중요합니다. 교통 체증을 해소하거나 대출 승인 과정을 간소화하는 것도 현실 기반 접근법의 영역입니다. 이러한 방식은 국민이 변화를 직접 체감할 수 있도록 하고, 이해관계자의 협력을 통해 신뢰와 안정성을 제공합니다. 그러나 단기적 성과에 치중하면 장기적 비전을 간과할 위험이 있습니다. 혁신성이 부족하다는 지적도 받을 수 있습니다.

결국, AI 기반 혁신과 현실 기반 문제 해결은 서로를 보완합니다. 한쪽은 새로운 가능성을 씨앗으로 심는 역할을 하고, 다른 한쪽은 그 씨앗이 뿌리내리도록 도울 수 있습니다. 정부는 이 두 축을 균형 있게 활용하며 국민의 현재와 미래를 동시에 책임져야 합니다. 이는 기술적 선택 이상의 문제이며, 정부의 철학과 운영 방식을 대변할 수 있습니다.

AI 기반 혁신과 현실 기반 문제 해결이 성공하려면 각 접근 방식에 필요한 자원과 협력이 필수적입니다. AI 기반 혁신은 대규모 데이터, 고급 컴퓨팅 자원, 전문 기술 인력이 필요합니다. 반면, 현실 기반 문제 해결은 현장의 경험과 지식, 문제 상황에 대한 명확한 분석과 실행력이 요구됩니다. 자원의 효율적 배분과 활용은 정부의 의사결정 과정에서 중요한 과제로 작용합니다.

이타적이고 유능한 정부는 AI 기반 혁신의 장기적 비전과 현실 기반 문제 해결의 즉각적 실효성을 통합해 국민이 체감할 수 있는 변화를 만들어냅니다. 기술과 사람이 조화를 이루는 정부는 '문제를 해결하는 존재'를 넘어, 국민의 삶을 변화시키고 신뢰받는 미래로 나아가는 존재가 됩니다. 탐험선이 새로운 항로를 찾고, 석공이 균열 난 바닥을 메우듯, 이 두 역할을 조화롭게 수행하는 정부는 진정한 혁신과 문제 해결의 본질을 담아냅니다. 이타적이고 유능한 AI 정부는 바로 그 접점에서 국민의 삶을 빛내는 역할을 할 것입니다.

[표 2] AI 기반 혁신과 현실 기반 문제 해결의 상호 보완

	AI 기반 혁신 (AI-driven Innovation)	현실 기반 문제 해결 (Reality-based Problem Solving)
목적	새로운 기술과 도구를 통해 기존 한계를 넘어서고, 미래를 재정의함	현재의 문제를 해결하고 실질적이고 즉각적인 결과를 도출하는 데 중점
접근 방식	데이터와 알고리즘을 활용해 가능성을 탐구하고 혁신적인 솔루션을 개발	현장의 상황과 경험적 데이터를 바탕으로 실용적이고 실행 가능한 해결책을 모색
주요 특징	예측적, 자동화적 기계학습과 딥러닝 중심 대규모 데이터 활용	적응적, 문제 중심적 실제 환경의 제약 조건 고려 소규모 또는 질적 데이터 활용
결과물	혁신적인 기술, 새로운 플랫폼, 새로운 시장 창출 가능성	문제 해결을 위한 실행 계획, 실질적 변화, 단기적 성과
장점	장기적 비전 제공 새로운 가능성 창출 기존 시스템 혁신	실질적이고 즉각적인 변화 문제의 원인을 구체적으로 해결 이해관계자 만족
단점	초기 비용과 자원 소모 큼 기술 의존도 높음 실패 가능성 존재	혁신성 부족 가능 단기적 결과에 집중해 장기적 비전 간과 가능성

	AI 기반 혁신 (AI-driven Innovation)	현실 기반 문제 해결 (Reality-based Problem Solving)
필요 자원	고급 컴퓨팅 파워 전문 AI 개발자 및 데이터 과학자 대규모 데이터셋	현장 경험과 지식 이해관계자 협력 문제 상황에 대한 명확한 분석 및 실행력
적용 분야	의료: 정밀 의학 교통: 자율주행 금융: 알고리즘 트레이딩	의료: 응급처치 교통: 교통 체증 해소 금융: 대출 승인 프로세스 개선
의사결정 방식	데이터 기반 예측과 분석, 알고리즘 최적화	인간의 경험과 상식, 이해관계자 협의
핵심 가치	창의성, 혁신성, 미래 지향	실용성, 신뢰성, 문제 해결
리스크 관리	데이터 편향성, 개인정보 보호 이슈 예상치 못한 기술적 실패	현장 상황의 변화, 이해관계자 간 갈등 해결책의 제한적 유효성
성과 평가	기술적 성공 여부와 시장 창출 가능성 중심	문제 해결의 실질적 효과와 이해관계자의 만족도 중심

한계

이타적이고 유능한 AI 정부는 기술 혁신과 공공 신뢰를 바탕으로 국민의 삶을 향상시키는 것을 목표로 하지만 현실에서는 한계가 존재합니다. 이를 이해하려면 기술적 요인만이 아니라 그 이면에 숨겨진 복잡한 문제도 살펴봐야 합니다.

우선, AI 기술은 심층신경망과 같은 블랙박스 구조를 기반으로 하기에 정책 결정 과정이 명확히 드러나지 않거나 이해하기 어려운 경우가 많습니다. 이는 국민의 신뢰를 약화시키고, 결과적으로 정책 수용성을 떨어뜨릴 수 있습니다. 또한, 편향된 데이터를 학습하거나 잘못된 결과를 도출하면, 사회적 불평등을 심화하거나 특정 계층을 소외시키는 부작용을 초래할 수 있습니다. 이는 사회적 균형을 깨뜨릴 위험도 내포합니다.

AI 기술의 도입과 운영에는 막대한 초기 비용과 전문 인력이 필요합니다. 데이터 인프라의 구축과 유지에도 많은 자원이 소요됩니다. 특히 기술 자원이 부족한 환경에서는 이러한 부담이 공공 서비스의 지속 가능성을 위협할 수 있습니다. 더 나아가, 단기 성과에 치중하면 장기적인 비전이 희생될 가능성도 있습니다. 기술 발전과 사회적 요구 사이에서 균형을 유지하는 일은 정책 설계의 큰 도전 중 하나입니다.

AI 기술의 안전성과 윤리적 활용을 보장하기 위한 규제가 과도하면 혁신이 저해되고, 글로벌 경쟁에서 뒤처질 위험이 있습니다. 반대로 규제를 완화하면 기술적 위험성이 커지고 사회적 신뢰를 떨어뜨릴 가능성이 있습니다. 이러한 규제와 혁신 간의 균형 문제는 정부와 시민 간 신뢰 관계를 시험하는 중요한 과제로 떠오르고 있습니다. 아울러 AI 기술이 모든 시민의 요구를 충분히 반영하지 못하거나, 의사결정 과정이 지나치게 복잡하고 비직관적이라면, 민주적 정당성이 약화될 수 있습니다. 시민이 자신의 의견이 정책에 반영되지 않는다고 느낄 경우, AI 정부에 대한 반발이 거세질 것입니다.

AI의 예측력과 문제 해결 능력은 데이터의 질과 양에 크게 의존하며, 현실의 복잡성을 완전히 반영하기 어려운 경우가 많습니다. 긴급 상황에서 AI가 적시에 효과적으로 대응하지 못한다면, 이는 기술적 한계가 국민의 신뢰를 저해하는 결과로 이어질 수 있습니다. 또한, 데이터 편향 문제는 정책 결정의 불공정을 초래하며, 개인정보 보호가 제대로 이루어지지 않을 경우 국민의 신뢰가 크게 손상될 수 있습니다.

각국의 AI 정책과 규제가 서로 달라서 국제적 협력이 지연될 가능성도 있습니다. 초국가적 문제를 해결하는 과정에서 갈등이 발생할 우려 역시 존재합니다. 글로벌 표준화와 국제 협력의 부재는 AI 기술의 잠재력을 제한하는 중요한 요인이 될 수 있습니다. 따라서 AI 정부가 국민의 삶을 실질적으로 개선하려면 기술 혁신뿐 아니라 투명성, 윤리성, 시민 참여, 그리고 국제 협력을 포함한 다각적 접근이 필수적입니다.

결국, AI 정부가 진정으로 국민과 사회를 위한 도구로 자리 잡기 위해서는 인간 중심의 가치와 지속 가능한 정책 설계가 무엇보다 중요합니다. AI 기술은 도구일 뿐이며, 진정한 혁신은 이를 어떻게 활용하고 조화롭게 통합하는가에 달려 있습니다. 이를 통해 우리는 기술이 아닌 사람을 중심에 둔, 보다 공정하고 포용적인 사회를 만들어갈 수 있을 것입니다.

공공 서비스 AI 활용 국내 주요 사례

AI 기반 공공 서비스는 다양한 분야에서 시민의 편의를 높이고 공공행정의 효율성을 증대시키고 있습니다. 이 서비스는 챗봇, 챗GPT 응용, 노인·장애인 돌봄, 보안 관제, 하천 시설물 관리 등 여러 형태로 발전하며 행정과 복지의 디지털 전환을 이끌고 있습니다.

챗봇 서비스 활용 사례

챗봇 서비스는 지방자치단체를 중심으로 다양한 민원 및 행정 업무에 도입되고 있습니다. 대구시의 챗봇 '뚜봇'은 2017년 여권 및 차량 등록 민원을 시작으로 보건복지, 행정, 문화·체육·관광 등 8개 분야로 확대되었습니다. 이를 통해 콜센터 상담의 절반을 대체하며 연간 약 1만 시간을 절감했습니다. 서울시의 '서울톡'은 24시간 실시간 서비스로 공공 서비스 예약, 도서관 안내, 문화 행사 추천, 미세먼지와 날씨 정보 제공 등 맞춤형 서비스를 제공합니다. 부산시의 '자립 꿀단지'는 저소득층을 대상으로 자산 형성, 부채 관리, 복지·고용·금융 상담을 통합적으로 제공하며 경제적 자립을 돕고 있습니다. 울산의 챗봇 '해울이'는 차량 등록과 상수도 민원을 처리하며, 세종시 챗봇은 민원 접수와 공용 자원 예약을 지원하며 생활 정보 및 재난 정보를 제공합니다.

챗GPT 기반 행정 업무 효율화

공공영역에서도 챗GPT 기반 서비스를 활용해 행정 업무 효율화를 지원하고 있습니다. 경북은 '챗경북'이라는 이름으로 2023년 3월부터 베타 서비스를 시작해 보도 자료 작성, 서류 검증, 정책 자료 추천 등 반복적 행정 업무를 자동화하고 있습니다. 울산은 챗GPT와 공간 정보를 융합한 검색 서비스를 개발하여 시범 운영에 들어갔습니다. 인천은 Chat RPA 기술로 행정 업무 자동화를 추진하고 있습니다. 이러한 기술은 데이터 기반 의사결정을 지원하며 기존 경험 기반 의사결정보다 객관적이고 효율적인 결과를 제공합니다.

노인과 장애인을 위한 AI 기반 복지 서비스

노인과 장애인을 대상으로 한 AI 기반 서비스는 복지 사각지대를 해소하려 노력 중입니다. 경남의 AI 통합 돌봄 서비스는 AI 스피커로 응급 상황 시 긴급 구조 연결과 정서적 지원을 제공합니다. 제주의 AI-IoT 기반 어르신 건강관리 사업은 비대면 건강관리로 어르신의 자율적 건강관리 역량을 강화합니다. 이러한 서비스는 편의를 넘어 소외계층의 삶의 질을 높이는 데 기여하고 있습니다. 외국인과 장애인을 위한 맞춤형 언어 번역 서비스와 응급 지원도 제공되고 있습니다.

보안 및 공공안전 강화

AI는 공공안전을 강화하는 데도 활용됩니다. 일부 사례이긴 하나, 지능형 영상 분석과 AI 보안 관제 플랫폼은 사람과 차량을 식별하고 비정상 행동을 감지해 사고를 예방합니다. 서울과 대전 등 주요 도시에서 이러한 시스템이 운영되고 있으며, 긴급 상황에서 신속한 대응을 가능하게 해 사고 발생 빈도를 감소시킵니다.

하천 시설물 및 하수관로 관리

하천 시설물 관리와 하수관로 결함 탐지에도 AI 기술이 적용되고 있습니다. 대전의 하천 시설물 정보 제공 시스템은 광역 네트워크 기술로 하천 시설물 상태 정보를 실시간으로 제공합니다. 하수관로 결함 탐지 시스템은 균열이나 결함을 사전에 파악해 유지보수 비용을 절감하고 관리 효율을 높입니다. 이러한 기술은 지역 자원 활용을 최적화하고 환경직 지속 가능성을 강화합니다.

AI 공공 서비스의 한계와 개선 방향

AI 기반 공공 서비스는 접근성과 편의성, 행정 효율성을 크게 높이는 특징을 지닙니다. 반복 업무를 자동화하고, 데이터 기반의 과학적 의사결정을 지원하며, 취약계층을 위한 맞춤형 서비스를 통해 복지와 행정의 사각지대를 해소합니다.

하지만 데이터 품질과 연계 부족은 성과를 제한합니다. 그리고 개인정보 보호와 알고리즘 편향성 문제는 신뢰성과 윤리성 과제로 남아 있습니다. 노인과 장애인을 포함한 취약계층은 디지털 리터러시 부족으로 AI 기반 서비스 접근성이 낮으며, 지방자치단체의 재정적 제약과 법·제도 미비도 주요 장애물입니다.

이러한 문제를 해결하려면 중앙정부가 명확한 가이드라인을 제정하고, 지자체 간 데이터 연계를 촉진하며 성공 사례를 발굴해야합니다. 데이터 품질을 높이기 위해 표준화된 관리 체계를 도입하고, 개인정보 보호를 위한 기술적·법적 대안을 마련해야 합니다. 공무원과 시민의 디지털 리터러시를 강화하기 위한 교육 프로그램과 사용자 중심 설계를 통해 취약계층도 쉽게 접근할 수 있는 서비스를 개발해야 합니다. 공공과 민간 협력을 통해 보안 기술 연구를 진행하고, 공정한 AI 설계를 통해 알고리즘 편향성과 부작용을 최소화해야 합니다.

공공 서비스 AI 활용 해외 주요 사례

세계 각국은 AI를 다양한 공공 서비스 분야에 도입하여 행정의 효율성을 높이고 국민 삶의 질을 개선하고 있습니다.

미국에서는 화재 예측 분석 시스템 파이어버드(Firebird)를 통해 건물의 위치·구조·규모 데이터를 활용해 화재 위험을 예측하고, 소방 검사 대상을 효율적으로 선정합니다. 이러한 시스템은 화재 예방 활동의 효과를 극대화합니다. 또한, 국가 화재 사고 보고 시스템(NFIRS)을 통해 화재와 응급 서비스 데이터를 통합 관리하여 소방 정책 수립과 대응 체계를 강화하고, 화재로 인한 인명과 재산 피해를 줄이고 있습니다. 의료 분야에서는 AI 기반 암 영상 검사 모델을 통해 조기 진단, 진행 상태 분석, 치료법 선택을 지원하여 진단 정확성과 치료 효율성을 크게 높이고 있습니다. 행정 분야에서도 미국 국세청(IRS)은 음성봇과 챗봇을 활용해 납세자 상담 업무를 자동화하고 대기 시간을 줄였습니다. 또한, 산업과 고용 분야에서 딥하이퍼(DeepHyper)라는 머신러닝 기반 솔루션은 항공기 부품 제조 과정의 용접 조건과 매개변수를 최적화하여 제조 비용과 시간을 절감하고 안전성을 강화했습니다.

캐나다는 AI를 통해 의료와 행정 서비스를 혁신하고 있습니다. 몬트리올 대학병원은 병원 예약과 응급실 운영을 최적화하며 의료 데이터 분석 센터와 AI 교육기관을 통해 병원 업무 효율성을 높였습니다. 이로 인해 의료 인력의 업무 부담이 줄고 의료비가 절감되었으며, 질병 예방과 치료 수준이 강화되었습니다. 또한, 비자 발급 업무에 머신러닝을 도입하여 처리 속도를 개선하고 행정 부담을 줄였습니다.

영국에서는 금융 분야에서 AI가 활발히 활용되고 있습니다. 회계 감사 시스템인 'MindBridge AI Auditor'는 비정상 거래를 탐지하고 회계 데이터를 분석해 감사 프로세스의 신뢰성과 효율성을 강화했습니다.

중국은 사법과 재난 관리 분야에서 AI를 활용한 혁신을 이루고 있습니다. 사법 행정에서는 AI 판사·검사·서기를 도입하여 법률 문서 작성과 판례 검색을 자동화하고 법관 업무를 줄여 사법 효율성과 공정성을 높이는 시도를 준비 중입니다. 또한, AI 기반 지진 감측 및 예·경보 시스템을 통해 지진 발생 시 신속히 경보를 발령하여 인명 피해와 재산 손실을 줄였습니다.

호주는 자연재해와 교통 안전 분야에서 AI를 활용하고 있습니다. 산불 확산을 예측하고 대응하기 위해 SPARK 시스템(데이터 기반 의사 결정 시스템, System for Predictive Analytics and Risk Knowledge)을 도입하여 기상 데이터와 지형 데이터를 결합하고 재난 관리 능력을 강화했습니다.

덴마크는 플라스틱 재활용률을 높이기 위해 AI와 이미지 인식을 결합한 분류 로봇을 도입해 탄소 배출량을 줄이고 환경보호에 기여하고 있습니다. 핀란드는 AI 플랫폼 'AuroraAI'를 통해 국민의 생애주기별 맞춤형 공공 서비스를 제공하며, AI 플랫폼 'AI Register'를 통해 AI 활용의 투명성과 신뢰성을 높이고 있습니다. 이러한 시스템은 공공 서비스 접근성을 향상시키고 신뢰를 구축하며 AI의 사회적 가치를 증대시키는 데 중점을 둡니다.

스웨덴은 교통과 의료 분야에서 AI를 활용하여 국민의 삶의 질을 개선하고 있습니다. 스마트 신호등 시스템 'Koordinator'는 교통 혼잡을 완화하고 탄소 배출을 줄였으며, 원격 의료 플랫폼 'Kry'는 환자들이 원하는 시간과 장소에서 의료 서비스를 받을 수 있도록 해 의료 접근성과 편의성을 높였습니다. 이스라엘은 자율주행 기술을 활용한 대중교통 시스템과 국방 AI 시스템을 통해 교통 혼잡을 줄이고 국가 안보를 강화하며 효율성을 높이고 있습니다.

이러한 사례들은 행정, 의료, 교육, 교통, 재난 관리 등 다양한 분야에서 AI 활용이 효율성과 편의성을 증진하는 동시에 사회적 문제를 해결하고 지속 가능한 발전을 도모하고 있음을 보여줍니다.

AI 활용의 주요 특징은 데이터 기반 의사결정, 맞춤형 서비스 제공, 윤리적이고 투명한 접근, 그리고 인간과 기술의 협력에 중점을 둔다는 것입니다. 이를 통해 AI는 공공 서비스 혁신과 사회적 가치 창출의 중심에 서 있습니다.

[표 3] 해외 주요국 AI 기반 공공 서비스 추진 현황

국가	AI 시스템	행정 범위	정책 부문	AI 유형
미국	화재 예측 분석 시스템 'Firebird'	지방	기상·재난 안전	예측 분석, 시뮬레이션, 데이터 시각화
	화재 사고 보고 시스템 'NFIRS'	중앙	기상·재난 안전	예측 분석, 시뮬레이션
	특정 서비스명 부재 (암 영상 검사를 위한 AI 모델)	중앙	보건·의료	딥러닝
	특정 서비스명 부재 (납세자를 위한 음성 봇 및 챗봇)	중앙	일반 행정	자연어 처리 기반 지능형 챗봇
	항공기 제조 과정 개선을 위한 'DeepHyper'	중앙	산업·고용	머신러닝
캐나다	특정 서비스명 부재 (몬트리올 대학병원 전 업무에 AI 도입)	지방	보건·의료	머신러닝, 딥러닝, 예측 분석, 시뮬레이션, 데이터 시각화
	특정 서비스명 부재 (비자 발급 업무 효율화를 위한 머신러닝 활용)	중앙	일반 행정	머신러닝, 딥러닝
영국	온라인 학습 지원 서비스 'National Tutoring Programme'	중앙	교육·육아	머신러닝
	회계 감사 시스템 'MindBridge AI Auditor'	중앙	경제·금융	머신러닝
싱가포르	개인 맞춤형 채용 정보 플랫폼 CareersFuture'	중앙	산업·고용	최적화
	대중교통 도시철도 시스템 구축 'FASTER'	중앙	교통 운송·건설	최적화 및 예측

주요 보조 요인	AI 활용 목적	예상 영향
건축물 위치 정보, 건축물 정보 (규모, 구조, 건축 연도)	행정 효율성 제고, 국민 편의 제공	소방 업무 효율성 제고, 화재 예방에 따른 국민의 생명과 재산 보호
-	행정 효율성 제고, 국민 편의 제공	소방 업무 효율성 제고, 화재 예방에 따른 국민의 생명과 재산 보호
-	행정 효율성 제고	의료진의 시간과 비용 절약 및 의료 판독 정확도 제고
-	행정 효율성 제고, 국민 편의 제공	납세 업무 효율성 제고, 납세자 대기 시간 감소
-	행정 효율성 제고	제조 과정 비용 및 시간 절약, 안전과 효율성 제고
의료 데이터 구축, AI 학교 운영	행정 효율성 제고, 국민 편의 제공	의료 인력 업무 부담 및 의료비 완화, 대국민 대상 의료 서비스 개선
-	행정 효율성 제고	비자 처리 소요 시간 절감, 비자 신청서 평가 정확성 향상, 담당자 업무 감소
학습 데이터	국민 편의 제공	취약계층 학생의 학습 격차 해소
회계 데이터	행정 효율성 제고	감사 효율성 제고
-	국민 편의 제공	재직자 재교육, 노동시장 대응 가능
-	국민 편의 제공	출퇴근 교통 혼잡 감소, 철도 시스템 위기 대응 체계 강화

국가	AI 시스템	행정 범위	정책 부문	AI 유형
중국	특정 서비스명 부재 (사법 전 과정에 AI 적용)	지방	일반 행정	머신러닝, 딥러닝, 자연어 처리, 텍스트 마이닝, 발화 분석
	AI 지진 감측 및 고속 예·경보 시스템 'EARTHX'	중앙	기상·재난 안전	머신러닝, 딥러닝
호주	산불 확산 예측 모델 'SPARK'	중앙	기상·재난 안전	예측 분석, 시뮬레이션, 데이터 시각화
	주행 중 휴대전화 사용 적발 카메라 'MPDC'	지방	교통 운송·건설	머신러닝 알고리즘
덴마크	특정 서비스명 부재 (인공지능을 활용한 재활용 플라스틱 분류)	지방	에너지·환경	이미지 인식
핀란드	국민 행복을 최우선으로 하는 'Aurora AI' 프로그램	중앙	일반 행정	챗봇, 추천 시스템, 예측 분석, 시뮬레이션, 알고리즘식 의사결정, AI 주도 정보 관리
	시민 중심의 헬싱키 'AI Register'	지방	일반 행정	챗봇, 추천 시스템
스웨덴	스마트신호등 'Koordinator'	지방	교통 운송·건설	머신러닝 알고리즘, 예측 분석
	원격 의료 서비스 'Kry'	지방	보건·의료	–

주요 보조 요인	AI 활용 목적	예상 영향
–	행정 효율성 제고	사법 전 과정에 AI 적극 도입을 통해 법관 업무 경감 및 투명성, 효율성 등 제고
–	국민 편의 제공	지진 피해 감소
날씨 데이터, 지형 데이터	행정 효율성 제고, 국민 편의 제공	재난 위기 대응 역량 함양 및 산불 피해 최소화
차량 운전석 이미지 및 영상 데이터	행정 효율성 제고	교통 당국의 행정 효율성 향상, 주행 중 휴대전화 사용으로 발생하는 교통사고 감소
NIR(근적외선)	행정 효율성 제고	행정 및 자원 사용 개선, ESG 경영에 적합한 서비스로 탄소 절감에 기여
개인 데이터, 행정 데이터, 공공 데이터, 서비스 연계 모델, 공통 툴킷	국민 편의 제공, 행정 효율성 제고	국민의 공공 서비스 만족도 개선, 행정 프로세스 개선, AI 관련 산업 발전
행정 데이터, 공공 데이터, 서비스 연계 모델	국민 편의 제공, 행정 효율성 제고	국민의 공공 서비스 만족도 개선, 행정 프로세스 개선
실시간 교통 데이터	국민 편의 제공	교통 체증 완화, 환경보호, 안전 문제 개선 등 긍정적 영향
–	국민 편의 제공	높은 접근성, 시간 절약, 전염성 질환 확산 방지 등 긍정적 영향

국가	AI 시스템	행정 범위	정책 부문	AI 유형
이탈리아	특정 서비스명 부재 (사회보장국(INPS) AI 기반 이메일 분류 시스템)	중앙	일반 행정	자연어 처리, 텍스트 마이닝, 발화 분석
	R1 – 휴머노이드 로봇	지방	보건·의료	지능형 로봇, 프로세스 자동화, 커넥티드 카 및 자율주행 자동차
노르웨이	특정 서비스명 부재 (국가 학자금 대출 자격 확인 업무의 효율성·정확성 향상)	중앙	일반 행정	알고리즘식 의사결정
	특정 서비스명 부재 (머신러닝 도입으로 국세청 업무 효율성 향상)	중앙	일반 행정	전문가 및 규칙 기반 시스템, 알고리즘식 의사결정·머신러닝
네덜란드	사회복지 사업 부정 수급 근절 'SyRI'	중앙	일반 행정	예측 분석, 시뮬레이션, 데이터 시각화
	국가 소유 토지 토양 병해 방지를 위한 'CropMapp'	중앙	농·축·수산	예측 분석, 데이터 시각화
스위스	철도 건널목 안전성 향상 솔루션 'Scene Analytics'	도시	교통 운송·건설	컴퓨터 비전, 머신러닝
에스토니아	드론 기반 국가 기반 시설 모니터링 'uBird'	중앙	교통 운송·건설	컴퓨터 비전, 머신러닝, 시뮬레이션, 디지털 트윈
	농업 보조금 지급 관리 효율화 'SATIKAS'	중앙	농·축·수산	컴퓨터 비전, 신원 인식
이스라엘	특정 서비스명 부재 (자율주행 대중교통)	중앙	교통·운송	자율주행
	특정 서비스명 부재 (AI 적용 국방)	중앙	안보·국방	자율주행

주요 보조 요인	AI 활용 목적	예상 영향
사회보장 데이터, 민감 데이터 처리·관리, 오픈 소스 기술 등	행정 효율성 제고	행정 및 자원 사용 개선
5G 네트워크, IoT 센서, LED 디스플레이 등	국민 편의 제공	의료 부담 절감, 다양한 분야로 적용 가능, 저비용 가정용 휴머노이드 활용
-	행정 효율성 제고	행정 및 자원 사용 개선, 국가 학자금 대출 부정 사용 탐지
동적 합성 데이터	행정 효율성 제고	행정 및 자원 사용 개선
데이터 공유, 고품질 데이터, 정치적 리더십	행정 효율성 제고	사회복지 부정 수급 방지, 국가 사회복지 증진, 공공 기금 남용 감소
위성 데이터, 토지 데이터 공유, 고품질 데이터, 스타트업과 협력	행정 효율성 제고	국가 소유 토지의 토양 품질 관리, AI 관련 에크테그 (AgTech) 스타트업 육성
철도 건널목 CCTV 데이터	행정 효율성 제고	철도 사고율 감소 및 방지, 공공 철도 부문 행정 프로세스 개선
초목이 반영된 예측 시나리오, 철도 인프라 데이터 공유	행정 효율성 제고	국가 시설물 안전성 강화, 현장 검사관의 안전사고 위험 개선
위성 데이터, 목초지 데이터 공유, 자금 지원 (유럽지역개발기금)	행정 효율성 제고	행정 및 자원 사용 개선, 보조금 수령을 위한 농부들의 규제 준수 정도 개선
-	국민 편의 제공	대중교통 운영 인력 부족 해소, 교통 혼잡 감소 등
-	국민 편의 제공	국민 안전 및 국가 갈등 관계에서 우위

* 출처: 한국지능정보사회진흥원 정책본부 AI·미래전략센터. (2003). 2023 해외국 인공지능(AI) 기반 공공서비스 추진현황 보고서.

'AI 유니버스 위원회'와 '데이터청'

가상 사례

2030년 대한민국은 AI 기반 초연결 사회로 진입했지만, 기술 발전의 편리함 이면에는 심각한 사회적 갈등이 자리 잡고 있습니다. 특히, AI 기반 고용 추천 시스템이 고령층, 여성, 특정 지역 거주자를 배제한다는 의혹이 퍼지며 국민들은 "AI는 과연 누구를 위한 기술인가?"라는 질문을 던지기 시작했습니다. AI의 공정성과 포용성을 요구하는 목소리가 커지는 가운데, 국민 신뢰를 회복하고 기술의 사회적 책임을 강화하기 위해 입법부·사법부·행정부·민간이 협력하여 문제 해결에 나섰습니다. 이러한 협력은 이타적이고 유능한 AI 정부를 설계하기 위한 첫걸음이자, 국가 경쟁력 강화를 위한 필수적 과제가 되었습니다.

¤ **AI 시대의 고양이와 개 이야기**

고양이는 본능적으로 쥐(사회문제 해결, 혁신)를 쫓지만, 그것이 곡식을 보호하기 위함인지 불필요한 사냥인지 고민해야 합니다. 이는 AI 유니버스 위원회와 데이터청의 관계에 비유할 수 있습니다.

AI 유니버스 위원회는 기술의 윤리적 경계를 감시하는 '고양이'입니다. 반면 데이터청은 개인정보 및 민감한 데이터를 보호하는 '경비견'입니다. 생선(데이터)은 신중한 관리가 필요한 자산이며, 무분별한 접근은 신뢰를 무너뜨릴 수 있습니다.

고양이가 사냥에 몰두하기보다 본래 책임을 감당해야 하듯, AI 유니버스 위원회는 감시자로 남아야 합니다. 데이터청은 생선을 보호하면서도, 필요할 때 정당한 절차를 거쳐 데이터를 활용할 수 있도록 조율해야 합니다.

감시와 데이터 활용이 동일한 기관에 집중되면, 원칙이 편의로 변질될 위험이 있습니다. 고양이는 쥐를 쫓고, 경비견은 생선을 지키듯, 각자의 역할이 명확할 때 균형이 유지됩니다. AI 기술과 데이터의 시대에서도, 감시와 활용의 균형이 무너질 때 가장 큰 위험이 찾아옵니다.

입법부·사법부·행정부의 역할

입법부는 AI 기술이 사회적 갈등을 유발하지 않도록 법적 틀을 마련해야 합니다. 예를 들어, 'AI 공정성 및 투명성 보장법'을 제정해 모든 AI 시스템의 사전 평가와 검증을 의무화하고, 이를 감독할 독립적인 'AI 공정성 위원회'를 설립할 수 있습니다. 이 위원회는 알고리즘의 데이터 사용 방식과 편향성을 평가하며, 문제가 발견될 경우 즉각적인 개선을 요구할 권한을 가집니다. 또한, 국민의 의견을 적극 반영해 정책의 정당성을 확보하고, 법률이 현실과 조화를 이루도록 해야 합니다.

사법부는 AI가 초래할 법적 분쟁과 피해 사례를 예방하기 위한 명확한 기준을 마련해야 합니다. 이를 위해 '디지털 권리 해석 원칙'을 제정하고, AI 관련 소송을 전담할 특별법원을 설립하여 전문적이고 공정한 판결 체계를 운영해야 합니다. 특히, AI가 사회적 약자에게 미칠 영향을 고려하여 판결의 윤리적 기준을 명확히 함으로써 기술 발전과 사회 정의 간 균형을 유지해야 합니다.

행정부는 공공 AI 시스템을 전면적으로 점검하고, 고용 추천 알고리즘과 같은 문제를 해결하기 위해 'AI 알고리즘 개선 프로젝트'를 즉시 가동해야 합니다. 또한, 'AI 투명성 포털'을 구축해 모든 AI 시스템의 의사결정 과정을 국민에게 공개하고, 민관 협력 프로젝트를 통해 기업과 학계가 편향 문제를 함께 개선하도록 유도해야 합니다. 이러한 과정에서 행정부는 구체적인 성과를 만들어 국민 신뢰를 회복하는 데 집중해야 합니다.

AI 유니버스(Universe): 새로운 AI 거버넌스 모델

기존 AI 거버넌스는 행정부와 민간 중심의 협력 모델로 운영되어 왔습니다. 민간은 주로 기술 개발과 자문 역할을 담당하며, 행정부는 정책 방향을 설정하고 규제와 감독을 수행했습니다. 그러나 이러한 모델은 몇 가지 한계를 드러냈습니다. 우선, 입법부와 사법부의 참여가 제한적이어서 책임이 행정부와 민간에 지나치게 집중되는 구조적 문제가 있었습니다. 이는 공정성과 투명성에 대한 의문이 불거지는 원인이 되었습니다. 또한, 독립적인 규제 기관이 부재하여 정책과 규제가 단편적으로 분리되는 문제가 발생했으며, 이로 인해 빠르게 발전하는 AI 기술의 속도를 따라가지 못하는 정책적 공백이 존재했습니다.

AI 유니버스는 입법부·사법부·행정부·민간이 동등하게 참여하여 AI를 관리·규제하고 발전시키는 포괄적이고 통합적인 거버넌스 모델입니다. 이 모델은 다양한 주체가 조화를 이루며 각 주체가 긴밀히 협력하여 공정하고 책임 있는 AI 운영을 지향합니다. 이 모델은 기존 거버넌스의 한계를 극복하기 위해 각 주체의 역할을 명확히 구분하고 조화롭게 통합하는 데 중점을 둡니다.

AI 유니버스에서 입법부는 법 제정을 통해 정책 방향을 주도하며, AI 기술이 공공의 이익에 기여할 수 있도록 윤리적 기준을 정책에 반영합니다. 위원회에서 주도적으로 활동하며, 규범적 방향을 제시하고 각 주체 간의 역할을 조정하는 데 중요한 역할을 합니다. 이를 통해 입법부는 AI 기술의 활용이 사회적 가치를 증진하도록 이끌어갑니다.

사법부는 AI 윤리와 법적 기준을 사전 검토하며, 기술과 사회 사이의 갈등을 예방하는 데 중요한 역할을 담당합니다. 이를 통해 AI 기술이 헌법과 기본권에 부합하는지 감시하고, 사회적 분쟁의 조정자로 활동하게 됩니다. 사법부의 이러한 참여는 AI 기술과 정책이 법적 안정성을 확보하도록 돕는 동시에, 공정성을 보장하는 핵심적인 요소가 될 것입니다.

[표 4] AI 거버넌스에서 AI 유니버스로

	기존 AI 거버넌스	새로운 AI 유니버스
참여 주체	주로 행정부와 민간 중심	입법·사법·행정·민간 모두 참여
입법부 역할	제한적, 법안 발의와 검토 역할	법 제정과 정책적 방향 제시 중심
사법부 역할	간접적, 사법 판례를 통해 간접 관여	사전적 검토 및 분쟁 조정 역할
민간 역할	기술 개발 및 자문 역할	공동 의사결정 및 실행 주체로 참여
의사결정 구조	행정명령 및 규제 기관 중심	거버넌스 위원회 중심의 합의 기반
책임 분배	행정부에 집중된 책임	모든 주체가 책임을 분담
법적 규제 접근	기존 법률 틀 내에서 보완	새로운 법적 틀과 규범 제정
정책 통합성	정책과 규제가 분리됨	정책·규제·실행이 긴밀히 통합
유연성	기술 변화에 따른 유연성 부족	각 분야 전문가 참여로 높은 유연성
국민 신뢰도	다소 낮음(정부와 민간 주도의 불투명성)	높음(포괄적 책임과 투명성 제공)

　민간은 기존의 기술 개발 역할을 넘어 정책 결정 과정에서도 동등한 목소리를 낼 수 있는 구조를 갖추게 됩니다. 이는 AI 기술 개발과 정책 간의 간극을 줄이고 민간의 전문성을 정책에 반영할 기회를 제공합니다. 한편, 행정부는 유니버스 위원회를 중심으로 각 주체의 의견을 조율하고 실질적인 정책 실행을 주도합니다. 행정부는 규제와 정책 집행 과정에서 민간·입법부·사법부와의 유기적 협력을 통해 실효성을 극대화할 수 있습니다.

　AI 유니버스는 각 주체가 자신의 전문성과 권한에 따라 의사결정에 기여하며 책임을 공유할 수 있는 포괄적 참여와 책임성을 보장합니다. 또한, 정책·규제·기술 개발이 유기적으로 통합되는 구조를 통해 효과적인 AI 거버넌스를 실현할 수 있습니다. 이와 더불어, 기술 변화에 맞춘 빠른 규제와 정책 개선을 통해 높은 유연성과 적응성을 확보하며, 투명성과 공정성을 강화하여 국민 신뢰를 증대시키는 결과를 기대할 수 있습니다. 이러한 AI 유니버스 모델은 기존 거버넌스 모델이 가진 한계를 극복하고, AI 기술이 사회와 조화를 이루며 지속 가능하게 발전할 수 있는 기반을 제공할 것입니다.

데이터청: AI 유니버스의 핵심 지원 체계

데이터청(Data Agency)은 AI 유니버스를 지원하기 위해 별도의 독립된 기구로서 꼭 존재해야 합니다. 이는 데이터 관리와 AI 관리가 서로 다른 축에서 작동해야 한다는 필요성에 기인합니다. AI는 데이터 없이는 기능할 수 없으며, 데이터는 AI의 핵심 원천이자 중요한 사회적 자원입니다. 따라서 데이터청은 데이터의 수집·관리·활용·보호를 전문적으로 담당하며 AI 유니버스의 성공적 운영을 뒷받침하는 핵심 지원 체계로 작동합니다.

데이터청은 국가 간 데이터 거래와 국제 표준화 논의에 적극적으로 참여하여 대한민국의 데이터 주권을 보호하는 역할을 합니다. 이를 통해 글로벌 데이터 경쟁력을 강화하기 위한 정책을 수립하며, 국가가 데이터 활용 분야에서 국제적인 리더십을 발휘할 수 있도록 돕습니다. 또한, 개인정보 보호, 데이터 비식별화, 데이터 소유권 문제와 같은 민감한 윤리적 과제를 독립적으로 관리하여 국

[표 5] AI 유니버스 위원회와 데이터청

	AI 유니버스 위원회	데이터청
역할	• AI 정책·기술·윤리적 기준 통합 관리 및 조정	• 데이터의 수집·관리·활용·보호 전담
주요 기능	• AI 관련 법·정책 수립 • AI 기술의 윤리적 검토 • 이해관계자 협력 조정 • 공정성과 투명성 보장	• 데이터의 안전한 관리 • 개인정보 보호 및 비식별화 • 데이터 소유권 및 활용 기준 정립 • 데이터 기반 정책 지원
관리 범위	• AI 시스템과 기술의 운영 및 사회적 영향	• 데이터 관리와 국제적 데이터 활용
전문성	• AI 기술, 알고리즘 윤리, 정책 수립, 민간 협력	• 데이터 윤리, 데이터 분석, 국제 표준화, 개인정보 보호
독립 필요성	• AI 기술과 정책 통합 관리의 객관성 유지 • 다양한 주체 간 조정 역할 수행	• 데이터 관련 민감한 윤리·법적 문제 독립적 관리 • 데이터 활용과 보호 균형 유지
국제 협력	• 글로벌 AI 규제 및 윤리 기준 선도 • AI 기술의 공정성 및 투명성 강화	• 국제 데이터 표준화 협력 • 데이터 주권 확보 및 글로벌 리더십 구축
책임 영역 분리	• AI 기술의 사회적 책임과 공익성 강화 • 공정성 및 투명성 보장	• 데이터 활용의 법적·윤리적 관리 • 데이터 기반 공공 정책 지원
중복 방지	• AI 시스템 관리와 데이터 관리의 상호 의존성을 인정하지만, 운영 방식과 문제 해결 방식이 다름	• 데이터 관리 체계가 AI 관리 체계에 종속되지 않도록 독립적 관리 필요
정책 통합성	• 다양한 AI 주체 간 협력 구조 형성	• 데이터와 관련된 정책을 통해 AI 기술 개발과 활용을 지원
상호 견제 기능	• 데이터청의 데이터 제공 방식과 윤리 준수 여부를 점검 • 데이터 편향성이 AI 시스템 설계에 반영되지 않도록 평가	• AI 유니버스 위원회의 알고리즘 설계와 기술 적용이 데이터 관리 원칙과 윤리 기준을 준수하는지 검토
기대 효과	• AI 기술과 정책의 신뢰성 강화 • 공정하고 투명한 AI 국가 구현	• 데이터 기반의 정책 혁신 • 데이터 생태계의 국민 신뢰 제고

민의 신뢰를 확보합니다. 데이터 관리와 활용이 윤리적 기준을 준수하도록 감독하며, 이를 통해 데이터 생태계 전반에 대한 국민적 신뢰를 구축합니다.

더 나아가 공공 데이터 개방 정책을 주도하며 민간 데이터의 활용 가능성을 극대화하는 동시에 개인정보 보호를 철저히 유지합니다. 공공 데이터와 민간 데이터를 균형 있게 활용하여 기술 개발과 정책 수립에 필요한 기반을 마련하고, 데이터의 가치가 사회적 공익으로 연결되도록 합니다. 공공 보건, 교통, 환경 등 주요 분야에서 데이터 기반 의사결정을 지원하여 정책 혁신을 이끕니다. 데이터 분석을 통해 정책의 실효성을 높이고, 효율적이고 과학적인 문제 해결을 가능하게 만들어 국민 삶의 질을 향상시킵니다.

AI 유니버스와 데이터청은 각각 독립적이지만 상호 보완적으로 작동하며 조화를 이룹니다. AI 유니버스는 정책과 기술의 통합적 관리를 책임지는 한편, 데이터청은 데이터 관리와 윤리적 활용을 전담합니다. 두 체계는 공정성과 투명성을 기반으로 국민 삶의 질을 개선하는 데 기여하며, 신뢰받는 AI 국가를 구축하기 위한 통합적 거버넌스 모델을 제시할 수 있습니다.

AI 정부의 통합 거버넌스

미국과 영국의 AI 거버넌스 사례는 각각 한계를 드러내며 대한민국에 중요한 교훈을 제공합니다. 미국은 민간 주도 모델로 인해 공정성과 윤리성이 약화될 가능성이 있으며, 영국은 규제 기관 간 책임 분산으로 인해 일관된 정책 집행이 어렵다는 비판을 받고 있습니다. 이러한 사례를 교훈 삼아 대한민국은 AI 유니버스와 데이터청이라는 통합적 거버넌스 모델을 통해 글로벌 모범 사례로 자리매김할 기회를 잡아야 합니다.

AI 유니버스와 데이터청은 기술 규제 또는 발전 체계에 그치지 않고, 국민 삶을 중심에 둔 이타적 AI 국가 실현의 기반이 될 것입니다. 입법부·사법부·행정부·민간이 협력하여 공정성과 투명성을 강화하고, 데이터청이 데이터를 안전하고 윤리적으로 관리함으로써 AI 기술은 사회적 공익에 이바지하게 될 것입니다. 이러한 통합적 거버넌스 모델을 통해 대한민국은 글로벌 AI 강국으로 도약할 수 있으며, 국민 신뢰를 바탕으로 지속 가능한 기술 발전과 사회적 가치를 동시에 실현할 것입니다.

AI 정부의 철학적 기초와 국정 운영 기조

AI 정부 철학은 공정과 연대 위에 '창의와 자율'의 가치를 세우는 것이며,
국정 기조는 윤리성과 안정감을 바탕으로 '이타적이고 유능한 국정'을 추구하는 것입니다.
이타적이고 유능한 국정이야말로 AI 정부가 지향해야 할 핵심역량입니다.

이타적이고 유능한 AI 정부의 기원

『밈노믹스』는 사이드 돌라바니(Said Dawlabani)가 저술한 책으로, '밈(meme)'과 '경제학(economics)'을 결합한 독창적인 개념을 통해 경제 현상을 분석하고 미래를 전망하고 있습니다. 밈노믹스는 인간이 추구하는 '가치'라는 프리즘을 통해 경제의 과거·현재·미래를 조망하며, 경제의 진화를 새로운 관점에서 설명합니다. 또한, 저자는 경제를 시장 원리가 아닌 인간의 가치 중심으로 바라보며, 경제 역사를 재해석하고 정부의 정책 방향이 이러한 가치를 어떻게 반영하고 개선될 수 있는지를 탐구할 수 있는 시사점을 제공합니다.

밈노믹스는 경제를 문화적 유전자라 불리는 '밈'의 개념으로 설명

[그림 2] 나선형 발달 단계

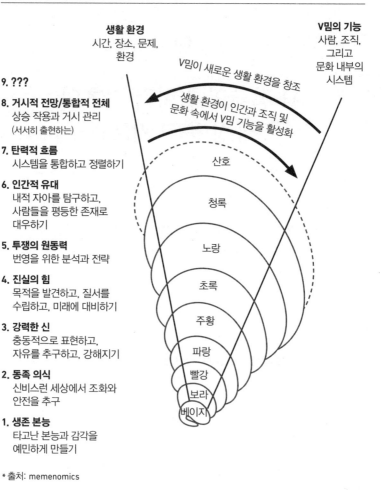

생활 환경
시간, 장소, 문제, 환경

V밈의 기능
사람, 조직, 그리고 문화 내부의 시스템

V밈이 새로운 생활 환경을 창조

생활 환경이 인간과 조직 및 문화 속에서 V밈 기능을 활성화

9. ???

8. 거시적 전망/통합적 전체
상승 작용과 거시 관리
(서서히 출현하는)

7. 탄력적 흐름
시스템을 통합하고 정렬하기

6. 인간적 유대
내적 자아를 탐구하고,
사람들을 평등한 존재로
대우하기

5. 투쟁의 원동력
번영을 위한 분석과 전략

4. 진실의 힘
목적을 발견하고, 질서를
수립하고, 미래에 대비하기

3. 강력한 신
충동적으로 표현하고,
자유를 추구하고, 강해지기

2. 동족 의식
신비스런 세상에서 조화와
안전을 추구

1. 생존 본능
타고난 본능과 감각을
예민하게 만들기

산호

청록

노랑

초록

주황

파랑

빨강

보라

베이지

* 출처: memenomics

하며, 가치 시스템의 진화를 8단계로 나눈 나선형 구조로 분석합니다. 이 8단계는 각기 다른 색상으로 표현되며, 사회적 특징과 가치의 변화를 통해 경제와 문화를 통합적으로 이해하는 틀을 제공합니다.

이 책에선 현존하는 2단계에서 7단계만 분석했습니다. 다시 말해, 너무 과거적 가치이거나 너무 먼 미래적 가치 단계는 제외했습니다.

보라(2단계)는 혈연 및 부족 중심의 가치 시스템을 반영하며, 집단의 단결과 생존을 우선합니다. 이는 현대 사회의 일부 전통적 공동체나 개발도상국의 경제 구조와 유사합니다.

빨강(3단계)은 개인주의와 즉각적인 성과를 중시하며, 강력한 지도자나 영웅적 인물이 부상하는 시대를 나타냅니다. 이는 참여민주주의의 장애 요인이 될 수 있으나, 변화를 촉진하는 원동력이 되기도 합니다. 기술 발전과 결합한 빨강 단계는 새로운 혁신을 가능하게 하지만, 이를 관리할 법적·윤리적 시스템이 필요합니다.

파랑(4단계)은 절대적 신념과 질서를 중시하며, 문명사회의 기반을 제공합니다. 법과 질서, 공정성을 강조하지만, 경직성과 신기술 거부 같은 한계도 존재합니다. 한국 사회는 이 단계를 지나며 민주주의와 시장경제를 기반으로 성장했으며, AI 정부는 이 가치를 유지하며 기술과 융합된 형태로 발전할 수 있습니다.

주황(5단계)은 혁신과 위험 감수를 통해 더 나은 삶을 추구하는 단계입니다. 기술과 금융이 중시되며, 물질적 풍요를 넘어선 새로운 가능성을 탐색합니다. 한국의 빠른 경제 성장은 이 단계의 대표적 사례이며, 밈노믹스는 주황 단계가 가져올 정신적 공허함을 극복할 방향도 제시합니다.

녹색(6단계)은 평등주의와 협력을 중시하며, 과정의 중요성을 강조합니다. 환경과 인도주의적 가치를 바탕으로 공동체 중심의 사회를 지향합니다. 현대의 환경 운동과 지속 가능한 개발 논의는 녹색

[표 6] 가치 시스템의 진화적 나선형 구조로 본 각 사회의 특징 및 키워드

색상	사회적 특징	키워드
2단계 보라	• 혈연 및 부족 가치 시스템. 집단의 단결을 통해 생존에 집중. • 개인(욕망)의 희생을 통해 생존 기반 조성. 남성 모임, 조합, 프로스포츠팀, 공동체 조직. 농업, 재개발, 개발도상국. 닫힌 경제 시스템.	• 관습. 전통. 이념. 독재. • 공포와 신비주의
3단계 빨강	• 타인 배려보다 개인주의. 효과적 성과. 즉각적인 보상. 참여민주주의 장애 요인. 이방인, 어린이, 여성 등 약자에 착취 구조. 악당 또는 영웅(강한 지도자)의 시대. 보라로부터 파랑으로 가기 위해 빨강을 신속 통과할 필요.	• 지배. 억압. 약탈. 이기적. • 폭력적. 독점.
4단계 파랑	• 바람직한 방향. 절대적 신념 기반의 진실의 시대. 문명사회의 특징이기도 함. 보이스카우트, 해병대, 종교. 민주주의, 시장경제. 흑백논리. • 질서와 서열 중시. 경직성. 신기술 거부. 선입견. 물질적 풍요의 연기.	• 법. 질서. 공정. 공평. 평등
5단계 주황	• 투쟁의 원동력. 기술과 의학이 더 좋은 삶을 보장. 철학과 예술의 활성화. • 물질을 중시하나 그것이 전부는 아니라는 관점. 수직·수평 조직의 균형. • 법과 질서를 교묘히 활용하여 착취 구조를 합리화. 정신적 공허함 발생.	• 혁신. 과거 단절. 계몽. 위험 감수. 과학. 금융.
6단계 초록	• 내적 만족감으로 결핍을 충족. 결과보다 과정을 중시. 공동체를 우선함. • 평등주의와 인도주의 중시. 사적 소유 인정하나 협력적 시민을 중시함.	• 연대. 협력. 평화. 환경.
7단계 노랑	• 공동체 기반 다양성과 개인주의 및 통합성. 정보와 역량 및 지식에 집중. • 기능과 자연적 흐름에 동조하는 사회와 개인.	• 지식. 전문성. 직관적. 통합적.

단계의 구체적 사례로, AI 정부는 이를 기반으로 협력적 시민 사회를 구축할 수 있습니다.

노랑(7단계)은 다양성과 통합성을 기반으로 한 사회로, 정보와 지식이 핵심 가치를 이룹니다. 밈노믹스는 이 단계에서 개인주의와 공동체의 균형을 강조하며, AI 기술을 통해 효율적이고 인간 중심적인 사회를 설계할 가능성을 제시합니다.

밈노믹스는 가치 시스템의 이러한 단계적 진화를 통해 한국 사회의 현재와 미래가 직면한 도전 과제를 해결하는 데 필요한 시사점을 제공합니다. 각 단계의 특성을 분석하고 이를 현재와 미래의 정책 설계에 적용함으로써, 지속 가능한 발전을 이어가며 인간 중심 사회를 구축할 수 있습니다.

밈노믹스는 경제의 흐름을 '가치 시스템 밈'이라는 혁신적 관점에서 분석하며, 인류가 지향해온 가치를 중심으로 경제의 과거와 현재를 정리하고 미래를 향한 비전을 제시합니다. 밈노믹스는 이론적 논의에 그치지 않고 우리의 가치관과 행동을 돌아보게 하는 질문을 던질 수 있습니다.

예를 들어, "어떤 가치를 중심으로 경제를 설계하고 지속 가능한 미래를 만들어갈 것인가?"라는 질문은 경제와 문화, 자신의 역할을 깊이 성찰하게 만듭니다. 이처럼 밈노믹스는 경제의 진화를 이해하고 실천 가능한 대안을 고민하는 데 통찰력을 제공합니다.

밈노믹스로 본 한국 사회의 현재와 미래 그리고 AI 정부

이 책에서는 밈노믹스를 한국 사회의 현재와 미래를 조망하고 AI 정부의 정책 방향을 설계하는 데 유효하고 효과적인 도구로 사용하려 합니다. 한국 사회는 급격한 경제 성장과 문화적 변화를 겪으면서 다층적인 가치 시스템을 형성해왔습니다. 밈노믹스는 이러한 복잡한 가치 구조를 분석하고 이해하며, 다양한 세대와 집단 간 갈등을 조율하고 통합적인 정책을 마련하는 데 기여할 수 있을 것입니다.

미래 사회는 기술 발전과 글로벌화로 인해 빠르게 변화하고 있습니다. 이러한 환경에서는 단기적인 경제 지표만으로 사회의 방향성을 설정하기 어렵습니다. 밈노믹스는 경제와 문화의 상호작용을 통해 장기적인 지속 가능성을 확보하는 데 필요한 통찰을 제공합니다. 이를 통해 한국 사회가 직면한 인구 감소, 환경 문제, 경제 불균형 등의 과제를 해결하는 중요한 프레임워크를 제시할 수 있습니다.

또한, AI 정부가 만들어가는 사회에서는 정책 결정이 점점 더 데이터 기반으로 이루어집니다. 하지만 데이터 분석만으로는 인간의 가치와 문화적 맥락을 충분히 반영하기 어렵습니다. 밈노믹스는 가치 시스템과 인간 행동의 심층적 이해를 통해 데이터 기반 의사결정의 한계를 보완하고, 더 인간 중심적인 정책을 설계할 수 있도록 도울 수 있을 것입니다. 이는 AI 정부가 기술적 효율성뿐만 아니라 사회적 공정성과 포용성을 강화하는 데도 기여할 것입니다.

더 나아가, 밈노믹스를 활용해 경제와 문화를 통합적으로 이해하고 이를 바탕으로 지속 가능한 미래를 설계할 수 있습니다. 한국 사회의 현재와 미래를 조망하고, AI 정부가 구축하는 새로운 사회 구조에서 인간 중심의 가치를 실현하는 데 밈노믹스의 접근법이 중요한 역할을 할 것입니다.

이처럼 인간과 사회의 조화로운 발전을 위한 비전을 제시하는 밈노믹스를 활용해 현재 한국 사회와 미래 한국 사회를 조망하고 동시에, AI 정부가 만들어갈 AI 사회에 대해 체계적으로 진단해보고자 합니다. 이를 위해 2025년 1월 전국 성인남녀 500명을 대상으로 웹 조사를 진행했습니다. 또한, 2021년 7월의 1,000명 대상 ARS 여론조사 결과와 비교했습니다.

질문 1: 현재 한국 사회의 주요 가치는 무엇이며, 어떤 과제가 존재하는가?

현재 한국 사회는 경쟁과 생존, 권력 중심의 가치가 두드러집니다. 여론조사 결과에 따르면, 빨강 중심의 경쟁 가치가 33%로 가장 높은 비중을 차지하고 있습니다. 이는 개인 간 경쟁과 승자 독식 구조가 지배적인 사회적 경향을 보여줍니다. 직장에서의 성과 중심 문화와 교육에서의 과도한 입시 경쟁이 이를 잘 드러냅니다. 이러한 구조는 사회적 신뢰를 약화시키고, 구성원 간 협력보다는 갈등을 조장하는 문제를 낳습니다. 하지만 전통적 가치와 조직적 틀도 여전히 중요한 역할을 하고 있습니다. 보라 가치(16%)는 가족 중심 문화와 공동체적 의식을 통해 나타나며, 파랑 가치(26%)는 조직화와 질서를 중시하는 체계적인 사고로 한국 사회를 지탱하고 있습니다. 그러나 빨강 중심의 경쟁 구조는 변화와 혁신을 저해할 가능성이 크며, 이를 극복하기 위해 협력과 공존의 가치를 확대해야 합니다. 법과 제도, 교육, 사회 문화를 포함한 포괄적인 변화가 필요함을 의미합니다.

질문 2: 미래 한국 사회에서 어떤 가치가 두드러질 것이며, 이를 실현하기 위한 기반은 무엇인가?

미래 한국 사회는 평등, 연대, 협력을 중시하는 방향으로 변화할 것으로 보입니다. 여론조사 결과, 초록 가치는 31%로 나타났으며, 이는 구성원 간 협력적 관계와 공정성을 기반으로 하는 사회 전환

[그림 3] 한국 사회의 현재, 미래, AI 정부 밈 조사 결과

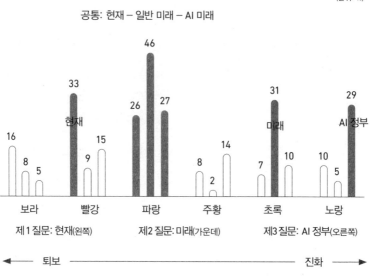

(단위: %)

공통: 현재 – 일반 미래 – AI 미래

제1 질문: 현재(왼쪽)　　제2 질문: 미래(가운데)　　제3질문: AI 정부(오른쪽)

◄─── 퇴보 ─────────────────────────── 진화 ───►

* 제1 질문(현재 한국 사회)과 제2 질문(미래 한국 사회)은 2021년 7월에, 제3 질문(AI 정부 기대 사회)은 2025년 1월에 조사함.

을 의미합니다. 지역사회 공공 프로젝트에 시민 참여를 늘리거나, 기업이 팀워크와 상생을 강조하는 조직 문화를 형성하는 것이 그 예입니다. 이러한 초록 중심 사회는 질서를 유지하고 효율적인 구조를 통해 연대와 협력을 강화하는 파랑 가치(46%)의 기반 위에서 실현될 수 있습니다. 빨강 중심의 경쟁 구조는 9%로 감소할 것으로 보이며, 이는 경쟁 중심 사회가 약화될 가능성을 시사합니다. 그러나 이를 대체할 협력적 가치 시스템은 교육, 사회적 안전망, 법과 제도를 통해 구체화되어야 합니다. 미래 사회의 과제는 이러한 가치를 정착시키기 위해 전반적인 사회 변화를 유도하고, 구성원 간 신뢰를 재구축하는 것입니다.

질문 3: AI 정부가 기대하는 미래 사회는 어떤 특징을 가지며, 어떤 가치의 융합이 필요할까?

AI 기반의 미래 사회는 창의성과 자율성을 중시합니다. 여론조사 결과에 따르면 노랑 가치는 29%로 가장 두드러진 특징을 보일 것입니다. 이는 기술과 인간의 조화를 통해 혁신적인 문제 해결이 가능해질 것을 의미합니다. 예를 들어, 의료 분야에서 AI는 정밀한 데이터를 활용해 맞춤형 치료를 제공하며, 인간 의사의 판단력을 보완할 수 있습니다. 동시에 협력과 공존의 가치는 초록 가치(10%)와 함께 여전히 중요한 역할을 하며, 기술이 인간 중심의 사회적 연대를 강화하는 방향으로 활용되어야 함을 보여줍니다. AI 시대에는 경쟁 중심의 빨강 가치가 15%로 약화될 것이며, 창의성과 자율성을 상징하는 노랑 가치가 주요 동력이 될 것입니다.

AI와 인간의 공존을 위해 초록과 노랑 가치를 융합하는 것이 필요합니다. 초록 가치는 협력과 포용을 통해 인간 중심적 접근을 가능하게 하며, 노랑 가치는 창의적이고 자율적인 문제 해결 능력을 증대시킵니다. 이를 실현하기 위해 교육 시스템은 협력과 창의성을 동시에 육성하는 방향으로 개편되어야 하며, AI 기술은 인간의 능력을 보완하는 도구로 자리 잡아야 합니다. 또한, 공론화와 민주적 거버넌스는 구성원의 목소리를 반영하고, 이를 바탕으로 빠르고 효율적인 의사결정을 지원해야 합니다. 초록과 노랑 가치를 결합한 사회는 인간과 AI가 조화를 이루며 공존할 수 있는 미래를 열어갈 것입니다.

AI 정부 철학: 공정·연대 위에 창의와 자율

전통적 가치의 쇠퇴

보라 밈은 현재 16%, 미래와 AI 기대 사회에서 각각 8%와 5%로 감소 추세에 있습니다. 이는 전통과 집단적 가치 중심의 사고가 현대 사회의 변화 속도와 맞지 않음을 반영합니다. 하지만 보라 밈이 완전히 소멸되지는 않을 것입니다. 문화적 정체성과 전통 보존, 지역 공동체의 역할을 통해 여전히 중요한 위치를 유지할 가능성이 있습니다.

빨강 밈은 AI 기반 사회에서 15%로 다소 낮은 비중을 보이며, 경쟁 중심 사고의 중요성이 줄어들 수 있음을 시사합니다. 하지만 지나치게 경쟁을 배제하면 사회 발전의 동력이 약화될 수 있습니다. 따라서 경쟁과 협력 간 적정한 균형을 유지하는 것이 바람직합니다. 경쟁은 갈등을 유발할 수 있지만, 적절히 관리되면 개인과 조직의 성장을 촉진할 수 있습니다.

모든 시대를 관통하는 기본 가치 시스템: 파랑 밈

파랑 밈은 현재, 미래, 그리고 AI 기반 사회에서도 중요한 역할을 담당하는 기본 가치 시스템입니다. 체계적 사고, 질서 유지, 법과 규칙 중심의 가치는 사회를 유지하고 발전시키는 데 필수적입니다. 여론조사에 따르면, 파랑 밈은 현재 26%, 미래 46%, AI 정부 기대 사회 27%의 비중을 차지하며 안정적이거나 높은 비중을 유지하고 있습니다. 특히 미래 사회에서 46%로 증가하는 비중은 초록 밈의 부상을 지탱할 구조적 기반으로서 파랑 밈의 역할을 시사합니다.

이는 질서를 유지하며 협력을 촉진하는 중요한 요소로 작용할 것입니다.

현재 한국 사회: 빨강 밈 중심의 경쟁적 구조

현재 한국 사회는 빨강 밈이 33%로 가장 두드러진 특징을 보입니다. 빨강 밈은 경쟁·생존·권력 중심의 사고방식을 반영하며 갈등과 과도한 경쟁, 승자 독식 구조를 심화시킵니다. 동시에 보라 밈(16%)과 파랑 밈(26%)도 중요한 역할을 하며, 이는 전통적 가치와 조직적 틀을 유지하려는 경향을 나타냅니다. 그러나 빨강 밈 중심의 구조는 미래 사회로의 전환에서 도전 과제가 될 수 있습니다. 지나친 경쟁은 사회적 안정성을 저해할 우려가 있습니다.

미래 한국 사회: 초록 밈의 부상과 협력적 가치의 확대

미래 한국 사회에서는 초록 밈이 31%로 핵심 가치를 형성할 전망입니다. 초록 밈은 평등·연대·협력을 강조하며, 공존과 상호작용을 강화합니다. 이는 갈등을 줄이고 공정성을 기반으로 한 협력적 사회를 지향합니다. 파랑 밈은 46%로 초록 밈의 기반 역할을 하며, 빨강 밈은 9%로 감소해 경쟁 중심의 구조가 약화될 것입니다. 이는 연대와 포용의 가치가 더 큰 비중을 차지하게 되는 변화를 보여줍니다.

AI 정부 기대 사회: 노랑 밈 중심의 창의와 자율

AI 기반 사회에서는 노랑 밈이 29%로 주요 가치로 부상하며, 창의성·혁신·자율성을 중시하는 사회로 변화합니다. AI 기술은 복잡한 문제 해결의 도구로 작용하며 인간의 사고와 상호작용하며 보완합니다. 초록 밈은 10%로 비중이 줄어들지만, 협력과 공존의 역할은 여전히 유지됩니다. 파랑 밈은 27%로 안정적 기반을 제공하며, 빨강 밈은 15%로 감소해 경쟁과 갈등 요소의 비중이 약화될 수 있습니다.

상호 보완적 역할의 초록 밈과 노랑 밈은 미래 사회 전환의 핵심 요소입니다. 초록 밈은 연대와 협력을 통해 사회적 통합을 이루고, 노랑 밈은 AI 기술로 창의적이고 혁신적인 문제 해결 방안을 제공합니다. 이를 위해 초록 밈의 협력적 가치와 노랑 밈의 창의적 사고를 강화하는 교육 정책이 필요합니다. 또한, AI를 활용해 협력과 창의성을 증대시키고, 초록 밈을 기반으로 사회적 약자를 보호하며 다양한 의견을 포용해야 합니다. 공론화를 통해 초록 밈의 가치를 강화하고 노랑 밈으로 혁신적 의사결정을 지원하는 방식도 효과적입니다. 이러한 변화는 경쟁 중심의 빨강 밈 사회에서 벗어나 협력과 창의성을 중시하는 사회로 전환하고, 인간과 AI가 조화롭게 공존하는 미래를 구현할 비전을 제시합니다.

AI 정부가 갖추어야 할 덕목

에니어그램은 성격을 이해하는 창문

에니어그램(Enneagram)은 인간의 내면을 탐구하는 독특한 도구입니다. 이 모델은 성격을 분류하는 데 그치지 않고, 인간의 동기와 두려움을 중심으로 삶의 패턴과 방향성을 이해하게 합니다. 9개의 성격 유형은 각 개인이 세상을 바라보고 반응하는 방식을 설명하며, 이를 통해 성장과 치유의 길을 제시합니다. 에니어그램은 심리학·철학·영적 전통에 뿌리를 둔 모델로, 개인뿐만 아니라 조직과 사회 시스템에도 적용할 수 있습니다. 에니어그램은 원형 위에 배치된 9개의 점으로 구성되며, 각 점은 고유한 성격 유형을 나타냅니다. 이는 핵심 욕구(Core Desire)와 핵심 두려움(Core Fear)을 중심으로 인간의 행동을 설명합니다. 또한, 특정 상황에서 드러나는 스트레스 상황(Disintegration)과 성장 상황(Integration)도 다룹니다.

9가지 성격 유형은 각각 독특한 특성과 동기를 지니고 있습니다. '개혁가'는 원칙과 기준을 중시하고 올바름을 추구합니다. '조력가'는 타인에게 헌신하며 사랑받고자 하는 욕구가 강합니다. '성취자'는 성공과 인정에 가치를 두며 효율성을 중시합니다. '예술가(개인주의자)'는 독창성과 진정성을 추구하며 자신만의 특별함을 갈망합니다. '사색가'는 지식과 이해를 통해 세상을 파악하려고 노력하며, '충성가'는 안전과 신뢰를 추구하며 불확실성에 대비합니다. '낙천가(열정가)'는 즐거움과 가능성에 열정적이며 낙관적인 태도를 지니고, '지도자(도전자)'는 강한 통제력과 주권을 중시하며 강인함을 드러냅니다. 마지막으로 '중재자(평화주의자)'는 조화와 균형을 중시하며 갈등을 피하려는 성향이 강합니다.

이 모델은 개인의 내적 동기뿐만 아니라 조직과 사회 시스템의 성격까지도 설명할 수 있는 독특한 틀을 제공합니다. 이를 정부와 같은 거대 시스템에 적용하는 시도는 이러한 확장성을 기반으로 합니다.

[표 7] 에니어그램으로 본 사람의 성향과 특징

성향		성향 특징	
		건강할 때, 가치 및 능력	스트레스일 때, 행태
1	개혁가	정직, 원칙, 정의	완벽주의, 비판적, 융통성 없음
2	조력가	친절, 배려, 봉사	의존적, 욕구가 많음, 잘 삐짐
3	성취자	야망, 성공, 인정	이기적, 허영심, 가식적
4	예술가	독창성, 감수성, 낭만	우울증, 자존감 낮음, 소외
5	사색가	지식, 분석, 독립	소심, 냉소적, 고립
6	충성가	안전, 안정, 예측 가능성	불안, 의심, 편집증
7	낙천가	긍정, 에너지, 모험	충동적, 게으름, 책임감 없음
8	지도자	강인함, 용기, 리더십	폭력적, 공격적, 독단적
9	중재자	평화, 조화, 타협	수동적, 게으름, 무책임

에니어그램으로 본 정부는 사회적 유기체

모든 조직과 시스템은 고유한 성향과 성격을 지닌 사회적 유기체로 이해할 수 있습니다. 정부 역시 마찬가지입니다. 정부는 국민과의 상호작용 속에서 특정 성격과 성향을 드러내며, 이는 정책 방향, 위기 대응, 대중과의 관계 형성에서 명확히 나타납니다. 그래서 에니어그램은 정부의 성격을 분석하는 도구도 됩니다. 이 도구는 개개인의 성격뿐 아니라 시스템과 조직의 내재적 동기와 두려움까지 탐구할 수 있습니다. 모든 사물에는 고유한 성격이 존재한다는 전제는 정부에도 그대로 적용됩니다. 정부는 정책과 행정을 집행하는 기계적 시스템이 아니라 하나의 유기체처럼 움직입니다. 정책과 의사결정 과정에서 드러나는 정부의 성격은 특정 동기와 두려움에 기반합니다. 예를 들어, 성취자(3번 유형) 성향의 정부는 경제 성장을 통해 성공적인 이미지를 만들어내는 데 강한 동기를 가지며, 실패하거나 무능력하게 보이는 것을 두려워합니다. 반면, 충성가(6번 유형) 성향의 정부는 국가의 안보와 안정성을 최우선으로 하며 국민 보호에 중점을 둡니다.

정부의 성격은 정책 방향과 의사결정 과정에서 구체적으로 드러납니다. 중재자(9번 유형) 성향의 정부는 국민 간 조화를 우선시하며 갈등을 완화하려고 합니다. 그러나 이런 성향은 위기 상황에서 결단력 부족으로 비판받을 수 있습니다. 반대로 지도자(8번 유형) 성향의 정부는 강력한 통제와 주권을 중시하며, 필요시 엄격한 방식으로 국민을 이끌기도 합니다.

정부의 성격은 국민과의 관계 형성에도 큰 영향을 미칩니다. 조력가(2번 유형) 성향의 정부는 복지와 약자 보호에 중점을 두며, 국민의 신뢰를 얻고자 노력합니다. 하지만 이러한 성향은 국민의 인정을 지나치게 갈구하거나, 실패에 대한 두려움으로 이어질 가능성도 있습니다. 에니어그램은 이러한 상호작용을 분석하여 정부와 국민 간 신뢰와 갈등의 요인을 명확히 파악하는 데 도움을 줍니다.

에니어그램을 활용한 정부 성격 분석의 의미

에니어그램을 활용한 정부 성격 분석은 정책 개선과 대중 신뢰 증진, 그리고 위기 관리 능력을 높이는 데 실질적인 도움이 될 수 있습니다. 정부의 성격을 분석하면 강점과 약점을 명확히 이해하고 국민의 요구와 조화를 이루는 정책 방향을 설정할 수 있습니다. 또한, 스트레스 상황에서 나타날 수 있는 부정적 반응을 예측하고 예방하는 데도 효과적입니다. 정부는 국민의 삶을 비추는 거울이자 시대의 방향성을 함께 만들어가는 동반자입니다. 에니어그램은 이 거울 속에서 정부의 내면을 들여다보고, 더 나은 정책과 리더십을 설계할 수 있는 창의적 열쇠를 제공합니다. 이러한 분석은 정부를 평가하는 데 그치지 않고, 더 건강하고 지속 가능한 민주주의를 만들어가는 데 기여할 것입니다.

정부의 성격은 그 정책과 행동, 그리고 국민과의 관계 속에서 드러납니다. 이를 에니어그램이라는 틀로 분석하면 정부의 본질적인 동기와 두려움을 명확히 이해할 수 있습니다. 이는 국민과의 신뢰를 회복하고 지속 가능한 정책을 설계하는 데 중요한 역할을 합니다. 에니어그램은 정부와 국민 간의 상호작용을 탐구하고, 더 나은 민주주의를 구현하기 위한 철학적이고 실질적인 도구로 자리 잡을 수 있습니다. 우리는 이 창을 통해 더 깊은 통찰과 더 나은 미래를 만들어 갈 수 있을 것입니다.

AI 국정 기조:
도덕성·책임감을 바탕으로 한 이타성과 유능함

국민 성향: 이타적

우리 국민의 성향에서 가장 두드러지는 특징은 '정 많고 잘 도와줌'(35%)이라는 협력적 가치입니다. 이는 개인과 공동체가 서로를 돌보며 함께 성장하려는 우리 사회의 근본적 특징을 보여줍니다. 이러한 협력의 정신은 '도덕성과 자제력'(18%)으로 이어집니다. 이는 개인의 윤리적 책임과 사회적 신뢰를 중시하는 태도를 반영하며, 우리 국민이 공동체 내에서 질서를 유지하고 지속 가능한 발전을 추구하는 모습을 나타냅니다. 동시에 '실용성과 유능함'(10%)에 대한 비중은 실질적인 문제 해결과 효율적인 행동을 통해 현실적 성과를 중시하는 국민의 기대를 보여줍니다. 이와 대조적으로 '솔직과 과감'(3%)의 낮은 비중은 국민이 과감한 변화를 추진하기보다는 신중하고 균형 잡힌 접근을 더 선호한다는 점을 시사합니다.

국가 리더십의 선호: 유능함

국민이 국가 리더십에서 가장 선호하는 덕목은 '실용성과 유능함'(22%)입니다. 이는 국가가 복잡한 문제를 효율적이고 실질적으로 해결하며, 국민 삶에 직접적인 도움을 주기를 바라는 기대를 보

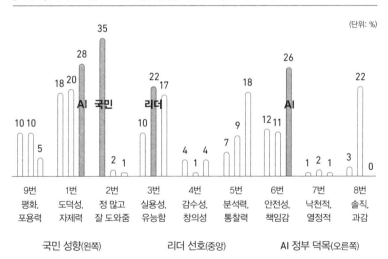

[그림 4] 에니어그램으로 본 국민 성향, 리더 선호, AI 정부 덕목

(단위: %)

국민 성향(왼쪽)　　　리더 선호(중앙)　　　AI 정부 덕목(오른쪽)

* 우리 국민 성향과 국가 리더 국민 선호는 2021년 7월에, AI 정부 덕목은 2025년 1월에 조사함

여줍니다. 이와 함께 '안전성과 책임감'(11%)은 안정적이고 신뢰할
수 있는 리더십을 요구하며, 위기 상황에서 흔들림 없이 국민을 보
호해주길 바란다는 점을 강조합니다. 흥미로운 점은 '낙천적, 열정
적'(1%)이라는 덕목이 가장 낮은 비중을 차지했다는 것입니다. 이는
국가 리더십이 지나치게 낙관적인 태도를 취하기보다는 현실적이고
책임감 있는 방식으로 접근해야 함을 의미합니다. '솔직, 과감'도 높
게 나왔지만, 해당 조사 결과에서는 줄어든 추세를 보이고 있습니
다(28%→22%).

　이러한 결과는 국민 성향과 국가 리더십에 대한 요구가 일관된
방향성을 가진다는 것을 보여줍니다. 즉, 국민은 윤리와 신뢰를 바
탕으로 실질적 성과를 내는 안정적인 리더십을 기대하고 있습니다.
이는 AI 정부의 설계와 운영에도 중요한 시사점을 제공합니다.

AI 정부의 정체성: 도덕성과 책임감

　국민이 AI 정부에 기대하는 정체성 중 가장 높은 비중을 차지한
것은 '도덕성과 자제력'(28%)입니다. 이는 AI 기술이 윤리적 기준을
준수하고, 신뢰를 기반으로 운영되기를 바라는 국민의 요구를 명
확히 보여줍니다. '안전성과 책임감'(26%)은 두 번째로 높은 비중을
차지하며, 기술적 안정성과 책임 있는 정책 운영에 대한 국민의 기
대를 반영합니다. 반면, '낙천적, 열정적'(1%)은 AI 기술에서는 덜 중
요하게 여겨지는 요소입니다. 이 결과는 국민이 AI 정부에 대해 신
뢰와 안정성을 기반으로 한 책임 있는 운영을 기대하고 있음을 보
여주며, 이러한 기대는 개인적 성향과 국가 리더십에서 나타난 윤
리와 실용성의 요구와 긴밀히 연결됩니다.

[그림 5] AI 정부의 핵심역량

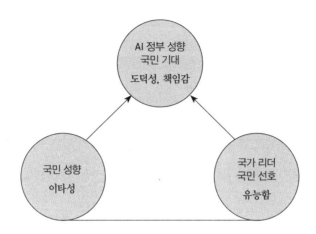

세 가지 질문에서 도출된 결과를 종합해보면, 국민은 '이타적이고 유능한 AI 정부'를 필요로 하고 있음을 알 수 있습니다. 국민의 성향에서 나타난 이타적 가치, 국가 리더십에 대한 실용적이고 유능함의 요구, 그리고 AI 정부의 도덕성과 책임감을 향한 기대는 모두 하나의 방향으로 수렴합니다. 기술적 효율성과 윤리적 책임의 조화를 통해 국민의 삶에 실질적인 도움을 주는 AI 정부가 이상적인 모델이라는 점을 보여줍니다.

이타적이고 유능한 AI 정부는 단순히 데이터를 처리하거나 정책을 자동화하는 시스템이 아닙니다. 국민의 신뢰를 바탕으로, 인간의 정서와 요구를 이해하고 이를 기반으로 한 맞춤형 정책을 실행하는 존재입니다. 예컨대, AI 정부는 재난 대비, 의료 지원, 교육 혁신 등 다양한 분야에서 취약계층을 우선 배려하고, 동시에 자원의 효율적 배분을 통해 국민 모두가 혜택을 누릴 수 있는 체계를 구축할 수 있습니다.

AI 정책 방향에 대한 이해

AI를 활용한 정부 정책의 핵심방향은 국민 삶의 질 서비스 향상

인공지능을 적극적으로 활용하는 정부에서 정책을 어떻게 이해해야 한다고 보십니까? (중복 응답)							%
국민의 삶을 향상시키는 서비스: 국민의 삶의 질을 높이기 위해 제공되는 공공 서비스	미래 지향적 설계: 지속 가능한 발전과 미래 세대를 위한 기반 마련	공정성 실현의 장치: 사회적 불평등을 해소하고 공정한 기회를 제공하는 체계	문제 해결 도구: 사회적·경제적·환경적 문제를 해결하기 위한 수단	글로벌 경쟁력 강화: 국가와 국민이 국제적 환경에서 경쟁력을 갖추도록 돕는 전략	다양한 이해관계 조정: 갈등을 해결하고 사회적 합의를 도출하는 조정 도구	사회적 통합의 매개체: 다양한 계층과 집단 간의 조화를 이루는 촉진제	가치와 철학의 구현: 정부의 철학과 사회적 가치를 실현하는 표현 방식
63	47	46	45	34	29	24	13

* 2025년 1월 전국 성인남녀 500명 대상 웹 조사(128쪽까지)

"인공지능을 적극적으로 활용하는 정부에서 정책을 어떻게 이해해야 한다고 보십니까?"라는 질문에 대한 답변 결과를 보면 응답자들은 여러 가지 측면에서 정부 정책의 방향을 이해하고 있었습니다. 가장 많은 응답이 나온 항목은 '국민의 삶을 향상시키는 서비스'로, 이는 국민의 삶의 질을 높이기 위해 제공되는 공공 서비스의 중요성을 강조합니다. 전체의 63%가 선택하였습니다. 두 번째로 높은 비중을 차지한 항목은 '미래 지향적 설계'로, 이는 지속 가능한 발전과 미래 세대를 위한 기반 마련에 중점을 둡니다. 응답자의 47%가 선택하였습니다.

이어서 '공정성 실현의 장치'가 46%로 뒤를 이었는데, 이는 사회적 불평등을 해소하고 공정한 기회를 제공하는 체계를 중요하게 여긴다는 것을 보여줍니다. 그다음으로는 '문제 해결 도구'가 45%의 응답을 얻었으며, 이는 사회적·경제적·환경적 문제를 해결하기 위한 수단으로 AI 정책을 이해하는 관점이었습니다. '글로벌 경쟁력 강화'는 34%로 국가와 국민이 국제적 환경에서 경쟁력을 갖추도록 돕는 전략으로 이해하는 의견이 있었습니다. '다양한 이해관계 조정'에 대해서는 29%가 응답하였으며, 이는 갈등을 해결하고 사회적 합의를 도출하는 조정 도구로 AI 정책을 바라보는 시각을 나타냅니다.

'사회적 통합의 매개체'는 24%의 응답률을 보였는데, 이는 다양한 계층과 집단 간의 조화를 이루는 촉진제로 AI 정책을 이해한다는 의견을 반영하였습니다. 마지막으로 '가치와 철학의 구현'은 13%로 가장 낮은 응답률을 기록하였으며, 이는 정부의 철학과 사회적 가치를 실현하는 표현 방식으로 AI 정책을 이해하는 관점이었습니다.

이 결과를 통해 국민이 AI 정책을 이해하는 데 있어 실용성과 공공의 이익을 우선시하며, 특히 삶의 질 향상과 공정성 실현, 그리고 문제 해결에 높은 관심을 두고 있음을 알 수 있습니다.

공정하고 평등한 정책이 좋은 정책

인공지능을 적극적으로 활용하는 정부에서 '좋은 정책'이란 무엇이라고 생각하십니까?			%
사회적 공정성과 평등을 실현하는 정책	지속 가능성과 미래 세대를 고려한 정책	경제적 성과와 실질적 결과를 제공하는 정책	개인의 자유를 극대화하는 정책
38	32	27	3

　　인공지능을 적극적으로 활용하는 정부에서 '좋은 정책'이란 무엇인가에 대한 응답에서 가장 높은 선호도를 기록한 것은 '사회적 공정성과 평등을 실현하는 정책'으로, 전체 응답자의 38%가 이를 선택했습니다. 공정성과 평등이라는 사회적 가치를 최우선으로 두는 경향이 뚜렷하게 나타났습니다. 이어서 '지속 가능성과 미래 세대를 고려한 정책'이 32%로 두 번째로 높은 선호도를 보였습니다. 이는 응답자들이 단기적인 이익보다는 환경적 지속 가능성과 세대 간 형평성을 중시한다는 점을 시사합니다. 세 번째로 높은 응답을 얻은 항목은 '경제적 성과와 실질적 결과를 제공하는 정책'으로, 27%의 응답자가 이를 선택했습니다. 경제적 안정성과 가시적인 결과를 중요하게 여기는 의견이 나타났습니다. 반면 '개인의 자유를 극대화하는 정책'은 단 3%의 응답률로 가장 낮은 선호도를 보였으며, 이는 개인의 자유보다는 공동체적 가치와 사회적 책임을 더 중시하는 경향을 보여주는 결과라고 할 수 있습니다. 이러한 조사 결과를 종합해보면, 응답자들은 '좋은 정책'을 정의할 때 사회적 책임, 공정성, 지속 가능성을 주요 기준으로 삼는 것으로 해석할 수 있습니다.

AI 정부 정책 평가 기준은 공정성과 투명성

인공지능을 적극적으로 활용하는 정부 정책의 성공을 평가할 때 가장 중요한 기준은 무엇이라고 생각하십니까? %			
실행 과정의 공정성과 투명성	지속 가능성과 장기적 효과	국민의 체감 만족도	국제적 경쟁력과 비교 우위
41	29	23	8

인공지능을 적극적으로 활용하는 정부 정책의 성공 평가 기준으로 가장 중요한 요소에 대한 질문에 '실행 과정의 공정성과 투명성'이 41%로 가장 높은 응답률을 기록했습니다. 이는 정책 집행의 신뢰성과 공정성에 대한 국민적 기대를 반영하는 결과로 해석할 수 있습니다. 그다음으로는 '지속 가능성과 장기적 효과'가 29%의 응답을 차지하여, 장기적인 정책 효과와 안정적인 실행이 중요한 기준으로 평가되었습니다. 이어서 '국민의 체감 만족도'가 23%를 기록하며 정책 수혜자가 직접 느끼는 만족도가 상당한 비중을 차지하는 것으로 나타났습니다. 반면, '국제적 경쟁력과 비교 우위'는 8%로 상대적으로 낮은 응답률을 보였으며, 이는 글로벌 경쟁력보다는 국내적인 신뢰성과 지속 가능성을 우선시하는 경향을 보여줍니다.

정부의 AI 정책은 국민 보호막

인공지능을 적극적으로 활용하는 정부의 정책은 국민의 삶에 어떤 역할을 해야 한다고 생각하십니까? (중복 응답)				%
보호막: 국민의 기본적인 안전과 생존을 보장	혁신의 동력: 사회적 변화와 발전을 주도하는 역할	조정자: 다양한 이해관계자의 갈등을 조율하고 합의를 이끄는 역할	나침반: 국민의 삶의 방향성과 목표를 제시	촉진제: 국민의 잠재력과 창의성을 끌어내는 지원 역할
51	45	41	34	30

정부의 인공지능 정책이 국민의 삶에서 수행해야 할 역할로 가장 높은 비중을 차지한 응답은 '국민의 기본적인 안전과 생존을 보장하는 보호막의 역할'로, 51%의 응답률을 기록했습니다. 이는 국민이 기본적인 생존과 안전을 보장받는 데 AI 기술이 기여하는 것을 가장 중요하게 여김을 나타냅니다.

그다음으로 높은 비중을 보인 항목은 '사회적 변화와 발전을 주도하는 혁신의 동력 역할'로, 응답자의 45%가 이를 선택하며 AI가 사회적 혁신과 발전의 중심이 될 것을 기대했습니다. 세 번째로는 '다양한 이해관계자의 갈등을 조율하고 합의를 이끄는 조정자의 역할'이 41%의 응답률을 기록했습니다. 복잡한 사회적 갈등을 해결하는 데 있어 AI의 중재 및 조율 기능에 대한 필요성이 강조되었습니다.

이어 '국민의 삶의 방향성과 목표를 제시하는 나침반의 역할'은 34%의 응답률로 나타나, AI가 국민에게 삶의 비전과 목표를 제시하는 데 기여할 수 있음을 보여줍니다. 마지막으로, '국민의 잠재력과 창의성을 끌어내는 촉진제의 역할'은 30%로 가장 낮은 비중을 차지했지만, 여전히 개인의 역량을 활성화하고 지원하는 AI의 역할에 대한 기대가 존재함을 알 수 있습니다.

결론적으로, 국민은 AI 기술이 안전과 생존을 우선 보장하고, 혁신의 동력이 되며, 갈등을 조율하고 방향성을 제시하며 잠재력을 촉진하는 다각적인 역할을 감당하기를 기대하고 있음을 알 수 있습니다.

AI 활용 정부의 정책 성공 요소

인공지능을 적극적으로 활용하는 정부에서 정책 성공을 위한 가장 혁신적인 요소는 무엇이라고 생각하십니까? (중복 응답)				%
데이터 기반 예측과 평가: 정책 효과를 실시간으로 모니터링하고 개선하는 데이터 활용	국민 참여와 피드백 시스템: 정책 설계부터 집행까지 국민 의견을 반영하는 상호작용 플랫폼	다양성 포용: 문화적·사회적·경제적 다양성을 존중하는 통합적 접근	유연성과 적응성: 상황 변화에 따라 조정 가능한 정책 구조	공동 창작 모델: 정부와 시민, 전문가가 함께 정책을 설계하고 집행하는 협력 방식
57	47	40	36	20

인공지능을 적극적으로 활용하는 정부에서 정책 성공을 위한 가장 혁신적인 요소로는 '데이터 기반 예측과 평가'가 57%로 가장 높은 응답을 얻었습니다. 이는 정책 효과를 실시간으로 모니터링하고 개선하기 위해 데이터를 활용하는 방안의 중요성을 나타냅니다. 이어서 '국민 참여와 피드백 시스템'이 47%의 응답률을 기록하며, 정책 설계부터 집행까지 국민의 의견을 반영하는 상호작용 플랫폼의 필요성이 강조되었습니다. '다양성 포용'은 40%로, 문화적·사회적·경제적 다양성을 존중하는 통합적 접근 방식이 주목받았습니다.

'유연성과 적응성'은 36%로, 상황 변화에 따라 조정 가능한 정책 구조의 중요성이 확인되었습니다. 마지막으로 '공동 창작 모델'은 20%로, 정부와 시민, 전문가가 협력하여 정책을 설계하고 집행하는 방식의 가능성을 보여주었습니다.

이러한 결과는 정책 성공을 위한 혁신 요소가 데이터 활용과 국민 참여, 포용성과 적응성, 그리고 협력적 접근 방식에 걸쳐 다각도로 요구된다는 점을 시사합니다.

AI 기술의 정부 활용 필요성에 대한 인식

인공지능 기술의 정부 활용에 대한 필요성에 동의하십니까?					%
매우 비동의	비동의	동의	매우 동의	비동의 합계	동의 합계
2	12	71	15	14	86

인공지능 기술의 정부 활용 필요성에 대해 응답자의 71%가 '동의'하고, 15%가 '매우 동의'한다고 답하여, 전체 응답자의 86%가 긍정적인 견해를 보이고 있습니다. 반면 '비동의' 12%, '매우 비동의' 2%로 나타나, 부정적인 견해는 소수에 불과합니다. 이러한 결과는 대다수 응답자가 AI 기술을 정부에서 활용하는 것이 필요하다는 인식을 가지고 있음을 보여줍니다.

정부 의사결정 과정에서 AI와 인간 전문가 의견 반영에 대한 인식

정부의 의사결정 과정에 AI가 참여할 경우, 인간 전문가의 의견이 충분히 반영되어야 한다고 보십니까?					%
매우 비동의	비동의	동의	매우 동의	비동의 합계	동의 합계
1	5	51	43	6	94

정부 의사결정 과정에 AI가 참여할 경우 인간 전문가의 의견이 충분히 반영되어야 한다는 의견에 대해 응답자의 51%가 '동의'하고, 43%가 '매우 동의'한다고 답했습니다. 전체 응답자의 94%가 긍정적인 입장입니다. 반면 '비동의' 5%, '매우 비동의' 1%로 나타나, 부정적인 의견은 극소수에 그치고 있습니다. 이는 AI의 활용이 중요하더라도 인간 전문가의 의견을 충분히 고려하는 것이 필요하다는 인식이 강하게 자리 잡고 있음을 보여줍니다.

정부의 AI 활용이 가져올 수 있는 이점

정부의 AI 활용이 가져올 수 있는 가장 큰 이점은 무엇이라고 생각하십니까?				%
효율성 증대	공정성 강화	비용 절감	오류 감소	기타
50	24	19	7	1

정부의 AI 활용으로 얻을 수 있는 가장 큰 이점으로 '효율성 증대'를 선택한 응답자가 50%로 가장 많았습니다. 절반의 응답자가 효율성 향상을 주요한 이점으로 보고 있습니다. 이어서 '공정성 강화'가 24%로 나타나 공정한 정책과 의사결정에 AI가 기여할 수 있다는 인식이 확인되었습니다. '비용 절감'은 19%로, AI 활용이 경제적 효과를 가져올 수 있다고 보는 견해가 존재합니다. '오류 감소'는

7%로 비교적 낮은 비중을 차지하고 있습니다. 마지막으로 '기타'는 1%에 불과해, 대다수 응답자는 효율성, 공정성, 비용 절감, 오류 감소를 중심으로 AI의 이점을 평가하고 있음을 보여줍니다.

AI 기술 발전이 가져올 정부 운영 방식 변화는 효율성과 감정 배제

AI 기술의 발전이 가져올 정부 운영 방식의 변화에 대해 찬성 또는 반대하는 이유를 선택해주세요.	%
찬성: 정책 효율성이 증가한다. 감정적 판단을 배제할 수 있다.	반대: 인간적 요소가 부족해질 수 있다. 결정의 투명성이 낮아질 우려가 있다.
74	26

AI 기술 발전이 정부 운영 방식의 변화를 가져오는 데 대해 응답자의 74%가 찬성하고 있습니다. 이들은 정책 효율성이 증가하고 감정적 판단을 배제할 수 있다는 점을 주요 이유로 들고 있습니다. 반면, 26%는 반대 의견을 나타냈으며, 이는 인간적 요소가 부족해질 가능성과 결정의 투명성이 낮아질 우려 때문이라는 이유로 분석됩니다. 이러한 결과는 AI 기술을 통한 정부 운영 방식의 변화를 긍정적으로 평가하는 한편, 일부는 인간적 가치와 투명성 확보에 대한 우려를 제기하고 있음을 보여줍니다.

AI를 활용한 정부에서 정책의 공정성과 데이터의 공정성은 같은 말

AI가 정부 정책에서 공정성을 보장하려면 어떤 요소가 가장 중요하다고 보십니까?			%
데이터의 공정성	알고리즘의 투명성	독립적인 검증 절차	국민 참여 강화
46	26	15	13

AI가 정부 정책에서 공정성을 보장하기 위해 가장 중요한 요소로 '데이터의 공정성'을 선택한 응답자가 46%로 가장 많았습니다. 절반에 가까운 응답자가 데이터를 공정하고 정확하게 다루는 것이 핵심이라고 보고 있습니다. 이어서 '알고리즘의 투명성'이 26%로, 알고리즘의 작동 원리와 결과가 투명하게 공개되는 것의 중요성이 강조되었습니다. '독립적인 검증 절차'는 15%로 나타나 독립적인 기관이나 절차를 통해 정책이 검증되는 것이 필요하다는 인식이 확인되었습니다. 그리고 '국민 참여 강화'는 13%로 상대적으로 낮은 비중을 차지하였습니다. 이는 데이터와 알고리즘의 신뢰성이 공정성 보장의 핵심적 역할을 한다는 인식을 보여줍니다.

AI 정부와
국민 삶

복지

AI의 복지 수급자 공정 선정 가능성에 대한 인식 조사 결과

AI가 복지 수급자를 공정하게 선정할 수 있다고 생각하십니까?					%
매우 비동의	비동의	동의	매우 동의	비동의 합계	동의 합계
3	25	60	11	28	72

조사 결과에 따르면, AI가 복지 수급자를 공정하게 선정할 수 있다는 의견에 대해 응답자의 60%가 '동의'하고, 11%가 '매우 동의'하여 전체의 72%가 긍정적인 입장을 보이고 있습니다. 반면 '비동의'는 25%, '매우 비동의'는 3%로 나타나, 약 28%의 응답자가 부정적인 견해를 가지고 있습니다. 이러한 결과는 대다수 응답자가 AI가 공정한 기준에 따라 복지 수급자를 선정할 수 있는 잠재력을 가졌음을 인정하고 있지만, 여전히 일부는 AI의 한계에 대해 우려를 느

끼고 있음을 보여줍니다.

AI가 복지 서비스 제공에서 중요한 역할을 할 수 있는 부분

AI가 복지 서비스 제공에서 가장 중요한 역할을 할 수 있는 부분은 무엇이라고 생각하십니까?			%
대상자 데이터 분석 및 선정	맞춤형 서비스 추천	복지 자원의 효율적 배분	서비스 처리 속도 향상
35	27	23	15

AI가 복지 서비스 제공에서 가장 중요한 역할을 할 수 있는 부분으로 '대상자 데이터 분석 및 선정'을 선택한 응답자가 35%로 가장 많았습니다. 데이터 분석을 통해 복지 대상자를 정확히 선정하는 역할이 가장 중요한 것으로 인식되고 있습니다. 이어서 '맞춤형 서비스 추천'이 27%로, 개인화된 서비스를 제안하는 AI의 기능에 대한 중요성이 강조되었습니다. '복지 자원의 효율적 배분'은 23%로 나타나, AI가 자원을 최적화하여 배분하는 데 기여할 수 있다는 견해가 확인되었으며, '서비스 처리 속도 향상'은 15%로 상대적으로 낮은 비중을 차지하고 있습니다.

조사 결과는 AI가 복지 서비스의 정교한 관리와 맞춤형 접근 방식에서 중요한 역할을 할 수 있다는 인식을 보여주고 있습니다.

AI가 복지 서비스를 처리하는 과정에서 발생할 수 있는 우려

AI가 복지 서비스를 처리하는 과정에서 발생할 수 있는 우려는 무엇입니까?			%
인간적 상담의 부재	판단 기준의 투명성 부족	개인정보 유출 가능성	기타
49	32	18	0

AI가 복지 서비스를 처리하는 과정에서 발생할 수 있는 가장 큰 우려로 '인간적 상담의 부재'를 든 응답자가 49%로 절반에 가까운 비중을 차지했습니다. AI의 자동화된 처리 방식이 인간적인 소통과 정서적 공감을 대체할 수 없다는 점이 주요 우려로 나타났습니다. '판단 기준의 투명성 부족'은 32%로, AI의 의사결정 과정이 충분히 공개되지 않거나 이해 가능한 방식으로 이루어지지 않을 가능성에 대한 우려가 확인되었습니다. '개인정보 유출 가능성'은 18%로, 민감한 데이터를 다루는 과정에서 보안 문제에 대한 염려가 일부 존재하고 있습니다. '기타'는 응답이 없었으며, 이는 조사 항목 이외의 우려는 특별히 언급되지 않았음을 보여줍니다. 이러한 결과는 AI의 효율성에도 불구하고, 인간적 요소와 데이터 투명성, 보안 문제를 보완하는 노력이 필요하다는 점을 시사하고 있습니다.

AI를 활용한 복지 서비스 개선에서 중요한 윤리적 요소

AI를 활용하여 복지 서비스를 개선할 때 가장 중요한 윤리적 요소는 무엇이라고 생각하십니까?		%
공정한 접근성	인간적 공감 보장	개인정보 보호
42	35	22

AI를 활용하여 복지 서비스를 개선할 때 가장 중요한 윤리적 요소로 '공정한 접근성'을 선택한 응답자가 42%로 가장 많습니다. 누구나 동등하게 복지 서비스를 받을 수 있는 공정성이 가장 중요한 가치로 인식되고 있습니다. 이어서 '인간적 공감 보장'이 35%로 나타나, 기술적 접근뿐만 아니라 인간적인 이해와 정서적 연결을 유지하는 것이 중요한 요소로 평가받고 있습니다. '개인정보 보호'는 22%로, 복지 서비스 과정에서 민감한 개인정보를 안전하게 보호하는 것이 상대적으로 낮은 비중을 차지했지만, 여전히 중요한 윤리적 고려 사항으로 나타났습니다. 이 결과는 AI 기술이 효율성과 함께 인간적 요소와 윤리적 기준을 동시에 충족해야 함을 강조하고 있습니다.

국방

국방 분야에서 AI의 중요한 역할에 대한 인식

국방 분야에서 AI의 가장 중요한 역할은 무엇이어야 한다고 보십니까?			%
정보 분석 및 군사 전략 수립	사이버 보안 강화	자동화 무기 및 드론 관리	기타
41	36	23	0

조사 결과에 따르면, 국방 분야에서 AI의 가장 중요한 역할로 '정보 분석 및 군사 전략 수립'을 선택한 응답자가 41%로 가장 많았습니다. AI가 방대한 정보를 효과적으로 분석하고 이를 기반으로 전

략을 수립하는 데 기여해야 한다는 인식이 강하게 나타나고 있습니다. 이어서 '사이버 보안 강화'가 36%로, 사이버 위협에 대한 대응과 국방 네트워크의 안전을 보장하는 AI의 역할이 중요한 것으로 평가되었습니다. '자동화 무기 및 드론 관리'는 23%로, AI가 전투와 관련된 자동화된 무기 시스템과 드론 운영을 지원하는 데 기여할 수 있다는 견해가 확인되었습니다. '기타'는 응답이 없었으며, 이는 제시된 세 가지 역할 이외의 항목은 특별히 언급되지 않았음을 보여줍니다. 이러한 결과는 AI가 국방 분야에서 정보 기반의 전략적 활용과 사이버 보안 강화에서 중심적인 역할을 해야 한다는 점을 시사하고 있습니다.

AI 기술이 군사 작전에서 인간의 판단을 완전히 대체할 가능성에 대한 인식

| AI 기술이 군사 작전에서 인간의 판단을 완전히 대체할 수 있다고 생각하십니까? | | | | | % |
매우 비동의	비동의	동의	매우 동의	비동의 합계	동의 합계
10	43	42	6	52	48

AI 기술이 군사 작전에서 인간의 판단을 완전히 대체할 수 있다는 데 대해 '동의'와 '매우 동의'를 선택한 비율이 48%로 나타났습니다. 반대로 '비동의'와 '매우 비동의'를 선택한 비율은 52%로 조사되었습니다. 두 응답의 비율 차이가 오차범위 수준 안에 있어, 긍정적 의견과 부정적 의견이 대등한 수준으로 평가할 수 있습니다.

이는 군사 작전에서 AI의 기술적 가능성을 긍정적으로 보는 시각과 동시에 인간의 판단이 여전히 필수적이라는 견해가 공존하고 있음을 보여줍니다. 이러한 결과는 AI 기술의 유용성과 한계에 대한 신중한 논의와 균형 잡힌 접근이 필요하다는 점을 시사하고 있습니다.

AI 기반 국방 시스템에서 발생할 수 있는 윤리적 우려에 대한 인식

AI 기반 국방 시스템의 윤리적 우려를 선택해주세요.		%
오작동 위험	책임 소재 불분명	민간 피해 가능성 증가
45	36	18

AI 기반 국방 시스템의 가장 큰 윤리적 우려로 '오작동 위험'을 선택한 응답자가 45%로 가장 많았습니다. 시스템의 기술적 오류로 인해 예기치 않은 결과가 발생할 가능성이 주요한 우려로 나타났습니다. 이어서 '책임 소재 불분명'이 36%로, AI 시스템의 의사결정에 따른 결과에 대해 책임을 명확히 규정하기 어려운 점이 중요한 윤리적 문제로 지적되었습니다. '민간 피해 가능성 증가'는 18%로, AI 기술 사용으로 인해 민간인에게 피해가 확산될 우려가 상대적으로 낮은 비중으로 나타났습니다. 이 결과는 AI 기반 국방 시스템이 효율성을 높이는 동시에, 기술적 오류와 책임 소재 문제, 민간 피해 방지를 위한 철저한 윤리적 검토가 필요하다는 점을 강조하고 있습니다.

AI 국방 기술 개발에서 국제 협력의 필요성에 대한 인식

AI 국방 기술 개발에서 국제 협력이 필요하다고 생각하십니까?					%
매우 비동의	비동의	동의	매우 동의	비동의 합계	동의 합계
1	13	65	21	14	86

AI 국방 기술 개발에서 국제 협력이 필요하다는 의견에 대해 응답자의 65%가 '동의', 21%가 '매우 동의'를 선택하여, 전체 86%가 국제 협력의 필요성을 긍정적으로 평가하고 있습니다. 반면, '비동의'는 13%, '매우 비동의'는 1%로 나타나, 부정적인 의견은 14%에 불과합니다. 이러한 결과는 대다수 응답자가 AI 국방 기술 개발 과정에서 국제적인 협력이 필수적이라고 인식하고 있으며, 이는 기술 표준화, 공동 대응, 윤리적 규제 등 글로벌 차원의 협력 필요성이 널리 공감되고 있음을 보여줍니다.

행정

AI를 통한 행정 서비스 자동화가 공공 서비스 품질 향상에 미치는 영향

AI가 행정 서비스를 자동화하면 공공 서비스의 품질이 향상될 것이라고 생각하십니까?					%
매우 비동의	비동의	동의	매우 동의	비동의 합계	동의 합계
2	15	69	15	16	84

AI를 통해 행정 서비스를 자동화하면 공공 서비스의 품질이 향

상될 것이라는 데 대해 응답자 중 '동의'가 69%, '매우 동의'가 15%였습니다. 전체 84%가 긍정적인 의견을 표하고 있습니다. 반면 '비동의'는 15%, '매우 비동의'는 2%로, 부정적인 의견은 총 16%로 상대적으로 낮게 나타났습니다. 이러한 결과는 대다수 응답자가 AI를 활용한 행정 서비스 자동화가 공공 서비스의 효율성과 품질을 높일 수 있다고 인식하고 있음을 보여줍니다. 이는 AI 기술의 도입이 행정 서비스의 신속성과 정확성을 개선하는 데 기여할 가능성을 시사합니다.

AI를 활용한 행정 서비스 자동화의 주요 이점에 대한 인식

AI를 활용한 행정 서비스 자동화의 가장 큰 이점은 무엇입니까?			%
대기 시간 단축	행정 오류 감소	비용 절감	기타
40	34	25	0

AI를 활용한 행정 서비스 자동화의 가장 큰 이점으로 '대기 시간 단축'을 선택한 응답자가 40%로 가장 많았습니다. 행정 처리 속도가 빨라지고 대기 시간이 줄어드는 효과를 가장 중요한 이점으로 인식하고 있음을 보여줍니다. 이어서 '행정 오류 감소'는 34%였습니다. AI 기술이 데이터 처리와 업무 수행의 정확성을 높이는 데 기여할 수 있다는 점이 주목받고 있습니다. '비용 절감'은 25%로 나타나, 행정 운영에서 불필요한 비용을 줄일 수 있는 효율성이 일부 응답자에게 중요하게 평가되었습니다. '기타'는 응답이 없었는데, 이는 조사 항목 이외의 이점이 특별히 언급되지 않았음을 의미합니다. 이러한 결과는 AI를 활용한 자동화가 공공 서비스의 신속성과

정확성을 개선하면서 비용 효율성까지 높일 수 있다는 인식이 강함을 시사합니다.

AI 행정 시스템의 투명성 보장을 위한 필요 요소에 대한 인식

AI 행정 시스템이 투명성을 보장하기 위해 필요한 요소는 무엇이라고 생각하십니까?		%
독립 검증 기구 운영	알고리즘 공개	시민 감시 참여
43	29	28

조사 결과에 따르면, AI 행정 시스템의 투명성을 보장하기 위해 가장 필요한 요소로 '독립 검증 기구 운영'을 선택한 응답자가 43%로 가장 많았습니다. 독립적인 기관을 통한 검증과 감독이 투명성을 확보하는 데 핵심적이라고 인식되고 있습니다. 이어서 '알고리즘 공개'는 29%로, AI 시스템의 작동 원리를 공개하여 신뢰를 형성하는 것이 중요한 요소로 평가되었습니다. '시민 감시 참여'는 28%로 나타나, 시민들이 직접 감시와 참여를 통해 AI 행정 시스템의 투명성을 유지하는 역할을 강조하고 있음을 보여줍니다. 이러한 결과는 AI 행정 시스템의 투명성을 확보하기 위해 독립적 검증과 알고리즘 공개, 시민 참여의 균형 잡힌 접근이 필요하다는 점을 시사하고 있습니다.

AI를 활용한 행정에서 시민 참여 증진 방안에 대한 인식

AI를 활용한 행정에서 시민의 참여를 증진시키기 위한 방안은 무엇이라고 보십니까?		%
시민 의견 데이터 분석	실시간 피드백 시스템	공청회 AI 통합 운영
42	38	21

    AI를 활용한 행정에서 시민 참여를 증진하기 위한 가장 효과적인 방안으로 '시민 의견 데이터 분석'을 선택한 응답자가 42%로 가장 많았습니다. 시민들의 다양한 의견을 데이터로 수집하고 분석하여 정책에 반영하는 것이 중요한 방안으로 인식되고 있습니다. 이어서 '실시간 피드백 시스템'은 38%로, 시민들이 즉각적으로 의견을 제시하고 피드백을 받을 수 있는 시스템이 중요한 역할을 할 수 있음을 보여줍니다. '공청회 AI 통합 운영'은 21%로 상대적으로 낮은 비중을 차지했지만, 공청회와 같은 소통 공간에서 AI를 활용하여 시민과의 협력을 강화할 가능성이 제시되고 있습니다. 이러한 결과는 AI 기술이 시민의 의견을 적극적으로 수렴하고 실시간으로 소통하는 방식으로 활용될 때 행정 참여를 효과적으로 증진할 수 있음을 시사합니다.

재정

AI가 재정 정책에서 중요한 역할을 할 수 있는 부분에 대한 인식

AI가 재정 정책에서 가장 큰 역할을 할 수 있는 부분은 무엇이라고 보십니까?			%
예산 효율성 분석	사기 및 부정행위 탐지	지출 패턴 분석	기타
47	30	23	0

　AI가 재정 정책에서 가장 큰 역할을 할 수 있는 부분으로 '예산 효율성 분석'을 선택한 응답자가 47%로 가장 많았습니다. 예산을 효율적으로 분석하고 자원을 최적화하는 데 AI가 핵심적인 역할을 할 수 있다는 인식이 확인되었습니다. 이어서 '사기 및 부정행위 탐지'는 30%로, AI가 재정 시스템 내의 부정행위를 탐지하고 방지하는 데 중요한 기여를 할 수 있다는 점이 강조되었습니다. '지출 패턴 분석'은 23%로, AI가 정부의 지출 데이터를 분석하여 패턴을 파악하고 개선점을 제시하는 데 사용될 수 있다는 응답이 뒤를 이었습니다. '기타'는 응답이 없었으며, 이는 제시된 세 가지 항목 이외의 역할에 대한 특별한 언급이 없음을 의미합니다. 이러한 결과는 AI가 재정 정책에서 효율성과 투명성을 동시에 높이는 데 중요한 도구로 활용될 수 있음을 시사합니다.

AI가 제안한 재정 정책의 신뢰도를 높이기 위한 조건에 대한 인식

AI가 제안한 재정 정책의 신뢰도를 높이기 위해 필요한 조건은 무엇입니까?		%
정책 결과 예측의 정확성 검증	데이터 출처 공개	국민 의견 수렴 과정 강화
51	31	18

AI가 제안한 재정 정책의 신뢰도를 높이기 위해 가장 필요한 조건으로 '정책 결과 예측의 정확성 검증'을 선택한 응답자가 51%로 가장 많았습니다. 정책 결과와 예측이 검증 가능한 정확성을 갖추는 것이 신뢰성을 확보하는 데 핵심 요소로 인식되고 있습니다. 이어서 '데이터 출처 공개'가 31%로, AI가 사용하는 데이터의 출처를 투명하게 공개하여 정책의 근거를 명확히 하는 것이 중요하다는 의견이 나타났습니다. '국민 의견 수렴 과정 강화'는 18%로 상대적으로 낮은 비중을 차지했지만, AI 재정 정책 수립 과정에서 국민의 참여와 의견 반영이 신뢰도를 높이는 데 기여할 수 있다고 평가되었습니다. 이러한 결과는 AI 기반 재정 정책이 신뢰받기 위해서는 정확한 예측과 투명한 데이터 사용이 필수적이며, 동시에 국민과의 소통이 보완되어야 함을 시사하고 있습니다.

AI를 활용한 세금 시스템 개선 방안에 대한 인식

AI를 활용한 세금 시스템 개선 방안으로 가장 적합한 것은 무엇이라고 보십니까?		%
세금 신고 자동화	세금 회피 패턴 탐지	세금 불공정 사례 분석
40	32	28

AI를 활용한 세금 시스템 개선을 위한 가장 적합한 방안으로 '세금 신고 자동화'를 선택한 응답자가 40%로 가장 많았습니다. 신고 과정을 자동화하여 세금 납부 절차를 간소화하고 효율성을 높이는 것이 주요 개선 방안으로 인식되고 있습니다. 이어서 '세금 회피 패턴 탐지'는 32%였습니다. AI를 활용하여 세금 회피 행위를 탐지하고 방지하는 데 초점을 맞춘 대응 방안이 중요하게 평가되었습니다. '세금 불공정 사례 분석'은 28%로, 세금 제도에서 발생하는 불공정 사례를 AI로 분석하여 개선점을 찾는 접근 방식도 일정 비중을 차지하였습니다. 이러한 결과는 세금 시스템 개선을 위해 AI가 효율성과 공정성을 동시에 추구하는 도구로 활용될 수 있음을 방증합니다.

교육

AI 맞춤형 학습 시스템에 대한 찬반 의견 및 이유에 대한 인식

AI가 학생들에게 맞춤형 학습을 제공하는 시스템에 대해 찬성 또는 반대하는 이유를 선택해주세요.					%
찬성: 학생 개개인의 학습 속도와 스타일에 맞춘 교육 가능	반대: 학생들의 창의력 저하 가능성	반대: 인간 교사의 중요성 약화	찬성: 교사의 부담 감소	찬성	반대
42	22	19	18	60	39

AI가 학생들에게 맞춤형 학습을 제공하는 시스템에 대해 응답자의 60%가 찬성하고, 39%가 반대하는 의견을 표했습니다. 찬성

하는 주요 이유로는 '학생 개개인의 학습 속도와 스타일에 맞춘 교육 가능'이 42%로 가장 높게 나타났으며, 이어서 '교사의 부담 감소'가 18%로 교사의 업무 경감을 장점으로 꼽는 응답도 있었습니다. 반면, 반대하는 이유로는 '학생들의 창의력 저하 가능성'이 22%로 가장 많았고, '인간 교사의 중요성 약화'가 19%로 뒤를 이었습니다. 이러한 결과는 AI 맞춤형 학습 시스템이 교육의 효율성을 높이고 교사 업무를 줄이는 긍정적인 가능성을 지닌 동시에, 학생의 창의성을 증진하고 인간 교사의 역할을 보완해야 할 필요성도 있음을 시사하고 있습니다.

AI 기반 학습 시스템이 교육 격차를 줄이는 효과에 대한 인식

AI 기반 학습 시스템이 교육 격차를 줄이는 데 효과적이라고 보십니까?					%
매우 비동의	비동의	동의	매우 동의	비동의 합계	동의 합계
5	36	49	10	41	59

AI 기반 학습 시스템이 교육 격차를 줄이는 데 효과적이라는 데 대해 '동의'가 49%, '매우 동의'가 10%로 나타났습니다. 긍정적인 의견이 총 59%를 차지했습니다. 반면, '비동의'는 36%, '매우 비동의'는 5%로, 부정적인 의견이 총 41%를 기록했습니다. 긍정적인 의견이 다소 우세하지만, 부정적인 시각도 상당한 비중을 차지하고 있습니다. 이러한 결과는 AI 기반 학습 시스템이 교육 격차 해소에 기여할 가능성을 인정받고 있으나, 여전히 그 효과에 대한 우려와 신중한 검토가 필요하다는 점을 시사합니다.

AI 기술이 교사를 대체할 가능성이 높은 분야에 대한 인식

다음 중 AI 기술이 교사를 대체할 가능성이 높은 분야라고 생각되는 것을 모두 선택해주세요. (중복 응답)					%
학생의 학습 데이터 분석 및 맞춤형 학습 제공	반복적이고 표준화된 지식 전달	객관식 시험 채점 및 성적 관리	학습 관리 및 출석 확인	기본적인 상담 및 학습 동기 부여	기타
28	24	22	21	4	0

AI 기술이 교사를 대체할 가능성이 큰 분야로 가장 많이 선택된 항목은 '학생의 학습 데이터 분석 및 맞춤형 학습 제공'입니다. 28%의 응답을 기록했습니다. 학생 개별 학습 데이터를 분석하고 맞춤형 학습을 제공하는 영역에서 AI의 대체 가능성이 가장 크게 평가되고 있습니다. 이어서 '반복적이고 표준화된 지식 전달'이 24%로, 표준화된 교육 콘텐츠 전달에서 AI의 역할이 주목받고 있습니다. '객관식 시험 채점 및 성적 관리'는 22%로, 평가와 관리 업무에서도 AI의 대체 가능성이 큰 것으로 나타났습니다. '학습 관리 및 출석 확인'은 21%로, 행정적이고 규칙적인 작업에서도 AI의 기여 가능성이 확인되었습니다. 반면, '기본적인 상담 및 학습 동기 부여'는 4%로, 인간적 소통과 동기 부여 역할은 AI의 대체 가능성이 작게 평가되었습니다. '기타'는 응답이 없었습니다. 이 결과는 AI가 분석과 표준화된 작업에서 교사를 대체할 가능성이 크지만, 인간적 상호작용이 필요한 영역에서는 여전히 교사의 역할이 중요하다는 점을 시사하고 있습니다.

AI 기술이 교사를 대체하기 어려운 분야에 대한 인식

다음 중 AI 기술이 교사를 대체하기 어려운 분야라고 생각되는 것을 모두 선택해주세요. (중복 응답)				%
학생과의 감정적 유대 형성	문제 행동에 대한 심리적 상담 및 지도	도덕적·윤리직 가치 전달	협력과 의사 소통 능력을 기르는 수업	창의적이고 비판적인 사고를 가르치는 수업
25	21	19	18	17

AI 기술이 교사를 대체하기 어려운 분야로 가장 많이 선택된 항목은 '학생과의 감정적 유대 형성'으로 25%의 응답을 기록했습니다. 이는 교사가 학생과 정서적 관계를 형성하는 역할이 AI로 대체되기 어렵다는 인식을 보여줍니다. 이어서 '문제 행동에 대한 심리적 상담 및 지도'가 21%로, 심리적 지원과 행동 지도가 중요한 영역으로 평가되었습니다. '도덕적·윤리적 가치 전달'은 19%로 나타나, AI가 윤리와 가치를 교육하는 데 제한이 있다는 점이 강조되었습니다. 또한, '협력과 의사소통 능력을 기르는 수업'이 18%, '창의적이고 비판적인 사고를 가르치는 수업'이 17%로, 학생의 협력과 창의력을 키우는 역할에서도 교사의 중요성이 드러났습니다. 이 결과는 정서적 연결, 가치 교육, 창의적 사고와 같은 인간적 요소가 필요한 영역에서 AI의 한계가 뚜렷하다는 점을 시사하고 있습니다.

AI와 인권

AI가 자율성을 가지게 되었을 때 인권을 인정해야 하는가에 대한 인식

AI가 자율성을 가지게 되었을 때, 인권을 인정해야 한다고 생각하십니까?					%
매우 비동의	비동의	동의	매우 동의	비동의 합계	동의 합계
14	34	40	12	49	51

　AI가 자율성을 가지게 되었을 때 인권을 인정해야 한다는 의견에 대해 '동의'가 40%, '매우 동의'가 12%로, 긍정적인 의견이 총 51%를 차지하였습니다. 반면, '비동의'는 34%, '매우 비동의'는 14%로, 부정적인 의견은 총 49%를 기록하였습니다. 긍정과 부정 의견이 근소한 차이를 보이며 대등하게 나타났습니다.

　이러한 결과는 AI의 자율성 발전에 따른 인권의 개념 확장과 윤리적 논의의 필요성을 제기하면서도, 인권 인정에 대한 신중한 태도가 공존하고 있음을 시사하고 있습니다. 이는 기술적 진보와 윤리적 기준 사이의 균형을 유지하기 위한 논의가 필요함을 보여줍니다.

AI 인권 인정으로 발생할 수 있는 사회적 갈등 해결을 위한 접근 방식에 대한 인식

AI 인권을 인정할 경우 발생할 수 있는 사회적 갈등을 해결하기 위해 어떤 접근 방식이 필요하다고 생각하십니까? %		
AI와 인간의 역할 구분 명확화	윤리적 논의 확대	법적 기준 마련
46	34	20

AI 인권을 인정할 경우 발생할 수 있는 사회적 갈등을 해결하기 위해 가장 필요한 접근 방식으로 'AI와 인간의 역할 구분 명확화'를 선택한 응답자가 46%로 가장 많았습니다. AI와 인간 간의 역할과 책임을 명확히 정의하는 것이 핵심 방안으로 인식되고 있습니다. 이어서 '윤리적 논의 확대'는 34%로, AI 인권 문제를 둘러싼 사회적·학문적 논의를 심화시키고 다양한 관점을 수렴하는 필요성이 강조되었습니다. '법적 기준 마련'은 20%로, AI 인권과 관련된 법적 제도와 규정을 체계적으로 마련하는 것이 필요하다는 의견도 일정 비중을 차지하였습니다. 이러한 결과는 AI와 인간의 상호작용에서 갈등을 줄이기 위해 명확한 역할 정의와 윤리적·법적 기반 마련이 모두 중요한 과제로 제시되고 있음을 시사하고 있습니다.

AI가 노동을 수행할 경우 노동자로서의 권리 보장에 대한 인식

AI가 노동을 수행할 경우 노동자로서의 권리를 보장해야 한다고 생각하십니까?					%
매우 비동의	비동의	동의	매우 동의	비동의 합계	동의 합계
9	39	41	11	49	51

AI가 노동을 수행할 경우 노동자로서의 권리를 보장해야 한다는 의견에 대해 '동의'가 41%, '매우 동의'가 11%로, 긍정적인 의견이 총 51%를 차지하였습니다. 반면, '비동의'는 39%, '매우 비동의'는 9%로 부정적인 의견은 총 49%로 조사되었습니다. 긍정적 의견과 부정적 의견이 오차 범위 내에서 근소한 차이를 보이며 대등한 수준으로 나타났습니다. 이러한 결과는 AI가 노동을 수행할 경우 그 권리 인정 여부에 대해 사회적 논의와 합의가 필요한 상황임을 시사하며, 노동의 정의와 AI의 법적·윤리적 지위에 대한 명확한 기준 마련이 필요함을 보여줍니다.

AI의 자율성과 인간의 권리 간 충돌 해결을 위한 방안에 대한 인식

AI의 자율성과 인간의 권리 간 충돌을 해결하기 위한 가장 효과적인 방안은 무엇이라고 생각하십니까?			%
윤리적 가이드라인 수립	법적 규제 강화	사회적 대화 확대	기타
55	34	11	0

AI의 자율성과 인간의 권리 간 충돌을 해결하기 위한 가장 효과적인 방안으로 '윤리적 가이드라인 수립'을 선택한 응답자가 55%로 가장 많았습니다. 명확하고 일관된 윤리적 기준을 설정하는 것이 핵심적이라고 인식되고 있습니다. 이어서 '법적 규제 강화'가 34%로, 충돌을 방지하기 위한 엄격한 법적 제도와 규제 마련의 중요성이 강조되었습니다. '사회적 대화 확대'는 11%로, 다양한 이해관계자 간의 논의와 공론화를 통해 문제를 해결하려는 접근 방식이 상대적으로 낮은 비중을 차지했습니다. '기타'는 응답이 없었습니다.

이 결과는 AI의 자율성과 인간 권리 간의 균형을 유지하기 위해 윤리적 기준과 법적 제도 마련이 우선시되어야 하며, 이를 보완하는 사회적 논의도 필요하다는 점을 시사하고 있습니다.

사회 종합

AI의 공공 정책 수립 과정에서 국민 의견 수렴 효과성

AI가 공공 정책의 수립 과정에서 국민 의견을 수렴하는 데 얼마나 효과적이라고 보십니까?					%
전혀 효과적이지 않다	효과적이지 않다	효과적이다	매우 효과적이다	비효과적임 합계	효과적임 합계
1	19	71	9	20	80

AI가 공공 정책의 수립 과정에서 국민 의견을 수렴하는 데 효과적이라는 의견이 80%로 높은 비중을 차지하고 있습니다. 응답자 중 '효과적이다'라고 답한 비율은 71%, '매우 효과적이다'는 9%로 나타나, 긍정적인 평가가 전체의 80%에 달하고 있습니다. 반면, '효과적이지 않다'는 응답은 19%, '전혀 효과적이지 않다'는 응답은 1%로 집계되어, 비효과적이라는 의견은 20%에 그친 것으로 확인되었습니다. 이러한 결과는 AI가 국민 의견을 수렴하는 과정에서 비교적 긍정적인 기능을 할 수 있다는 인식을 보여줍니다.

AI 도입으로 인한 직업군 변화에 대한 정부 대응책

AI 도입으로 인해 사라질 가능성이 높은 직업군에 대해 정부는 어떤 대응책을 마련해야 한다고 보십니까?			%
기본소득 도입 검토	재교육 프로그램 확대	AI 기술 규제	기타
41	40	19	0

AI 도입으로 인해 사라질 가능성이 큰 직업군에 대해 정부가 마련해야 할 대응책으로는 '기본소득 도입 검토'가 41%로 가장 높은 비중을 차지하고 있습니다. 그 뒤를 이어 '재교육 프로그램 확대'가 40%로 나타나, 직업 변화에 대비한 사회적 안전망 구축과 역량 강화 방안이 비슷한 중요도로 인식되고 있음을 보여줍니다. 반면 'AI 기술 규제'는 19%로 다소 낮은 비중을 차지했습니다. '기타'는 선택되지 않아 응답자가 제안한 주요 대응책에 포함되지 않는 것으로 확인되었습니다. 이러한 결과는 기본소득과 재교육 병행을 중심으로 한 정책적 접근이 AI로 인한 직업 변화 대응책으로 적합하다는 인식이 우세하다는 것을 나타냅니다.

자율주행 기술 도입으로 교통 안전성 향상 가능성

자율주행 기술 도입으로 교통 안전성이 향상될 가능성에 대해 어떻게 생각하십니까?					%
매우 낮다	낮다	높다	매우 높다	낮음 합계	높음 합계
2	26	59	14	27	73

자율주행 기술 도입으로 교통 안전성이 향상될 가능성에 대해 긍정적으로 평가한 응답이 73%로 높은 비중을 차지하고 있습니다. 세부적으로는 '높다'라고 응답한 비율이 59%, '매우 높다'는 14%입니다. 기술 도입에 따른 안전성 향상 가능성에 대한 기대가 높게 나타났습니다. 반면 '낮다'는 26%, '매우 낮다'는 2%로 조사되어, 부정적인 응답은 27%에 그친 것으로 확인되었습니다. 이러한 결과는 자율주행 기술이 교통 안전성 개선에 기여할 것이라는 긍정적 인식이 우세함을 보여줍니다.

AI 정책에서 개인정보 보호 우선 고려

AI와 관련된 정책에서 개인정보 보호가 우선적으로 고려되어야 한다고 보십니까?					%
매우 비동의	비동의	동의	매우 동의	비동의 합계	동의 합계
0	5	54	40	5	95

AI와 관련된 정책에서 개인정보 보호가 우선 고려되어야 한다는 의견에 대해 동의하는 응답이 95%로 압도적으로 높은 비중을 차지하고 있습니다. 구체적으로 '동의한다'는 응답이 54%, '매우 동의한다'는 40%입니다. 대다수 응답자가 개인정보 보호의 중요성에 대해 긍정적인 의견을 가지고 있었습니다. 반면, '비동의한다'는 응답은 5%, '매우 비동의한다'는 응답은 0%로 나타나, 부정적인 의견은 미미한 수준에 머물러 있습니다. 이러한 결과는 AI 정책 수립 과정에서 개인정보 보호가 가장 먼저 고려되어야 한다는 강한 사회적 합의가 있음을 보여줍니다.

AI 공공 서비스 제약 요인

AI가 공공 서비스의 효율성을 높이는 데 있어 가장 중요한 제약은 무엇이라고 생각하십니까?		%
윤리적 논란	법적 규제 부족	기술적 한계
58	25	17

AI가 공공 서비스 효율성을 높이는 데 있어 가장 중요한 제약으로 '윤리적 논란'을 든 비율이 58%로 가장 높았습니다. '법적 규제 부족'은 25%로 두 번째로 중요한 제약으로 나타났으며, 기술적 한계는 17%로 가장 낮은 비율을 보였습니다. 이를 통해 응답자들은 AI 기술의 공공 서비스 도입에서 윤리적 문제가 가장 큰 장애 요인이라고 인식하고 있음을 확인할 수 있습니다.

2장

데이터 기반 행정 및
문제 해결

AI 01.
검찰 조서, 법원 판결서, 권익위 의결서 공개 및 데이터 분석

국민권익위원회는 경찰이나 검찰, 법원과 달리 강제 조사권, 기소권, 최종 처분권이 없습니다. 그럼에도 불구하고, 대통령 배우자의 청탁금지법 위반 의혹 종결 처리가 국회의 대통령 탄핵 청원 사유(2024년 7월 26일)로 등장한 것은 의미심장한 일이었습니다. 많은 국민이 대통령 배우자의 명품 백 수수 장면을 목격했지만, 청탁금지법 주무 기관인 국민권익위원회는 법리적으로 충분히 다툼의 여지가 있었음에도 제대로 된 조사 없이 사건을 종결(2024년 6월 10일)했습니다. 이에 많은 국민이 실망하였고, 저 또한 국민권익위원회 위원으로서 책임을 느끼고 사퇴(2024년 6월 17일)했습니다.

헌법 제1조는 대한민국이 민주공화국임을, 제11조는 모든 국민이 법 앞에 평등함을 명시합니다. 이는 국민과 국가가 맺은 명확한 사회적 계약입니다. 그러나 국민권익위원회의 대통령 배우자 명품 백 사건 종결 처리는 이 사회적 계약을 정부가 심각하게 위반한 사건으로 간주할 수 있습니다. 정부가 국민을 기만하고 헌법 정신을 훼손했으며, 평등의 원칙을 침해함으로써 국민의 신뢰를 저버린 행위입니다.

국민의 고통과 박탈감

이 사건은 많은 국민에게 심각한 박탈감과 좌절을 안겼습니다. 서민 부부는 맞벌이하며 월급을 합쳐도 생활비·교육비·의료비를 충당하기 어려워 빚을 지는 경우가 많습니다. 이런 현실에서 대통령 배우자가 명품 백을 수수했다는 소식은 이들에게 억울함과 박탈감을 안겼을 것입니다. 비정규직이나 최저임금으로 일하는 노동자 또한 생계비 충당조차 어려운 처지에서 이 소식을 접하고 분노와 좌절을 느꼈을 것입니다. 학자금 대출, 낮은 임금, 불안정한 고용 상태로 고통받는 청년들 역시 공정한 사회에 대한 희망을 잃고 실망했을 것입니다.

감시·사법 시스템의 한계

국민권익위원회가 어떻게 국민의 고통을 외면하는 결정을 내릴 수 있었을까요? 법을 자의적으로 해석할 수 있다고 판단했기 때문일 수 있습니다. 더 나아가 검찰과 법원도 유사한 방식으로 행동하고 있다는 인식에서 이런 결정이 이루어졌을 가능성이 큽니다. 채해병 사망 사건, 도이치모터스 주가 조작 사건, 이태원 참사 등도 대통령 배우자의 명품 백 사건과 같은 시스템적 문제 속에서 처리되었다고 생각합니다.

법률이 민주주의의 절차적 안정성을 보장하는 장치라면, 민주주의는 법률에 정당성을 부여하는 근간입니다. 하지만 현재 정권은 법을 이용해 권력을 보호하고 국민의 자유와 권리를 침해하고 있다는 의혹을 받고 있습니다. 이러한 문제의 반복을 막기 위해서는 국민권익위원회뿐 아니라 검찰과 법원의 시스템도 동시에 혁신해야 합니다. 검찰이 칼, 법원이 저울, 권익위가 방패라면, 이 셋은 질서 유지의 통합 패키지로서 동시에 개혁되어야 합니다.

부적절한 수사·선고·의결 패턴 탐지

검찰 조서, 법원 판결서, 권익위 의결서를 데이터로 분석할 수 있도록 법을 개정해야 합니다. 이러한 행정 문서를 적극적으로 공개하고 데이터로 분석할 수 있다면, 법적 판단의 일관성을 유지하고 수사·판결·의결의 오류를 사전에 차단할 수 있습니다.

특히 AI는 이러한 데이터 분석에서 핵심적인 역할을 할 수 있습니다. 방대한 규모의 조서·판결서·의결서를 체계적으로 정리하고, 전관예우, 이해 충돌, 부적절한 수사 및 선고, 의결 패턴을 탐지하는 능력을 발휘할 수 있습니다. AI의 활용은 국민과 사법기관 사이에 신뢰를 구축하는 다리가 될 수 있습니다.

제가 과거 공공기관의 데이터 분석 프로젝트에 참여했을 때, AI가 복잡한 패턴을 효율적으로 탐지하며, 오류를 줄이고 중요한 단서를 제공하는 과정을 직접 목격한 적이 있습니다. AI가 단순히 데이터를 처리하는 역할을 넘어, 사법적 정의를 실현하는 데 중요한 도구가 될 수 있음을 발견했습니다.

또한, AI는 데이터 시각화를 통해 일반 국민이 이해하기 쉽도록 정보를 제공함으로써 투명성을 높이는 데 기여할 수 있습니다. 예를 들어, 판결 내용의 주요 키워드나 패턴을 그래프로 나타내어 국민이 복잡한 정보를 쉽게 파악하도록 돕는 방식을 생각할 수 있습니다. AI는 그 자체로 '정의의 탐정'이 되어, 숨겨진 진실을 찾아내는 데 힘이 될 수 있습니다.

MBC 〈PD수첩〉, 제가 간사로 활동 중인 비영리 공공 조사 네트워크 공공의창, 우리리서치(대표 유봉환)는 검찰·법원·권익위의 모든 조서·판결서·의결서를 투명하게 공개하고 활용하는 것에 대해 전국 19세 이상 남녀 1,000명을 대상으로 공동 여론조사를 진행했습니다. 그 결과, 법 적용의 오판을 줄이고 국민의 신뢰를 얻을 수 있어서 찬성한다는 의견이 72%로 나타났으며, 개인정보 유출 위험과 비용 문제로 반대한다는 의견은 17%에 그쳤습니다(2024년 7월 16일 〈PD수첩〉 방송).

검찰·법원·권익위의 결정 문서를 투명하게 공개하고 이를 분석할 수 있도록 하는 것은 단순히 해당 기관만의 문제가 아닙니다. 이러한 투명성과 데이터 분석은 사법기관 전체의 신뢰를 높이고 불필요한 오해를 줄이는 데 크게 기여할 것입니다. 특히 AI를 활용한 체계적인 분석은 이러한 과정에서 필수적인 도구로 자리 잡을 수 있습니다. 이를 통해 국민과 국가 간의 사회적 계약을 회복하고, 헌법이 보장하는 평등과 신뢰를 되찾을 수 있습니다.

¤ 법률 정보 공개 관련 여론조사

4월 25일 법의 날을 맞아 AI를 활용한 법률 서비스 및 법률 정보 공개와 관련하여 여론조사를 진행했습니다. 국민일보·공공의창이 공동 기획했으며, 서던포스트(대표 정우성)가 2023년 4월 15~17일 전국 성인남녀 1,006명을 대상으로 조사하였습니다.

- 인공지능 법률 서비스에 대해 73.1%가 긍정적으로 응답
- 인공지능 법률 서비스가 기존 법률 서비스보다 나을 것이다는 응답이 77.0%
- 법률 서비스 이용 시, 인공지능과 인간(법조인)의 선호 여부에 대해, 인간 40.7%, 인공지능 43.2%로 나타남

AI 02.
각종 행정 조서
전면 재검토

    2017년 9월, 저는 경향신문과 함께 전국 자살 위기자의 사회·경제적 특징과 주거 위치 정보를 예측하는 연구를 진행했습니다. 대한민국은 경제협력개발기구(OECD) 회원국 중 자살률이 가장 높은 국가입니다. 2023년 자살률이 인구 10만 명당 24.8명에 달합니다. 이는 OECD 평균 10.7명의 두 배가 넘는 수치이며, 2위인 리투아니아(17.1명)와도 큰 격차가 납니다. 특히 자살은 한국에서 10대부터 30대까지의 주요 사망 원인으로 나타나고 있습니다. 2023년 한 해 동안 자살로 인한 사망자는 1만 3,978명으로, 하루 평균 약 38.3명이 스스로 목숨을 끊은 것으로 집계되었습니다. 이러한 높은 자살률은 사회적 고립, 경제적 어려움, 정신건강 문제 등 복합적인 요인에 기인하며, 정부와 사회 전반의 적극적인 대응이 필요합니다.

    이 연구 이후, 경찰의 자살자 실태 조사서를 재검토하고 전산화하는 작업이 시작되었습니다. 그런데 정부의 행정 서식으로 사용되는 조사서는 세 가지 측면에서 대규모 재조정이 필요해 보였습니다.

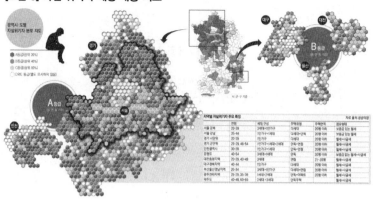

[그림 6] 자살 위기자 예방 대응 지도

* 출처: 경향신문(2017년 9월 11일).

대부분의 조사서 양식이 20~30년 전, AI는 물론이고 인터넷도 귀하던 시기의 수준에 머물러 있기 때문입니다.

첫째, 데이터를 통합적으로 활용할 수 있도록 조사서를 표준화하고 디지털 양식으로 전환해야 합니다. 둘째, 현대적 상황과 기술을 반영한 항목을 추가해 세부 정보 수집을 강화해야 합니다. 셋째, 데이터 분석 가능성을 높여 조사서가 AI 및 빅데이터 분석에 활용될 수 있도록 설계해야 합니다.

예를 들어, 대형 화재 사건 후 피해 상황을 종이 문서로만 작성한다면 디지털 분석이 어려워 장기적 정책 수립에 활용하지 못할수 있습니다. 피해자의 인적 사항과 피해 규모를 여러 기관이 별도로 요구하면서 대응이 지연될 수도 있습니다. 또한, 화재 발생 원인, 피해자 대피 경로, 소방 설비 상태 등을 제대로 기록하지 않으면 재발 방지 대책 마련에 한계가 생길 수 있습니다.

2022년 광주광역시 화정동 아파트 붕괴 사고처럼 기존 조사서에 건축물의 결함 데이터를 기록하지 않아 예방 조치가 실패하는 사례도 있습니다. 과거 법규를 기반으로 작성된 조사서는 현대 건축 자재와 설계 기법을 반영하지 못하거나 건물 노후도, 주변 환경의 지반 침하 여부 등 중요한 항목이 누락될 가능성이 있습니다.

의료 및 감염병 관련 조사서에서는 환자 상태, 감염 경로, 동선 파악에 필요한 항목을 전국적으로 모든 보건소가 전산화·표준화 해야 합니다. 교통사고 조사서에는 운전자의 심리 상태, 날씨, 도로 상태 등을 포함해야 하며, 농작물 재해 조사서에는 GPS 좌표와 사진 및 동영상 자료를 포함함으로써 실질적인 보상과 지원이 이루어 지도록 해야 합니다.

[그림 7] 과거에 머물러 있는 각종 조사서 양식

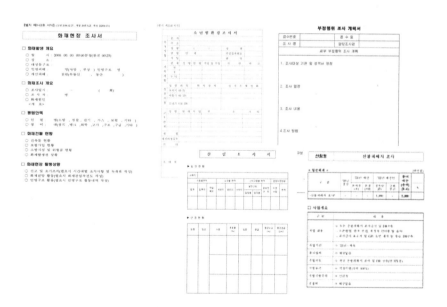

조사서는 국민의 안전과 삶을 기록하는 중요한 기록입니다. 현장 조사서는 위기 순간을 기록하고 대응 방안을 마련하는 기초 데이터이며, 국민이 직면한 구체적인 문제와 생활 환경을 이해하는 데 도움이 됩니다. 또한, 정부 정책의 실질적인 효과를 평가하고 개선 방향을 제시하는 데이터로 활용될 수 있습니다. 조사서는 국민이 자신의 상황을 전달하며 정책 설계에 참여하는 창구 역할을 합니다. 따라서 조사서를 데이터 수집 도구를 넘어 국민의 삶과 경험을 담아내는 기록물로 재해석해야 합니다. 이를 위해 데이터가 단절되지 않도록 맥락적 의미를 연결하는 시스템 구축이 필요합니다.

아무도 모른다

현재 어떤 부처에, 어떤 사건에 해당하는 조사서가 얼마나 존재하는지 명확히 알고 있는 공무원은 한 명도 없을 것입니다. 최소한 국민 삶에 직접적인 영향을 미치는 7대 생활 안전 주제 즉, 화재, 건강(질병), 치안 방범, 교통사고, 복지 사각지대, 자살 위기, 환경 및 기후 위기와 관련한 조사서는 시급히 재점검해야 합니다.

국무총리 산하에 '관계부처 통합 조사서 점검반'을 운영하는 방안을 고려할 수 있습니다. 공공부문 데이터 수집의 중요한 목적 중 하나는 예측하고 예방하는 것입니다. 기존 조사서를 점검하고 신규 조사서의 필요 항목을 검토하며, 현장에서 통합 연계해야 할 조사서의 유형을 명확히 해야 합니다. 데이터 분석 또한 원천 데이터의 정확성과 완결성이 확보되지 않으면 올바른 처방과 대응에 활용되기 어렵습니다. 따라서 조사서의 법적 요건과 지위에 대한 고민도 병행되어야 합니다.

마지막으로, 이러한 과정에서 활용할 AI 시스템은 데이터의 통합·분석·예측을 효율적으로 지원해야 합니다. 예컨대, 자연어 처리(NLP) 기술을 이용해 비정형 데이터를 구조화하거나, 머신러닝 모델로 패턴을 분석해 자살 위험군이나 재난 취약 지역을 예측할 수 있습니다. 이를 위해 각 부처는 최신 기술을 적극적으로 도입하고, 전문 인력을 양성하며, 관련 기관 간 협력을 강화해야 합니다.

AI 03.
부처별 데이터·AI 기반
문제 해결 대회

　정부 부처별로 데이터와 AI를 활용한 문제 해결 대회를 열자고
제안합니다. 이것이 공공 문제 해결과 기술 발전이라는 두 가지 핵
심 목표를 중심으로 시민 참여를 이끌어 포괄적이고 실질적인 해결
책을 모색하는 장을 마련할 수 있기 때문입니다. 시민들이 직접 문
제 해결 과정에 참여함으로써 공공 데이터와 기술 활용에 대한 이
해를 높이며, 이를 통해 실생활에 기반한 참신하고 실효성 있는 아
이디어가 발굴될 수 있습니다. 이때 데이터와 AI는 복잡한 문제를
분석하고 최적의 해법을 제시하는 데 효과적인 도구로 작용할 것입
니다.

　또한, 이러한 대회는 민간 전문가, 기업, 학계와의 협력을 촉진하
여 공공 문제에 대한 다각적 접근을 가능하게 하며, 정부와 시민
간의 신뢰를 증진시키고, 공공 서비스의 질을 향상시키는 계기가
될 것입니다. 특히 부처별 개최를 제안하는 이유는 기술 기반의 대
회보다는 사회 분야별 문제 해결 및 혁신 기반의 깊이 있는 접근을

¤ 성공 사례: 행정안전부 – 재난 대응 솔루션 대회

매년 태풍, 홍수, 산불 등 자연재해로 인해 국민의 생명과 재산이 위협받고 있습니다. 하지만 기존 재난 대응 방식은 자원과 정보의 한계로 인해 신속성과 효율성에서 문제가 있었습니다. 이러한 문제를 해결하기 위해 행정안전부는 '인공지능과 데이터를 활용한 실시간 재난 대응 모델 개발'이라는 주제로 문제 해결 대회를 개최했습니다. 이 대회에는 데이터 과학자, 민간기업, 대학 연구팀 등 다양한 배경의 전문가들로 이루어진 100여 개 팀이 참가했으며, 재난 예측과 대응 속도 및 효율성을 혁신적으로 개선할 수 있는 모델 개발을 목표로 진행되었습니다.

우승팀은 과거 재난 데이터와 실시간 정보를 결합하여 재난 발생 확률을 예측하고 피해가 예상되는 지역에 자원을 우선 배치하는 AI 기반 모델을 제안했습니다. 이 모델은 딥러닝 기반 예측 알고리즘을 활용해 과거 데이터와 실시간 데이터를 학습하여 재난 발생 가능성을 높은 정확도로 계산하고, 기상 센서 및 지역 데이터를 통합하여 실시간으로 상황을 모니터링했으며, GIS를 활용해 재난 발생 지역을 시각화하고 최적의 자원 배치 경로를 설계하는 기술적 특징을 지녔습니다.

이 솔루션은 2024년 태풍 피해 시 피해 지역을 정확히 식별하여 사전 대피를 성공적으로 유도하는 등 재난 대응 속도를 크게 개선하였고, 자원의 효율적 배치를 통해 약 30%의 재난 복구 비용을 절감하는 경제적 효과를 거두었습니다. 또한, 기술 기반의 재난 대응 시스템이 정부 신뢰도를 높이는 데 기여하여 국민으로부터 긍정적인 평가를 받았습니다.

행정안전부는 우승 솔루션을 기존 재난 관리 시스템에 통합하고 홍수와 산불 등 다른 재난 유형에도 확대 적용하고 있으며, 민간기업과 협력하여 솔루션의 상용화와 국제적 확산 가능성을 모색하고 있습니다.

[그림 8] 2024 과학기술·공공 인공지능 데이터 분석 활용 경진대회 포스터

* 한국과학기술정보연구원(KISTI, 원장 김재수)이 주관하고, 과학기술정보통신부와 국가과학기술 연구회(NST), 대전광역시, 국회도서관이 주최하는 '2024 과학기술·공공 인공지능 데이터 분석 활용 경진대회'가 성공적으로 마무리됐다.

위해서입니다.

대회의 주제는 각 부처의 주요 현안에 맞춰 설정될 수 있습니다. 예를 들어, 행정안전부는 '재난 대응'을, 보건복지부는 '의료 서비스 격차 해소'를 주제로 선정할 수 있습니다. 참가 대상은 데이터 과학자, AI 연구자, 대학생, 민간기업, 스타트업 등 다양한 분야의 전문가와 팀으로 구성되며, 이들은 정부가 제공한 공공 데이터를 기반으로 문제를 해결하게 됩니다.

대회의 운영은 전국적인 홍보를 시작으로, 공공 데이터 사용법 및 문제 정의와 관련된 사전 교육을 통해 참가자들에게 필요한 지

식을 제공하며, 개인 또는 팀 단위로 참가하여 주어진 기간 동안 솔루션을 설계하고 제출하는 방식으로 이루어집니다. 평가 기준은 문제 해결의 독창적 접근, 현실적 적용 가능성, 장기적 효과 및 확장 가능성, 그리고 데이터와 AI 기술 활용의 적합성을 중심으로 설정됩니다. 최종 심사를 통해 우수한 솔루션을 선정하고 시상하며, 대회 후에는 보고서를 발간하고 솔루션 발표회를 개최해 성과를 공유합니다.

대회에서 선정된 솔루션은 다양한 방식으로 활용될 수 있습니다. 예를 들어, 우수 솔루션은 정책 통합 및 시범사업을 통해 실제 정책으로 반영하거나, 공공 데이터 플랫폼에 연계하여 누구나 활용할 수 있도록 개방함으로써 데이터 접근성을 확대할 수 있습니다. 또한, 부처 내 유사한 문제나 사례에 솔루션을 적용해 효과성을 검증하고 확장할 수 있으며, 기업과 학계와의 협력을 통해 솔루션의 실질적 활용을 지원하고 기술 상용화를 촉진할 수 있습니다. 이러한 노력은 데이터와 AI 기술의 가치를 극대화하고 공공 문제 해결의 새로운 가능성을 열어줄 것입니다.

[표 8] 정부 부처별 AI 기반 문제 해결 대회 예상 주제

부처	주요 내용
국무총리실	• 정책 우선순위 선정의 데이터 기반 최적화 방안 • 정부 부처 간 업무 중복 분석 및 협업 모델 개발 • 국가비상사태 대응 효율성을 위한 데이터 분석 솔루션 • 공공 서비스 만족도 예측 및 개선 방안 • 국가 주요 사업의 성과 평가를 위한 데이터 분석 모델
기획재정부	• 예산 집행 효율성을 높이기 위한 데이터 기반 정책 제안 • 경제성장률 예측 AI 모델 개발 • 세수 추이를 분석해 세제 개선안을 제안하는 알고리즘 설계 • 공공 재정의 낭비 요소를 감지하는 AI 시스템 개발 • 재정 지출에 따른 사회적 가치를 계량화하는 데이터 모델
과학기술정보통신부	• 디지털 격차를 줄이기 위한 지역별 맞춤형 정책 설계 • 사이버 보안 위협을 실시간으로 탐지하는 AI 솔루션 • 연구개발 성과를 예측하고 지원을 최적화하는 알고리즘 개발 • AI 윤리 기준 평가를 위한 데이터 기반 분석 • AI 기술 활용 교육 콘텐츠의 효과 분석 및 개선 방안
교육부	• 학생별 학업 성취도 예측과 맞춤형 학습 전략 개발 • 교사-학생 상호작용 데이터를 활용한 수업 개선 모델 • 교육 불평등 해소를 위한 지역별 학업 지원 솔루션 설계 • 진로 및 적성 데이터를 활용한 고등학생 맞춤형 진로 추천 시스템 • 학교폭력 예방을 위한 데이터 기반 위험 예측 알고리즘
외교부	• 재외국민 보호를 위한 국제 위험 데이터 분석 모델 • 외교적 협력 가능성을 예측하는 AI 기반 분석 툴 • 국가 간 무역 및 교류의 효과를 분석하는 데이터 모델 • 글로벌 분쟁 지역에서 외교적 해결 방안을 도출하는 AI 솔루션 • 국제기구와 협력 시 협상력을 강화하는 데이터 분석 전략
통일부	• 남북 경제 협력의 사회적 및 경제적 영향 분석 • 북한 내 식량 안보 상황을 예측하는 데이터 모델 개발 • 남북 교류 활성화를 위한 최적의 문화 콘텐츠 제안 • 대북 지원의 효율성을 높이는 데이터 기반 모델 • 남북 주민 간 신뢰도를 향상시키는 사회적 지표 분석

부처	주요 내용
법무부	• 판결의 일관성을 높이기 위한 AI 기반 사법 분석 툴 • 범죄 데이터를 활용한 예방적 치안 모델 개발 • 재소자의 재범 가능성 예측 AI 모델 설계 • 출입국 심사 효율화를 위한 데이터 분석 솔루션 • 국민의 법적 인식 수준을 분석하고 교육을 최적화하는 모델
국방부	• 국방 자원의 효율적 배치를 위한 AI 시뮬레이션 • 적군의 위협을 실시간으로 감지하는 데이터 분석 툴 • 병역 자원의 최적화를 위한 정책 제안 알고리즘 • 사이버전 대응 AI 시스템 개발 • 드론 및 무인기 배치 최적화를 위한 데이터 기반 모델
행정안전부	• 재난 발생 시 대응 우선순위를 자동 설정하는 AI 모델 • 지역별 인구 데이터를 활용한 공공 서비스 개선 방안 • 주민등록 제도의 효율적 운영을 위한 데이터 솔루션 • 지방자치단체 간 협력 모델을 데이터로 설계 • 실시간 재난 경보 시스템의 효과성 분석 및 개선
문화체육관광부	• 관광객 이동 데이터를 활용한 지역 관광 활성화 방안 • 문화 행사 만족도를 예측하고 개선하는 AI 모델 • 한류 콘텐츠 확산 전략 설계에 필요한 데이터 분석 • 스포츠 경기의 성과를 예측하고 최적화하는 AI 모델 • 지역 특화 문화 콘텐츠의 수익성을 분석하는 알고리즘 개발
농림축산식품부	• 농작물 생산량 예측 및 최적화 AI 모델 설계 • 가뭄 및 홍수에 따른 농업 피해 예측 시스템 • 축산물 유통 효율성을 높이기 위한 데이터 분석 • 농촌 고령화 문제를 해결하기 위한 스마트 농업 솔루션 제안 • 농업 자원 사용을 최적화하는 AI 기반 모델
산업통상자원부	• 제조업 공정 최적화를 위한 AI 기반 설계 • 무역 데이터를 활용한 수출입 전망 모델 개발 • 중소기업의 성장 가능성을 예측하는 데이터 분석 • 지역별 산업 성장 전략을 데이터로 설계 • 에너지 사용 효율성을 높이기 위한 AI 알고리즘

부처	주요 내용
보건복지부	• 전염병 확산 경로 예측 및 대응 AI 모델 설계 • 지역별 의료 서비스 격차 분석 및 해결 방안 제안 • 초고령사회 이후의 복지 수요를 예측하는 데이터 분석 • 의료비 지출 패턴을 분석해 비용 절감하는 모델 개발 • 정신건강 데이터를 활용한 상담 및 지원 프로그램 최적화
환경부	• 미세먼지 발생 원인을 분석하고 저감 대책을 제안하는 AI 모델 • 기후변화 데이터를 활용한 탄소 중립 전략 설계 • 플라스틱 사용 감소를 위한 소비자 행동 분석 • 생태계 보존을 위한 환경 데이터 기반 정책 제안 • 재활용 효율성을 높이는 데이터 분석 알고리즘 개발
고용노동부	• 청년층 고용률을 높이는 AI 기반 취업 매칭 시스템 • 직업 훈련 프로그램의 효과를 예측하는 데이터 모델 • 중장년층 고용 문제 해결을 위한 데이터 기반 정책 제안 • 노동시장 내 불공정 문제를 감지하는 AI 솔루션 • 근로시간 및 생산성 데이터를 활용한 효율성 분석
여성가족부	• 여성의 경력 단절 예측 및 예방 AI 솔루션 개발 • 성 평등 인식 개선을 위한 데이터 기반 캠페인 설계 • 청소년 보호 정책의 효과를 분석하는 데이터 모델 • 다문화 가족의 사회적 통합을 지원하는 AI 시스템 • 성별 임금 격차 데이터를 활용한 정책 개선 방안
국토교통부	• 교통 체증 완화를 위한 데이터 기반 도시 교통 모델 설계 • 주택 시장 데이터를 분석한 부동산 정책 제안 • 자율주행차 도입 효과를 예측하는 AI 솔루션 • 철도 및 대중교통 배치 최적화 모델 개발 • 국토 개발의 환경적 영향을 분석하는 데이터 모델
해양수산부	• 어종 변화를 예측하는 데이터 기반 어업 정책 설계 • 해양 쓰레기 수거 경로 최적화 AI 모델 • 해안선 침식을 예측하고 방지하는 데이터 분석 • 수산물 유통 효율성을 높이는 솔루션 개발 • 해양 에너지 활용 가능성을 분석하는 데이터 모델

부처	주요 내용
중소벤처기업부	• 창업 성공 가능성을 예측하는 AI 기반 분석 • 지역별 창업 환경 데이터를 활용한 정책 제안 • 벤처기업의 해외 진출 가능성을 평가하는 AI 모델 • 스타트업 생존율을 높이는 투자 최적화 알고리즘 • 소상공인 지원 효과를 분석하는 데이터 모델
국가보훈부	• 국가유공자의 복지 향상을 위한 데이터 기반 맞춤 정책 • 보훈 대상자 복지 만족도를 예측하고 개선하는 AI 모델 • 지역별 보훈 시설 이용 패턴 분석 • 고령 유공자 대상 건강 상태 예측 모델 개발 • 보훈 서비스 접근성을 높이는 데이터 분석 솔루션

AI 04.
행태 인식적
데이터 기반 국정 운영

미래를 예측할 때 사용하는 주요 사회 지표와 통계는 다양한 분야에서 수집된 데이터를 기반으로 합니다. 이러한 지표는 사회 변화의 방향과 트렌드를 파악하고 정책이나 전략을 수립하는 데 유용합니다.

인구와 사회 구조 지표를 분석함으로써 장기적인 인구 감소 또는 증가를 예측할 수 있습니다. 예를 들어, 인구성장률, 고령화율, 출생률, 사망률, 합계출산율, 인구이동(도시화/농촌화), 1인 가구 비율, 다문화 가구 비율, 세대별 가구 구성, 노인 부양비, 생산 가능 인구 비율 등의 데이터를 활용합니다. 이를 통해 특정 지역의 도시화 진행 속도와 그로 인한 인프라 수요를 파악하거나, 생산 가능 인구의 감소와 산업별 인력 수급의 불균형 여부를 평가할 수 있습니다. 또한, 고령화에 따른 연금, 의료, 돌봄 서비스의 수요 변화 문제를 예측할 수 있습니다.

경제 지표로는 국내총생산(GDP), 국민총소득(GNI), 실업률, 고용률, 산업별 취업자 분포, 지니계수, 소득 5분위 배율, 상대적 빈곤율, 소비자물가지수(CPI), 가계 소비 패턴, 소비 지출 동향 등이 있습니다. 이러한 지표를 통해 경기 침체 또는 과열을 예상하고, 사회적 갈등이나 정책적 개입의 필요성을 판단할 수 있습니다. 또한, 산업의 성장 가능성을 평가하고, 불황기에 대비한 금리 조정과 같은 통화 정책을 설계하거나 특정 산업에 대한 투자 유치와 지원책을 마련할 수 있습니다.

사회복지와 국민 건강과 관련해서는 질병 발생률과 의료 자원 데이터를 통해 전염병 확산 가능성을 예측할 수 있습니다. 학업 중단율과 교육 데이터를 활용해 취약계층의 교육 문제를 파악하기도 합니다. 노인 인구 증가와 소득 격차 데이터를 통해 사회복지 예산 증액 필요성을 분석하고, 고령화와 만성 질환 증가에 대비한 의료 서비스 확충이나 교육 불평등 해소를 위한 장학금 및 공교육 강화 정책을 설계할 수 있습니다.

이러한 전통적인 통계 정보는 중장기적인 전망을 위한 분석에서 유효하지만, 단기적인 예측에서는 한계가 있을 수 있습니다. 통계 데이터는 구조적 변화와 평균적인 흐름을 반영하는 데 초점이 맞춰져 있으며, 시간 지연 문제도 발생할 수 있기 때문입니다.

반면, 인간의 행태 인식적 데이터는 개인과 집단의 의사결정, 감정, 행동 변화를 실시간으로 추적하여 가까운 미래를 예측하는 데 효과적입니다. 예를 들어, 코로나 19와 같은 상황에서는 소셜미디어에서 백신에 대한 부정적인 여론과 오해를 실시간으로 모니터링하고, 백신 접종을 주저하는 집단의 주요 관심사를 분석할 수 있습니다. 자살 문제와 관련해서는 인터넷 검색 키워드를 분석해 위험

군을 식별하고, 소셜미디어에서 우울감이나 고립감을 표현하는 게 시글을 감지할 수 있습니다.

경제 영역에서는 특정 지역의 카드 결제 데이터를 통해 지역별 매출 감소 현황을 파악하거나, 소셜미디어에서 특정 상권에 대한 언급 빈도 감소를 분석하여 매출 감소가 큰 지역을 중심으로 지역상품권을 제공하거나 폐업 위험이 큰 소상공인에게 저금리 대출 계획을 지원할 수 있습니다.

행태 인식적 데이터가 중요한 이유는 다음과 같습니다. 첫째, 국민 개개인의 실질적인 필요와 행동 변화를 직접 반영하므로 정책이 현실적이고 효과적으로 작동할 수 있습니다. 둘째, 실시간 데이터는 예상치 못한 사건(전염병, 경제 위기 등)에 신속히 대응할 수 있는 도구를 제공합니다. 셋째, 장기적 구조 변화도 결국 개개인의 행동 변화에서 시작되므로 행태 인식적 데이터는 이를 예측하는 데 가장 민감한 도구입니다. 넷째, 국민이 느끼는 불안·만족·요구를 반영한 데이터는 정부와 국민 간의 소통을 강화하며 국민 중심의 국정 운영을 가능하게 합니다. 다섯째, 행태 인식적 데이터는 단기적이고 실질적인 의사결정에 강점을 가지며, 통계 지표의 중장기적 방향성과 결합하면 시너지 효과를 발휘할 수 있습니다.

국정 운영 과제와 방향 설정에는 국민의 체감도와 현실 적합성이 중요합니다. 행태 인식적 데이터는 이러한 요구를 충족하며, 빠른 대응과 맞춤형 정책 설계를 가능하게 합니다. 통계 지표와 보완적으로 활용하되, 행태 인식적 데이터를 국정 운영의 중심에 두어야 합니다. 이를 통해 국민 개개인의 행동과 심리를 세심하게 반영하여, 구체적이고 실질적인 문제 해결이 가능해질 것입니다.

[표 9] 행태 인식적 데이터와 통계 지표 비교

구분	행태 인식적 데이터	통계 지표
정의	인간의 행동, 감정, 심리 상태를 실시간으로 분석한 데이터	과거 데이터를 기반으로 수집·분석한 구조적이고 평균적인 지표
데이터 출처	소셜미디어, 검색 트렌드, 온라인 설문, 여론조사, 위치 기반 서비스 등	인구 통계, 경제성장률, 고용률, 환경 지표 등
데이터 수집 속도	실시간으로 수집 및 분석 가능	주기적으로 집계되며 시간 지연 발생
분석 대상	특정 사건·이슈에 대한 국민 개개인의 반응과 태도	집단적·구조적 변화와 장기적인 트렌드
정확성 및 세분화	세부적이고 개별적인 수준에서 구체적 행동 변화 파악	평균화된 데이터로 개별적 행동과 감정은 반영되지 않음
단기적 활용성	특정 상황이나 사건에 대한 즉각적 대응 가능	단기적인 변화에는 효과가 낮고 중장기적 정책에 적합
의사결정 지원	상황별 세밀한 맞춤형 정책 설계 가능	구조적 문제를 해결하기 위한 장기적 전략 설계에 유용
미래 예측의 초점	감정과 행동의 실시간 흐름을 통해 가까운 미래를 예측	인구, 경제, 환경 등의 변화 패턴을 통해 장기적인 방향성을 제시
국민과의 소통	국민의 목소리와 심리 상태를 직접적으로 반영해 공감대 형성	국민의 행동이 아닌 집단적 통계로 소통 가능성 작음
활용 사례	• 위기 발생 시 국민 심리와 행동에 따른 실시간 대응 • 단기적 정책 효과 극대화 • 소비자 트렌드 파악을 통한 경제 활성화	• 인구구조 변화에 따른 복지 및 고용 정책 수립 • 기후변화 대응을 위한 장기적 환경 정책

마지막으로, 이러한 일을 효과적으로 수행하려면 AI의 도움이 필요합니다. AI는 방대한 데이터 처리와 실시간 분석, 복잡한 상관관계와 패턴 분석, 맞춤형 정책 설계와 개인화된 접근, 위기 대응 능

력 강화, 효율성과 자원 최적화를 제공합니다. 예를 들어, 자연어 처리를 통해 소셜미디어나 검색 데이터를 분석하고, 기계학습(ML) 알고리즘을 통해 패턴을 예측하며, 예측 모델링을 통해 정책 효과를 사전에 시뮬레이션할 수 있습니다. 특히, 빅데이터 분석 도구와 결합된 클라우드 기반 AI 플랫폼은 실시간 의사결정을 지원하며, 다양한 이해관계자와 협업할 수 있는 기반을 제공합니다.

　AI를 활용한 데이터 기반 정책은 국민의 요구를 세밀히 반영하고 효율적이고 유연한 국정 운영을 가능하게 합니다. AI는 미래를 준비하는 정부의 필수 파트너이며, 국민의 삶을 더 나은 방향으로 이끄는 혁신의 도구입니다. 따라서 정부는 AI와 행태 인식적 데이터를 결합하여 국민 중심의 국정 운영을 실현할 수 있습니다.

05.

데이터 기반
위험 가계 기혼여성 전문 은행

무금리 대출, 일자리 제공, 부실채권 소각

가상 사례

　비 오는 어느 날, 한 다세대 주택에서 세 아이를 키우며 식당 아르바이트를 하는 서민아(가명, 40세) 씨는 오늘도 깊은 한숨을 내쉽니다. 남편의 실직과 병원비, 아이들의 학비 부담은 그녀의 일상을 짓눌렀습니다. 대출 독촉장이 문 앞에 쌓이고, 전화벨 소리가 울릴 때마다 그녀는 불안을 떨칠 수 없었습니다. 그러던 중, 민아 씨는 지역 주민센터에서 우연히 '기혼여성 전문 은행'이라는 안내 포스터를 보았습니다. "지방정부가 초저금리 대출과 공공 일자리 지원으로 기혼여성을 돕습니다"라는 문구가 그녀의 눈에 들어왔습니다. 이 문구는 막막한 상황 속에서 희미한 희망의 빛처럼 느껴졌습니다.

　민아 씨는 용기를 내어 주민센터를 찾았습니다. 상담사는 그녀의 상황을 듣고 초저금리 대출과 공공 일자리 연계 프로그램에 관해 설명했습니다. 민아 씨는 월평균 소득 300만 원 미만의 다자녀 가구로 지원 자격에 해당했습니다. 상담사는 대출을 제공하는 데 그치지 않고, 공공 일자리와 직업교육을 통해 그녀가 재정적 자립을 이룰 수 있도록 돕겠다고 했습니다. 민아 씨는 기대와 의구심이 섞인 마음으로 상담사의 말을 들었습니다. 곧바로 200만 원의 무금리 대출이 승인되었고, 민아 씨는 이 돈으로 병원비를 해결했습니다. 동시에 지역 행정 보조 공공 일자리에 등록했으며, 이후 요양보호사 교육 프로그램에도 참여하기로 했습니다. 상담사는 그녀의 상황에 맞춰 경로를 설계해주었고, 민아 씨는 차근차근 그 길을 따라갔습니다. 교육을 받으면서 민아 씨는 점차 자신감을 되찾았습니다. 교육비는 전액 지원되었고, 수료 후에는 지역 요양시설에서 근무를 시작했습니다. 그녀는 매달 대출금을 조금씩 상환하며, 더 이상 빚의 무게에 짓눌리지 않는 삶을 살게 되었습니다. 민아 씨에게 기혼여성 전문 은행은 금융기관 이상의 의미입니다. 그녀가 새로운 방향으로 나아갈 수 있도록 돕는 든든한 동반자였습니다.

자치단체의 정책 사업인 기혼여성 전문 은행은 가정의 보이지 않는 버팀목입니다. 또한, 어머니와 아내로서 다양한 역할을 감당하는 기혼여성들에게 경제적 자립과 사회적 참여를 지원하기 위해 설계된 정책적 대안입니다. 이 은행은 특히 고금리 대부업체의 피해를 줄이고, 금융 취약계층에게 새로운 희망이 될 수 있습니다. 학자금, 병원비, 생활비 등 가정의 긴급 재정 문제를 해결하기 위한 초저금리 대출을 지원하며, 공공 금융, 공공 일자리, 공공 복지를 융합한 혁신적 정책 모델입니다.

이 정책 사업의 주요 목표는 경제적 지원을 제공하는 것을 넘어, 기혼여성들이 스스로 자립할 수 있는 기반을 마련하는 데 있습니다. 월평균 가구소득 300만 원 미만의 기혼여성, 다자녀를 둔 기혼여성, 부모를 부양하는 기혼여성 등 금융 취약계층을 주요 대상으로 삼고, 가정의 대소사, 학자금, 병원비, 생활비 등 긴급 재정 필요를 해결할 수 있도록 초저금리 대출과 무금리 소액 급전을 제공합니다. 또한, 대출 상환 과정에서 공공 일자리를 연계해 경제활동 참여 기회를 제공하며, 기혼여성들이 안정적인 경제활동을 하도록 돕습니다. 예컨대 행정 보조, 아이 돌봄, 독서 지도사, 요양보호사 등 다양한 직군의 교육 및 취업을 알선합니다. 미상환 대출의 상한을 위한 공공 일자리 제공을 기획할 수도 있습니다.

기혼여성 전문 은행은 장기 연체된 부실채권을 매입하고 채무를 일부 탕감함으로써 채무자들의 재정 부담을 완화하고 사회적 재기를 도모합니다. 이를 위해 2012년 미국에서 시행된 롤링 주빌리 프로젝트와 2016년 한국의 주빌리은행 사례를 참고해, 실정에 맞는 정책을 적용할 수 있을 것입니다. 금융적 지원 외에도 직업 교육 프로그램과 지원을 통해 기혼여성들의 경제적 안정과 사회적 참여를 증대시키며, 일자리와 경력 개발을 통해 자립 기반을 강화할 수 있습니다.

신용등급이 가장 낮은 기혼여성을 VIP 고객으로 모시는 기혼여성 전문 은행 정책 사업은 다음과 같은 사업 모델을 통해 실행할 수 있습니다. 첫째, 금융 지원 프로그램을 통해 월평균 가구소득 300만 원 미만의 기혼여성들에게 초저금리 원금 장기 분할 상환 대출을 제공합니다. 이는 지방자치단체의 금고 은행 및 지역 은행과의 협력을 통해 정책 협약으로 실행할 수 있습니다. 둘째, 소액 대출 상환 지원 프로그램을 통해 금융권의 500만 원 미만 대출의

[그림 9] (왼쪽) 기혼여성 전문 은행 전략 골목지도
(오른쪽) 대부업체가 즐비한 서울역 앞 건물

> 덕양구 행신동 기혼 여성 전문 은행 전략 골목지도

* 지방자치데이터연구소가 2017년 알고리즘 기반의 데이터을 통해 기혼여성 전문 은행 정책 사업 추진 시 주요 전략 단위를 골목길 수준(집계구)으로 분석함

이자 또는 원금을 대신 상환하며, 대출자에게 공공 근로 기회를 제공합니다. 셋째, 지방의회·자치위원·통장의 인보증을 받은 위험 가계 기혼여성을 대상으로 공공 일자리와 금융 지원을 연계합니다. 넷째, 부실채권 매입 프로그램을 통해 대부업체로부터 장기 연체된 부실채권을 원금의 1~10% 수준으로 매입하여 채무를 일부 탕감하고 채무자의 부담을 줄입니다.

이러한 사업 모델은 자치단체 조례 기반의 시범사업으로 시작할 수 있습니다. 특정 자치단체 기준, 연간 20억 원의 일반회계 사업비를 확보하여 시범사업을 시작하며, 1인당 200만 원 대출 기준으로 연간 약 1,000명을 지원할 수 있습니다. 사업 시행 4년째(회수율 50% 기준)에는 60억 원의 예산으로 약 3,000명을 지원하는 목표를 설정합니다. 동 주민센터를 은행 창구로 활용하여 접근성을 강화하고

홍보를 확대하며, 지방자치단체가 운영 주체가 되어 단독 설립하거나 민간은행과 공동 운영할 수도 있습니다. '기혼여성 금융지원센터' 등의 명칭을 사용해 지역 친화적이고 신뢰감을 주는 이미지를 형성하며, 지방자치단체 출연금, 민간 후원금, 기업의 사회적 책임(CSR) 기부금 등 다양한 경로로 재원을 확보할 수 있습니다.

기혼여성 전문 은행의 성공을 위해서는 구체적 대상 설정과 데이터 기반 정책 설계가 필수적입니다. 기혼여성의 소득, 가정 구조, 부채 수준 등을 세부적으로 분석해 대상자를 체계적으로 선정하고, 대출 회수율과 공공 일자리 연계를 통해 정책 지속 가능성을 확보해야 합니다. 설문조사와 간담회를 통해 정책의 실효성을 강화하며, 성공 사례를 적극적으로 공유해 기혼여성 전문 은행이 사회적 가치 창출의 핵심 정책임을 인식시킬 수 있습니다. 이 정책은 경제적 지원을 넘어 기혼여성들이 새로운 가능성을 발견하며 삶의 질을 높이는 발판이 될 수 있습니다. 이를 통해 지역사회는 경제적 안정과 지속 가능한 발전을 이루고, 기혼여성들은 자신의 잠재력을 실현하며 새로운 삶을 살아갈 수 있습니다. 이러한 모델은 한국 사회에서 경제적 취약계층을 위한 선도적 성공 사례로 자리 잡아 전국적으로 확대될 가능성이 있습니다.

정책 설계와 운영 과정에서 AI가 역할을 할 수 있습니다. 빅데이터를 기반으로 지원 대상자의 소득 수준, 가정 구조, 부채 상태 등을 정밀하게 분석하여 맞춤형 지원 프로그램을 설계할 수 있습니다. 또한, 공공 일자리와 직업교육 매칭 시스템을 통해 지역 내 수요와 지원자의 역량을 효과적으로 연결하고, 개인별 학습 수준에 맞는 직업교육 콘텐츠를 추천할 수 있습니다. 정책 시행 후에는 AI

기반 데이터 분석을 통해 대출 회수율, 공공 일자리 참여율, 수혜자의 경제적 안정 지표 등을 평가하고 정책의 효과성을 지속적으로 모니터링하며 개선 방향을 제시할 수 있습니다. 이를 통해 기혼 여성 전문 은행은 더욱 효율적이고 지속 가능한 방식으로 운영될 수 있으며, 사회적 가치를 극대화할 수 있습니다.

AI 06.
감사원 감사
수요 패턴 및 예측 분석

작은 농촌 마을에서 오랫동안 물 부족 문제가 계속되었습니다. 주민들은 마을 근처의 저수지가 특정 공기업의 공사로 인해 오염되고 물이 줄어들었다고 주장했습니다. 반복적인 민원에도 관련 기관은 명확한 증거가 없다는 이유로 문제를 해결하지 않았습니다. 이로 인해 주민들은 실망과 무력감을 느끼며 점점 지쳐갔고, 마을 공동체의 신뢰 또한 약화되었습니다.

이러한 상황에서 감사원은 데이터 기반 감사 시스템을 이용한 새로운 접근 방식을 시도했습니다. 먼저, 주민들이 제출한 민원 데이터를 수집하고, AI를 활용해 이와 비슷한 과거 민원 패턴과 사례를 분석했습니다. 예를 들어, 공사의 환경 영향을 다룬 기존 민원들과 비교해 유사성을 찾아냈습니다. 동시에 뉴스 데이터와 환경 관련 공공 데이터를 결합하여 해당 기업의 공사 기록을 추적했습니다. AI는 공사 기간, 저수지 수위 변화 데이터, 기상 정보를 교차 분석해 특정 시점에서 물 부족 문제가 급격히 심화된 사실을 밝혔습니다.

감사원은 드론 촬영 데이터를 활용해 공사 이후 저수지의 환경 변화를 시각적으로 분석했습니다. 드론 영상은 저수지의 오염 범위와 수질 악화 상태를 명확히 보여주었으며, 이를 주민들에게 공개했습니다. 주민들은 이를 통해 자신의 주장이 명확한 증거로 뒷받침된다는 것을 확인할 수 있었습니다. 이러한 분석 결과는 감사 활동의 신뢰성을 높이는 데 중요한 역할을 했습니다.

감사원은 분석 결과를 바탕으로 해당 공기업에 대한 감사를 진행했습니다. 그 결과, 기업의 공사가 저수지의 오염과 수위 감소에 직접적인 영향을 미쳤다는 사실이 밝혀졌습니다. 이에 따라 기업은 주민들에게 피해 보상금을 지급하고, 저수지를 복원하기 위한 비용을 부담하기로 했습니다.

이 사례는 데이터와 AI를 활용한 감사가 단순히 기관 내부 감시 역할을 넘어, 국민의 억울함을 해소하는 데 실질적으로 기여할 수 있음을 보여줍니다. 주민들은 감사원이 보여준 투명성과 효율성에 신뢰를 보내기 시작했으며, 감사 활동이 국민의 삶과 직접 연결될 수 있다는 새로운 인식을 하게 되었습니다. 이 일은 데이터 기반 감사 시스템이 기술적 혁신을 넘어 사회적 가치와 국민 신뢰를 창출하는 강력한 도구로 자리 잡을 수 있음을 입증한 사례로 평가받았습니다.

위의 가상 사례는 감사원 감사 수요 데이터를 통합·분석하여 가까운 미래의 감사 수요를 예측하고 선제적으로 대응하자는 제안을 담았습니다. 이를 실현하기 위해 감사원 내 연구반을 설치하고 외부 전문가를 참여시켜 데이터 기반 감사 체계를 구축하는 것이 우

선 필요합니다. 다양한 경로로 접수되는 데이터를 통합 관리하고 패턴을 분석하며, 사회적 가치와 시기·기관·지역별로 감사 수요를 세분하고 특성화하는 작업은 더욱 체계적이고 효율적인 감사 활동을 가능하게 할 것입니다.

데이터 기반 감사란 단순히 데이터를 분석하는 차원을 넘어섭니다. 이를 통해 감사가 미래를 설계하는 도구로 전환될 수 있음을 의미합니다. 과거 사례를 학습해 앞으로 발생할 수 있는 비효율을 사전에 탐지하고 대응 방안을 제시하는 역할을 할 수 있습니다.

제안의 실행 가능성을 높이기 위해 단계별 로드맵을 설정하는 것도 중요합니다. 우선, 감사원이 보유한 데이터의 현황을 점검하고 이를 통합 관리할 수 있는 체계를 설계하는 것이 1단계입니다. 이어서 이종 데이터를 결합하여 감사 수요를 예측하는 알고리즘을 개발하고, 이를 실제 환경에서 테스트하는 2단계를 진행해야 합니다. 이후 특정 공공기관을 대상으로 파일럿 프로젝트를 통해 예측 모델의 효과성을 검증하고, 마지막으로 실증 결과를 바탕으로 전면적인 시스템 도입과 지속적인 개선 작업을 진행해야 합니다. 이 단계들은 데이터 기반 감사 시스템을 성공적으로 구축하기 위한 필수 과정입니다.

또한, 권익위나 법원과 같은 주요 협력 기관과의 데이터 교류 체계를 강화하기 위해 협력 모델을 구체화하는 것도 필요합니다. "기관 간의 데이터 공유를 위해 무엇이 필요한가?"라는 질문을 중심으로, 법적·기술적 장벽을 분석하고 정기적인 워크숍과 회의체를 통해 실질적인 협력을 이끌어내야 합니다. 통합된 데이터를 실시간으로 교류할 수 있는 공동 플랫폼을 설계하는 것도 효과적입니다.

이러한 협력 모델은 감사 데이터를 유기적으로 활용할 수 있는 기반을 마련합니다.

제안된 시스템의 효과성을 평가하기 위해 성과 지표를 설정하는 것도 중요합니다. 감사 데이터 처리 속도 향상률, 예측 성공 사례 수와 정확도, 감사원의 법적 역할 확대를 나타내는 지표 등이 이에 해당합니다. 이러한 지표는 시스템의 성과를 객관적으로 측정하고 개선 방향을 제시하는 데 유용합니다.

데이터 기반 감사 활동이 국민이 체감할 수 있는 긍정적 변화를 이끌어내기 위해 대국민 소통 전략도 필요합니다. 감사원의 사회적 나침반과 같은 역할을 강조하며 데이터 시각화를 통해 성과를 국민이 쉽게 이해할 수 있도록 해야 합니다. 국민 의견을 수렴할 수 있는 피드백 채널을 운영하는 것도 중요합니다. 이러한 소통 전략은 감사원의 투명성과 신뢰도를 높이는 데 기여할 것입니다.

끝으로, 데이터 통합과 분석 과정에서 발생할 수 있는 문제점을 사전에 검토하고 이를 해결할 방안을 제시해야 합니다. 개인정보 보호를 위한 법적·기술적 대책을 마련하고, 민간기업 및 학계와 협력하여 전문 인력과 예산 문제를 해결하며, AI 및 빅데이터 기술 전문가를 연구반에 포함해 기술적 제약을 극복해야 합니다. 이러한 사전 대책은 시스템 구축 과정에서의 시행착오를 줄이고 안정적인 운영을 가능하게 합니다.

결국, 감사원 감사 수요 데이터 분석 시스템은 국민주권을 확대하고 감사원의 법적·제도적 역할을 강화하며, 감사 품질의 일관성을 유지하고 감사량을 확대할 수 있을 것입니다. 더불어 데이터 기반 행정 활성화를 통해 감사원의 리더십을 제고하고, 협력 기관 및 공공기관 간의 긴밀한 협력을 이끌어내며, 혁신적인 감사 문화를 조성하는 데 기여할 것입니다. 이러한 제안은 감사원이 새 시대를 준비하고 국민 신뢰를 기반으로 한 감사 행정을 실현하기 위한 중요한 초석이 될 것입니다.

¤ 미국 정부 회계 감사원(GAO)

GAO는 빅데이터 분석 전문팀인 FAIS(Forensic Audits Service Team)를 운영하여 연방정부 예산의 부정 사용과 낭비를 적발하고 있습니다. 이 팀은 사회보장청(SSA)의 장애연금 과다 지급을 밝혀내는 등 여러 사례에서 데이터 분석을 통해 정부 자금의 부정 사용을 방지하는 데 기여하였습니다.

이러한 GAO의 노력은 정부의 재정 투명성과 효율성을 높이는 데 중요한 역할을 하고 있습니다.

AI 07.
위기 속 민주주의,
AI 기반 국민 의견 반영 전략

어떤 대상을 오염된 실험실에서 측정했을 때 결과가 이상하다면, 문제는 실험실일까요, 아니면 측정 도구일까요? 현재 대한민국 사회는 오염된 실험실이며, 그 속에서 작동하는 여론조사는 결국 제대로 된 측정값을 얻을 수 있는 측정 도구가 될 수 없을 것입니다. 여론조사 방식을 조금 더 정밀하게 바꾸거나, AI와 빅데이터를 활용하거나, 해외 연구기관과 협업하면 과연 '진짜 여론'을 찾아낼 수 있을까요? 정밀한 측정이 반드시 정확한 현실을 보여준다고 말할 수 없습니다. 오염된 실험실에서 최신 기술을 도입하는 것은 해결책이 될 수 없다는 말입니다.

2024년 12월 3일의 친위 쿠데타, 12월 14일의 대통령 탄핵, 그리고 2025년 1월 구속영장 집행에 무력으로 저항한 대통령과 서부지방법원을 파괴한 극우 세력. 일련의 사태 속에서 일부 언론은 대통령과 극우 세력의 주장을 '한번쯤 생각해볼 만한 쟁점'으로 포장하며 허위 균형을 맞추었으며, 정부는 친위 쿠데타에 대해 명확한 입장을 밝히지 않은 채 사태 해결을 지연시켰습니다. 그 사이 대한민국 사회는 극심한 갈등에 휩싸였으며, 진보적 성향을 가진 국민과 보수적 성향을 가진 국민 모두는 분노와 공포, 불안을 번갈아 느끼며 연말 연초를 보냈습니다.

[그림 10] 대통령(왼쪽)과 정부(오른쪽) 관련 키워드

이 실험실을 오염시키는 요인은 무엇일까요? 그것은 단순히 탄핵 찬반이라는 표면적인 대립이 아닙니다. 대한민국 사회를 혼란에 빠뜨린 오염 물질은 혐오입니다. 혐오는 사회적 온정, 염치, 용서, 배려, 공감, 연대와 같은 핵심 가치를 훼손하며, 폭력과 갈등, 분열과 차별을 조장하여 사회적 신뢰를 약화시키고 소통 단절과 배제의 구조를 더욱 강화합니다. "공동체 안에서 생각이 다른 사람들이 대화하지 않으면, 결국 서로에게 해를 입힌다"라는 선인의 말처럼, 혐오를 극복하지 않는 한 정부는 국민 의견을 올바르게 수렴할 수도, 효과적으로 정책을 수립할 수도 없습니다.

지금 우리는 단순한 정치적 위기가 아니라, 여론 형성, 공론화라는 민주적 과정 자체가 작동하지 않는 상황에 직면해 있습니다. 여론이 사회적 공론장에서 형성된 표면적 흐름이라면, 민심은 보편적 윤리와 공의를 반영한 심층적 정서입니다. 여론 아래에 민심이 존재한다면, 그 아래에는 무엇이 있을까요? 그것은 인간의 진화적 본능 즉, 생존 본능입니다. 진화적 본능은 집단을 보호하려는 생존 본능, 자원 부족이나 위협에 대한 과민 반응, 사회적 서열과 권력 구조를 직감하는 능력으로 작동합니다. 현재 대한민국 사회에서 진보적 국민과 보수적 국민 모두, 각자의 위치에서 완전히 진압되지 않은 친위 쿠데타 속에서 살아남아야 한다는 본능적 불안을 느끼고 있을 가능성이 큽니다. 이러한 불안은 정치적 불안을 증폭시키고, 혐오 감정을 확산시키며, 상대를 적으로 규정하고 끝없는 갈등 속으로 몰아넣고 있습니다.

정부가 이러한 상황에서도 국민 의견을 효과적으로 수렴하려면 어떻게 해야 할까요?. "어떻게 하면 더 정밀한 여론조사를 할 수 있을까?"가 아니라 "우리는 왜 계속해서 여론을 측정하려 하는가?"라는 질문을 던져야 대안에 가까워질 수 있습니다.

그렇다면 정부는 무엇을 해야 할까요? 지금 필요한 것은 더 정교한 여론조사가 아니라, 민주적 대화의 재구성입니다. 기존 방식이 국민의 실제 의견을 반영하기 어렵다면, 그것을 대체할 새로운 방식이 필요합니다. 여론을 데이터로만 환원할 것이 아니라, 국민께서 직접 이야기하고 논쟁할 수 있는 새로운 공론화 시스템을 구축해야 합니다. 이를 위해 정부는 다음과 같은 네 가지 혁신적인 방식을 도입해야 합니다.

첫째, 행동 데이터 기반 분석을 도입해야 합니다. 국민이 직접 응답하는 설문조사가 아니라, 국민께서 실제로 어떻게 행동하시는지를 분석해야 합니다. 예를 들어, '전쟁 탈출 방법' 검색량이 급증하면 이는 전쟁 피로도가 상승하고 반전 정서가 확산되고 있다는 신호일 수 있습니다. 또한, 소비 패턴과 대중교통 이용 데이터, 지역별 이동 데이터를 분석하면 국민께서 어디에서 더 큰 불안을 느끼고 계신지 파악할 수 있습니다.

둘째, AI 기반 감성 분석을 적극 활용해야 합니다. 단순한 설문조사 대신, 소셜네트워크, 뉴스 댓글, 유튜브 반응 등을 분석하여 국민의 감정 흐름을 실시간으로 파악할 수 있습니다. '공포', '분노', '불신'이 급격히 증가하는 시점을 감지하면 정부가 그 원인을 분석하고 대응할 수 있어야 합니다.

셋째, 해외 독립 여론조사 기관과 협업하여 객관성을 확보해야 합니다. 국내 여론조사는 정부 개입 가능성이 존재하며, 국민의 신뢰를 확보하기 어렵습니다. 퓨 리서치(Pew Research), 유고브(YouGov), OECD, UN 산하 연구소 등과 공동 조사를 수행하고, 한국 사회 내부 여론만 분석하는 것이 아니라 해외 시민들의 여론과 비교하여 객관성을 확보해야 합니다.

넷째, 숙의 민주주의 모델을 도입하여 여론 형성 방식을 변화시켜야 합니다. 지금 필요한 것은 정량적인 측정이 아니라, 국민께서 직접 숙의할 수 있는 환경을 제공하고, 논의 과정을 통해 의견이 형성되는 구조를 설계하는 것입니다. 국민 참여형 공론장을 온라인과 오프라인에서 확대하고, 숙의 과정에서 AI가 일방향적인 데이터 수집 도구가 아니라 의견 조율과 대화 구조를 돕는 기술로 활용될 수 있도록 해야 합니다.

지금 대한민국 사회에서 필요한 것은 '더 나은 여론조사'가 아닙니다. 우리는 측정 방식 자체를 바꿔야 하며, 측정의 목적을 다시 질문해야 합니다. 국민 의견을 왜곡된 정보로 해석하지 않기 위해서는 기존의 틀을 벗어나 더욱 정교한 숙의 구조와 민주적 대화 시스템을 만들어야 하며, 여론을 건조한 데이터가 아닌 살아 있는 정치적 과정으로 인식해야 합니다. 진정한 해결책은 측정을 넘어, 사회적 대화를 복원하는 것입니다.

AI 08.
후마니타스
국가 지표 개발

매년 한국 사회의 인간 존엄성, 사회 정의, 지속 가능성을 종합적으로 평가하는 '후마니타스 혁신 지표 조사'를 제안합니다. 이것이 실현되면 국내 최초의 연례 국가 조사가 될 것입니다. 급변하는 사회 환경 속에서 후마니타스 상태를 진단하고, 사회적 문제를 해결하기 위한 실질적 정책 방향성을 제시한다는 점에서 그 의의가 큽니다. 이 조사는 단순한 데이터 수집을 넘어 구조적 문제를 밝혀내고 구체적인 해결책을 제공하는 데 초점을 맞추고 있습니다. 이는 한국 사회가 직면한 위기와 위험 요소를 진단하고 인간 존엄성, 사회 정의, 지속 가능성이 진보했는지 혹은 퇴보했는지에 대해 증거 기반의 평가를 하며 이를 통해 미래를 위한 나침반을 마련하자는 목적이 있습니다.

이 조사는 전국 18세 이상 성인남녀를 대상으로 성별, 연령, 지역 인구 비율에 따라 1만 명의 유효 표본을 확보하고, 온라인 패널 방식을 통해 진행됩니다. 주요 조사 주제는 인간 존엄성과 인권, 공정성과 정의, 환경보호와 지속 가능성, 후마니타스 교육 및 의식 개선, 후마니타스 관련 사회적 이슈로 구성되며, 약 50개의 문항으로 설계합니다. 문항은 참여자들이 쉽게 이해하고 응답할 수 있도록 간단하고 명확하게 구성되며, 모바일과 데스크톱 환경 모두에서 편리하게 접근할 수 있습니다. 예를 들어, "한국 사회에서 인간 존엄성이 가장 훼손된 영역은 어디인가?" 또는 "지속 가능성을 위해 가장 시급히 해결해야 할 과제는 무엇인가?"와 같은 질문이 포함될 수 있습니다.

조사는 다섯 단계로 진행됩니다. 첫 번째 단계에서는 사업 책임자를 선임하고 전담 TF를 구성하며, 학계·시민단체·정책 전문가와의 협력을 통해 초기 목표를 설정합니다. 두 번째 단계에서는 조사의 구조와 목표를 구체화하고, 설문 문항을 설계하며, 신뢰성과 확산력을 확보하기 위해 후원 조직 및 외부 조사 업체를 섭외합니다. 세 번째 단계에서는 온라인 패널 방식을 통해 데이터를 수집하고, 수집된 데이터를 철저히 분석하여 응답 패턴과 지역별 차이, 사회적 인식을 종합적으로 도출합니다. 네 번째 단계에서는 조사 결과를 바탕으로 보고서를 발간하고, 언론과 협력하여 주요 메시지를 전달하며, 학계 및 정책 전문가를 초청한 세미나와 공론화를 통해 조사 결과를 사회 각계에 확산합니다. 마지막 다섯 번째 단계에서는 분석 결과를 토대로 사회적 우선순위를 설정하고, 구체적인 정책 제안을 도출하며, 후마니타스 지표를 중심으로 한 연례 의제를 설정해 지속적인 논의를 촉진합니다.

후마니타스 지표는 정량적 지표와 인식 데이터를 통합하여 설계됩니다. 경제적 지표로는 소득 불평등 지수(지니계수)와 가처분 소득 대비 생활비 비율이 포함되며, 사회적 지표로는 교육 수준 격차와 사회 안전망 접근성이 다루어집니다. 또한, 문화 및 교육 지표는 문화 활동 참여율과 교육 기회 형평성을, 정의와 공정성 지표는 성별 임금 격차와 사법적 불평등 통계를 포함합니다. 각 항목은 표준화된 점수로 환산되며, 사회적 중요도에 따라 가중치가 부여됩니다. 이를 통해 산출된 점수는 최종 후마니타스 지표 점수로 통합되며, 한국 사회의 현재 상태를 체계적으로 평가하는 데 활용됩니다.

조사 과정에서 AI는 대량 데이터를 신속하고 정확하게 분석하는 데 기여하며, 응답 패턴을 분석하여 심층적인 통찰을 제공하고 편향성을 감지해 수정합니다. AI는 다양한 변수 간 상호작용을 해석하고, 예측 모델을 활용해 조사 결과가 정책과 사회에 미칠 영향을 평가하며, 조사 신뢰성과 효율성을 높이는 데 작용합니다. 예를 들어, 특정 지역에서의 지속 가능성 관련 응답 데이터를 분석해 정책 우선순위를 제안하거나, 인간 존엄성과 환경보호 간의 상관관계를 도출하는 방식으로 활용됩니다. 그리고 AI 기반 시각화 도구는 조사 결과를 직관적으로 전달하며, 정책 설계 과정에서 의사결정을 지원하는 데 유용합니다.

후마니타스 지표는 국내적 의의를 넘어 국제적 비교 가능성을 고려해 설계됩니다. OECD 등 국제기구의 사회적 지표와 연계하여 글로벌 표준화 가능성을 확보하고, 국제적으로 통용될 수 있는 후마니타스 평가 모델을 개발함으로써 글로벌 리더십을 강화하는 데 사용될 것입니다. 이를 통해 후마니타스 지표는 단순히 국내의 문제 해결을 위한 도구를 넘어, 글로벌 차원에서도 사회적 가치 확산과 정책 개선에 기여하는 중요한 역할을 하게 됩니다.

마지막으로, 후마니타스 혁신 지표는 현재 상태를 진단하는 데 그치지 않고, 미래를 위한 구체적이고 실질적인 대응책을 제안하는 데 중점을 둡니다. 조사 결과는 사회적 불평등 해소, 지속 가능한 발전 전략 수립, 후마니타스 가치 확산과 같은 실질적인 변화를 이끌어낼 것입니다. 예를 들어, 환경적 지속 가능성을 위한 정책 우선순위를 도출하거나, 사회적 불평등을 해결하기 위한 제도적 방안을 제안하는 데 이용할 수 있습니다. 후마니타스 혁신 지표는 교육과 공론화를 통해 후마니타스 정신을 사회 전반에 뿌리내리고, 한국 사회와 세계에 새로운 방향성을 제시하며, 복잡한 사회적 맥락 속에서 변화를 이끄는 촉매제로 자리 잡을 것입니다.

09.
국민권익위원회
데이터센터 신설

권익위 민원데이터센터가 정식 출범한 지 한 달이 지난 어느 날, 센터의 AI 기반 분석 시스템이 한 가지 이상의 신호를 감지했습니다. 수도권 내 특정 지역에서 '대중교통 불편' 관련 민원이 급증한 것입니다. 기존에는 개별 지자체나 교통 관련 기관이 각각 민원을 접수하고 대응했으나, 이번에는 민원데이터센터에서 해당 데이터를 실시간으로 수집하고 패턴을 분석했습니다.

데이터 분석팀은 민원이 특정 시간대와 특정 버스 노선에서 집중적으로 발생한다는 사실을 파악했습니다. 주로 출퇴근 시간대의 버스 혼잡 문제가 시민들의 불편을 초래하고 있었으며, 노선 변경이나 배차 간격 조정이 필요하다는 점이 드러났습니다. AI는 유사한 사례들을 과거 민원 데이터와 비교 분석하여 문제 해결 가능성이 큰 정책 대안을 자동으로 제안했습니다.

센터장은 즉시 해당 분석 결과를 국토교통부와 지방자치단체에 보고했고, 대통령 대상 브리핑에서도 해당 사안을 긴급 안건으로 상정했습니다. 이에 따라 정부는 수도권 버스 노선 및 배차 간격을 조정하는 대책을 마련했으며, 2주 만에 시범적으로 추가 운행 조치를 시행하였습니다. 결과적으로 버스 혼잡도가 30% 이상 완화되었고, 불만 민원이 급격히 감소했습니다.

국민의 반응은 즉각적이었습니다. 소셜미디어와 지역 커뮤니티에서는 "이번에는 정부가 빠르게 움직였다.", "민원이 실시간으로 해결되는 것을 처음 경험했다"라는 긍정적인 반응이 이어졌습니다. 이후 정부는 이러한 데이터 기반 행정의 효과를 국민에게 직접 설명하는 민원 해결 사례 브리핑을 정기적으로 운영하기로 결정했습니다. 이 사례는 민원데이터센터가 단순한 자료 분석 기관이 아니라, 국민과 정부를 실시간으로 연결하는 핵심 거버넌스 기관으로 자리 잡을 수 있음을 증명한 첫 번째 성공 사례였습니다.

국민권익위원회는 대한민국의 독립 행정기관으로서 부패 방지와 공직 윤리 확립, 국민의 권리 보호와 고충 해결을 주요 임무로 하고 있습니다. 공직 사회에서 부패를 예방하고, 부패 신고를 접수·처리하며, 청렴 정책을 수립·운영하는 역할을 합니다. 또한, 공직자 행동 강령 및 이해 충돌 방지법을 관리하며, 공공기관의 불합리한 행정 처분이나 불평등한 조치를 시정하고, 고충 민원을 접수·조사·처리하는 업무를 담당합니다. 국민신문고를 운영하고, 행정 심판 기능을 수행하며, 중앙행정심판위원회를 통해 위법·부당한 행정 처분에 대한 구제 절차를 제공합니다. 조직은 위원장(장관급), 부위원장(차관급), 위원으로 구성되며, 부패방지국, 고충처리국, 행정

심판국 등의 부서를 운영하고 있습니다.

대한민국의 각 부처에는 연간 약 500만 건의 민원이 접수되고 있으며, 이는 교통, 행정·안전, 도로, 주택·건축, 환경 등 다양한 분야에 걸쳐 있습니다. 국민권익위원회는 '한눈에 보는 민원 빅데이터' 시스템을 운영하여 실시간으로 민원 신청 건수, 분야별 현황, 지역·기관별 현황을 제공합니다. 이러한 민원 데이터는 불만 접수를 넘어, 행정 혁신과 정책 개선을 위한 중요한 자원으로 활용될 수 있습니다.

행정 혁신을 위한 민원 데이터 활용

행정 혁신을 실현하기 위해서는 민원 데이터를 기반으로 문제 해결형 행정을 구축하는 일이 필요합니다. 반복적이고 구조적인 민원을 분석하여 사전에 해결하는 체계를 마련해야 합니다. 예를 들어, 도로 보수 관련 민원이 특정 시기에 집중된다면, 예산과 공사 일정을 조정하는 방식으로 대응할 수 있습니다. 원스톱(One-stop) 행정 서비스를 도입하여 여러 기관을 거쳐야 해결되는 민원을 단계별로 축소하고, 통합 민원 처리 시스템을 구축하는 것이 중요합니다. AI 기반 민원 분류 및 자동 응답 시스템을 도입하여 단순 민원은 자동으로 처리하고, 복합 민원은 전문 상담사에게 연결할 수 있도록 합니다. 빅데이터 기반 행정 프로세스를 개선하여 업무 과정을 최적화하고, 민원 처리 소요 기간을 단축할 수 있도록 해야 합니다.

예측 행정을 구현하기 위해 AI 및 빅데이터 기반 정책 예측 모델을 개발하고, 민원 데이터를 분석하여 정책을 사전에 조정할 필요가 있습니다. 예를 들어, 겨울철 난방비 관련 민원이 급증할 것이라 예상된다면, 에너지 복지 대책을 미리 수립할 수 있고, 폭우 이후 도로 침수 민원이 증가하는 패턴을 분석하여 침수 예상 지역을 파악하여 사전에 대비할 수 있습니다. 실시간 데이터 기반 정책 조정을 통해 민원 및 여론 변화를 지속적으로 모니터링하고, 정책 대응 속도를 높이는 것이 중요합니다. 교통 혼잡 예측 및 개선, 환경 오염·소음 문제 사전 대응 등을 포함하여 선제적인 정책 적용이 이루어질 수 있도록 해야 합니다.

정책 기획 및 사회 혁신을 추진하기 위해 지역별·계층별 맞춤 행정을 강화해야 합니다. 예를 들어, 청년층의 전세보증금 반환 관련 민원이 증가한다면, 정부 보증 확대 및 대출 지원 정책을 개선하는 방향을 검토할 수 있습니다. 농어촌 지역에서 의료 민원이 증가할 경우, 원격 진료 확대 및 공공 의료시설 확충을 추진하는 방안을 고려할 필요가 있습니다. 디지털 민주주의(공론화·참여 행정)를 활성화하여, 민원 데이터를 활용한 시민 참여형 정책 결정 모델을 구축하고, 다수의 국민이 반대하는 정책을 사전에 보완하여 논란을 최소화하는 방향으로 정책을 수립해야 합니다. 재난 및 긴급 대응 체계를 강화하여 태풍, 홍수 등 자연재해 발생 시 민원 데이터를 활용해 재난 대응 모델을 구축하고, 폭설로 인한 도로 통제 민원이 증가할 경우 자동 염수 살포 시스템을 사전에 가동하는 대책을 마련해야 합니다. 또한, 공공 안전 정책을 강화하여 범죄·학교 폭력 관련 민원 데이터를 활용해 안전 정책을 수립하는 것이 필요합니다.

민원 데이터를 효과적으로 활용하기 위해 부처 간 민원 데이터 공유 체계를 구축하고, 공공·민간 협력을 확대하여 문제 해결을 지원하는 것이 긴요합니다. 민원 대응 성과 평가 및 피드백 시스템을 강화하여, 해결된 민원에 대한 피드백을 정책 개선 자료로 활용하는 방향으로 운영해야 합니다.

'민원데이터센터' 설치

국민권익위원회 산하에 차관급 민원데이터센터를 신설하여 국민 체감형 민원 분석을 통해 정책 방향성을 설정하고 민원 데이터를 활용한 위기 예측 및 행정 혁신을 촉진해야 합니다. 이를 통해 대통령 및 국무회의의 정책 결정에 필요한 기초 자료를 제공할 수 있습니다. 조직 구조는 국민권익위원회 산하 기관으로 독립 운영되며, 데이터 수집·연계팀, 분석·예측팀, 정책연계팀, 대응·소통팀, 평가·성과관리팀, 기획운영팀으로 구성할 수 있습니다. 주요 기능으로는 민원 데이터 통합 및 연계, AI 기반 분석 및 정책 예측, 위기 감지 및 조기 대응 체계 구축, 국정 운영 연계 및 대통령 보고 체계, 정부 부처·지자체 협업 플랫폼 운영 등이 포함될 수 있습니다.

또한, 대통령이 국정 운영에서 민원 데이터를 효과적으로 활용할 수 있도록, 센터에서 정기적으로 '국민 민원 브리핑'을 작성하여 대통령에게 보고하고, 이를 국무회의 안건으로 포함하는 체계를 구축해야 합니다. 주요 정책에 대한 민원 변화를 분석하여 정책 결정에 반영할 수 있도록 하며, 국민의 요구 사항을 신속하게 수용할 수 있도록 지원하는 것이 중요합니다. 이를 통해 대통령은 국민 체감형 정책을 추진하고, 주요 이슈 발생 시 신속하게 대응하는 국정 운영을 구축할 수 있습니다.

추진 전략으로는 1단계에서 인프라를 구축하고, 2단계에서 분석 모델을 개발하고 적용하며, 3단계에서 정부 혁신 및 국민 소통 강화를 실현하는 계획을 마련해야 합니다. 이를 통해 국정 운영을 혁신하고, 행정 서비스 개선 및 위기 대응력을 강화하는 방향으로 나아갈 수 있도록 해야 합니다.

AI 10.
정책 전달 체계의 문제 해결, 포용 점검단

1999년 국무총리실은 '삶의 질 점검단'을 운영하였는데, 현장 점검의 필요성을 실제로 입증하였습니다. 제가 제안하는 포용 점검단은 이와 유사한 형태의 접근입니다. 포용 점검단 운영을 통해 정책 집행력 강화와 국민 신뢰 확보에 도움을 줄 수 있을 것입니다.

가상 사례

2026년 9월, 대통령은 취약계층 근로자들 대상의 생계비 지원 확대와 고용보험 사각지대 해소를 위한 새로운 근로 복지 정책을 발표하였습니다. 이 정책은 국민의 경제적 안정과 사회적 안전망 강화를 목표로 하는 중요한 지원책으로 자리매김할 것이라 기대를 받았습니다. 정책이 발표된 직후, 일용직 근로자 C 씨는 해당 정책이 자신에게 적용될 것이라 믿고 근로복지공단을 직접 방문하였습니다. C 씨는 갑작스러운 의료비 지출로 인해 경제적 어려움을 겪는 상황이었습니다. 하지만 이 과정에서 예상치 못한 문제들이 드러났습니다.

C 씨는 근로복지공단 창구에 정책의 구체적인 내용을 문의했으나, 담당 공무원 A 씨는 "그런 정책은 처음 듣는다"라며 당황한 기색을 보였습니다. A 씨는 내부 시스템에서 정보를 검색하며 도움을 주려 애썼습니다. 하지만 결국 "현재로서는 이런 지원 신청을 받을 준비가 되어 있지 않다"라는 답변만 내놓을 수밖에 없었습니다. 추가적인 안내는 이루어지지 않았습니다. 실망한 C 씨가 돌아가려던 찰나, 근로복지공단을 불시에 방문해 점검 중이던 포용 점검단이 상황을 파악하고 즉각 개입하였습니다.

포용 점검단은 현장에서 C 씨의 사례를 듣고 즉시 문제의 근본 원인을 조사하기 시작하였습니다. 먼저, 담당 공무원 A 씨와의 인터뷰를 통해 해당 정책에 대한 내부 공지가 늦게 내려왔거나 전달 과정에서 누락되었음을 확인하였습니다. A 씨는 관련 공문을 받은 기억이 없다며 상급 기관으로 문의해야 한다고 답변하였습니다. 점검단은 문제의 실질적인 원인을 파악하기 위해 한 단계씩 직급을 거슬러 올라갔습니다. 부서장 B는 정책 발표 후 공문은 받았으나, 부서 내 담당자들에게 구체적인 시행 방안을 공유하지 않았다고 밝혔습니다. 그는 공문 내용에 실질적인 지침이 없어 어떻게 시행해야할지 혼란스러웠다고 덧붙였습니다. 상급 기관 C는 예산 배정과 세부 지침 마련이 아직 완료되지 않아 정책 전달 속도가 느려졌다는 점을 인정하였습니다.

점검 결과, 정책 발표 이후 상급 기관이 실행 매뉴얼과 세부 지침을 마련하지 못한 채 공문만 전달하면서 현장의 혼란이 발생한 것으로 드러났습니다. 또한, 하위 부서와 공단 내부에서는 정책을 숙지할 시간적 여유가 부족해 민원 대응 능력이 저하된 것이 확인되었습니다.

포용 점검단은 문제 해결을 위해 즉각적인 조치를 하였습니다. 먼저, 상급 기관과 긴급 협의하여 정책의 세부 지침 초안을 빠르게 작성하도록 독려하였고, 공단 내부에 정책 담당자를 지정하여 민원 응대 매뉴얼을 당일 제작하여 배포하도록 요청하였습니다. 동시에 C 씨의 사례를 신속히 처리하기 위해 지원 자격 여부를 즉각 검토하고 필요한 서류를 안내하였습니다. C 씨가 다시 방문할 필요가 없도록 공단 측에서 직접 지원 신청서를 접수하고 이후 절차를 상세히 설명하는 방식으로 민원을 해결하였습니다. 더불어 상급 기관에서 공단까지의 정책 전달 체계를 정비하고, 전 직원 대상 정책 교육과 시스템 업그레이드를 시행하여 유사한 문제가 재발하지 않도록 조치하였습니다.

이후 C 씨는 신속히 생계비 지원을 받을 수 있었고, 어려운 시기를 극복하는 데 큰 도움을 받았습니다. 그는 "정책이 실제로 나를 위해 작동하는 것을 보고 신뢰가 생겼다"라며 감사의 뜻을 전하였습니다. 근로복지공단은 모든 직원이 신규 정책에 대해 숙지하도록 정기적인 브리핑과 교육을 시행하였으며, 정책 안내 자료를 더 구체적으로 제작하여 민원인들이 쉽게 이해할 수 있도록 개선하였습니다.

이러한 경험은 공공기관 전반의 정책 전달 체계의 허점을 드러내는 동시에, 중앙정부와 지방정부 간의 소통 시스템을 더욱 효율적으로 개선하는 계기가 되었습니다. 국민은 "이번 정책 점검으로 행정이 한층 가까워진 것 같다"는 긍정적인 평가를 내놓았습니다.

이 가상 사례는 정책 발표 이후 전달 체계가 얼마나 중요한지 보여주는 동시에, 포용 점검단이 정책의 현장 이행력을 강화하고 국

민 삶의 질을 개선하는 데 실질적으로 기여할 수 있음을 강조합니다. 형식적 점검을 넘어 문제의 원인을 정확히 파악하고, 현장에서 직접 해결하는 방식이야말로 진정한 혁신 행정의 본보기로 자리매김할 수 있을 것입니다.

포용 점검단은 상시 운영되는 체계로 동 주민센터와 같은 말단 기관을 불시에 방문하여 다양한 정책·사업·공지가 현장에서 제대로 전달되고 있는지를 확인합니다. 즉, 정책 전달 체계가 원활하게 흐르는지를 점검하는 역할을 합니다. 점검 과정에서 공무원에게 징계와 같은 페널티를 부과하지 않으며, 단순히 소통 체계를 개선하고 원활히 작동하도록 지원하는 사업으로 기능합니다. 이러한 점검이 성공적으로 이루어진다면 정책과 사업의 소통 체계가 개선되며, 주민의 삶의 질 향상에 직접적인 영향을 미칠 수 있습니다.

포용 점검단이 점검하는 주요 사항은 다음과 같습니다. 첫째, 정부와 기관이 추진하는 사업이 정상적으로 이행되고 있는지를 확인합니다. 둘째, 주택, 교육, 보건의료, 교통, 환경 등 다양한 분야에서 정책 및 사업이 제대로 이행되고 있는지를 점검합니다. 셋째, 민원 처리와 복지 계층을 대상으로 한 사업이 효과적으로 홍보되고 정상적으로 이행되고 있는지를 확인합니다. 이러한 점검은 공직 사회 내에서 자연스러운 자기검열 효과를 유발합니다. 특히 공직 사회에서 정보가 빠르게 확산되는 특성 덕분에 점검의 실효성이 더욱 높아질 것입니다.

특히 대통령이 지시한 국정 과제가 예산 부족 등의 이유로 시행되지 않는 것은 장관의 책임으로 볼 수 있습니다. 따라서 대통령의 지시와 같은 주요 국정 정책이 국민에게 제대로 전달되고 있는지를 확인하는 현장 점검이 필수적입니다. 포용 점검단은 정책 소통의 문제를 해결하고 행정 체계를 개선하여 국민의 삶의 질을 높이는 데 중요한 역할을 담당할 수 있습니다.

포용 점검단이 방문 대상으로 삼을 특정 부처와 기관을 결정하는 데 AI의 도움을 받을 수 있습니다. AI가 데이터 분석과 문제 우선순위 설정을 진행하는 방식을 통해서입니다. AI는 방대한 데이터를 기반으로 정부 정책의 이행 상태와 국민 삶에 영향을 미치는 문제를 실시간으로 감지하고 분석하여 점검단이 효율적으로 활동할 수 있도록 지원합니다. 이를 통해 점검단은 정책 사각지대와 국민 불만이 집중된 문제를 해결하며 행정의 실효성을 높일 수 있습니다.

AI는 각 부처와 기관의 정책 이행 데이터, 민원 처리 기록, 국민 설문 자료, 그리고 현장 실적 데이터를 실시간으로 수집하고 통합합니다. 이를 바탕으로 정책 이행률, 민원 발생 빈도, 지역별 불균형 등의 지표를 종합적으로 분석하여 문제가 심각한 지역과 분야를 파악합니다. 예를 들어, 복지 정책에서는 기초생활수급 대상자의 지원 누락률이나 의료 서비스 대기 시간을 분석하고, 고용 정책에서는 산업재해 보상 지연 사례를 탐지합니다. AI는 이렇게 도출된 데이터를 통해 점검의 시급성과 중요도를 평가하여 점검단이 우선 방문해야 할 부처와 기관을 추천합니다.

AI는 수집된 데이터를 기반으로 실시간 문제 탐지와 경고 기능을 제공합니다. 특정 지역의 보건소에서 의료 민원이 급증하거나, 근로복지공단의 산업재해 보상 처리 지연이 다수 발생하는 경우 AI는 이를 점검단에 알립니다. 예를 들어, "서울 동북부 지역의 보건소에서 의료 민원이 30% 증가했습니다. 의료 접근성 점검 필요"와 같은 알림을 통해 점검단이 즉시 문제를 인지하고 해당 지역을 방문할 수 있도록 지원합니다. 이러한 방식은 문제를 조기에 발견하고 신속하게 대응할 수 있는 체계를 마련합니다.

보건복지부 산하 지역 보건소는 의료 서비스와 복지 지원의 사각지대를 점검하는 데 중요한 기관입니다. AI는 의료 접근성과 복지 수혜율 데이터를 분석하여 의료 민원이 집중된 지역을 우선 추천할 수 있습니다. 고용노동부의 근로복지공단과 고용센터는 고용보험 사각지대와 산업재해 보상 문제를 점검하는 핵심 기관입니다. AI는 산업재해 보상이 지연되는 지역을 식별하고 점검단이 이를 해결하도록 안내합니다. 국토교통부의 대중교통 운영 기관은 농어촌 및 외곽 지역의 교통 접근성을 점검하는 데 필요하며, AI는 대중교통 이용률과 민원을 분석하여 교통 소외 문제를 도출합니다. 환경부의 지역 환경 관리 기관은 수질 오염, 폐기물 처리 지연 등의 문제를 해결하기 위해 AI를 활용해 오염 수치와 민원 데이터를 실시간으로 분석하고 점검 우선순위를 제시할 수 있습니다.

점검단은 AI가 추천한 부처와 기관을 방문해 실질적인 문제를 확인하고, 현장 민원 데이터를 수집하며, 정책의 이행 상태를 점검합니다. 방문 결과는 다시 AI에 입력되어 정책 개선 방향을 도출하고 점검의 효과를 분석하는 데 활용됩니다. 이를 통해 점검단은 단순히 문제를 해결하는 것을 넘어, 정책 전반의 구조적 개선과 효율화를 이루어낼 수 있습니다.

AI를 활용한 포용 점검단의 활동은 문제 탐지와 점검 우선순위 설정의 정확성을 높이고, 행정 자원의 효율적 배분을 가능하게 합니다. 이러한 체계는 정책 전달 체계의 사각지대를 줄이고 국민의 체감도를 높이는 데 기여합니다. 또한, 점검단이 신속히 문제를 해결함으로써 행정의 신뢰를 확보하고, 국민 삶의 질을 실질적으로 향상시킬 수 있습니다. 이러한 과정은 점검단의 역할을 강화하며, 정부 정책이 국민에게 효과적으로 전달되도록 지원하는 새로운 행정 모델로 자리 잡을 수 있을 것입니다.

AI 11.

AI 시대, 내 정보 가져가는데
돈을 내는 게 맞나요?

행정서류 발급 비용의 형평성과
AI 시대의 공공 서비스 방향

온라인 무료 vs. 오프라인 유료 – 형평성 문제

가족관계증명서는 국민 개인의 정보를 바탕으로 한 공공재 성격
이 있습니다. 그런데 이 문서를 오프라인에서 발급받을 때는 비용
을 내야 합니다. 인터넷으로 발급받으면 무료인데 말입니다. 이것은
명백한 불공평을 일으킵니다. 특히, 디지털 접근성이 낮은 계층이
상대적으로 행정기관 방문 발급을 이용할 가능성이 더 크다는 점
을 고려한다면, 정부가 디지털 격차를 초래하거나 심화시키는 요인
이 될 수 있습니다.

온라인을 이용할 수 있는 사람은 일반적으로 고학력, 고소득, 젊
은 계층일 가능성이 있습니다. 반면, 온라인 신청이 어려운 사람들
은 고령층, 저학력, 저소득층, 농어촌 지역 거주자, 디지털 소외계
층일 가능성이 큽니다. 정부가 공공 서비스를 제공할 때 특정 계층
이 더 불리한 조건에서 비용을 내야 한다면, 사회적 약자에게 더

많은 비용을 부과하는 역진적 구조가 형성됩니다. 이는 공공 서비스 이용의 형평성 문제로 봐야 하며, 이것을 해결하기 위해 정부가 적극적인 개선책을 마련해야 합니다. 특히 국민의 정보에 대한 접근이 소득이나 디지털 역량에 따라 차별받는다면, 그것이 정말 공정한지 질문을 던지지 않을 수 없습니다.

[그림 11] 가족관계증명서 발급 안내

↘ **가족관계증명서**

↗ **기재사항** `견본보기` ↗

공통 사항		본인의 등록기준지, 성명, 성별, 본, 출생연월일, 주민등록번호 ⑨ 특정증명서는 등록기준지, 본 포함여부를 선택할 수 있음
개별 사항	일반	본인과 부모, 배우자, 생존한 현재의 혼인 중의 자녀에 관한 사항
	상세	본인과 부모, 배우자, 모든 자녀에 관한 사항
	특정	본인과 신청인이 선택한 부, 모, 배우자 및 자녀에 관한 사항

↗ **교부청구안내**

신청방법	인터넷 `발급하기` `발급방법 안내`	무인발급기 `위치조회` ↗	방문 (시(구)·읍·면·동 사무소)
신청자격1)	본인, 부모, 배우자, 자녀	본인	본인, 배우자, 직계혈족 및 그 대리인
수수료	무료	500원 / 1통	1,000원 / 1통 `수수료면제 안내` ↗
이용시간2)	365일 24시간	발급기에 따라 다름	평일 09:00~18:00
필요사항	• 인증서 `인증서 안내` ↗	• 지문	• 주민등록증 등 신분증명서 • 신청서 `작성예시` ↗ • 위임한 사람의 주민등록증 등 신분증명서

정부가 국민의 정보를 유료화하는 것이 정당한가?

가족관계증명서 같은 문서는 국민 개인의 정보를 담고 있으며, 원래부터 정부가 '소유권'을 주장할 수 있는 성격이 아닙니다. 이는 정부가 국민 개개인의 정보를 관리하는 공공재적 성격의 데이터입니다. 본질적으로 국민이 자신의 정보를 열람하고 사용할 권리는 보장받아야 합니다. 그러나 현실에서 정부는 행정 비용(발급, 인건비, 유지비 등)을 이유로 유료화하고 있습니다. 하지만 이때 근본적인 질문이 생깁니다.

정부가 국민 개개인의 정보를 보관하고 제공하는 데에 비용을 부과하는 것이 정당한가? 오히려 정부가 행정 효율성을 높이면서 국민에게 부담을 주지 않는 방향으로 나아가야 하는 것 아닌가? AI 시대에 이러한 정보 접근성을 제한하는 것이 국민의 디지털 적응을 도울 것인가, 오히려 불편과 불신을 가중할 것인가?

정부는 국민의 데이터를 보관하는 '관리자'일 뿐입니다. 따라서 기본적인 행정 서류에 대한 발급 비용을 최소화하거나 완전히 무료화하는 것을 원칙으로 삼아야 합니다. 특히 AI와 디지털 기술이 급격히 발전하는 시대에는 데이터 접근성을 높이는 것이 국가 경쟁력과 국민 신뢰를 높이는 방향입니다. 정부가 공공 데이터를 기반으로 혁신적 서비스를 제공하고, 디지털 전환에 대한 심리적 장벽을 낮추는 방향으로 나아가야 합니다.

AI 시대, 국민의 디지털 적응을 위한 정책 방향

AI 시대에 정부가 해야 할 일은 국민을 디지털 환경에 적응시키는 것이지, 이를 통한 불평등 초래가 아닙니다. 현재와 같은 정책이 지속될 경우, 다음과 같은 문제점이 발생할 수 있습니다.

첫째, 디지털 격차가 심화될 가능성이 있습니다. 디지털 환경에 익숙한 사람들은 온라인에서 무료로 이용하지만, 그렇지 못한 사람들은 비용을 내야 하는 구조는 불평등을 고착화시킵니다. AI나 자동화 시스템이 보편화되면 디지털 소외계층은 행정 서비스 이용뿐만 아니라 경제활동 전반에서 불리한 위치에 놓이게 됩니다. 둘째, 정부 행정 서비스의 신뢰도가 저하될 가능성이 있습니다. 국민이 기본적으로 자신의 정보를 이용하는 데도 불필요한 비용을 써야 한다면 정부 행정 서비스에 대한 신뢰도가 낮아질 수 있습니다. AI 시대에는 공공 서비스 접근성을 높여야 하는데, 현 정책은 오히려 심리적 장벽을 높이고 있습니다. 셋째, AI 기반의 공공 서비스 혁신이 부진할 가능성이 있습니다. 정부가 디지털 서비스를 확대하는 과정에서 비용 부담을 줄이고, 국민이 쉽게 접근할 수 있도록 설계하는 방향이 필요합니다. 특히 AI 기술을 활용해 대체 서류 자동 발급, 음성 인식 기반 신청 서비스, 맞춤형 공공 서비스 추천 시스템 등을 개발해야 할 수 있습니다.

결론적으로, AI 시대의 정책 방향은 '국민의 정보 접근성을 극대화'하는 방향으로 가야 하며, 온라인-오프라인 간 불평등한 서비스 제공 방식은 반드시 개선해야 합니다.

해결책 및 정책 제안

이 문제를 해결하기 위해 몇 가지 정책 방향을 제안할 수 있습니다.

첫째, 행정기관 방문 발급 비용을 전면 폐지하고, 이를 통해 모든 국민이 형평성 있게 자신의 정보를 열람하고 활용할 수 있게 하는 게 바람직합니다. 국민의 정보는 개인의 것이므로, 이를 열람하거나 발급받는 데 비용을 내게 해서는 안 됩니다. 비용 문제를 고려한다면, 최소한 저소득층 및 고령층에 대한 대부분의 민원 서류의 무료 발급 제도라도 마련하는 게 좋습니다. 둘째, 무인 발급기의 무료화 또는 감면 정책이 필요합니다. 무인 발급기는 디지털 접근성이 부족한 계층이 이용할 가능성이 큽니다. 따라서 이를 무료화하고 기술 수용성을 높일 수 있는 추가적 기술을 도입할 필요가 있습니다.

셋째, 디지털 소외계층이 공공 디지털 서비스를 더 쉽게 활용할 수 있도록 맞춤형 지원을 강화하는 게 필요합니다. "온라인을 이용하세요"라고 홍보하는 것이 아니라, 고령층 및 저소득층을 대상으로 디지털 교육을 적극적으로 제공하는 게 더 효과적입니다. 지역 주민센터, 도서관, 복지센터 등을 활용해 온라인 발급을 쉽게할 수 있도록 안내하는 시스템을 구축할 수 있습니다. 넷째, AI 기반의 음성·챗봇 행정 서비스를 도입해야 할 수 있습니다. 스마트폰을 활용해 AI 음성 비서(예. 공공 서류 발급 도와줘) 기능을 제공하면 디지털 접근성이 낮은 사람들도 쉽게 사용할 수 있습니다. 정부가 AI 기반 자동 발급 신청 시스템을 구축하면 오프라인 방문 부담을 줄일 수 있습니다. 다섯째, 행정 서류 통합 및 간소화를 추진해야 할 수 있습니다. 많은 서류가 중복 발급되는 문제가 있으므로, 이를 AI 기반으로 자동 연동하여 한 번의 신청으로 여러 서류를 받을 수 있도록 개선하면 발급 부담을 줄일 수 있습니다.

AI 시대에는 국민이 기술에 자연스럽게 적응할 수 있도록 정부가 적극적인 지원을 제공해야 합니다. 소득이나 디지털 역량에 따라 정보 접근성이 불평등하게 작동하지 않도록 조치해야 합니다. 행정 기관 방문 발급 유료 정책은 재검토될 필요가 있습니다. 디지털 전환을 국민 모두가 공평하게 누릴 수 있도록 설계하는 게 바람직합니다. AI 기술을 활용한 공공 서비스 혁신이 필요한 시점입니다.

3장

사회 혁신 및
시민 참여

AI 12.
이슈 예측
달력

    과거 뉴스에서 반복적으로 노출된 어휘들을 추출해 분석하면, 시기에 따라 예측 어휘 중심으로 유의미한 패턴을 발견할 수 있습니다. 신문은 빅데이터가 등장하기 훨씬 전부터 중요한 정보 여과 장치로서 역할을 해왔습니다. 인간은 생존을 위해 무질서한 사건들을 체계화하도록 진화했으며, 이를 통해 미래를 예측하고 변화에 대비해왔습니다.

    미래 예측을 위해 IT 전문가, 빅데이터 전문가 그리고 현업 전문가라는 세 분야의 전문가가 협력한다고 가정해보겠습니다. IT 전문가는 데이터를 효과적으로 수집하고 전달하며, 빅데이터 전문가는 대량의 데이터를 분석해 패턴을 도출합니다. 그러나 그 결과의 의미를 해석하고 실질적인 대응 방안을 제시할 수 있는 사람은 현업 전문가입니다. 현업 전문가는 미래에 무엇이 중요한지 질문을 만들어낼 수 있는 능력을 갖춘 사람으로, 예측 작업에서 핵심적인 역할을 합니다.

이론물리학자 제프리 웨스트는 그의 저서『스케일』에서 "빅데이터의 바다에서 익사하지 않으려면 연구 대상의 특성을 이해하고 체계를 구축하는 일이 중요하다"고 강조했습니다. 신문은 수많은 정보 중에서 충격적인 사실, 새로운 발상, 그리고 의미 있는 제안을 선별하고 재구성하여 독자들이 활용할 수 있도록 돕습니다. 이는 신문이 4차 산업혁명과 빅데이터 시대 이전부터 이미 중요한 힌트를 제공하는 현업 전문가로 기능했음을 보여줍니다.

생리학자 로버트 루트번스타인은『생각의 탄생』에서 "패턴을 알아낸다는 것은 다음에 무슨 일이 일어날지 예상하는 일"이라고 말했습니다. 패턴 인식을 통해 인간은 미래를 예측하고 변화에 안정적으로 대처해왔습니다. 이러한 패턴 인식 능력은 인류 문명이 성장하고 유지되는 데 핵심적인 역할을 했으며, 4차 산업혁명의 핵심 기술인 AI도 이를 기반으로 합니다. 그러나 이 능력이 언제나 완벽한 결과를 보장하는 것은 아닙니다. 우리가 사용하는 달력은 패턴에 적응하고 대처하기 위한 안내표 역할을 합니다. 예를 들어, 계절 변화와 관련된 일정을 정리하거나 특정 기념일을 통해 사회적 의미를 부여합니다. 하지만 인간이 지정한 기념일을 제외하면 수백 년 전과 비교하여 정보의 추가가 거의 없었습니다. 미래학자 존 나이스비트는 그의 저서『마인드 세트』에서 "미래를 덮고 있는 커튼을 걷어내는 데 필요한 지식의 가장 큰 원천은 신문"이라고 언급했습니다.

과거 신문 데이터를 분석하여 2018년 포털 사이트에 노출된 약 2,500만 건의 뉴스 중 2만 건의 주요 이슈 어휘를 추출하고 알고리즘을 활용해 이슈 예측 달력을 만들어보았습니다. 1년을 10일 단위의 블록으로 나누어 36~37개의 카테고리를 설정하고, 주요 어휘와 연관 어휘를 분석했습니다. 분석 결과는 크게 경제, 생활, 사회 사건, 정치·외교의 네 가지 패턴으로 분류되었습니다.

[그림 12] 4월과 5월의 키워드

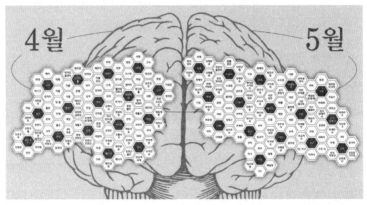

* 2013년부터 2017년까지 5년간 포털 사이트에 노출된 7,500만 건의 뉴스 중 매해 4월과 5월에 출현 빈도가 지속적으로 증가하며 반복 노출된 어휘를 추출·분석했다. 그 결과를 토대로 2019년 4월과 5월 뉴스 속에 등장할 어휘를 예측해 워드 클라우드로 만들었더니 마치 한 사람의 '생각'을 고스란히 들여다보는 듯하다.
* 출처: 경향신문 https://www.khan.co.kr/article/201903300600015

경제 이슈

주요 어휘: 코스닥, 관광객, 개발, 소비자, 스타트업

'관광객'은 중국, 의료, 사드, 유치 등의 연관 어휘와 함께 나타났고, '개발'은 사물인터넷, 정보통신, 자동차 등 신기술과 연결되었습니다. '소비자'는 물가와, '스타트업'은 지원과 짝을 이루었습니다.

생활 이슈

주요 어휘: 청약, 취약계층, 겨울

'청약'은 아파트, 통장, 서울, 자격, 경쟁 등과 연관되며 부동산 시장에 대한 높은 관심을 나타냈습니다. '취약계층'은 지원과, '겨울'은 추위, 준비, 조류독감 등과 상관성을 보였습니다.

사회 사건

주요 어휘: 재건축, 나포, 환경부, 파업, 집회, 나눔, 봉사

'재건축'은 압수수색, 이사 비용, 건설 등과, '나포'는 중국, 어선, 북한, 서해 등과 연관되었습니다. '환경부'는 국감, 물발자국, 제품, 다이옥신 등과 높은 상관성을 가졌습니다.

정치·외교

주요 어휘: 유엔, 시찰, 제주

'유엔'은 인권, 추모, 난민 등과, '시찰'은 김정은, 자동차, 투자 등과 연관되었으며, '제주'는 한라산, 북핵, 6자 회담, 한미 관계와 연결되었습니다.

분석 결과는 실제 발생한 사건과도 일치했습니다. 예를 들어, '나포'와 관련하여 "중국 어선의 불법 조업" 관련 기사들이 등장했고, '제주'와 관련하여 "김정은과 한라산 등반"을 제안하는 기사가 있었습니다.

이와 같은 이슈 예측 분석은 미래를 예측하는 것을 넘어 문제 예방, 정책 신뢰도 제고, 사회적 통합이라는 선순환 구조를 만듭니

다. 이러한 분석은 국가 경쟁력을 강화하고 지속 가능한 사회를 구현하는 데 기여할 것입니다.

이러한 분석을 위해 텍스트 마이닝 및 자연어 처리 기술에 특화된 AI를 활용할 수 있습니다. 예를 들어, GPT 기반의 언어 모델은 방대한 뉴스 데이터를 효과적으로 분석하고 의미 있는 패턴을 도출하는 데 유용합니다. 또한, 머신러닝 알고리즘은 데이터의 상관관계를 분석하고 예측 가능성을 높이는 데 도움을 줄 수 있습니다. 이를 통해 복잡한 사회적 이슈를 구조화하고, 다가올 변화를 예측할 수 있습니다. AI를 활용한 이슈 예측 분석은 정책 결정을 위한 도구로 활용할 수 있을 것입니다.

[표 10] 2018년 10월 1일 ~ 10일 언론 기사 출현 예상 주제어

	출현횟수					합계	연관어
	2013년 10월 1일	2014년 10월 1일	2015년 10월 1일	2016년 10월 1일	2017년 10월 1일		
사망	706	1001	1399	1525	2328	6959	부상, 철원, 라스베이거스
수출	631	860	977	999	1794	5261	9월, 원전, 백운규
도발	38	107	274	728	1124	2271	미사일, 북한, 노동당
창건일	32	149	270	284	710	1445	노동당, 북한, 도발
공단	197	212	255	459	668	1791	개성공단, 국민연금공단, 지분
범죄	199	217	394	420	656	1940	성범죄, 지하철, 추석

	출현횟수					합계	연관어
	2013년 10월 1일	2014년 10월 1일	2015년 10월 1일	2016년 10월 1일	2017년 10월 1일		
핵무기	46	71	115	119	366	717	사망, ICAN, 노벨평화상
세종대왕	51	69	72	116	364	672	한글날, 어가행렬, 훈민정음
장병	58	127	140	244	344	913	추석, 청해부대, 국군
지자체	157	261	277	295	336	1326	최고, 전국, 건물주
자율주행	9	18	53	95	334	509	실증단지, 판교, 구축
벌금형	14	36	48	59	302	459	손연재, 50대, 브로커들
전주	84	111	123	197	284	799	한옥마을, 추석, 소녀상
몰카	10	14	71	153	258	506	범죄, 모텔, 삭제
집값	57	67	106	166	242	638	추석, 최고, 내집마련
벤처	90	116	132	145	238	721	김동연, 벤처붐, 벤처펀드
인공지능	6	14	36	172	220	448	아마존, 오라클, 대전시
돼지	37	76	98	109	186	506	맷돼지, 돼지고기, 폐사
노동자	68	95	134	145	356	798	北노동자, 북한, 수입

AI 13.
시장과 주민의
소통형 AI 전자 상황판

지방정부는 복잡하고 긴급한 사회문제에 직면해 있습니다. 골목 상권의 위기, 화재, 복지 사각지대, 생활 쓰레기 문제, 치안 방범, 교통사고, 그리고 자살 사건 등으로 인해 몸살을 앓고 있습니다. 이 문제들을 해결하기 위해 기술과 데이터를 활용한 국민 참여형 해결책을 제안합니다. 국민 참여형 의사결정 전자 상황판입니다.

지방정부 수장이 긴급 상황을 효율적으로 관리하고 시민과 소통하며 문제를 사전에 예측할 수 있도록 돕는 플랫폼입니다. 이 전자 상황판은 기존의 정적 데이터와 단방향 정보 제공 방식에서 벗어나 동적 데이터를 활용하고 양방향 소통을 강조하며, 정량적 데이터와 정성적 데이터를 융합해 예측과 소통 중심의 정보를 제공합니다. 지리 정보 시스템(GIS) 같은 기술을 통해 지역별 상황을 심층적으로 이해하고 대응할 수 있는 것이 특징입니다.

전자 상황판은 중앙 모니터와 100대 이상의 태블릿 PC로 구성됩니다. 지방정부 수장은 중앙 모니터로 실시간 상황을 확인하고 지시를 내릴 수 있으며, 훈련받은 통장들은 태블릿 PC를 통해 현장에서 정보를 수집하고 전달하며 즉각 대응할 수 있습니다. 이를 통해 상황을 단순히 인지하고 지시하는 단계를 넘어 효과적인 대응과 솔루션 도출로 이어지는 혁신적인 행정 체계가 구현됩니다.

[표 11] 국민 참여형 AI 전자 상황판과 기존 전자 상황판 비교

	국민 참여형 AI 전자 상황판	기존 전자 상황판
데이터 특징	동적	정적
데이터 가공	정보	데이터
데이터 생산	양방향 정보와 지식 생산	일방향 정보 전달
데이터 성격	예측과 소통 중심 데이터	상황과 고정된 데이터
데이터 표현	지리 기반 융합 데이터	정량
데이터 표출	다기능 대형 디스플레이	분절된 데이터 디스플레이
네트워크	상황판+약 100개의 태블릿 PC	1개의 대형 모니터
기능	책임자(지방정부 수장)를 플레이어로	책임자를 관중으로
활용	대응과 솔루션	인지와 지시
기대 효과	행정 혁신과 협치	행정 효율

소통형 AI 전자 상황판의 주요 기능을 살펴보겠습니다. 첫째, 화재 신고 건수, 범죄율, 민원 처리 현황 등 주요 지표의 실시간 시각화와 상태 경고(노란색: 주의, 빨간색: 긴급)를 통해 상황을 명확히 구분할 수 있습니다. 둘째, 동·구별 데이터를 선택해 지역별 CCTV 영

상, 교통량, 환경 지표 등을 지리 정보 형식으로 확인할 수 있습니다. 셋째, AI를 활용해 유사 사례를 분석하고 최적 대응 방안을 추천하며, 긴급성과 중요도에 따라 과제를 정렬하고 사건 발생 가능성을 예측합니다. 넷째, 시뮬레이션으로 향후 발생 가능한 문제를 경고하고 통장과 자치위원의 의견을 실시간으로 확인하며 자동으로 보고서를 생성하고 피드백 데이터를 정리합니다. 이러한 기능은 지방정부와 시민 간 소통을 강화하고 예측 및 대응 능력을 높이는 데 도움을 줍니다.

태블릿 PC는 문제 해결과 정보 전달의 핵심 도구로 활용됩니다. 도로 파손이나 쓰레기 무단 투기 같은 문제를 바로 신고할 수 있는 위치 기반 문제 신고 기능, 화재나 안전 문제 등 긴급 상황의 실시간 알림 기능, 주민 의견 작성 및 정책 제안 기능, 지역별 주요 지표와 현황을 맵으로 확인하는 데이터 확인 기능 등이 포함됩니다. 또한, 온라인 매뉴얼과 교육 자료를 통해 지속적인 학습과 지원이 가능하도록 설계될 것입니다.

이러한 전자 상황판의 도입은 지방정부의 문제 해결 역량을 강화하고 행정 효율성을 넘어 협치 기반의 행정 혁신을 가능하게 합니다. 예를 들어, 서울의 한 자치구에서는 골목상권 매출 저하 위기를 실시간 설문조사 데이터를 통해 신속히 파악하고, 상인의 요구에 맞춘 소비 진작 프로그램을 즉각 실행할 수 있습니다. 부산의 한 지역에서는 주민이 제공한 밤길 위험 지역 데이터를 활용해 CCTV를 추가 설치하고 순찰 경로를 조정함으로써 범죄율을 감소시킬 수 있을 것입니다. 복지 사각지대를 해소하기 위해 지방정부는 태블릿 PC로 도움이 필요한 주민의 영상과 주거 상황을 실시간

[그림 13] 소통형 AI 전자 상황판 활용 구조

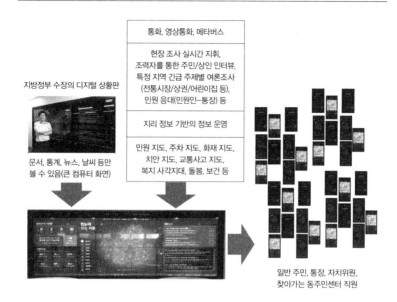

통화, 영상통화, 메타버스

현장 조사 실시간 지휘,
조력자를 통한 주민/상인 인터뷰,
특정 지역 긴급 주제별 여론조사
(전통시장/상권/어린이집 등),
민원 응대(민원인–통장) 등

지리 정보 기반의 정보 운영

민원 지도, 주차 지도, 화재 지도,
치안 지도, 교통사고 지도,
복지 사각지대, 돌봄, 보건 등

지방정부 수장의 디지털 상황판

문서, 통계, 뉴스, 날씨 등만
볼 수 있음(큰 컴퓨터 화면)

일반 주민, 통장, 자치위원,
찾아가는 동주민센터 직원

* 빅데이터 기반 이벤트 예측 방법. 특허 제10-2557762호(발명자: 최정묵).

확인하며 긴급 복지 서비스를 제공하고, 주민과의 협력을 통해 복지 정책에 대한 신뢰를 높일 수 있습니다.

AI의 도입은 문제 해결의 새로운 가능성을 열어줍니다. 예를 들어, 자연어 처리 기술을 통해 주민이 작성한 의견과 신고 내용을 자동 분석해 긴급도를 판단하고, 머신러닝 알고리즘을 활용해 유사 데이터를 학습하여 새로운 문제의 발생 가능성을 예측하며 지역별 맞춤형 대응 방안을 제안합니다. AI는 방대한 데이터를 실시간으로 처리해 지방정부가 빠르게 결정할 수 있도록 지원하며, 시뮬레이션 기술을 통해 다양한 대응 시나리오를 예측해 최적의 방안을 제공할 수 있습니다.

이러한 기술은 복잡한 문제를 해결하는 데 핵심적인 역할을 하며, 지방정부와 시민 간의 소통을 더욱 강화합니다. 국민 참여형 AI 전자 상황판은 협력적 관계를 공고히 하고 예측과 대응 능력을 획기적으로 개선하며, 지방정부의 문제 해결에 새로운 지평을 열어 줄 것입니다.

가상 사례 ❶

우리 동네 방범 치안 정보

우리 동네의 방범 치안을 강화하기 위해 밤길 안전과 관련된 지리 정보를 수집하고 분석합니다. 특히, 오후 8시부터 12시까지 통행이 위험한 골목길을 파악하여 주민들이 안전하게 통행하고 귀갓길을 확보할 수 있도록 지원하는 것을 목표로 합니다. 이를 위해 여론조사 데이터, 통계청의 마이크로 데이터, 방범용 CCTV 위치 데이터, 자율방범대의 순찰 동선 데이터, 그리고 범죄 발생 위치 데이터를 수집합니다. 데이터는 공개 데이터와 관련 기관 협조를 통해 확보하며, 특허 기술을 활용한 데이터 마이닝으로 분석합니다. 이 과정은 분기별로 이루어지며, 분석 결과는 지리 정보 지도와 메모장 형태로 표현됩니다.

수집된 정보는 다양한 방범 활동에 활용됩니다. 자율방범대와 지구대의 순찰 동선을 설정하고, 위험한 골목길에는 페인팅을 통해 주민들에게 경각심을 주며, 추가적인 방범용 CCTV 설치 지역을 선정합니다. 또한, 주민 참여형 프로그램인 엔트리, 마을 지키기 공공 일자리, 안심 주택 인증제를 도입해 지역 주민들의 적극적인 참여를 유도합니다. 그 외에도 방범 강화 조치와 민원 사항을 점검하며, 책임자는 월별·주간별·일별로 활용 방안을 점검하고 실행을 지시합니다. 자율방범대와 통장이 사용할 수 있는 현황판과 앱을 적극 활용해 실시간으로 현장을 관리하고 정보를 공유합니다.

[표 12] 우리 동네 방범 치안 정보 가상 사례

MOTION 종류	의사결정 MOTION
정보명	우리동네 방범 치안 지리 정보
정보 취지	오후 8시부터~12시까지 밤길 통행이 위험한 골목길을 파악
정보 목적	주민들의 안전 통행 및 귀갓길 확보
수집 데이터	여론조사 데이터, 통계청 마이크로 데이터, 방범용 CCTV 위치 데이터, 자율방범대 동선 데이터, 범죄 발생 위치 데이터 등
수집 방법	공개 데이터, 기관 협조
분석 및 마이닝	특허 기술 활용
생성 주기	분기별
표현 방법	지리 정보, 메모장
활용 방안	자율방범대 지구대 순찰 동선, 골목 페인팅, 방범용 CCTV 추가 설치 지역 엔트리, 마을 지키기 공공 일자리, 안심 주택 인증제, 그 외 치안 방범 등 민원 사항 점검
책임자 액션	활용 방안 점검 및 지시(월별·주간별·일별)
그 외 참고 사항	현황판: 통장 앱, 자율방범대 앱 활용

가상 사례 ❷

우리 동네 정책 소통 정보

지역 주민들과 효과적으로 소통하며 다양한 계층의 현안을 파악하기 위해 정책 소통 정보를 수집하고 활용합니다. 이러한 정보는 각종 정책을 수립하고 평가하는 데 기초 자료로 활용되며, 정책 변화와 개선에 적극 반영됩

[그림 14] 은평구에 설치된 디지털 상황판

니다. 예를 들어, 65세 이상 1인 가구를 대상으로 긴급 조사를 진행할 수 있으며, 이를 통해 대상자의 현실적인 필요를 파악합니다. 데이터는 공개 데이터를 활용하거나 관련 기관과 협력해 수집하며, 특히 기술을 활용한 분석을 통해 구체적인 인사이트를 도출합니다. 이러한 작업은 매월 진행되며, 조사 결과를 기반으로 정책을 변화시키고, 변화된 정책을 평가하고 점검하는 과정이 반복됩니다.

분석 결과는 통계 자료와 조사 대상자에 대한 구체적인 자료로 표현되며, 자료 제공은 대상자의 동의를 기반으로 진행됩니다. 수집된 정보는 정책 추진 및 개선 활동에 활용되며, 정책 담당자는 격주로 정책 점검을 하고, 통장과 대상자와의 주간별 전화 통화를 통해 현장의 목소리를 직접 듣습니다. 또한, 통장에게는 태블릿 PC가 지급되며, 이를 효과적으로 활용할 수 있도록 관련 교육도 제공됩니다. 이와 같은 노력은 지역 주민의 목소리를 정책에 반영하고, 주민의 삶의 질을 높이는 데 기여합니다.

[표 13] 우리 동네 정책 소통 정보 가상 사례

MOTION 종류	정책 소통 MOTION
정보명	우리 동네 소통 정보
정보 취지	각종 계층별 현안 대응을 위한 기초 자료 파악
정보 목적	각종 정책 수립 및 평가에 적극 반영
수집 데이터	예) 65세 1인 가구 긴급 조사
수집 방법	공개 데이터, 기관 협조
분석 및 마이닝	특허 기술 활용
생성 주기	월별(조사 결과 → 정책 변화 → 평가 점검)
표현 방법	통계 자료 및 조사 대상 구체 자료(동의 후), 메모장
활용 방안	정책 추진
책임자 액션	정책 점검(격주간), 전화 통화(통장, 조사 대상자)(주간별)
그 외 참고 사항	통장에게 태블릿 PC 지급 관련 교육

AI 14.

복지 사각지대 제로
AI 프로젝트

서울시 A구는 복지 사각지대 문제를 해결하기 위해 '희망 인공지능 프로젝트'라는 이름의 AI 기반 시스템을 도입했습니다. 이 프로젝트는 공공 데이터와 민간 데이터를 결합하여 복지 지원이 시급한 가구를 선별하고 신속한 지원을 가능하도록 설계되었습니다.

작은 주택 단지에 거주하는 김 씨 가족은 갑작스러운 가장의 실직과 건강 악화로 생활고에 처했지만, 기존 복지 시스템의 도움을 받지 못했습니다. AI 시스템은 김 씨 가족의 전기 사용량과 통신 데이터에서 비정상적인 감소 패턴을 감지했고, 이를 위기 상황의 잠재적 신호로 분류했습니다. 해당 정보는 김 씨 거주지를 담당하는 복지 공무원에게 자동으로 전달되었습니다. 복지 담당자와 통장 네트워크가 김 씨 가족을 방문해 실태를 확인한 결과, 김 씨는 의료비 체납과 식료품 부족으로 어려움을 겪고 있었고, 복지 지원 제도를 알지 못했던 상황이었습니다. 이에 따라 AI 시스템은 김 씨의 상황을 종합적으로 분석해 맞춤형 지원 계획을 제안했고, 의료비 지원과 긴급 생계비가 즉시 지급되었습니다. 이후 김 씨는 지역 고용센터와 연계하여 새로운 일자리를 얻었으며, 복지 해설사(사회복지 정보를 쉽게 설명하고 안내하는 훈련된 통장 또는 자치위원)의 지속적인 방문을 통해 복지 서비스와 지역사회 자원을 안정적으로 활용할 수 있었습니다.

복지 사각지대는 복지 서비스가 닿지 않는 영역을 의미하며, 이는 행정적 한계를 넘어 개인의 생존권과 사회적 안전망의 실패를 상징합니다. 또한, 인간 존엄성과 사회적 정의를 위협하는 심각한 문제로 여겨집니다. 최근 복지 사각지대 해소를 위해 AI 기술을 활용하려는 움직임이 주목받고 있습니다. 데이터 기반의 AI 기술은 기존 복지 체계에서 놓치기 쉬운 신호들을 감지하고, 위기 상황에 놓인 가구를 조기에 발견하는 데 유용한 도구로 작용할 것입니다.

대표적인 사례로 송파 세 모녀 사건은 복지 사각지대 문제가 개인의 문제가 아니라 구조적 문제임을 일깨워준 사건입니다. 주소지 불일치, 정보 접근성 부족, 경제적 어려움 등 복합적 요인으로 인해 많은 사람이 복지 시스템의 도움을 받지 못하고 있습니다. 설문조사 결과에 따르면, 주민의 약 57.4%는 복지 정보에 대해 충분히 알지 못하며, 병원 이용 불가, 실업, 생활고 등이 복지 사각지대 발생의 주요 변수로 확인되었습니다. 이는 지방자치데이터연구소가 전국 성인남녀 1,000명을 대상으로 한 2021년 전화 조사에서 확인한 결과입니다.

AI 기술은 복지 사각지대 해결을 위한 새로운 가능성을 제시합

[그림 15] 부산광역시 연제구 복지 사각지대 대응 골목지도

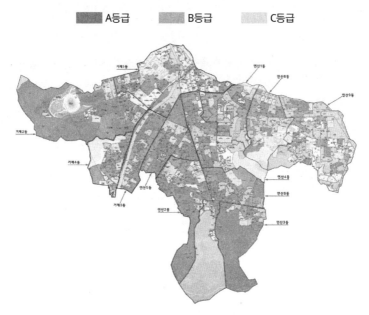

A등급   B등급   C등급

* 위의 지도는 지방자치데이터연구소에서 2021년 알고리즘 기반 데이터 분석을 통해 마이크로 지리 정보를 분석한 사례임.

니다. 예를 들어, 머신러닝 알고리즘은 공공 데이터와 민간 데이터를 통합해 복지 사각지대를 예측하는 데 활용됩니다. 주민등록 정보, 건강보험료 체납 기록, 전기·가스 사용량 감소 등 다양한 데이터를 분석하여 위기 상황을 조기에 감지할 수 있습니다. 이 과정에서 AI 기반 시스템은 공공 데이터, 민간 데이터, 소셜 데이터를 결합해 다차원적 분석을 하고, 머신러닝 알고리즘을 활용해 위기 가구를 조기에 식별하며, 맞춤형 지원 계획을 제안하고, 복지 해설사 (복지 정보 전달, 상담 및 안내, 교육 및 홍보, 중재 및 연계 등)나 담당 공무원에게 즉시 알림을 전달하며, 복지 해설사와 연계해 지속적인 지원을 제공할 수 있습니다.

　기존 방식과 AI 방식의 비교를 통해 사회적 지원 체계의 변화를 구체적으로 설명할 수 있습니다. 과거 방식은 수동적인 방문과 주민 신고에 의존했으나, AI 방식은 데이터 분석과 자동화된 예측 시스템을 통해 대상자를 선제적으로 찾아냅니다. 또한, 과거 방식은 단일 정보(주민등록, 건강보험료 체납 등)에 의존했지만, AI 방식은 공공 데이터, 민간 데이터, 소셜 데이터를 통합 분석해 더 정교한 판단을 제공합니다. 과거 방식이 사후 대응 위주로 지원 속도가 느렸다면, AI 방식은 실시간 대응과 선제적 지원이 가능합니다. 복잡한 신청 절차로 인해 주민들에게 어려움을 초래했던 과거 방식과 달리, AI 방식은 사용자 친화적인 챗봇과 자동화 시스템으로 접근성을 높였습니다. 자원 배분에서도 과거 방식은 자원 낭비 가능성이 컸으나, AI 방식은 효율적인 자원 배분과 맞춤형 지원이 가능합니다. 차등 개인정보 보호 기술(Differential Privacy)을 적용해 데이터 활용과 보호 간 균형을 유지하며, 투명한 절차와 맞춤형 지원을 통해 주민 신뢰를 높일 수 있습니다.

　복지 요청의 장애 요인을 조사한 결과, 도움 요청 방법을 몰라 복지 혜택을 받지 못한다는 응답이 39.8%로 가장 많았고, 거절의 두려움이 33.3%, 도움 요청 후 탈락 경험이 16.5%, 스스로 세상과 문을 닫음이 10.4%로 나타났습니다.

　AI 기술은 복지 대상자 발굴률을 높이고, 자원의 효율적 배분과 맞춤형 지원을 통해 주민 만족도와 신뢰도를 향상시키는 데 기여할 수 있습니다. 이러한 시스템을 구현하기 위해 사용될 수 있는 주요 AI 기술로는 머신러닝 알고리즘, 자연어 처리, 강화학습

[표 14] 복지 사각지대 발굴 기존 방식과 AI 방식의 비교

구분	과거 방식	AI 방식
발굴 방법	수동적 방문 및 주민 신고 의존	머신러닝 기반 데이터 분석 및 자동화된 예측 시스템
데이터 활용 범위	단일 정보 활용 (주민등록, 건강보험료 체납 등)	공공 데이터, 민간 데이터, 소셜 데이터 등 다차원적 통합 분석
지원 속도	느림(사후 대응 위주)	빠름(실시간 대응 및 선제적 지원 가능)
접근성	복잡한 신청 절차로 인해 어려움	사용자 친화적인 챗봇 및 자동화 시스템 제공
지원 자원 배분	자원 낭비 가능성 큼	자원 배분의 효율성 증가 및 맞춤형 지원 가능
개인정보 보호	정보 유출 위험이 비교적 낮으나 데이터 활용성 제한	차등 개인정보 보호 기술 (Differential Privacy) 적용으로 데이터 활용과 보호 간 균형
주민 참여 및 신뢰도	낮음(정보 부족과 절차 번거로움으로 인한 불만)	높음(맞춤형 지원과 투명한 절차로 신뢰 증대)
정책 의사결정 지원	한정된 정보로 인한 비효율적 의사결정	데이터 기반 분석으로 과학적이고 효율적인 정책 의사결정 지원

[그림 16] 복지 요청 장애 요인

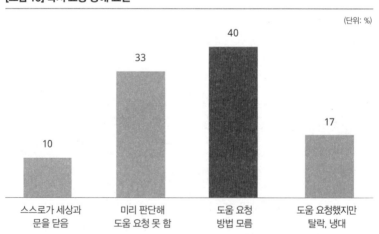

(단위: %)

* 2021년 전국 성인남녀 1,000명 전화 조사

(Reinforcement Learning), 차등 개인정보 보호 기술 등이 있습니다. 머신러닝 알고리즘은 데이터를 학습하여 위기 패턴을 감지하고, 자연어 처리는 복지 상담·요청 과정에서 주민과의 소통을 개선할 수 있습니다. 강화학습은 복지 자원의 최적 분배 전략을 학습하고 실행하는 데 활용될 수 있습니다. AI를 활용한 복지 사각지대 해소는 기술적 혁신을 넘어 사회적 약자를 위한 실질적인 변화를 이끌어낼 도구입니다. AI와 데이터 기술을 적극적으로 활용한다면, 누구도 소외되지 않는 따뜻한 복지 시스템을 구축할 수 있을 것입니다.

AI 15.
유튜브 기자의 자발적 윤리 강화 노력과 AI 정부의 지원

이태준(17) 씨는 평범한 고등학생입니다. 학교 수업을 마치면 친구들과 게임을 하거나 유튜브를 보며 시간을 보냈습니다. 그러나 몇 개월 전부터 태준 씨는 특정 유튜브 채널에 깊이 빠져들었습니다. 채널 운영자는 음모론을 퍼뜨리는 콘텐츠를 방영하며 언론이 숨기는 진실을 자신만 알고 있다는 듯한 태도를 보였습니다. 처음에는 그저 재미로 시청하였지만, 시간이 지나면서 학교에서도 친구들에게 이러한 내용을 이야기하며 '진실을 아는 사람'이 된 듯한 우월감을 느끼기 시작했습니다.

그러던 어느 날, 사회 수업 시간에 선생님께서 유튜브 가짜 뉴스의 위험성에 관해 설명하셨습니다. 태준 씨는 그 수업 내용이 자신이 믿어온 것과 정반대라는 사실에 당황하여 반박하고 싶었지만, 근거를 제시하라는 요구에 답할 수 없었습니다. 그때부터 태준 씨는 자신이 접해온 정보가 정말 사실인지 검증해보기로 마음먹었습니다.

그가 찾은 것은 AI 정부가 지원하는 가짜 뉴스 검증 플랫폼이었습니다. 이 플랫폼은 신뢰할 수 있는 언론사의 데이터베이스와 연계되어 있어 뉴스의 출처를 분석하고, AI 기반으로 가짜 뉴스 여부를 판별해주었습니다. 태준 씨가 평소 즐겨 보던 유튜브 채널의 영상 링크를 입력하자, AI 시스템은 해당 영상에서 사용된 주장들이 조작된 정보에 기반하고 있음을 명확한 근거와 함께 제시했습니다. 심지어 그는 이 플랫폼에서 영상이 만들어진 방식까지 분석할 수 있었고, 잘못된 정보가 어떻게 편집을 통해 사실처럼 보이게 되는지를 깨닫게 되었습니다.

이후 태준 씨는 가짜 뉴스가 유머나 재미의 문제가 아니라, 사회적으로 큰 영향을 미친다는 점에 대해 깊이 고민하게 되었습니다. 유튜브 저널리즘 윤리 인증을 받은 기자들의 영상을 찾아보며 올바른 정보 소비 습관을 형성하기 시작했고, AI 정부가 지원하는 미디어 교육 프로그램에도 참여하게 되었습니다. 그는 AI 기반 팩트 체크 시스템을 활용하는 방법을 배우면서, 더는 허위 정보에 현혹되지 않게 되었습니다.

과거에는 음모론과 가짜 뉴스에 빠져 있던 철부지 고등학생이었지만, 지금은 정확한 정보를 바탕으로 세상을 바라볼 수 있는 눈을 갖게 되었습니다. 그의 이야기는 AI 정부의 체계적인 지원이 개인의 인식 변화뿐만 아니라 사회적 신뢰 형성에도 기여할 수 있음을 보여주는 하나의 사례가 되었습니다.

유튜브 플랫폼에서 저널리즘의 공정성과 신뢰성을 높이기 위해 유튜브 기자와 콘텐츠 제작자가 그 해와 다음 해(예. 2025~2026년)의

유튜브 기자 행동 강령을 원탁토론을 통해 마련하는 방안을 생각해볼 수 있습니다. 이 행동 강령은 가짜 뉴스와 편향적 정보, 허위 조작 콘텐츠의 확산을 방지하고 유튜브 저널리즘의 신뢰도를 강화하는 데 중점을 둘 수 있습니다. 행동 강령은 그 해(예. 2025년) 활동을 평가하고 다음 해(예. 2026년) 방향을 설정하는 것에서 출발하며, 사전 의제 설정 및 여론조사를 거친 후 원탁토론을 통해 초안을 확정하고, 행동 강령의 국민적 수용성 조사를 통해 지속적인 개선을 이루어가게 됩니다.

이러한 자발적 노력의 목표는 유튜브 기자 및 제작자들의 신뢰도와 공정성을 높이고, 허위·조작 정보의 확산을 막으며, 행동 강령을 국내뿐만 아니라 국제적으로 확산하고 공론화하는 것입니다. 이와 같은 노력이 AI 정부의 체계적 지원과 결합될 경우 더욱 효과적인 저널리즘 환경을 구축할 수 있을 것입니다.

유튜브 기자들의 역량 강화를 위해 AI 저널리즘 교육을 지원하는 게 바람직합니다. AI 저널리즘 역량 강화 프로그램을 운영하여 가짜 뉴스 식별법, AI 윤리, 데이터 저널리즘 활용법, AI 기반 콘텐츠 제작 기술 등의 교육을 제공해야 합니다. 정부·학계·언론이 협력하여 미디어 교육 플랫폼을 구축하고 AI가 실시간으로 뉴스 제작자의 콘텐츠를 분석하여 피드백을 제공하는 체계를 마련해야 합니다.

또한, 행동 강령 확산과 국제 협력을 위해 AI를 활용한 글로벌 미디어 연대 구축을 지원해볼 수 있을 것입니다. 유튜브 저널리즘 행동 강령을 다국어로 번역하여 국제기구와 공유하며, 언론 자유를 지향하는 국제단체와 협력해 강령을 확산할 수 있도록 지원해야 합니다.

AI 기반 미디어 정책 연구 및 지속적인 개선을 위해 AI를 활용해 유튜브 저널리즘의 신뢰성과 공정성을 평가하는 연구를 수행하고, 행동 강령 시행 후 실효성을 평가하여 지속적으로 피드백을 반영해야 합니다.

유튜브 기자와 콘텐츠 제작자가 공정성과 신뢰성을 확보하기 위해 행동 강령을 마련하고 이를 기반으로 활동을 전개한다면, 저널리즘 환경은 물론 개별 제작자의 입지 또한 크게 개선될 것입니다. 신뢰를 바탕으로 한 콘텐츠 제작은 시청자들에게 더욱 긍정적인 인식을 심어주며, 유튜브 알고리즘상에서도 우선적인 노출을 받을 가능성이 커질 것입니다. 또한, 이러한 흐름은 광고주와 협업 파트너들에게 신뢰를 제공하여 수익 모델을 더욱 안정적으로 만들 수 있으며, 이를 통해 제작자들은 장기적인 성장과 지속 가능한 운영이 가능해질 것입니다. AI 저널리즘 교육과 데이터 저널리즘 활용법, 가짜 뉴스 식별법 등의 프로그램을 통해 콘텐츠 제작 역량이 강화된다면, 제작자는 더욱 전문적인 접근 방식을 갖출 수 있으며, 신뢰받는 언론인으로서의 입지를 다질 수 있습니다. 행동 강령을 준수하는 제작자들에게 공적 지원이 확대될 가능성이 커지고, 플랫폼 차원에서도 신뢰도를 높이는 제작자에게 더 우호적인 환경을 제공할 가능성이 커진다면, 기존의 불안정한 유튜브 저널리즘 환경이 체계적이고 신뢰할 수 있는 구조로 변화할 것입니다.

또한, 법적 리스크 측면에서도 긍정적인 변화도 기대해볼 수 있습니다. 허위·조작 정보로 인한 법적 분쟁 위험이 감소하고, AI 기반 윤리 교육과 법적 가이드라인이 정착될 경우, 제작자들은 한층 안정적인 환경에서 콘텐츠를 제작할 수 있게 됩니다. AI를 활용한 글로벌 미디어 연대 구축이 이루어진다면, 유튜브 저널리즘 행동 강령이 국제적으로 확산되면서 해외 미디어 기관 및 유튜브 기자들과 협업할 기회가 증가하고, 이를 통해 다국적 시장에서의 영향력을 확대할 수 있습니다. 다국어 번역과 국제기구 및 언론 자유를 지향하는 단체들과의 협력을 통해 행동 강령이 확산된다면, 신뢰 기반 저널리즘이 전 세계적으로 자리 잡을 수 있으며, 제작자들에게도 글로벌 네트워크 형성이라는 새로운 기회가 제공될 것입니다.

이러한 변화는 개별 제작자의 혜택을 넘어 사회적 가치 창출이라는 측면에서도 중요한 의미가 있습니다. 유튜브에서 허위 정보와 가짜 뉴스가 확산되는 것을 방지하고, 정보의 신뢰성이 높아지면 사회적 혼란이 줄어들고 공론장의 질이 향상될 것입니다. AI 기반 실시간 콘텐츠 분석과 피드백 체계를 구축하면, 단순히 콘텐츠 제작자뿐만 아니라 시청자들도 가짜 뉴스를 판별하는 능력을 키울 수 있으며, 이를 통해 전반적인 미디어 리터러시가 향상될 것입니다. 공정한 정보 제공이 증가하면서 민주적 공론장이 강화되고, 특정 세력이나 이익집단이 허위 정보를 이용해 여론을 조작하는 사례가 줄어들 가능성이 있습니다. AI와 저널리즘의 균형적 발전을 위해 AI 기반 연구가 지속적으로 이루어진다면, AI가 정보 조작이 아닌 신뢰할 수 있는 저널리즘을 지원하는 방향으로 활용될 수 있으며, 결과적으로 공정한 뉴스 생태계를 구축하는 데 기여할 것입니다.

행동 강령과 AI 기반 저널리즘 정책이 결합될 경우, 유튜브 저널리즘 환경은 더욱 건강하고 신뢰할 수 있는 방향으로 변화할 것입니다. 제작자들에게는 신뢰도 상승, 수익 안정성 확보, 법적 위험 감소, 글로벌 시장 기회 확대라는 실질적인 혜택이 제공될 것이며, 사회적으로는 허위 정보 확산 방지, 시민들의 미디어 리터러시 향상, 민주적 공론장 강화, 국제적 언론 신뢰도 개선이라는 긍정적인 효과를 기대할 수 있습니다. 이러한 변화가 AI 정부의 체계적 지원과 결합될 경우, 자율 규제를 넘어 지속적이고 효과적인 저널리즘 환경을 구축하는 데 중요한 역할을 하게 될 것입니다.

16.

AI 기반
국민권익행정사

가상 사례

한 지역에서 아파트 주민과 시장 상인들 간의 갈등의 골이 깊어졌습니다. 이 갈등의 원인을 분석하고 해결책을 찾기 위해 유 행정사는 AI를 활용해 시장 상인과 아파트 주민들의 요구와 불만을 체계적으로 분석했습니다. AI는 온라인 설문조사와 인터뷰 내용을 자연어 처리 기술로 분석하여 주요 갈등 요인을 자동으로 분류하고, 데이터 시각화를 통해 갈등의 양상과 우선순위를 명확히 제시했습니다. 예를 들어, 시장 상인들이 겪는 문제는 매출 감소와 고령화로 인한 디지털 적응의 어려움으로 요약되었으며, 아파트 주민들의 불편 사항은 주차 공간 부족과 소음으로 도출되었습니다. 이러한 분석 결과는 갈등 해결의 초석이 되었고, 양측이 문제를 명확히 이해하는 데 기여했습니다.

AI 기반 협력 플랫폼이 도입되어 시장 상인과 아파트 주민 대표 간의 소

220

통을 지원했습니다. 이 플랫폼은 양측이 의견을 쉽게 교환할 수 있도록 돕고, 과거 유사 사례 데이터를 바탕으로 최적의 협력 방안을 추천했습니다. 또한, 예측 알고리즘을 통해 제안된 해결책의 장단점을 시뮬레이션으로 보여주었습니다. 이를 통해 양측은 데이터 기반의 중립적인 논의를 진행하며 협력 의지를 강화할 수 있었습니다.

AI는 갈등 해결 이후에도 지속적인 모니터링과 평가를 지원했습니다. 시장 매출 데이터, 주민 만족도 설문, 지역 환경 데이터를 주기적으로 수집하고 분석하여, 새로운 갈등이 발생할 가능성을 조기에 감지할 수 있었습니다. 이를 바탕으로 유 행정사는 추가적인 조치를 신속히 취하며, 시장과 주민 간의 협력 관계를 지속적으로 강화할 수 있었습니다. 이러한 과정을 통해 갈등 해결은 더욱 신속하고 효과적으로 이루어졌으며, 지역사회에 긍정적인 변화가 지속될 수 있었습니다. 데이터 기반의 분석과 협력을 통해 갈등이 해소되는 것에서 더 나아가 상호 이해와 공존으로 이어졌습니다. 주민과 상인은 AI 시스템을 통해 서로의 요구와 가치를 더 잘 이해할 수 있었으며, 전통시장은 현대적이고 디지털화된 형태로 새로운 생명을 얻을 수 있었습니다.

이 일은 AI가 국민권익행정사 제도를 혁신적으로 변화시키고, 지역 공동체의 상생을 돕는 데 기여할 수 있음을 보여주는 대표적 사례가 되었습니다.

[그림 17] 국민권익행정사가 다루어야 할 지역 문제

AI 기술은 주민들의 삶의 질을 높이고, 지속 가능한 지역사회를 구축하는 데 필수적인 도구로 자리 잡을 수 있습니다.

국민권익행정사 제도는 지역자치단체가 행정사를 고용하여 주민의 자치권과 주민 주권 실현을 강화하자는 혁신적 제도에 관한 아이디어입니다. 이 제도는 골목 수준에서 발생하는 다양한 갈등, 불공정, 부당함 등의 문제를 해결하며 주민 권익을 보호하는 데 중점을 둡니다. 코로나 19 팬데믹 기간 골목이 물리적인 공간을 넘어 이웃 간의 연대와 협력, 안전망 역할을 하는 중요한 사회적 공간임을 재확인하였고, 여기서 영감을 얻었습니다.

국민권익행정사는 행정기관 접근성 부족, 복잡한 행정 절차, 지연된 응답과 처리, 불공정한 처분 및 부당한 결정, 갈등과 분쟁의 장기화 등 주민들이 겪는 다양한 행정적 어려움을 해소하기 위해 설계되었습니다.

국민권익행정사의 역할은 크게 여섯 가지로 나뉩니다. 첫째, 시민들의 불만과 요구 사항을 접수하고 문제를 파악합니다. 둘째, 시민과 정부 간의 행정 분쟁을 조정 및 중재합니다. 셋째, 시민들의 권리를 보호하고 이를 회복시키고자 합니다. 넷째, 행정 절차와 권리에 대한 정보를 제공하며 시민 교육을 시행합니다. 다섯째, 정부와 시민 간의 의사소통을 원활히 하는 다리 역할을 합니다. 여섯째, 행정기관의 법률 및 규정 준수를 감시하며 부정행위 발생 시 조사와 제재를 요구합니다.

국민권익행정사 제도의 추진 과정은 다음과 같습니다. 각 지방정

[그림 18] 주민이 생활에서 겪는 다양한 어려움

부에 감사청렴담당관실, 주민참여협치과, 읍·면·동 주민센터를 중심으로 TF팀을 구성하고 상세 계획을 수립합니다. 행정사회와 정책 업무 협약을 체결하고, 국민권익위원회와 협력하며 지원을 요청합니다. 행정사를 모집하고 이들을 교육한 뒤 초기에는 3개 행정동별로 각 1명씩 배치하여 활동을 시작합니다. 활동 초기 6개월 후에는 중간평가를 하여 진행 상황을 점검하고 필요한 부분을 보완합니다. 간담회 개최, 활동 상세 계획 수립, 매뉴얼 및 업무 편람 제작, 조례 제정 연구, 사무 공간 마련 등이 여기에 포함됩니다.

국민권익행정사 제도의 궁극적인 목표는 주민 자치권을 확대하고, 주민의 권익을 실질적으로 보호하며, 정부와 주민 간의 신뢰를 강화하는 것입니다. 이 제도가 성공적으로 도입될 경우 주민 자치권 강화, 지방정부 차원의 적극 행정 모델 구축, 주민과 행정 간의 신뢰 회복, 사회적 비용 절감, 주민 중심의 행정 구현 등 다양한 효과가 기대됩니다.

국민권익행정사 제도에 AI를 결합하거나 적용한다면 그 효과는 더욱 확대될 것입니다. AI 기술은 문제 해결의 신속성과 정확성을 크게 향상시키며, 제도의 운영 방식과 주민 서비스 제공 방식을 혁신적으로 변화시킬 수 있습니다. 예를 들어, 자연어 처리 기술은 민원 내용을 체계적으로 분석하는 데 유용하며, 예측 분석 기술은 갈등 해결책의 성공 가능성을 사전에 평가하고 다양한 시뮬레이션을 제공할 수 있습니다. 또한, 기계학습 기반의 데이터 분석 도구는 주민의 요구와 반복적인 문제를 정확히 파악하고 장기적인 개선안을 도출하는 데 기여할 것입니다.

이와 같은 기술의 결합은 국민권익행정사 제도가 21세기 행정의 새로운 표준으로 자리 잡는 데 중요한 역할을 할 것입니다. 이 제도는 지역 공동체를 더욱 풍요롭고 조화롭게 만들 가능성을 열어줍니다. 기술과 인간의 협업을 통해 주민들은 자신의 권리를 더 잘 이해하고 행사하며, 사회적 유대를 강화할 수 있을 것입니다.

AI 17.
정책 소통
하이브리드

　서울의 한 주거 밀집 지역에서 '청년이 살기 좋은 도시 만들기'를 주제로 한 하이브리드 현수막 홍보 소통이 진행되었습니다. 이 캠페인은 청년 주거 지원 확대를 목표로, 청년들의 의견을 수렴하고 이를 정책 개발 과정에 반영하는 데 목적이 있습니다. 주요 아파트 단지, 대학가, 버스정류장, 공원 등 유동 인구가 많은 장소에 QR코드가 포함된 하이브리드 현수막이 설치되었습니다. 현수막에는 "당신의 집은 얼마나 안전한가요?"라는 감성적인 메시지가 담겨, 청년들의 공감을 유도했습니다. 참가자가 QR코드를 스캔하면 간단한 설문조사로 연결되며, 설문 항목은 주거 환경 만족도, 주거비 부담의 원인, 청년 주거 지원 정책에서 필요한 사항, 추가로 제안하고 싶은 의견 등을 포함했습니다. 설문에 참여한 시민들은 자신이 남긴 의견이 실시간으로 정책 설계에 반영된다는 메시지를 확인할 수 있었으며, 설문 완료 후에는 청년 주거 지원 관련 짧은 영상 콘텐츠를 시청할 수도 있고, 정책 토론회나 간담회 참여 신청도 가능했습니다.

수집된 데이터는 AI로 분석되어 주요 키워드와 관심사가 도출되었습니다. 예를 들어 '월세 부담 완화'와 같은 키워드가 많이 언급되었을 경우 이에 대한 구체적인 정책 아이디어가 제안되었습니다. 이후 정부 관계자와 정책 전문가들이 시민 의견을 토대로 정책 초안을 다듬고, 이를 시민들에게 다시 공유했습니다. 캠페인 종료 후에는 현지에서 소규모 간담회를 열어 추가 피드백을 받고 정책의 완성도를 높였습니다. 결과적으로, 청년 주거 지원 정책에는 월세 지원 금액 확대, 청년 전용 임대주택 공급 확대, 계약 갱신 시 보증금 상한제 등의 구체적인 내용이 포함되었습니다. 마지막으로 현수막과 QR코드를 통해 "정책에 함께한 당신이 대한민국을 더 살기 좋은 곳으로 만들었습니다"라는 감사 메시지를 전달하며, 지속적인 참여를 독려하는 캠페인이 마무리되었습니다.

시민 참여형 현수막 체계는 단순한 정보 전달에 그치지 않고 시민과 정부 간의 양방향 소통을 통해 정책 결정 과정에 시민의 참여를 효과적으로 이끌어내는 혁신적인 홍보 소통 방식입니다. QR코드를 활용하여 오프라인과 온라인을 통합함으로써 시민들이 정책 과정에 쉽게 접근하고 참여할 수 있는 환경을 조성합니다. 기존의 일방적인 정보 전달 방식과 달리, 시민들이 직접 메시지를 추가하거나 의견을 제시할 수 있는 형태로 설계되어 소통의 질을 높이고 정책의 신뢰를 강화할 수 있습니다. 이러한 체계는 청년 기본자산 제도나 사회적 모병제 같은 정책에도 적용될 수 있습니다. 예를 들어, 청년 기본자산 제도는 20세 청년에게 1인당 5,000만 원을 지

[그림 19] 시민 참여형 현수막: 청년 기본자산 제도

- 청년 기본자산 제도: 결정하지 말고, 물어보자.
  - "20세가 되면 1인당 5,000만 원 씩 배당"
    - ▶ 오래되고 낡은 사회 시스템의 오작동으로 사회계약이 깨졌고, 세대 간 갈등 심화
    - ▶ 기존의 불평등하고 파편화된 청년 정책의 융합(통폐합)
    - ▶ 평등해질 수 있는 자기 능력, 자유로울 수 있는 자기 기회의 제공(아마티안 센)

- QR코드에 기초한, 시민 참여형 현수막의 기능적 순환 구조

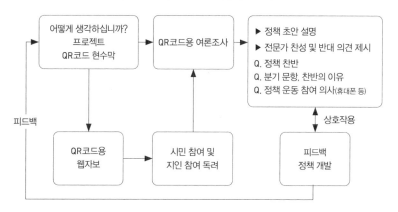

급하는 정책으로, 이를 QR코드가 삽입된 현수막에 설명하고 찬반 의견을 수렴하며 정책 초안을 개선하는 방식으로 활용됩니다. 시민들은 QR코드를 통해 정책에 대한 의견을 제시하거나 정책 운동에 참여 의사를 표현할 수 있습니다. 사회적 모병제(여성 모병제) 같은 다른 정책에서도 시민 의견을 수집하고 이를 기반으로 정책을 개선하는 순환 구조를 구축할 수 있습니다.

현수막 설계와 배포 전략은 캠페인의 중요한 요소입니다. 지역별 주요 관심사와 이슈를 반영해 현수막의 메시지를 맞춤형으로 구성

하고, 주거 밀집 지역이나 유동 인구가 많은 곳에 배치하여 효과를 극대화할 수 있습니다. QR코드를 스캔한 데이터를 분석해 참여도를 측정하고 이를 바탕으로 홍보 전략을 지속적으로 개선할 수 있습니다. 또한, 현수막과 연계된 온라인 플랫폼을 통해 실시간 피드백을 수집하고 참여 현황을 시민들에게 공개함으로써 상호작용을 강화할 수 있습니다. QR코드 외에도 소셜미디어, 유튜브, 팟캐스트 등 다양한 매체를 활용하여 소통 채널을 다각화하고, 메시지의 접근성과 일관성을 유지하며 시민들의 흥미를 유발하는 콘텐츠를 제공할 수 있습니다. 지역별 오프라인 워크숍이나 간담회를 통해 시민들과 직접 소통하는 기회를 늘리고, 디지털 소외계층을 위한 오프라인 대안을 마련하는 방안도 고려할 수 있습니다.

데이터 보안과 접근성도 중요한 요소입니다. QR코드를 통해 수집된 개인정보를 안전하게 보호하고 데이터 사용의 투명성을 보장하며, 모바일 친화적으로 설계된 콘텐츠를 제공해 모든 시민이 쉽게 참여하도록 할 수 있습니다. 이러한 시민 참여형 현수막 체계는 시민 참여를 보장하고 민주주의를 강화하며, 정부와 시민 간의 신뢰와 연결성을 구축하는 데 기여할 수 있습니다. "모든 시민이 정책에 영향을 미칠 수 있는 사회"라는 비전을 실현하며 소통과 참여의 새로운 지평을 열 수 있습니다.

이 체계에서 활용 가능한 도구로 몇 가지 구체적인 AI 기술이 제안될 수 있습니다. 설문조사 결과를 실시간으로 처리하고 분석하는 자연어 처리 기술, 참여 데이터의 패턴과 트렌드를 예측하는 머신러닝 모델, 시민들의 질의응답을 실시간으로 처리하고 관련 정보를 제공하는 AI 기반 챗봇, 정책 수립 시 지역별 맞춤형 접근을 돕는 데이터 시각화 도구 등이 있습니다. 이러한 기술을 적절히 도입하면 정책 소통 체계의 효율성을 높이고 시민 참여의 질을 한층 더 향상시킬 수 있을 것입니다.

AI 18.
메타버스,
대통령과의 숙의토론

가상 사례

최근 의료 공백 문제가 심각해지는 가운데, 특히 응급의료와 소아청소년과 분야의 인력 부족이 국가적 과제로 대두되고 있습니다. 이를 해결하기 위해 대통령비서실은 메타버스를 활용한 숙의토론을 기획하였습니다. 이번 토론의 주제는 '의료 공백 해소를 위한 가상 병원 설계와 운영 방안'으로 설정되었습니다.

참가자들은 메타버스 내에 구현된 가상 병원 공간에 입장하였습니다. 이 병원은 응급실, 소아청소년과, 산부인과 등 의료 공백이 특히 두드러지는 진료과를 중심으로 설계되었습니다. 국민은 병원의 의료진 수, 예산, 운영 효율성을 조정하며 다양한 시뮬레이션을 실행할 수 있었습니다. 예를 들어, 한 참가자는 응급실 인력을 대폭 확충하고 운영 시간을 늘려 응급환자 대기 시간을 줄이는 방안을 실험했습니다. 반면 다른 참가자는 지역사회 의료 협력 체계를 강화하여 주변 병원과의 환자 분산 시스템을 도입하는 시뮬레이션을 진행했습니다.

시뮬레이션 결과는 의료 서비스 접근성, 환자 만족도, 비용 효율성 등의 지표로 실시간 시각화되었습니다. 이를 통해 참가자들은 각 운영 방안이 가져올 장단점을 직관적으로 이해하고, 더욱 현실적인 해결책을 고민할 수 있었습니다.

대통령과의 숙의토론에서는 이러한 시뮬레이션 경험을 바탕으로 참가자들이 제시한 방안과 개선 아이디어를 논의했습니다. 예를 들어, '공공 의료 확대를 위한 예산 재분배 방안'과 '지방 의료진 유입을 위한 인센티브 강화'와 같은 구체적인 제안들이 심도 있게 다뤄졌습니다. 특히, 메타버스 공간 내에서 제공된 AI 분석 도구는 각 제안의 예상 효과와 한계를 시각적으로 보여주며 논의의 깊이를 더하는 데 기여했습니다.

이 사례는 의견 수렴을 넘어 국민이 의료 공백 문제의 복잡성을 이해하고, 현실적이고 실행 가능한 해결책을 제시하도록 돕는 창의적이고 혁신적인 접근 방식을 보여줍니다. 메타버스의 몰입형 환경과 시뮬레이션 기술을 통해 정책 논의가 더욱 실질적이고 참여적인 방향으로 발전할 수 있음을 증명한 대표적인 사례로 평가할 수 있습니다. 이를 통해 국민과 정부가 함께 의료 공백 문제 해결을 위한 새로운 길을 모색하는 중요한 계기를 마련하였습니다.

디지털 시대에 부응하는 소통 방식의 필요성이 증대됨에 따라, 물리적 제약 없이 다양한 계층과 국민의 목소리를 직접 듣는 메타버스 플랫폼의 활용이 중요해지고 있습니다. 국민 숙의 과정을 혁

신적으로 변화시켜 참여 민주주의를 한 단계 발전시키는 방안이 필요합니다. 메타버스를 활용한 국민과 대통령 간의 직접적이고 심층적인 소통 환경을 조성한다면 주요 국정 과제와 사회적 갈등에 대한 국민의 의견을 수렴하며, 이를 통해 정부의 디지털 역량을 강화하고 혁신적 이미지를 제고할 수 있습니다.

숙의토론의 핵심 가치는 포용성·투명성·심층성·실효성에 있습니다. 모든 국민이 참여 가능한 열린 공간을 설계하고, 토론 전 과정을 투명하게 운영하며, 다양한 관점을 반영할 수 있는 구조를 설계함으로써 토론 결과가 실제 정책으로 연결되는 시스템을 구축합니다. 이를 위해 안정성과 접근성을 고려한 메타버스 플랫폼을 선정하며, 대통령 집무실을 디지털로 재현하거나 국민 통합과 미래 비전을 상징하는 공간을 설계합니다. 주제별로 환경 정책은 숲 공간, 청년 문제는 캠퍼스 공간 등으로 구분하여 몰입감을 강화합니다. 누구나 쉽게 접근할 수 있는 사용자 친화적 인터페이스를 제공하며, 국민이 정책과 관련된 가상 시뮬레이션(예. 탄소 배출량 계산)을 체험하고 의견을 제시할 수 있는 설계도 포함됩니다.

숙의토론의 주제는 사회적 관심이 높고 숙의 과정을 통해 합의가 필요한 분야에서 선정합니다. 예를 들어 청년 일자리 창출 방안, 지역 균형 발전 및 수도권 과밀화 해소, 교육 혁신 및 대입 제도 개편, 환경과 에너지 정책 등이 이에 해당합니다. 참여자는 연령, 성별, 지역, 직업 등을 대표할 수 있는 국민 패널 500~1,000명을 모집하며, 사전 신청과 AI 알고리즘을 활용하여 균형 있는 선발을 진행합니다.

토론의 구조는 사전 참여, 본토론, 후속 과정으로 이루어집니다.

사전 참여 단계에서는 메타버스 내에서 자료 열람 및 질의응답이 이루어지며, 국민이 자신의 의견을 사전 공유할 수 있습니다. 디지털 격차를 해소하기 위해 사전 기술 교육도 진행합니다. 본토론 단계에서는 대통령의 개회사와 토론 목적 설명으로 시작해, 주제별로 소그룹 토론을 진행하고 주요 패널 대표들이 대통령과 직접 대화하는 시간이 주어집니다. 메타버스 내 텍스트 채팅, 음성·영상 기능을 통해 실시간 의견 제시가 가능하며, AI 기반 실시간 분석을 통해 주요 키워드와 의견이 시각적으로 나타나도록 합니다. 후속 과정에서는 AI 및 전문 패널이 논의 내용을 요약하며, 결과를 메타버스 내 게시판과 소셜미디어를 통해 공개하고, 대통령비서실이 국민 의견을 정책 검토 단계로 연결합니다.

참여자 경험을 강화하기 위해 아바타 커스터마이징과 참여 의식을 고취하는 방안을 마련합니다. 참가자들이 자신을 표현할 수 있는 아바타를 자유롭게 꾸미도록 허용하며, 대통령과 패널의 아바타는 친근감 있는 디자인으로 설계합니다. 토론 참여율을 높이기 위해 게임화 요소도 도입합니다. 주제별 토론 활동이나 설문 참여 시 포인트를 적립하거나, 높은 참여도를 보인 참가자에게 가상 공간 내 특별 칭호나 혜택을 제공합니다. 또한, 참여자들에게 메타버스 플랫폼 내에서 사용할 수 있는 디지털 배지나 특별한 아이템을 제공하며, 우수 의견이나 창의적 해결책을 제시한 참가자에게는 대통령 명의의 감사 메시지를 전달합니다.

이러한 기획은 대통령과 국민 간의 거리를 좁히고 메타버스를 통한 쌍방향 소통 경험을 제공함으로써 소통 방식을 혁신할 수 있을 것입니다. 또한, 누구나 접근 가능한 플랫폼을 통해 참여 민주주의를 활성화하고, 디지털 소외계층의 참여 기회를 보장하여 포용성을 강화할 수 있을 것입니다. 숙의 과정의 투명성과 결과의 정책 반영으로 정부 신뢰도 또한 증대할 수 있을 것입니다.

　실행 일정은 준비 단계, 본토론, 사후 관리로 나뉩니다. 준비 단계에서는 플랫폼 선정 및 공간 설계를 진행하고, 참여자 모집 및 사전 교육을 진행합니다. 본토론은 하루 동안 진행되며, 오전에는 주제별 소그룹 토론, 오후에는 대통령과의 심층 토론으로 구성될 것입니다. 사후 관리 단계에서는 논의 내용을 정책으로 검토하고, 메타버스 플랫폼에 지속적으로 업데이트된 정책 결과를 반영할 것입니다.

[그림 20] 메타버스 실제 사례: 청년 5일장 메타버스 토론장

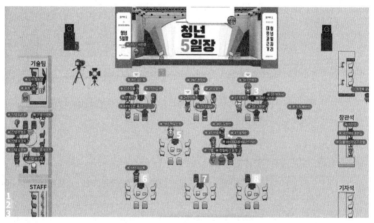

* 2022년 2월 26일 메타버스 플랫폼 '게더타운'에 마련된 '청년 5일장 메타버스 토론장'에서 청년들과 4개 원내 정당 대선 후보 캠프가 모여 '청년 일자리' 주제를 두고 숙의토론을 진행했다.
* 화면 갈무리.
* 한겨레, 공공의창, 코리아스픽스(대표 이병덕) 기획.

이 기획을 성공적으로 실행하기 위해 기술·정책·숙의 전문가와의 협업이 필수적이며, 첫 실행 후 피드백을 통해 플랫폼과 운영 방식을 지속적으로 개선해야 할 것입니다. 예상되는 리스크로는 기술적 문제, 부적절한 행동, 디지털 격차 등이 있으며, 이를 해결하기 위해 사전 테스트와 접속 환경 점검, AI 기반 모니터링 시스템, 기술 교육 지원 등을 강화해야 할 것입니다.

특히, AI는 숙의토론의 각 단계에서 중요한 역할을 담당할 것입니다. AI는 참가자 선발 과정에서 공정성과 균형을 유지하기 위해 데이터를 분석하여 다양한 배경의 국민 패널을 선정하는 데 활용될 것입니다. 본토론에서는 실시간 의견 분석과 키워드 추출을 통해 주요 논점을 시각적으로 제공하여 토론의 효율성을 높일 것입니다. 또한, 후속 과정에서 AI는 논의된 내용을 요약하고, 정책화 가능성을 평가하며, 메타버스 내 가상 도서관에 결과를 저장하여 국민이 언제든 열람할 수 있도록 지원할 것입니다. 이러한 AI의 도입은 숙의토론의 공정성과 투명성을 강화하고, 정책 반영 과정을 더욱 체계적이고 신뢰성 있게 만들 것입니다.

확장 가능성으로는 다른 국가의 메타버스 활용 사례를 참고하여 우리나라에 적용하는 것과 재외동포 및 외국 전문가의 참여를 통해 글로벌 의견을 수렴하는 것을 들 수 있습니다. 또한, 메타버스 숙의토론과 연계한 문화 행사를 개최하여 정책 논의와 문화적 경험을 결합할 수도 있습니다. 이를 통해 대한민국은 디지털 시대의 참여 민주주의를 선도할 수 있을 것입니다.

AI 19.
데이터 기반
사회적 모병제

  김혜진(가명) 씨는 중소도시에서 두 아이를 키우는 36세의 주부입니다. 결혼과 출산 후 직장을 그만둔 지 8년째입니다. 그녀는 경제적 독립에 대한 고민과 점점 줄어드는 자존감 속에서 자신을 되돌아보는 시간이 많아졌습니다. 그러던 어느 날, 지역 복지센터 게시판의 "사회적 모병제 참여자 모집 공고"가 그녀의 눈길을 끌었습니다.

  '내가 군 훈련을 받을 수 있을까?' 처음엔 망설였지만, 공고에 적힌 '응급대응, IT 활용, AI 기술'과 같은 훈련 프로그램 내용이 그녀의 호기심을 자극했습니다. 혜진 씨는 더 많은 정보를 얻기 위해 설명회에 참석했고, 그곳에서 비슷한 고민을 지닌 또래 여성들과 이야기를 나누며 용기를 얻었습니다.

  훈련 첫날, 혜진 씨는 다른 참가자들과 함께 기본 군사 훈련을 받았습니다. 익숙지 않은 환경에서 적응이 쉽진 않았지만, 시간이 흐르면서 그녀는 자신이 예상했던 것보다 훨씬 많은 것을 배울 수 있다는 사실을 깨달았습니다. 응급처치 실습에서는 골든타임 내에 환자를 구조하는 방법을 배웠고, AI와 빅데이터 분석 과정에서는 데이터가 어떻게 현대적 위기 상황을 해결하는 데 힘이 될 수 있는지 배웠습니다. 그녀는 드론 조종 실습에서 뛰어난 적성을 보여 강사들로부터 칭찬도 받았습니다.

훈련을 마친 후 혜진 씨는 자신감을 되찾았습니다. 훈련 수료증을 받은 날, 그녀는 남편과 아이들에게 이렇게 말했습니다. "이제 나도 우리 가족을 위해, 우리 사회를 위해 더 많은 일을 할 수 있어." 혜진 씨는 예비군으로 편입되어 지역 비상대응팀의 일원으로 활동하고 있습니다. 그녀는 아이들에게 자신의 새로운 모습을 보여줄 수 있어 기뻤고, 지역사회에 기여하며 자긍심을 느끼고 있습니다.

사회적 모병제는 여성이 군에 입대하지 않고도 군의 다양한 병과 훈련을 일정 기간 이수하여 예비군으로 편입될 수 있도록 설계한 제도입니다. 이 제도는 여성의 사회적 역할 확대와 군의 인적 자원 다변화를 통해 국방력과 위기 대응 역량을 강화하고, 사회적 연대와 책임을 촉진하는 것을 목표로 합니다. 특히 고령화, 저출생, 인구 감소라는 사회적 위기를 극복하기 위한 혁신적 방안으로 주목받고 있습니다. 대상은 만 18세 이상 60세 이하의 여성으로, 기혼 여성과 경력 단절 여성 등 다양한 사회적 배경을 포함합니다. 참여자는 6개월에서 1년 동안 전투 지원 병과 중심의 훈련을 받으며, 훈련은 응급대응, AI, 사물인터넷(IoT), 빅데이터 분석, 의사결정 기술 등 현대적 역량을 강화하는 프로그램으로 구성됩니다. 훈련 기간

동안 급여가 지급되며, 훈련 후 자원 입대를 결정한 참여자에게는 추가 혜택이 제공됩니다. 훈련을 수료한 참여자는 예비군으로 편입되고 사회복지 혜택을 받을 수 있습니다.

사회적 모병제는 여성의 군 복무 참여를 확대하여 국방력과 위기 대응력을 강화하고, 여성의 사회적 역할과 기여를 증대시킬 것으로 기대됩니다. 여성의 자발적 참여는 군 병력 자원 부족 문제를 해결하고, 기술 중심의 훈련을 통해 군 조직의 다양성과 전문성을 높이며, 재난 및 위기 상황에 대처할 수 있는 역량을 강화하는 데 기여할 수 있습니다. 또한, 사회적 연대를 촉진하고 국가적 책임을 공유하는 문화를 확산시키는 데 도움을 줄 것입니다. 이 제도는 여성의 군 복무 확대를 통해 고령화와 저출생, 인구 감소라는 구조적 위기에 대응할 수 있는 전략적 대안으로 자리 잡을 수 있습니다. 저출생과 인구 감소로 인해 군 병력 자원이 부족해지는 상황에서 여성의 자발적 참여는 이를 보완할 수 있는 효과적인 방법이 됩니다. 고령화에 따라 국가 경제 부담이 증가하는 상황에서 이 제도는 국방력 강화뿐 아니라 재난과 위기 대응력을 향상시키며 인적 자원의 활용도를 극대화할 것입니다.

사회적 모병제를 성공적으로 도입하고 운영하기 위해 몇 가지 중요한 고려 사항이 있습니다. 여성의 군 복무 참여에 대한 사회적 합의와 공감대 형성이 필수적입니다. 이를 위해 공론화를 통한 건설적인 대화와 논의를 촉진하고, 여성의 권리와 의무를 균형 있게 제시하며 강제성이 아닌 선택적 참여라는 원칙을 분명히 해야 합니다. 제도 도입 과정에서 발생할 수 있는 남녀 간 갈등과 세대 간 인식 차이를 완화하기 위해 충분한 소통과 공론화 과정을 거치는 것

[그림 21] 여군 관련 언론 기사

도 중요합니다. 단계적으로 실행하기 위한 로드맵 설계도 필요합니다. 초기에는 특정 지역이나 연령대를 대상으로 시범사업을 시행하여 실질적인 참여와 효과를 측정하고 이를 기반으로 정책적·제도적 확장을 추진해야 합니다. 초기에는 비전투 병과 중심으로 운영하며, 사회적 논의를 통해 점진적으로 확대 가능성을 열어두는 방안을 고려할 수 있습니다. 또한, 참여자들에게 명확하고 실질적인 혜택을 제공해야 합니다. 훈련을 수료한 이들에게 사회복지 혜택, 공공기관 우대, 병역 이행자 혜택 등을 제공함으로써 자발적 참여를 유도할 수 있습니다.

훈련 프로그램의 실효성을 높이는 것도 필수적입니다. 군사 훈련에 그치지 않고 재난 구조, 응급의료, 데이터 분석, IT 활용 등 현대적 기술을 접목해 사회적 위기 대응 역량을 강화하는 데 초점을 맞춰야 합니다.

이와 함께 여성 참여자를 보호하기 위한 성인지적 접근이 필요합니다. 성폭력 예방 교육 강화, 성인지적 조직 문화 개선 등을 포함한 체계적 관리 시스템을 설계하여 참여자들이 안전하고 공정한 환경에서 훈련받을 수 있도록 해야 합니다.

사회적 모병제를 도입하는 과정에서 예상되는 주요 쟁점으로는 남녀 간 형평성 논란, 군 조직 내 성차별 문제, 경제적 부담 문제가 있습니다. 남성의 의무 복무와 여성의 자발적 복무 간 형평성 문제에 대해서는 사회적 기여와 국방력 보완이라는 큰 그림에서 접근하며 강제성이 아닌 자율 참여임을 강조해야 합니다. 군 조직 내 성차별 문제는 성인지적 정책과 관리 시스템을 구축하여 해결해야 하며, 경제적 부담 문제는 초기 시범사업을 소규모로 시행해 경제적 효율성과 정책 효과성을 입증하는 방향으로 접근할 수 있습니다.

사회적 모병제는 여성의 군 복무 확대를 넘어 고령화와 저출생, 인구 감소라는 구조적 위기를 해결할 수 있는 혁신적 대안으로 자리 잡을 수 있습니다. 이를 통해 국가의 지속 가능성을 높이고, 여성의 사회적 기여를 증대하며, 국방력 강화와 사회적 재난 대응력을 동시에 확보할 수 있습니다.

이러한 운영 과정에서 AI가 역할을 할 수 있습니다. AI는 개인 맞춤형 훈련 프로그램을 설계하고, 훈련생의 역량을 평가하여 최적의 병과에 배치하는 데 기여할 것입니다. 또한, 재난 대응 시뮬레이션, 데이터 분석을 통한 위기 상황 예측, 드론 및 IoT 기술과 연계한 구조 및 지원 임무 자동화를 통해 훈련과 운영의 효율성을 높일 수 있습니다. AI 기반 시스템은 복잡한 군사적·사회적 문제를 해결하며, 사회적 모병제가 4차 산업혁명 시대에 적합한 국방 및 사회적 혁신 모델로 자리매김하는 데 중추적인 역할을 할 것입니다. 이 제도는 여성의 가능성을 국가적 자산으로 승화시키며, 미래를 준비하는 중요한 전환점이 될 것입니다.

AI 기반
정부-시민사회 정책 협약

가상 사례

보건복지부와 대한약사협회는 국민 건강 증진과 의약품 접근성 강화를 목표로 정책 협약을 체결했습니다. 이 협약은 의약품 안정 공급, 지역 약국 활성화, 공공 약사의 역할 확대를 주요 내용으로 삼았습니다. 초기 단계에서 국민의 주요 요구 사항과 약사 직능 현황을 분석하기 위해 AI 기반 설문 조사와 데이터 분석이 활용되었습니다. 연석회의와 원탁토론을 통해 약사협회와 보건복지부는 AI 도구를 사용해 정책 초안을 수정하고 최종 합의안을 도출했습니다. 정책 초안의 수용성을 평가하기 위해 약사협회 회원, 이해관계자, 국민을 대상으로 설문조사를 진행한 결과, 78%의 긍정적 평가를 얻었습니다. 양측은 공동 기자회견을 열어 정책 협약 안을 발표하고, 협약 이행을 위한 구체적 계획을 공유했습니다. 이후 분기별 TF 간담회를 통해 협약의 이행 상황을 점검하고, 개선 사항을 반영하며 촘촘한 사회적 거버넌스를 구축했습니다.

정책 협약 10대 강령은 다음과 같습니다.

---

①~③: 공동 비전

① 국민의 의약품 접근성을 보장하며 건강한 삶을 지원한다.

② 약국의 공공 서비스 기능을 강화하고 지역사회 보건의료의 중심으로 만든다.

③ 지속 가능한 보건의료 생태계를 구축한다.

④~⑥: 약사협회의 실천 방안

④ 전문성과 윤리를 바탕으로 약사 서비스를 제공한다.

⑤ 취약계층을 위한 의약품 지원을 확대한다.

⑥ 지역사회 약국 간 네트워크를 강화하여 의료 공백을 해소한다.

⑦~⑨: 보건복지부의 지원

⑦ 전자 처방전 시스템을 전국적으로 도입하고 관리한다.

⑧ 약국 운영의 친환경 전환을 지원한다.

⑨ 약사 직능 발전을 위한 정책적·재정적 지원을 확대한다.

⑩: 이행 결의

⑩ 정책 이행 성과를 투명하게 공개하고, 국민 의견을 반영하여 지속적으로 개선한다.

우리 사회는 기후 위기, 저성장, 삶의 질 저하 등 복합적이고 지속적인 문제에 직면해 있습니다. 이는 정책 추진만으로는 해결하기 어려운 복잡한 도전이며, 다양한 이해관계자와의 협력과 거버넌스 중심의 접근이 필수적입니다. 특히, 정부와 시민사회의 연대를 기반으로 한 정책 협약은 이러한 사회적 문제 해결을 위한 효과적인 도구가 될 수 있습니다.

정책 협약 운동에 AI 기술을 접목하는 방안을 통해 사회 혁신과 정부 혁신을 이룰 수 있습니다. 정책 협약은 정부, 시민사회 및 직능단체가 공동으로 사회적 목표를 설정하고 각자의 역할을 분담하며 문제 해결에 나서는 협력적 과정입니다. 선언적 수준을 넘어 이해관계자의 참여와 숙의 과정을 기반으로 한 실질적인 협력 모델로, 정책의 수용성과 효과를 극대화할 수 있습니다. AI를 활용한 정책 협약 프로세스는 데이터 분석, 디지털 협의, 시민 참여 확대라는 세 가지 핵심축으로 구성됩니다.

데이터 기반 정책 분석은 방대한 데이터를 분석하여 실질적인 인사이트를 제공하는 과정입니다. 자연어 처리 기술을 활용해 소셜미디어, 설문조사, 언론 기사 등에서 시민의 의견을 수집하고, 머신러닝 모델을 통해 정책안이 미칠 사회·경제적 영향을 예측할 수 있습니다. 예를 들어, 탄소세 도입이 산업별 매출과 고용에 미치는 영향을 사전에 시뮬레이션하여 정책 초안을 보완할 수 있습니다.

협의 과정의 디지털 전환은 대화형 AI 플랫폼을 활용해 이해관계자 간 협의를 지원합니다. 실시간으로 의견을 요약하거나 대안을 제시하며, 협의 과정을 더욱 효율적이고 생산적으로 만들 수 있습니다. 또한, AI는 정책 문안 작성 및 수정에도 활용되어 다양한 의

[그림 22] 촘촘한 사회적 거버넌스 구축

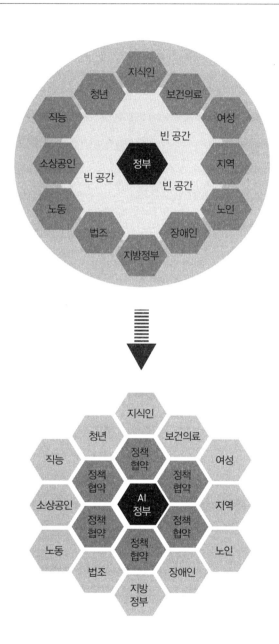

견을 자동으로 반영합니다.

시민 참여 확대는 AI 기반의 챗봇과 설문조사 플랫폼을 통해 이루어집니다. 시민들이 정책 과정에 쉽게 접근하고 참여할 수 있도록 돕고, 수집된 데이터는 정책 결정에 직접 반영됩니다. 맞춤형 참여 기회를 제공함으로써 정책의 포괄성과 공정성을 강화합니다.

정책 집행 이후, AI는 실시간 데이터 수집과 분석을 통해 정책 효과를 시각화하고, 시민 피드백을 바탕으로 개선안을 제시할 수 있습니다. 예측 AI 모델은 다양한 시나리오의 영향을 분석하여 정책의 지속 가능성과 효과를 극대화할 수 있습니다. 이를 통해 정책 실행의 투명성과 신뢰성을 높이는 데 기여합니다.

AI 기술을 정책 협약에 도입하면 다양한 효과를 기대할 수 있습니다. 시민들의 목소리를 반영함으로써 정책의 공정성과 신뢰성을 확보하고, 반복적이고 시간이 소요되는 작업을 자동화하여 정책 수립과 집행에 드는 비용과 시간을 절약할 수 있습니다. AI를 활용한 협력 모델은 지속 가능한 협력 구조로 발전할 가능성을 제공합니다.

AI 기술을 활용한 정책 협약 운동은 공공 혁신과 정부 혁신을 이루기 위한 유용한 도구입니다. 효율성과 투명성을 높이고, 시민과 이해관계자의 참여를 확대함으로써 지속 가능하고 효과적인 협력 구조를 구축할 수 있습니다. 이를 통해 글로벌 혁신 사례로 자리매김할 수 있습니다. 기존 정책 협약 모델의 한계를 극복하기 위해 데이터 분석과 의견 수렴의 효율성을 높이고, 시민사회 및 이해관계자의 참여를 활성화하며, 정책 집행과 성과 평가의 미흡함을 개선하는 새로운 방식의 정책 협약 프로세스를 도입해야 합니다.

이를 위해 활용할 수 있는 주요 AI 기술로는 자연어 처리, 머신러닝 기반 예측 모델, 대화형 AI 플랫폼, 빅데이터 분석 도구 등이 있습니다. 예를 들어, 자연어 처리는 설문조사 및 시민 의견 분석에 활용될 수 있으며, 머신러닝 기반 예측 모델은 정책의 잠재적 영향을 시뮬레이션하는 데 도움을 줄 수 있습니다. 대화형 AI 플랫폼은 이해관계자 간 협의 과정에서 의견을 요약하거나 대안을 제시하여 효율성을 높이는 데 활용됩니다. 빅데이터 분석 도구는 광범위한 데이터를 통합하여 정책 수립의 근거를 강화합니다. 이러한 기술을 적절히 조합해 사용함으로써, 정책 협약의 모든 단계에서 혁신적인 접근 방식을 도입할 수 있습니다. 결국, 기술은 도구일 뿐이며, 그 중심에는 협력과 신뢰를 바탕으로 한 인간의 의사결정과 창의적 사고가 자리해야 합니다.

AI 21.
AI 기반 대통령 행동 강령 축조 및 국정 과제와 점검

대한민국의 국정 운영 방식은 변화의 기로에 서 있습니다. 국민의 요구로 두 번째 조기 대선을 통해 새 정부가 출범하는 상황에서, 안정적이고 민주적인 국정 운영을 실현하려면 국민 의견이 직접 반영될 수 있는 체계를 마련해야 합니다. 기존 정책 결정 과정은 국민의 목소리를 충분히 반영하지 못한 채 특정 세력과 관료적 절차에 의해 이루어지는 경향이 강했습니다. 국민은 선거를 통해 한 번 의견을 표출할 뿐, 이후 정책 결정 과정에서는 소외되거나 제한적인 피드백만 제공할 수 있었습니다. 이로 인해 정책의 정당성과 실효성이 약화되고, 국민과 정부 간 신뢰도는 낮아질 수밖에 없습니다.

이제는 일방향의 의견 수렴을 넘어, 국민이 국정 운영의 실질적인 공동 설계자가 될 수 있도록 해야 합니다. 이를 위해 AI 기반 국민 의견 수렴 시스템을 도입하고, AI를 활용한 대통령 행동 강령 및 국정 과제 수립 절차를 마련할 필요가 있습니다. AI는 국민의 집단지성을 실현하는 새로운 민주주의의 핵심이 될 수 있습니다.

AI를 활용한 대통령 행동 강령 및 국정 과제 수립

핵심 목표는 2025~2026년 대통령 행동 강령을 AI 기반으로 국민 의견을 반영하여 마련하는 것입니다. 또한, 같은 방식으로 국정 과제를 추가하고 이를 공식적인 정책으로 확정할 수 있도록 합니다. 이를 위해 AI 인터뷰 플랫폼을 구축하여 새 대통령과 새 정부에 대한 국민의 심층적인 의견을 청취하고 분석합니다. 이 플랫폼은 1:1 인터뷰뿐만 아니라 1:3~5의 그룹 인터뷰 형태로 운영되어 다양한 의견을 수렴하는 역할을 하게 됩니다.

국민 의견 수렴을 위한 핵심 질문은 크게 두 가지입니다. 첫째, 대통령 행동 강령으로 대통령의 자질과 태도, 국민과의 소통 방식, 윤리와 도덕성, 위기 대응 및 책임감, 권력과 특권 남용 방지, 공정성과 통합 리더십을 포함합니다. 둘째, 추가될 국정 과제로 대한민국의 시급한 현안, 경제와 일자리 문제, 교육과 미래 인재 양성, 복지 안전망 확충, 정치 개혁과 균형 발전, 안보 및 기후 위기 대응, 국정 운영 방식 개선에 관한 내용을 담습니다.

AI는 데이터 수집 도구가 아니라, 정책 조율자로서 역할을 할 수 있어야 합니다. 국민 의견을 자연어 처리와 머신러닝 기술을 활용해 분석하고, 핵심 키워드와 주요 논점을 도출한 뒤, 이를 전문가 검토와 데이터 분석을 거쳐 대통령 행동 강령과 국정 과제로 정리합니다. 이를 통해 기존의 정권 중심적 국정 운영 방식이 아닌, 국

민이 적극적으로 참여하는 집단지성 기반 국정 운영 모델을 구현할
수 있습니다.

국민 참여 절차와 AI 분석의 신뢰성 확보

AI 기반으로 국민 의견을 수렴한 후, 이를 토대로 1,000인 원탁
토론을 개최하여 대통령 행동 강령과 추가 국정 과제를 확정하는
절차를 진행합니다. 기존의 국민 소통 방식은 제한적인 형태로 운
영되어왔지만, 이번에는 농민, 장애인, 도서·산간 어린이 등 다양
한 계층이 직접 참여할 수 있도록 메타버스를 활용한 대통령 참석
토론을 운영해야 합니다.

AI가 분석한 결과가 정책에 반영되려면 투명성과 신뢰성이 보장
되어야 합니다. 결과 보고서를 정기적으로 공개하고, 시민 검토단
을 운영하여 AI의 의사결정에 대한 투명성 강화 절차를 마련해야
합니다. AI가 제시한 정책 방향성이 국민의 실제 요구와 부합하는
지 검증하는 과정이 필요하며, 이를 통해 AI가 특정 세력의 도구로
전락하는 것을 방지하고 민주적 통제를 보장할 수 있습니다.

AI 기반 국정 운영 방식의 지속성과 제도화

AI 기반 국민 의견 수렴 시스템이 단발성 이벤트로 끝나지 않고
지속적인 국정 운영 방식으로 정착되려면 제도적 지속성을 확보해

야 합니다. 이를 위해 대통령 직속의 'AI 국민소통위원회'를 구성하여 AI 기반 국민 의견 수렴을 정례화하는 조직을 운영하고, '국정 과제 AI 모니터링 시스템'을 도입하여 국정 과제 추진 현황을 실시간으로 분석하며 국민 의견을 반영하는 체계를 구축할 수 있습니다. 또한, 'AI 국민 참여 보고서'를 정기적으로 발행하여 AI가 분석한 국민 의견을 바탕으로 정책 방향성을 제시하고, 정책 결정 과정의 투명성을 높일 수 있도록 합니다. AI는 정책의 실효성을 지속적으로 평가하고 피드백을 제공하는 '적응적(adaptive) 정책 설계' 모델을 구축하는 방향으로 발전해야 합니다.

기대 효과와 국정 운영의 혁신적 변화

AI 기반 국정 운영 방식은 기존 정책 결정 방식과 비교했을 때 다음과 같은 혁신적 변화를 가져올 수 있습니다. 첫째, AI를 활용하여 방대한 국민 의견을 신속하게 분석하고 더욱 정교한 정책 수립이 가능해질 것입니다. 실시간 데이터 피드백을 활용한 정책 개선이 이루어질 수 있으며, 기존의 수동적 의사결정 방식보다 효율성을 높일 수 있습니다. 둘째, 기존 정책 결정 과정에서 소외되었던 청년, 노인, 장애인 등 다양한 계층의 의견이 더 균형 있게 반영될 수 있습니다. 이를 통해 정책의 형평성과 수용성이 강화될 수 있습니다. 셋째, 국민이 직접 참여하는 구조를 통해 정책의 정당성과 수용성이 강화되고, 정부와 국민 간의 신뢰가 향상될 것입니다. 기존에는 정부가 정책을 일방적으로 결정하고 국민은 수동적으로

[그림 23] AI 기반 국정 적응적 정책 설계 과정

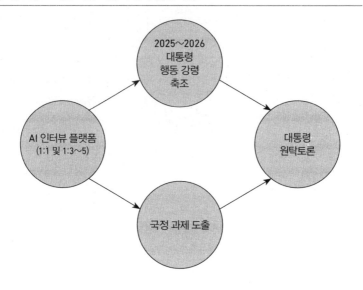

따라야 했지만, AI를 활용한 시스템은 국민이 국정 운영의 적극적인 주체가 될 수 있도록 합니다. 넷째, AI를 활용한 실시간 정책 모니터링이 가능해짐에 따라 국정 과제의 변화를 유연하게 대응할 수 있으며, 이를 통해 더욱 효과적인 문제 해결이 이루어질 것입니다. 기존의 고정적인 정책 프레임에서 벗어나, 변화하는 사회 환경에 맞춰 실시간으로 적응하는 국정 운영이 가능해질 것입니다.

AI는 국민과 정부를 연결하는 '정책 설계자'가 되어야 합니다. 기존 의사결정 방식이 가진 한계를 극복하고, 국민이 직접 참여하는 새로운 국정 운영 모델을 구축하기 위해 AI 기반 국민 참여형 국정 운영 시스템은 필수적인 방향이 될 수 있습니다. 이를 통해 대한민국은 AI와 국민이 함께 국정을 운영하는 새로운 민주주의 모델을 구축하는 선도적인 국가로 나아갈 수 있습니다.

AI 22.
정부의 AI를 활용한
ESG 경영 지원

가상 사례

2030년, 대한민국 정부는 '지속 가능한 미래를 위한 AI 기반 ESG 경영 플랫폼'을 구축하여 모든 기업과 공공기관이 자발적으로 ESG 경영 데이터를 제공하고, AI가 이것을 실시간으로 분석하여 국가적 차원에서의 지속 가능성을 강화하는 시스템을 도입했습니다. 이 플랫폼은 'ECO-Vision 2030'이라는 이름으로 불리며, 정부·기업·시민사회가 모두 활용할 수 있습니다.

불법 폐기물 추적과 기업의 책임

2029년 어느 날, 한 지방 환경청은 '인근 강에서 발견된 대규모 화학 폐기물' 문제를 해결하기 위해 AI 기반 환경 감시 시스템을 활용했습니다. 이 시스템은 지역 내 기업들이 공시한 탄소 배출량, 폐기물 관리 데이터를 분석하고, 드론 영상과 위성 데이터를 결합해 폐기물의 이동 경로를 추적했습니다. 결과적으로, AI는 데이터 간 상관관계를 통해 폐기물이 'A 화학사'의 공장에서 나왔을 가능성이 95%라는 결론을 제시했습니다. 이와 함께 AI는 A 화학사가 최근 공시한 ESG 보고서에서 "폐기물 처리 비용을 20% 절감했다"라고 발표한 점과 공장의 폐기물 처리 업체 변경 데이터를 연관 지어 문제를 지적했습니다. 정부는 이를 바탕으로 조사를 진행했고, A 화학사는 부주의로 인한 관리 미흡을 인정하고 문제 해결을 위해 적극적으로 나섰습니다. 결과적으로 기업은 3년간의 ESG 교육 의무화와 더불어 폐기물 처리 기술에 대한 AI 투자를 약속하며 책임 있는 기업으로 변신했습니다.

중소기업을 위한 AI ESG 코치

중소기업 B사는 패션 업계에서 일하며 친환경 소재를 사용하고자 했지만, ESG 경영이 낯설고 어려웠습니다. 그래서 정부의 AI 플랫폼 'Green Companion'을 이용했습니다. B사가 ESG 관련 데이터를 입력하자 AI가 맞춤형 솔루션을 제공했습니다. AI는 이 기업이 현재 소재 선택, 물류, 제조 과정에서 에너지 효율을 높일 방안을 제안했습니다. 예를 들어, 국내에서 업사이클링 천연 섬유를 생산하는 협력 업체 3곳을 추천하고, 이 소재를 사용했을 경우 탄소 배출량 감소 예측치와 소비자 선호 데이터를 제공했습니다. 또한, AI 챗봇은 직원 교육을 지원하여 'ESG 경영의 이해'라는 콘텐츠를 직원들에게 자동으로 배포했습니다. 결과적으로 B사는 ESG 인증을 받았고, 이후 친환경 제품 라인을 성공적으로 론칭하며 매출이 20% 상승했습니다. 이를 통해 B사는 대기업과의 협력 기회를 얻었습니다.

금융사의 AI 기반 지속 가능 투자 지원

2028년, C 금융사는 정부의 AI ESG 플랫폼과 연계하여 ESG 펀드를 출시했습니다. 플랫폼에 탑재된 AI는 기업의 ESG 성과 데이터를 종합해 '지속 가능 투자 점수'를 산출하고, 이를 바탕으로 투자 상품을 설계했습니다. 예를 들어, AI는 'D 전자'가 최근 기후 관련 데이터를 공개하고 탄소 배출 감축 목표를 설정한 점을 긍정적으로 평가했습니다. 그러나 동시에 공급망에서의 노동 착취 의혹을 발견해 점수를 낮췄습니다. 이 펀드는 1년 만에 3조 원의 투자 유치에 성공했고, 투자자들은 AI가 제공한 투명한 보고서를 통해 투자 기업의 ESG 성과를 실시간으로 확인할 수 있었습니다. 이는 금융 시장에서도 ESG 경영을 평가하고 감시하는 새로운 표준을 제시했습니다.

ESG 경영은 신뢰할 수 있는 데이터를 기반으로 책임감 있고 미래 지향적인 결정을 내리는 것을 중요시합니다. AI는 이러한 과정에서 중요한 역할을 하는 도구입니다. AI는 방대한 데이터를 신속히 처리하며 기업이 환경(E), 사회(S), 지배구조(G) 분야에서 직면한 도전 과제를 효과적으로 해결하도록 돕습니다.

우선, AI는 ESG 관련 공개 자료, 공시 데이터, 미디어 기사, 소셜미디어 데이터를 자동으로 수집하고 통합적으로 분석할 수 있습니다. 이를 통해 정보 확보와 정리가 신속하게 이루어집니다. 또한, AI는 수집한 데이터를 검증해 허위 정보나 위조된 자료를 감지하고 데이터의 일관성과 정확성을 판단합니다. 이러한 기술은 금융 감독 당국이 기업의 공시 정보를 심사하고 투명성을 확보하는 데 큰 기여를 합니다.

AI는 ESG 성과를 정밀하게 측정하는 평가 모델 구축에도 활용할 수 있습니다. 예를 들어, 제조업은 탄소 배출 감축을, 금융업은 사회적 책임 투자(SRI)를 중심으로 분석할 수 있습니다. 더 나아가

AI는 ESG 데이터에서 잠재적 리스크를 감지하고, 이를 경영진에게 사전 경고하는 예측 시스템을 제공합니다. 이는 ESG 관련 위기를 예방하고 지속 가능성을 강화하는 데 중요한 역할을 합니다.

또한, 실시간 ESG 모니터링 시스템에도 활용됩니다. 기업의 ESG 활동이 실제로 실행되고 있는지 확인하고 지속 가능성을 평가할 수 있습니다. 블록체인 기술과 결합된 AI 모니터링은 데이터의 신뢰성을 높이며, 기업과 이해관계자 간의 신뢰를 강화합니다. AI는 법령 준수 여부를 자동으로 평가해 위반 사례를 신속히 파악할 수 있습니다. 기업은 ESG 경영의 책임을 다하고 투명성을 높입니다.

중소기업에는 AI 기반 ESG 지원 도구가 큰 도움이 될 수 있습니다. 시뮬레이션 도구나 챗봇은 ESG 도입 방법과 중요성을 쉽게 이해하도록 돕습니다. 이를 통해 중소기업은 초기 진입 장벽을 낮추고 지속 가능한 경영으로 전환할 수 있습니다.

AI는 다양한 이해관계자 간의 협력을 강화하는 데도 기여합니다. 공동 데이터 플랫폼을 구축하면, 정부와 민간이 ESG 데이터를 효과적으로 공유할 수 있습니다. 투자자들은 시각화된 ESG 데이터를 활용해 명확하고 신뢰성 있는 투자 결정을 내릴 수 있습니다.

AI는 ESG 경영의 신뢰성과 효율성을 높이는 동시에 사회적 가치를 창출하는 유용한 도구입니다. 다만, 기술만으로 모든 문제를 해결할 수는 없습니다. ESG 경영을 효과적으로 실행하려면 법제 개선과 데이터 인프라 강화가 필수적입니다. 무엇보다 윤리적 책임과 협력적 의사결정이 뒷받침되어야 합니다. AI는 ESG 경영의 '도구'를 넘어, 지속 가능한 미래를 위한 '파트너'로 자리 잡을 것입니다.

23.

천 보 동네 프로젝트:
어린이 작은 도서관,
치유가 있는 노인정

가까이에서 누리는 배움과 치유, 그리고 포용

작은 어린이 도서관에서 피어난 우정

맞벌이 가정에서 자라는 여덟 살 민준이는 방과 후 돌봄이 필요한 아동입니다. 학교가 끝난 후 부모님이 돌아오실 때까지 시간을 보낼 곳이 마땅치 않았던 민준이는 '별빛어린이도서관'이 생긴 후 새로운 일상을 가지게 되었습니다. AI 기반 독서 큐레이션 시스템이 민준이의 관심사를 분석해 매일 새로운 책을 추천해주었습니다. 주말에는 VR 독서 체험을 통해 우주여행을 떠나는 가상 체험도 즐길 수 있었습니다.

도서관에는 AI 음성 도우미 '책 친구'가 있어, 민준이가 궁금한 점을 물어보면 즉각적인 답변을 제공합니다. 예를 들어, "공룡은 왜 멸종했어요?"라고 물으면 AI가 다양한 책에서 관련 내용을 찾아 쉽고 재미있게 설명해줍니다. 이 시스템은 또한 민준이가 최근 읽은 책을 분석하여, 다음에 읽을 만한 책을 추천하고, 독서 습관을 데이터로 기록해 맞춤형 학습 지원도 제공합니다.

그러던 어느 날, 도서관에서 열린 '세대 간 동화 읽기 프로그램'에서 민준이는 은혜 할머니를 만났습니다. 은혜 할머니는 75세로, 남편을 여의고 외롭게 지내던 중 '기억정원노인정'을 알게 되었습니다. 이곳에서는 AI 기반 감정 분석 시스템을 통해 노인의 정서 상태를 모니터링할 수 있습니다. 은혜 할머니는 정서적 안정이 필요한 사람들에게 맞춤형 독서 프로그램이 추천된다는 사실을 알았습니다. 덕분에 그녀는 자연스럽게 민준이와 함께 책을 읽으며 따뜻한 시간을 보낼 수 있었습니다.

기억정원노인정에서의 변화

기억정원노인정은 기존의 평범한 쉼터가 아니라, 건강관리와 사회적 교류가 이루어지는 치유 공간입니다. 은혜 할머니는 AI 건강 모니터링 시스템으로 혈압과 심박수를 체크하고, AR 요가 수업을 통해 간단한 스트레칭을 배우는 것을 새로운 일상으로 삼았습니다. 특히, 빅데이터를 활용한 '개인 맞춤형 치유 프로그램'을 통해, 자신의 건강 상태에 맞는 운동과 영양 프로그램을 짤 수 있었습니다.

하지만 무엇보다도 민준이와의 독서 시간이 그녀에게 큰 기쁨을 줍니다. 매주 토요일마다 할머니는 옛날이야기 책을 꺼내 들고 민준이에게 옛날 학교생활과 마을 이야기를 들려주었습니다. 민준이에게 그런 할머니의 이야기가 마치 영화처럼 느껴졌고, 자신도 나중에 커서 이야기를 쓰고 싶다고 말했습니다. AI 음성 인식 시스템이 그 편지를 낭독해주었고, "민준아, 넌 세상에서 가장 좋은 이야기를 만들 수 있는 아이란다"라고 녹음된 할머니의 음성이 AI 보정 기술을 통해 또렷하게 전달되었습니다.

천 보 생활권 내에서 공공 서비스 접근성을 개선하고 특정 계층인 어린이와 노인에 대한 맞춤형 지원을 강화하는 방안이 필요합니다. 기존 공공시설의 한계를 보완하여 어린이를 위한 창의적 학습 공간과 노인을 위한 치유형 복합 공간을 조성하고 지속 가능한 운영 체계를 마련하는 게 바람직합니다. 어린이 작은 도서관은 단순한 독서 공간으로 기능하는 것이 아니라 아동이 창의력과 사고력을 자연스럽게 키울 수 있도록 학습과 놀이가 결합된 공간으로 조성되어야 합니다. 연령별 추천 도서 큐레이션과 AI 기반 독서 프로그램을 제공하고 방과 후 돌봄 교육 프로그램을 운영하여 맞벌이 가정의 돌봄 공백을 해소할 수 있습니다. 또한, 다문화·저소득층 아동을 위한 맞춤형 교육 서비스를 제공하며 장애 아동을 위한 촉각 책, 음성 도서, 점자 도서를 비치하여 배리어프리 도서관을 조성합니다. 공공 도서관 접근이 어려운 주거 불안정 아동을 위해 찾아가는 이동 도서관을 운영하고, 다문화 가정을 위해 이중 언어 책 읽기 프로그램을 제공하여 언어 접근성을 확대할 수 있습니다.

치유형 노인정은 단순한 쉼터를 넘어 건강관리와 사회적 교류를 동시에 촉진하는 공간으로 조성됩니다. 요가와 명상, 그림 치료, 독서 모임 등 건강과 정서를 지원하는 프로그램을 운영하고 어린이 작은 도서관과 연계하여 세대 통합 프로그램을 마련함으로써 조부모와 손자·손녀가 함께할 기회를 제공합니다. 또한, AI 기반 건강 모니터링 및 원격 건강 상담을 통해 노인의 건강관리를 지원하며, 지역사회와 협력하여 노인의 창작품 판매를 활성화할 수 있도록 합니다. 가상현실(VR) 및 증강현실(AR) 체험 공간을 운영하고 디지털 교육을 제공하여 디지털 접근성을 높일 수 있습니다.

공공 서비스 접근성을 극대화하기 위해 어린이 작은 도서관은 어린이 인구 밀집 지역에, 치유형 노인정은 고령 인구 비율이 높은 지역에 우선 배치합니다. 또한, 공공시설의 유휴 공간을 활용하거나 신규 거점을 개발하여 균형 잡힌 공공 서비스를 공급합니다. 공간 데이터(GIS)를 기반으로 인구 분포 및 기존 시설과의 연계를 분석하여 최적의 입지를 선정합니다.

사업 추진 단계는 현황 분석, 시설 확충 및 개조, 시범 운영 및 평가의 세 단계로 진행됩니다. 운영의 지속 가능성을 확보하기 위해 민간기업이나 사회적 기업과 협력하여 운영비를 절감하고 시민 참여형 정책 실험을 도입하여 주민의 의견을 반영한 맞춤형 서비스를 개발할 수 있습니다. IT 기업과 협력하여 디지털 교육을 지원하고 출판사 및 대형 서점과 연계하여 도서 기부 및 독서 프로그램을 운영하는 게 효과적입니다. 또한, AI 기반 시설 이용 분석 시스템을 도입하여 각 도서관과 노인 쉼터의 이용률을 실시간으로 모니터링하고 이용 패턴을 분석하여 맞춤형 프로그램을 자동 추천할 수 있습니다. 머신러닝 알고리즘을 활용하여 특정 지역에서 부족한 공공 서비스 유형을 예측하고 정책적 보완이 필요한 지역을 우선 선정합니다. 빅데이터를 활용하여 도서 대여 트렌드를 분석하고 어린이와 노인의 관심사를 반영한 콘텐츠를 지속적으로 업데이트하며, VR·AR 기술을 접목하여 노인이 디지털 환경에 친숙해질 수 있도록 지원하고 AI 챗봇을 도입하여 도서 추천 및 건강 상담 등의 서비스를 자동화합니다.

이러한 사업을 통해 어린이는 다양한 배경 속에서도 배움의 기회를 공정하게 얻을 수 있으며, 노인은 단순한 쉼터가 아닌 자립형 복지 공간에서 사회와 연결될 수 있습니다. 이를 통해 노인은 사회적 고립을 겪지 않고 생산적인 활동을 통해 자존감을 회복할 수 있습니다. 또한, 지역사회와 협력하여 노인의 창작품이 판매될 수 있도록 지원합니다. 그리고 세대 간 교류를 활성화하여 아이들은 노인으로부터 지혜를 배우고, 노인은 젊은 세대와 소통할 기회를 가질 수 있습니다. 공공시설을 리모델링하고 기업 및 민간 협력을 통해 운영비를 절감하며, 시민 참여형 정책 실험을 도입하여 현장의 목소리를 반영합니다.

주민들과 파일럿 테스트를 진행한 후 피드백을 반영하여 정책의 실효성을 높이고, 시민들이 직접 제안하는 맞춤형 서비스 개발을 지원하며 AI 기반 데이터를 적극 활용하여 공공 서비스의 효과를 극대화할 수 있습니다. AI 기반 시설 이용 분석 시스템을 도입하여 각 도서관과 노인 쉼터의 이용률을 실시간으로 모니터링하고, 이용 패턴을 분석하여 맞춤형 프로그램을 자동 추천합니다. 또한, 머신러닝 알고리즘을 활용하여 특정 지역에서 부족한 공공 서비스 유형을 예측하고, 정책적 보완이 필요한 지역을 우선 선정합니다.

1,000보 생활권 내에서 책과 치유를 만나는 새로운 공공 서비스 모델을 정착시켜 모든 아이가 배울 수 있고, 모든 노인이 존중받는 도시를 만드는 프로젝트는 전국적인 표준 모델로 확산 가능할 것입니다. 정부-지자체-민간-시민 협력을 통한 지속 가능한 운영 체계를 구축하여, 포용적이고 혁신적인 공공 서비스를 실현할 수 있습니다.

AI 24.
공공시설물과 주민의
1:1 매칭 관리 프로그램

고장 난 가로등의 빠른 해결

서울 은평구에 거주하는 김민수 씨는 저녁마다 공원을 산책하는데, 공원 입구 가로등이 며칠째 고장 난 것을 발견했습니다. 이전 같았으면 신고하는 것이 번거로워 지나쳤겠지만, 그는 공공시설물 1대1 매칭 관리 프로그램의 시민 참여자로 등록되어 있었습니다. 민수 씨는 스마트폰 앱을 이용해 가로등 문제를 신고했고, 시스템은 즉시 해당 내용을 구청 담당 부서와 연결했습니다. 신고 후 24시간 내로 유지보수 팀이 출동하여 가로등을 수리했습니다. 예전 같았으면 몇 주간 방치되었을 문제가, 주민의 실시간 점검과 시스템 연계를 통해 빠르게 해결되었습니다.

하수구 덮개 파손 신고 및 교체

주부 박지영 씨는 아이와 함께 길을 걷다가 하수구 덮개가 부서져 있는 것을 발견했습니다. 비가 오는 날이면 아이가 다칠 위험이 컸습니다. 기존에는 구청에 전화 신고를 해야 했지만, 이제는 관리 프로그램을 통해 QR코드 스캔 한 번으로 신고할 수 있었습니다. 신고한 지 이틀 만에 새로운 덮개가 설치되었으며, 박 씨는 유지보수 과정의 진행 상황을 실시간으로 확인할 수 있었습니다.

편의점과 연계한 화재 예방

편의점에서 야간 아르바이트를 하는 이성훈 씨는 매장 근처의 쓰레기통에서 연기가 나는 것을 발견했습니다. 이전 같았으면 소화기가 어디 있는지도 몰랐겠지만, 이제는 편의점에 비치된 공공 화재 진압 장비를 활용할 수 있었습니다. 편의점 내 비치된 소화기를 사용해 초기 진압을 했고, 동시에 긴급 신고 시스템을 통해 소방서에 자동으로 알림이 전달되었습니다. 신속한 초기 대응 덕분에 큰 화재로 번지지 않았으며, 인근 상점들의 피해도 막을 수 있었습니다.

공공시설물은 도로, 가로등, 전봇대, 하수구 등 시민들의 일상 속에서 필수적인 요소이지만, 이를 효과적으로 유지·관리하는 체계는 여전히 미흡합니다. 행정기관은 시설물 고장과 문제를 신속하게 파악하지 못하며, 시민들이 공공시설물 문제를 발견하더라도 신고 절차가 번거로워 외면하기에 실질적인 해결까지 이어지지 않는 경우가 많습니다. 이를 해결하기 위해 공공시설물과 시민을 1:1로

매칭하여 직접 관리하는 '시민 참여형 공공시설 관리 프로그램'을 제안합니다. 이것은 형식적 공공시설 점검이 아니라, 시민이 지역의 주체가 되어 마을을 가꾸고 유지하는 '주민 참여형 스마트 거버넌스 모델'을 구축하는 시도입니다. 공공시설물을 주민과 1:1 매칭하여 정기적으로 점검하고 관리하는 체계를 구축하며, 신고에서 해결까지의 행정 절차를 단축합니다. 특정 지역을 시범사업 지역으로 선정하여 이후 전국 확장 가능성을 검토하는 방안을 도입할 수 있습니다.

이 사업의 목표는 크게 세 가지입니다. 첫째, 공공시설물 관리의 효율성을 극대화하여 기존 신고 제도를 개선하고, 신속하고 체계적인 유지보수 시스템을 마련하는 것입니다. 둘째, 주민 참여를 통한 공공 거버넌스를 구축하여 기존 행정 중심의 시설물 관리에서 벗어나 시민이 직접 점검 및 해결 과정에 참여하는 모델을 도입하는 것입니다. 셋째, 도시 안전 및 생활 환경 개선을 통해 방치된 시설물, 고장 난 가로등, 훼손된 도로 등을 신속하게 수리하도록 유도하는 것입니다.

사업의 주요 내용을 보면 첫째, 1:1 매칭 관리 시스템을 운영하여 각 공공시설물과 시민을 매칭하고, 담당 시설물을 정기적으로 점검하도록 합니다. 참여자는 주 3회 이상 시설물을 점검하고, 문제가 있을 시 즉시 신고하며, 전용 웹 플랫폼을 통해 점검 기록을 관리하고 행정기관과 실시간 연계하여 신속한 유지보수가 이루어질 수 있도록 합니다. 둘째, 24시간 운영 편의점과 협력해 매장 내 소형 화재 진압 장비를 비치하고, 편의점 근무자가 기본적인 관리 및 응급대응 역할을 할 수 있도록 합니다. 셋째, 주민 참여자를 모집하고 교육합니다. 공모를 통해 참여자를 선발하고 기본적인 안전 교육을 제공하며 점검 활동이 우수한 참여자에게 인센티브를 제공합니다. 넷째, 공공 안전시설 추가 배치 및 현황 조사를 통해 기존 시설물 유지보수뿐만 아니라 추가 배치가 필요한 지역을 분석하고, 행정기관에 제안합니다.

이 사업을 통해 지속 가능한 공공시설 유지보수 체계를 구축할 수 있습니다. 기존의 단발성 유지보수가 아닌, 주민과 협력하는 지속적인 점검 시스템을 마련할 수 있습니다. 공공 안전시설이 실시간으로 관리되면서 유지보수 비용 절감 효과도 기대할 수 있습니다. 나아가 주민 주도형 스마트 거버넌스를 실현하여 기존의 수동적 신고 방식에서 벗어나 시민이 직접 참여하는 관리 체계를 확립할 수 있습니다. 이를 통해 시민들이 공공시설에 대한 책임 의식을 가지며, 주민 스스로 마을을 가꿀 수 있는 기반을 조성할 수 있습니다. 도시 안전 및 생활 환경 개선 효과도 기대되며, 조도가 낮은 가로등, 훼손된 도로 등 도시 생활 안전에 영향을 미치는 요소들을 신속하게 해결할 수 있습니다.

저는 이 사업과 관련한 연구를 진행한 적이 있습니다. 서울시 은평구를 대상으로 시범사업 가능성을 분석하였으며, 예산을 산정한 결과 웹 플랫폼 개발에 3,000만 원, 연간 운영 비용으로 9억 6,000만 원(활동비), 교육 및 경상비 5,000만 원, 추가 예산으로 9,000만 원이 필요하다는 결론을 도출하였습니다. 지역에서 시범사업을 운영하며 이후 전국 확대 가능성을 검토하겠다는 계획을 세웠습니다. 또한, 지속 가능성을 확보하기 위해 조례를 제정하여 제도화를 추진하고, AI 및 IoT 기술을 도입하여 공공시설물 점검 자동화 시스템을 구축하며, 국비 및 시비 지원을 확보하여 안정적인 운영을 지속한다는 방침도 마련하였습니다. 협력 기관으로는 지방자치단체, 경찰서, 소방서, 편의점, 시민단체, 공공기관 등이 있으며, 각각의 역할을 분담하여 사업을 추진할 수 있습니다.

　서울시 은평구를 대상으로 한 연구 결과를 바탕으로, 전국적으로 확대할 가능성을 분석했습니다. 특정 지역에서의 시범 운영을 통해 효과를 입증한 후 시민이 직접 지역을 가꾸고 유지하는 '주민 주도형 공공 거버넌스 모델'을 전국으로 확장할 수 있음을 확인했습니다. 장기적으로는 AI 및 IoT 기술과 결합하여 스마트 공공시설 관리 시스템으로 발전할 가능성이 발견되었습니다. 이제 시민들이 직접 참여하여 '주민이 주도하는 도시'를 만들어갈 차례입니다.

AI 25.

AI 인증 마크, 국민이 함께 만드는
신뢰 기반 AI 생태계

이진우(23세) 씨는 인터넷 검색을 통해 고등학생인 동생의 학교 과제를 도와주다가 자신이 고등학교 시절 겪었던 난처한 기억이 떠올랐습니다. 학교 과제를 위해 인터넷 검색을 하던 중 유해한 정보에 노출되었던 일입니다. 필터링 시스템이 부적절한 콘텐츠를 걸러내지 못했기 때문입니다. 처음에는 광고 사이트인 줄 알았지만, 알고 보니 청소년에게 부적절한 내용을 포함한 페이지였습니다. 당황한 이진우 군은 부모님께 도움을 요청했습니다. 그런데 이미 같은 문제를 경험한 친구들이 많았습니다.

AI 공공 신뢰 마크가 도입되기 전, 일부 플랫폼은 AI 알고리즘의 안전성 검증 없이 운영되었으며, 청소년 보호 기능이 불완전했습니다. 친구들 사이에서는 '필터를 뚫는 방법'이 공유되었고, 일부 AI 필터는 정상적인 학습 자료까지 차단하는 오류를 일으키기도 했습니다. 학부모들은 청소년 보호 기술이 효과적으로 작동하지 않는다는 점에 불만을 제기했지만, 해결책을 찾기는 어려웠습니다.

그러나 AI 공공 신뢰 마크가 도입된 이후, 인증을 받은 검색 엔진과 소셜 미디어는 고도화된 필터링 기술을 적용했습니다. AI 알고리즘이 지속적으로 업데이트되며 유해 콘텐츠를 더욱 정교하게 감지했고, 학습 자료는 차단되지 않도록 정밀 조정되었습니다. 그 결과, 청소년들은 불필요한 위험에 노출되지 않고 안전하게 인터넷을 이용할 수 있었으며, 학부모들도 안심할 수 있는 환경이 조성되었습니다.

AI 기술이 다양한 산업과 공공 서비스에 활용되면서 신뢰성과 윤리성을 보장하는 것이 필수적인 과제가 되었습니다. 국민이 직접 AI 기술의 투명성과 공정성을 평가할 기회는 제한적입니다. 이런 상황에서 정부는 기술 검증뿐만 아니라 국민과 기업이 함께 책임지는 '참여형 신뢰 생태계'로서 AI 기술이 작동할 수 있도록 설계해야 합니다. 이를 위해 'AI 공공 신뢰 마크(AI Public Trust Mark)' 제도를 도입하여 AI 서비스 및 제품의 안전성·윤리성·투명성을 객관적으로 검증하고 공공성을 보장하는 체계를 마련하는 게 효과적입니다.

이 제도는 AI 기술이 특정 기업의 독점적 자산이 아니라 사회적 신뢰 기반의 공공재로 기능할 수 있도록 유도하는 것을 목표로 합니다. 이를 위해 AI 시스템의 안전성·윤리성·투명성을 고려한 인증 기준을 정립해야 하며, 평가 방식이 아니라 시민이 직접 참여하는 AI 신뢰 거버넌스를 구축하는 방식으로 차별성을 부여해야 합니다. 기존의 AI 윤리 가이드라인(OECD AI 원칙, EU AI Act 법률 등)이 기술적 검토에 집중했다면, AI 공공 신뢰 마크는 국민과 AI 기업이 함께 신뢰를 구축하는 방식으로 운영해야 합니다. 이를 위해 'AI 신뢰성 위원회'를 구성하여 국제적 AI 윤리 가이드라인을 기반으로 국내 표준을 정립하고, AI 개발·운영 기업들이 자발적으로 인증 절차를 통해 사전·사후 심사 및 지속적인 신뢰성 검증을 받을 수 있도록 제도화해야 합니다.

또한, AI 기술의 공정성을 객관적으로 평가할 수 있도록 'AI 공정성 검증센터(AI Fairness Evaluation Center)'를 설립하여 AI 알고리즘의 편향성을 분석하고, 공정성을 보장하는 체계를 마련해야 합니다. 이 검증센터는 감시 기관이 아니라, AI 신뢰성 평가 데이터를 국민과 기업이 공동으로 분석할 수 있는 플랫폼으로 운영되어야 합니다. 이를 통해 AI 시스템이 특정 계층, 지역, 성별 등에 불리하게 작용하는지 평가하고, 문제가 있다면 AI 기업이 자발적으로 개선하도록 유도하는 체계를 마련해야 합니다. AI 편향 감지를 위한 '국민 AI 감시 시스템'을 도입하여, 국민이 직접 AI 서비스의 문제점을 신고하고 기업이 이를 수정할 수 있는 메커니즘을 만들면 AI 공정성 검증 과정의 민주성을 높일 수 있습니다. 또한, AI 기업이 자발적으로 신뢰성 평가를 받을 수 있도록 'AI 공정성 보고서 제출 의무화'를 법제화하고, 정부가 주기적으로 AI 공정성 데이터를 공개하는 체계를 마련해야 합니다.

AI 기술이 국민 생활 전반에 걸쳐 활용되는 만큼, AI 기업 및 기관의 신뢰성을 투명하게 공개하는 것도 필수적입니다. 이를 위해 'AI 신뢰성 지수(AI Trust Index)'를 도입하여 AI 서비스 제공 기업과

[표 15] AI 공공 신뢰 마크 제도 운영 방안

단계	주요 내용	세부 실행 방안
1단계 (도입기)	AI 공공 신뢰 마크 기본 체계 구축	• AI 윤리·투명성 기준 연구 및 공청회 개최 • AI 신뢰성 평가 시스템 설계 • AI 검증센터 설립 준비
2단계 (확산기)	AI 신뢰성 지수 공개 및 평가 적용 확대	• AI 인증제 시범 운영 (공공기관 AI 시스템부터 시작) • AI 기업·기관 대상 평가 시행 및 공공 신뢰 마크 부여 • AI 공정성 검증센터 정식 운영
3단계 (정착기)	국민 참여형 AI 신뢰 거버넌스 구축	• AI 신뢰성 평가를 민간 영역으로 확대(금융·채용·의료 분야) • 국민 AI 신고·감시 시스템 운영 • AI 기업 대상 AI 공공 신뢰 마크 인증 확대

기관의 평가 등급을 부여하고, 국민이 직접 확인할 수 있도록 'AI 신뢰성 대시보드'를 운영해야 합니다. 인증을 부여하는 방식이 아니라, 'AI 시민 평가 위원회'를 구성하여 일반 국민이 직접 AI 기업의 신뢰성을 평가하는 구조를 만들면 더욱 신뢰도를 높일 수 있을 것입니다. AI 공공 신뢰 마크를 획득한 기업과 기관의 명단을 공개하고, 신뢰성 등급이 낮은 기업은 문제를 개선하도록 유도하는 체계를 마련해야 합니다. 또한, 인증을 받은 AI 기업에는 정부 조달 사업 참여 시 가점을 부여하고, AI 기업이 공정성과 신뢰성을 강화할 경우 세제 혜택을 제공하는 방식으로 공정한 AI 산업 환경을 조성해야 합니다.

이러한 AI 공공 신뢰 마크 제도가 효과적으로 정착되기 위해서는 단계적인 실행 로드맵이 필요합니다. 도입 초기에는 AI 윤리 및 투명성 기준을 연구하고 공청회를 개최하며, 신뢰성 평가 시스템을 설계해야 합니다. 이후 확산기에는 공공기관의 AI 시스템을 우선적으로 평가하여 인증제를 시범 운영하고, AI 기업과 기관을 대상으로 평가를 시행하며 신뢰성 마크를 부여해야 합니다. 이후 정착 단계에서는 'AI 시민 감시단'을 운영하여 AI 신뢰성을 지속적으로 검토할 수 있도록 하는 거버넌스 체계를 구축하고 금융, 의료, 채용 등 민간 영역에서도 AI의 공정성 평가가 이루어질 수 있도록 확장해야 합니다.

AI 공공 신뢰 마크 제도를 통해 AI 시스템의 신뢰성을 확보하고 윤리적 AI를 구현할 수 있으며, 국민의 불안을 줄이고 AI 기술이 더욱 안전하게 활용될 수 있도록 해야 합니다. AI 기술이 공공재로 기능하도록 만들고, 사회적 합의를 통해 AI 신뢰 생태계를 구축하는 것이 그 핵심입니다. 이를 통해 AI 기술을 개발하는 기업들이 윤리적 기준을 준수하도록 유도하고, AI 산업 전반의 투명성을 강화하며 공정 경쟁 환경을 조성할 수 있습니다. AI 기술이 특정 기업의 전유물이 아니라 공공재로 기능할 수 있도록 유도하는 동시에, AI 기술이 사회적 불평등을 심화시키는 것이 아니라 이를 해소하는 방향으로 활용될 수 있도록 해야 합니다. AI 공공 신뢰 마크는 정부가 주도하여 신뢰 기반의 AI 생태계를 조성하는 핵심 정책이 될 것이며, AI 기술의 긍정적인 영향력을 극대화하고 책임 있는 AI 사회를 실현하는 데 중요한 역할을 할 것입니다. AI가 산업적 혁신뿐만 아니라 국민의 삶을 실질적으로 변화시키는 도구가 될 수 있도록 정부는 신뢰를 바탕으로 AI 기술의 방향성을 설정해야 합니다. 공공성이 보장되는 AI 생태계를 구축하는 것이 AI 정부가 실현해야 할 가장 중요한 과제 중 하나입니다.

AI 26.
증거 기반 경험주의 정치를 위한 정책 정당 지원 특별법 제정

정치는 본질적으로 의사결정의 과정이며, 현대 사회에서 그 중요성은 더욱 커지고 있습니다. 과거보다 복잡하고 불확실한 환경 속에서 정책 결정은 단순한 정치적 입장이 아니라 과학적 증거와 경험주의적 분석을 바탕으로 이루어져야 합니다. 기후 위기, 팬데믹, 경제 양극화와 같은 거대한 사회적 도전에 직면한 오늘날, 정치가 해결해야 할 문제들은 점점 더 전문적이고 기술적인 성격을 띠고 있습니다.

그러나 현재 대한민국의 정치 시스템은 여전히 전통적이고 과거 지향적인 방식으로 운영되고 있습니다. 특히 정치적 논리가 우선되는 환경에서는, AI와 빅데이터 분석을 활용한 정밀한 정책 설계가 가능한 시대임에도 경험주의적 접근이 어려운 것이 현실입니다. 정치가 진정으로 데이터와 증거 기반의 정책을 만들어야 한다면 정책 연구소의 독립성과 전문성을 제도적으로 강화할 필요가 있습니다.

2004년 열린우리당과 한나라당은 정당의 정책 연구를 강화하기 위해 각각 열린정책연구원과 여의도연구소를 설립하였으나, 정책 연구소가 정당의 중앙당 내부 부서처럼 운영되면서 실질적인 독립성을 갖추지 못한 실정입니다. 정책 연구보다는 선거 전략 및 정당 운영 지원에 역량이 집중되고 있습니다. 더욱이 현재의 정당 국고보조금은 연구 활동보다는 당 조직 운영과 선거 활동에 집중되는 경향이 강하며, 이러한 구조에서는 정당의 정책 연구소가 본연의 기능을 수행하기 어렵습니다. 더욱이 모든 정당이 정당 연구소의 인력과 예산을 탈법적으로 활용하며, 연구소가 정당의 선거 전략 및 실행을 담당하는 구조 속에서는 정책 개발의 전문성을 기대하기 어려운 실정입니다. 따라서 정책 연구소의 역할을 선거 전략 기획이 아니라 정당의 정책 연구 및 개발로 분명히 구분하고, 국책 연구소와의 협력을 강화하여 보다 정밀하고 실효성 있는 정책 연구가 이루어질 수 있도록 해야 합니다.

이러한 한계를 극복하기 위해서는 정치 개혁 논의에서 간과되고 있는 핵심 요소인 정치 시스템 뉴딜이 필요합니다. 한국판 뉴딜이 기후 위기 및 경제 위기 대응에 중점을 두고 있지만, 정작 이를 실현할 정치 시스템의 혁신이 부재한 상황입니다. 정당이 더 이상 단순한 정치 세력 유지 기구로 존재할 것이 아니라 국민이 원하는 정책을 개발하고 실현하는 정책 정당으로 거듭나야 한다는 요구가 점점 더 커지고 있습니다. 이를 위해서는 정당 연구소가 정당의 선거 전략이나 당 운영을 지원하는 역할에서 벗어나 독립적인 정책 개발을 수행할 수 있도록 지원해야 하며, 이러한 목표를 실현할 방안으로 정책 정당 지원에 관한 특별법이 필요합니다.

정책 정당 지원 특별법을 제정하고 이를 실효성 있게 운영하기 위해서는 정부의 노력과 정당의 노력이 함께 요구됩니다. 우선, 정부는 정당이 실질적으로 정책 연구를 수행할 수 있도록 재정적·제도적 지원을 강화하는 방향으로 정치자금법과 정당법을 개정해야 하며, 정당 연구소의 예산을 별도 계정으로 관리하여 당 운영과 선거 전략에 유용되는 것을 방지해야 합니다. 또한, 정당 연구소와 국책 연구소 간의 협력을 체계적으로 지원하여 연구소들이 정당의 정치적 입장을 넘어 실질적이고 객관적인 정책을 개발할 수 있도록 해야 합니다. 아울러 정책 연구소의 독립성을 유지하기 위해 정당 연구소의 운영과 연구 활동을 평가하는 공정한 감시 기구를 마련하는 것도 필수적입니다.

한편, 정당 역시 정부의 지원을 단순한 재정적 혜택으로 받아들이는 것이 아니라, 정책 정당으로 거듭나기 위한 적극적인 노력을 기울여야 합니다. 정당 내부에서 연구소의 역할을 재정립하고, 정책 연구소가 독립적인 정책 개발과 경험주의적 접근을 유지할 수 있도록 당 차원에서 조직 문화를 개편해야 하며, 단기적인 선거 전략이 아니라 장기적인 국가 발전을 위한 정책 연구를 수행하는 데 집중해야 합니다. 또한, 정당은 정책 연구소가 빅데이터, AI, 사회과학적 방법론을 적극적으로 활용하여 증거 기반 정책을 개발할 수 있도록 기술적 역량을 확보하는 데 투자해야 하며, 연구소가 정책 실험과 검증을 수행하는 공간으로 자리 잡을 수 있도록 지원해야 합니다.

이러한 구조 개혁을 통해 정책 정당 지원 특별법이 실효적으로 작동하게 된다면 대한민국 정치의 의사결정 방식은 획기적으로 개선될 수 있습니다. AI를 활용한 데이터 분석, 실시간 정책 효과 검토, 사회적 요구 반영 등을 통해 더욱 경험주의적이고 증거 기반적인 정책 결정이 가능해질 것입니다. 정당 연구소가 선거 조직이 아니라 국민의 삶을 개선하는 연구 기관으로 자리 잡으면, 정치에 대한 신뢰도도 자연스럽게 높아질 것입니다. 궁극적으로 정책 정당 지원 특별법은 단순한 정치 개혁이 아니라 AI 시대에 걸맞은 새로운 정치 시스템을 구축하는 출발점이 될 것이며, 이는 정당의 규모를 축소하거나 후원을 제한하는 방식이 아니라, 정당이 정책을 통해 성장할 수 있도록 지원하는 방향으로 정치 개혁의 패러다임을 전환하는 결정적인 계기가 될 것입니다.

정치는 직관과 이념이 아니라 데이터와 증거 위에서 이루어져야 하며, 정책 정당 지원 특별법은 그 변화를 위한 첫걸음이 될 것입니다. 이를 실현하기 위해 정부는 법적·제도적 지원을 마련하고 정당은 정책 연구소의 독립성과 연구 역량 강화를 위해 노력해야 합니다. 이러한 공동의 노력이 뒷받침될 때 비로소 대한민국 정치가 더 실용적이고 미래 지향적인 방향으로 나아갈 수 있을 것입니다.

¤ 정책 정당 지원에 관한 특별법(안)

(인공지능 시대에 맞는 증거 기반 경험주의 정치를 실현하기 위한 법률)

제1장 총칙

제1조(목적)

이 법은 정당이 단순한 선거 조직이 아니라 국민의 정책 요구를 연구·개발하는 정책 정당으로 발전할 수 있도록 지원하고, 정당 연구소의 독립성을 보장하여 증거 기반 경험주의 정치의 실현을 촉진함을 목적으로 한다.

제2조(정의)

이 법에서 사용하는 용어의 뜻은 다음과 같다.

정책 정당: 지속적인 정책 연구 및 개발을 통해 장기적인 국가 발전을 도모하는 정당을 의미한다.

정당 연구소: 정당이 설립한 정책 연구소로서 독립적인 예산과 조직을 바탕으로 정책 연구를 수행하는 기관을 말한다.

국책 연구소: 정부가 운영하는 정책 연구 기관으로서, 정당 연구소와 협력하여 공공 정책 개발을 지원하는 기관을 말한다.

정책 연구 기금: 정당 연구소의 독립적 운영을 보장하기 위해 정부가 조성하는 별도 기금을 의미한다.

제3조(기본 원칙)

① 모든 정당은 정책 연구를 핵심 활동으로 수행해야 하며, 이를 위한 전문 연구소를 운영할 수 있다.

② 정당 연구소는 독립성을 보장받으며, 연구 활동에 대한 정부의 부당한 간섭을 받지 않는다.

③ 정당 연구소의 정책 연구 결과는 공공의 이익을 위해 공개할 수 있다.

제2장 정책 정당 지원 및 연구소 운영

제4조(정책 연구 기금의 설치 및 운영)

① 정부는 정당 연구소의 독립성을 보장하고 연구 활동을 지원하기 위하여 '정책 연구 기금'을 조성한다.

② 정책 연구 기금은 국가 예산에서 별도로 편성하며, 정당의 국고보조금과 분리하여 지급한다.

③ 정책 연구 기금은 정당 연구소의 운영 및 정책 연구에 한하여 사용할 수 있으며, 선거 전략 및 정당 운영에 활용할 수 없다.

제5조(정당 연구소의 독립성 보장)

① 정당 연구소는 정당의 중앙당과 별도로 운영되며, 연구소의 정책 개발 및 예산 집행에 대한 독립성을 보장한다.

② 정당 연구소의 연구 활동은 당의 정치적 입장에 따라 제한받지 않으며, 객관적이고 과학적인 정책 연구를 수행하여야 한다.

③ 연구소장은 연구소의 독립성을 유지할 수 있도록 정당과 독립된 절차에 따라 임명하며, 해당 연구소의 연구자들은 정치적 간섭 없이 연구할 권리를 가진다.

제6조(정당 연구소와 국책 연구소의 협력 체계 구축)

① 정당 연구소는 국책 연구소와 긴밀히 협력하며, 공공 정책 연구를 공동으로 수행할 수 있다.

② 정부는 정당 연구소와 국책 연구소 간의 정책 연구 협력을 촉진하기 위해 연구 교류 및 공동 프로젝트를 지원한다.

③ 정당 연구소는 연구 결과를 국책 연구소 및 공공기관과 공유할 수 있으며, 국민이 정책 연구에 참여할 수 있도록 공론화 과정을 활성화해야 한다.

제3장 정책 정당의 책무 및 감시 체계

제7조(정책 연구 활동의 공공성 보장)

① 모든 정당 연구소는 연구 결과를 국민에게 공개할 수 있으며, 정책 연구의 투명성을 유지해야 한다.

② 연구소는 정기적으로 정책 연구 보고서를 발간하고, 이를 정부와 국회에 제출하여야 한다.

제8조(감사 및 평가 체계의 도입)

① 정책 연구 기금의 투명한 운영을 위해 정부는 독립적인 감사 기구를 통해 정당 연구소의 예산 집행 및 연구 성과를 평가한다.

② 연구소의 평가 결과는 국회에 보고되며, 연구소 운영의 공정성을 확보하기 위해 전문가와 시민사회단체가 참여하는 정책 연구 평가 위원회를 구성할 수 있다.

③ 연구소의 예산이 정책 연구가 아닌 정치 활동에 사용된 경우, 해당 정당에 대한 지원을 일정 기간 중단할 수 있다.

제9조(연구소 운영의 독립성 침해 금지)

① 정당 지도부는 연구소의 연구 방향에 부당한 개입을 해서는 안 된다.

② 연구소의 연구 결과를 왜곡하거나 정치적으로 이용하는 행위를 금지하며, 위반 시 연구소 운영 책임자에 대한 징계 조치를 할 수 있다.

제4장 기술적 혁신과 미래 정책 연구 지원

제10조(AI 및 빅데이터 기반 정책 연구 지원)

① 정당 연구소는 인공지능(AI) 및 빅데이터를 활용하여 증거 기반 정책 연구를 수행할 수 있다.

② 정부는 AI 기술을 활용한 정책 분석 도구 개발을 지원하고, 정당 연구소가 과학적 분석을 기반으로 정책을 설계할 수 있도록 인프라를 제공한다.

제11조(정책 연구소의 국제 협력 지원)

① 정당 연구소는 국제 연구 기관 및 외국 정책 연구소와 협력하여 글로벌 정책 동향을 연구할 수 있다.

② 정부는 정당 연구소의 국제 연구 협력을 촉진하기 위해 연구비 지원 및 국제 연구 교류 프로그램을 운영할 수 있다.

제5장 벌칙 및 보칙

제12조(법 위반 시 제재 조치)

① 연구 기금을 선거 활동이나 정당 운영에 유용한 정당은 기금 지원을 중단하고, 3년간 연구 기금 지급을 금지할 수 있다.

② 연구소의 독립성을 침해한 정당 지도부에 대해서는 국회 윤리위원회에 징계를 요청할 수 있다.

③ 연구소의 연구 결과를 정치적 왜곡 목적으로 활용한 경우, 연구소장 및 관계자는 면직될 수 있으며, 연구소는 1년간 국고 지원을 받을 수 없다.

제13조(시행령 및 부칙)

① 이 법의 시행을 위해 필요한 사항은 대통령령으로 정한다.

② 이 법은 공포 후 6개월이 경과한 날부터 시행한다.

4장

공공 서비스와
인프라 개선

AI 27.
국민 참여형
동네 병·의원 AI 지도

40대 주부 이서희 씨는 사춘기를 지나고 있는 15세 딸의 생리통 문제로 산부인과 방문을 계획했습니다. 그러나 인터넷에서 찾을 수 있는 정보는 산부인과 목록뿐이었고, 병원에 여성 전문 의사가 있는지, 청소년 친화적인 환경인지, 관련 의료 장비를 갖추고 있는지, 진료 과정에서 딸이 편안함을 느낄 수 있을지 등과 같은 중요한 정보는 없었습니다. 결국, 가까운 병원을 방문했지만, 딸은 불편함을 느껴 제대로 된 진료를 받지 못했습니다.

이후 서희 씨는 국민 참여형 병·의원 지도에서 의사의 성별, 청소년 친화 진료 환경, 표준화된 환자 경험 리뷰 등의 정보를 확인하고 추천 병원을 찾았으며, 딸은 편안한 환경에서 진료를 받을 수 있었습니다. 서희 씨는 "이런 정보가 처음부터 있었다면 딸이 더 좋은 경험을 할 수 있었을 것"이라며 플랫폼에 공감했습니다.

[그림 24] 병·의원 정보에 대한 다양한 의견

투명하고 신뢰할 수 있는 공공 정보가 필요해요!

요즘 소화가 잘 안 돼요. 직장 생활 때문에 시간이 부족해 회사 가까운 병원을 찾는데, 내가 살고 있는 동네도 아니고, 어느 병원이 진료를 잘하는지도 모르겠고요. 요즘은 내과에서 내과 진료를 다 보는 게 아니라, 그 안에서도 세부적인 분야가 나뉘어 있다고 해요. 다 떠돌아다니는 정보뿐이에요.

환자에게 더 좋은 의료 서비스를 하고 싶지만, 환자에 대한 정보가 생각보다 많지 않아요. 저도 정확한 정보를 제공하고 싶습니다. 그래야 병원도 잘되고 방문 환자도 증가하고 환자의 불만과 고통을 줄일 수 있어요. 제가 잘 보는 분야가 있거든요.

같은 병원에 오래 다녔는데, 증상에 진척이 없어요. 의사, 병원의 믿을 만한 정보가 있었으면 좋겠어요.

아이가 딸이에요. 민감한 나이죠. 마음 편히 갈 수 있는 병원을 알고 싶어요. 여기는 좋다, 저기는 나쁘다라는 말은 많지만, 충분한 정보가 필요해요.

부모님께 보약을 달여드리고 싶어요. 한의원은 다 같아 보이는데, 어떤 약을 잘 만들고, 또 잘 팔리고 같은 정보가 필요해요. 공공 정보는 투명해야 합니다.

고객에게 신뢰를 얻으려면 투명해야 해요. 방문하시는 고객에게는 주방이 투명하면 좋고, 배달을 원하는 고객은 어떤 음식이 잘 나가는지, 어떤 음식을 잘하는지, 문제는 없었는지 투명하게 정보를 공개하는 게 중요하죠. 병원도 마찬가지 아닐까요.

30대 직장인 정동기 씨도 비슷한 경험을 했습니다. 잦은 소화불량으로 병원을 찾으려 했지만, 주변 병원들이 내과 진료를 모두 포함한다고만 되어 있었고, 어떤 병원이 위내시경에 특화되었는지, 전문적으로 소화기 진료를 보는 병원이 있는지 등에 대한 정보는 없었습니다. 그는 여러 병원을 돌아다니며 필요 없는 검사를 받는 등 시간과 비용을 낭비했습니다.

하지만 국민 참여형 병·의원 지도는 병원의 상세 진료 과목, 의료진의 전문 분야, 환자 리뷰를 기반으로 정 씨가 정확히 필요한 병원을 찾을 수 있도록 도왔고, 정 씨는 적합한 치료를 받아 건강을 되찾았습니다. 그는 "정보의 차이가 이렇게 큰 효율성을 가져올 줄 몰랐다"며 플랫폼의 필요성을 강조했습니다.

국민 참여형 병·의원 지도는 시민의 자발적 참여와 의료 데이터의 투명한 공개를 통해 환자와 의료진 모두가 신뢰할 수 있는 병·의원 정보를 제공하고 의료 서비스 품질을 향상시키기 위한 플랫폼입니다. 이 플랫폼의 핵심은 '의료의 주체를 전문가에서 시민으로 확장'한다는 점에 있습니다. 이를 통해 정보의 비대칭성을 해소하고, 의료 생태계에 투명성·효율성·신뢰를 더함으로써 국민 건강을 증진하는 데 기여할 수 있습니다.

우리 주변에는 많은 병·의원이 있지만, "어느 병원을 방문해야 할까?"라는 질문에 명확히 답하기는 쉽지 않습니다. 많은 국민이 병원 선택 과정에서 정보 부족과 불투명성으로 어려움을 겪고 있습니다. 환자들에게는 병원을 선택할 때 세부 진료 과목, 의사의 전문성, 병원의 청결 상태와 친절도, 접근성 같은 정보가 필요하지만, 현재 제공되는 정보는 제한적이거나 신뢰하기 어려운 경우가 많습니다. 의료진 역시 환자 데이터를 충분히 확보하지 못해 최적화된 의료 서비스 제공에 어려움을 겪습니다. 이러한 정보의 비대칭성은 환자와 의료진 간 신뢰를 저해하며, 결과적으로 의료 시스템의 비효율성을 초래합니다.

국민 참여형 병·의원 지도는 병·의원 정보의 투명성과 접근성을 높이고, 의료 생태계 혁신을 목표로 합니다. 이 플랫폼은 병원의 상세 진료 과목, 의료 장비 정보, 의료진의 전문 분야·성별·연령대·학력 등 인력 구성, 병원의 진료비 및 접근성 정보, 환자 리뷰를 바탕으로 한 전문성·친절도·청결도 평판을 제공합니다. 이를 통해 환자는 자신에게 적합한 병원을 쉽게 찾고, 의료진은 환자의 요구를 반영한 최적화된 의료 서비스를 제공할 수 있습니다. 더 나아가 환자 통계와 의료 서비스 데이터를 융합하여 환자 맞춤형 진료를 가능케 하고, 국민건강보험 데이터를 활용해 사회적 의료비 절감에도 기여할 수 있습니다. 무엇보다도, 이 플랫폼은 환자와 의료진 간 신뢰를 형성하여 모두가 만족할 수 있는 의료 환경을 만들어낼 수

[그림 25] 병·의원 지도 발전 단계

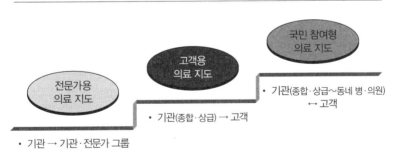

[그림 26] 병·의원 정보가 공유되면 어떨까요?

이러한 정보가 공유되면 어떨까요?

▶ 병원 정보

- 인력 상세 정보
  성별, 연령대, 학력…
- 상세 진료 과목
- 장비 기본 정보X레이, 초음파…
- 진료비 기본 정보
- 병원 접근 정보
  계단, 진입로…
- 평판 확인·점검
  전문성 a b c
  친절도 a b c
  청결함 a b c
  경제성 a b c
- 진료 시간

▶ 병원 예약

진료가 필요해요
국민건강보험 1:1 채팅
실시간 건강 뉴스
우리 가족 AI 건강 지킴이(마이 데이터)

진료가 필요해요

A산부인과

▶ 환자 통계

- 인구 정보
  성별, 연령…
- 평판 및 개선 방향
  전문성 a b c
  친절도 a b c
  청결함 a b c
  경제성 a b c
- 정보 제공 동의 여부
  카카오톡, 문자
  이벤트 등
- 운영 지원 정보
  요일 시간별 방문자 수
  재방문율, 충성도…
- 이상 신고
  긴급 복지 지원
  정신건강
  통합 돌봄…

있습니다.

이 과정에서 AI의 역할은 매우 중요합니다. AI는 방대한 의료 데이터를 분석하여 환자에게 최적의 병원을 추천하고, 리뷰와 병원 정보를 기반으로 개인화된 선택지를 제공할 수 있습니다. 또한, AI 기반 자연어 처리는 환자 리뷰를 분류하고 요약하여 신뢰할 수 있는 정보를 제공하며, 병원의 세부 정보를 실시간으로 업데이트할 수 있도록 돕습니다. 이러한 기술은 환자들이 자신의 요구에 가장 적합한 병원을 쉽게 찾을 수 있도록 하며, 의료진에게는 환자 데이터를 정리해 최적화된 의료 서비스를 제공할 수 있는 기반을 제공합니다. 궁극적으로 AI는 국민 참여형 병·의원 지도의 핵심 동력으로서, 국민 건강 증진과 의료 생태계 발전을 앞당기는 역할을 하게 될 것입니다.

AI 28.
AI와
병과 관리 병무 혁신

병과 관리 병무 혁신은 군 복무를 개인의 적성과 역량에 맞추어 배치함으로써 군의 전문성과 효율성을 높이고, 입대자들에게 성장과 경력 계발의 기회를 제공하는 새로운 병무 체계를 의미합니다. 군 복무가 무거운 의무만이 아니라 개인의 잠재력을 발휘할 수 있는 의미 있는 경험이 되도록 설계하자는 것입니다.

AI와 에니어그램 기반 분석을 통해 병사는 자신의 강점을 기반으로 맞춤형 병과에 배치될 수 있습니다. 예를 들어, 내성적이고 소극적이었던 박 병사는 입대 전 에니어그램 검사에서 책임감이 강한 유형 6(책임안정형)으로 분류됩니다. 이에 따라 그는 정보 분석 병과에 배치되어 데이터 처리와 보고서 작성 업무를 맡을 수 있습니다. 초기에는 낯선 환경에 적응하기 어려워했지만, 적성에 맞는 병과에서 몰입하며 자신감을 얻었고, 상관들에게 인정받아 리더십 훈련 프로그램에 참여할 기회까지 얻었습니다. 제대 후 그는 군 복무 중 배운 기술을 바탕으로 IT 기업에 취업할 목표로 준비 중입니다. 그는 군 복무를 '인생의 전환점'으로 회상할 수 있을 것입니다.

또 다른 예를 들어 보겠습니다. 창의적인 성향의 김 병사가 있습니다. 에니어그램 유형 4(개인 독특형)으로 분류된 그는 홍보 및 콘텐츠 제작 병과에 배치되었습니다. 그는 군에서 홍보 영상 제작과 소셜미디어 계정 운영을 담당하며 창의적 재능을 발휘할 수 있었습니다. 기존 시스템이었다면 단순 행정 병과에 배치될 가능성이 컸던 상황이었습니다. 그는 자신에 맞는 병과에 배치되어 만족감과 성취감을 느끼며 복무를 마칠 수 있을 것입니다. 제대 후 그는 군 복무에서 얻은 경험을 바탕으로 영상 제작 회사를 창업해 성공적인 커리어를 이어갈 수도 있을 것입니다.

적성 기반 병과 배치 시스템은 개인의 성장과 군 조직의 효율성을 동시에 달성할 방안입니다. 이를 통해 군사력 강화는 물론 청년들에게는 의미 있는 경력 계발의 기회를 제공할 수 있습니다. 군 복무가 개인과 국가의 지속 가능한 발전을 위한 도약대가 될 수 있음을 증명하는 체계이기도 합니다.

현재 대한민국의 병무 체계는 인구 감소와 징집병 체제의 한계로 인해 중대한 전환점을 맞이하고 있습니다. 입대 대상자의 숫자가 줄어드는 상황에서 군사력을 안정적으로 유지하기 위해서는 기존 병무 체계의 혁신이 필요합니다. 군 복무는 국가적 의무를 넘어 청년들의 사회적·직업적 성장을 돕는 기회로 자리 잡아야 합니다. 적성 기반 병과 배치는 이러한 변화를 위한 핵심 도구로, 군 복무에 앞서 개인의 심리적·직업적 특성을 정교하게 파악하는 데 중점을 둡니다.

에니어그램은 사람의 내적 동기와 성격 유형을 9가지로 분류하

[그림 27] 적성 기반 병과 배치 시스템 예시

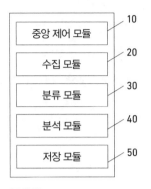

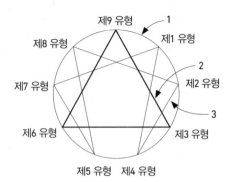

(a) 기본상

복무만족			육군병과			전체
			전투병과	기술병과	행정(특수)병과	
만족	자기성향	제1유형	50.0%	37.5%	12.5%	100.0%
		제2유형	57.5%	20.0%	22.5%	100.0%
		제3유형	69.2%	23.1%	7.7%	100.0%
		제4유형	61.5%	15.4%	23.1%	100.0%
		제5유형	35.7%	28.6%	35.7%	100.0%
		제6유형	56.8%	20.5%	22.7%	100.0%
		제7유형	23.1%	61.5%	15.4%	100.0%
		제8유형	44.4%	33.3%	22.2%	100.0%
		제9유형	35.5%	16.1%	48.4%	100.0%
		전체	49.5%	25.7%	24.8%	100.0%

(a) 기본상

복무만족			육군전투						전체
			보병	기갑	포병	정보	공병	정보통신	
만족	자기성향	제1유형	76.9%	15.4%	7.7%				100.0%
		제2유형	77.3%	4.5%	9.1%		9.1%		100.0%
		제3유형	77.8%	11.1%			11.1%		100.0%
		제4유형	75.0%		25.0%		0.0%		100.0%
		제5유형	100.0%						100.0%
		제6유형	64.0%	16.0%	16.0%	4.0%	0.0%		100.0%
		제7유형	100.0%					0.0%	100.0%
		제8유형	75.0%	12.5%	12.5%				100.0%
		제9유형	90.0%		10.0%				100.0%
		전체	76.5%	8.8%	10.8%	1.0%	2.9%	0.0%	100.0%

(a) 기본상

복무만족			육군행정							전체
			인사	헌병	재정	정훈	의무	법무	군종	
만족	자기성향	제1유형	100.0%	0.0%	0.0%	0.0%	0.0%	0.0%	0.0%	100.0%
		제2유형	75.0%	0.0%	0.0%	12.5%	12.5%	0.0%	0.0%	100.0%
		제3유형	0.0%	0.0%	0.0%	0.0%	0.0%	0.0%	0.0%	100.0%
		제4유형	50.0%	0.0%	50.0%	0.0%	0.0%	0.0%	0.0%	100.0%
		제5유형	60.0%	0.0%	20.0%	0.0%	0.0%	20.0%	0.0%	100.0%
		제6유형	33.3%	11.1%	11.1%	11.1%	22.2%	0.0%	11.1%	100.0%
		제7유형	0.0%	0.0%	100.0%	0.0%	0.0%	0.0%	0.0%	100.0%
		제8유형	50.0%	0.0%	0.0%	0.0%	50.0%	0.0%	0.0%	100.0%
		제9유형	38.5%	0.0%	7.7%	7.7%	23.1%	0.0%	23.1%	100.0%
		전체	50.0%	2.4%	11.9%	7.1%	16.7%	2.4%	9.5%	100.0%

(b) 전진상 증감

	육군	해군	공군	해병대	특수전 부대
제1유형 전진상	1.5%	0.0%	2.1%	-3.6%	0.0%
제2유형 전진상	6.5%	-1.1%	-4.3%	-1.1%	0.0%
제3유형 전진상	8.5%	-7.7%	-4.4%	2.7%	0.9%
제4유형 전진상	-5.4%	0.0%	1.8%	3.6%	0.0%
제5유형 전진상	1.3%	0.0%	-3.1%	1.9%	0.0%
제6유형 전진상	-4.3%	0.7%	-1.5%	6.0%	-0.9%
제7유형 전진상	-2.4%	0.0%	-0.7%	3.1%	0.0%
제8유형 전진상	-1.5%	1.1%	4.3%	-3.9%	0.0%
제9유형 전진상	-4.2%	7.0%	5.9%	-8.8%	0.0%

* 특허 제10-2586977호(개발자: 최정묵)

여 개인의 특성과 강점을 이해하도록 돕습니다. 이런 분석을 거친 입대자는 자신에게 가장 적합한 병과에 배치될 수 있으며, 군 복무가 더 효과적이고 의미 있는 경험으로 변모합니다. 예를 들어, 리더십과 조직력을 중시하는 유형은 지휘관 관련 병과에, 분석력과 창의적 사고가 뛰어난 유형은 정보나 기술 병과에 배치되어 두각을 나타낼 수 있습니다. 이러한 배치는 개인의 강점을 극대화하고, 부적응으로 인한 스트레스와 이탈을 줄이는 효과를 가져옵니다.

더 나아가, AI 기반의 적성 분석 시스템은 병과 배치의 과학적 근거를 강화할 수 있습니다. AI는 입대자의 신체검사 결과, 학력, 경력, 심리 분석 데이터를 종합적으로 분석해 최적의 병과를 추천합니다. 과거 병과 데이터(병과별 성과, 만족도, 장기 복무율 등)를 학습한 AI는 발전 가능성이 큰 병과와 부적응 가능성이 큰 병과를 예측할 수 있습니다. 이러한 분석은 병사의 역량을 극대화하고 군 조직의 효율성을 증대시키는 데 기여합니다.

적성 기반 병과 배치 시스템은 군 차원에서 전문성을 강화하고, 개인의 강점을 발휘할 수 있는 배치를 통해 조직의 업무 몰입도를 높입니다. 이로써 군사력의 효율성은 더욱 증대될 것이며, 청년들에게는 군 복무가 개인의 성장과 경력 계발의 기회로 인식될 것입니다. 복무 기간 동안 잠재력을 발견하고 발전시키는 환경이 제공되며, 복무 후 사회 복귀 시 경쟁력을 갖춘 인재로 성장할 수 있습니다. 또한, 적성에 맞는 업무 수행은 개인에게 성취감을 제공하며, 심리적 안정감을 주는 효과도 있습니다.

사회적으로는 군 복무를 통해 개인의 성장과 사회적 기여가 이루어질 수 있습니다. 군 복무 경험은 청년들에게 긍정적인 영향을 미치고, 복무 중 습득한 기술과 경험은 국가 경제에 기여할 수 있습니다. 이러한 변화는 징집병 체제에 대한 부정적 인식을 줄이고, 군 복무가 더 의미 있는 경험으로 재정립되도록 만들 것입니다.

병과 관리 병무 혁신의 성공을 위해서는 정책적 지원과 실행 방안이 뒷받침되어야 합니다. 적성 기반 병과 배치 시스템을 실행 가능한 수준으로 제도화하기 위해 법률 제정과 규정 마련이 필요하며, 병무청과 군, 민간 AI 기업 간 협력 모델을 구축해 시스템 개발과 운영 효율성을 높여야 합니다. 청년들에게 군 복무가 자기 계발의 기회라는 메시지를 적극적으로 홍보하여 긍정적 인식을 심어주는 것도 중요합니다. 새로운 시스템 도입 과정에서 발생할 수 있는 조직 내 저항을 극복하기 위해서는 파일럿 프로그램을 통해 초기 성과를 입증하고, 이를 바탕으로 단계적으로 시스템을 확대하는 전략이 유효합니다. 병사와 간부들에게 AI와 에니어그램 기반 배치의 장점을 교육해 새로운 시스템에 대한 긍정적 인식을 형성하는 것도 중요한 과제입니다.

장기적으로 병과 관리 병무 혁신은 병과 배치 데이터를 지속적으로 분석하고, AI 모델을 정기적으로 업데이트함으로써 시스템의 정확성을 높이는 방향으로 발전할 것입니다. 또한, 유사한 병무 체계를 가진 국가들과의 협력을 통해 기술과 경험을 공유하고, 글로벌 군사 혁신 네트워크를 구축함으로써 국제적 협력 모델로 확장할 수 있습니다. 군 복무 외에도 민간 영역에서 에니어그램과 AI를 활용한 적성 분석 시스템을 확대 적용하여 다양한 분야에서 활용 가능성을 모색할 수 있습니다.

이러한 혁신을 현실화하기 위해 사용 가능한 AI 기술로는 병과 추천을 위한 머신러닝 기반 알고리즘, 대규모 데이터를 분석하여 최적의 배치를 예측하는 데이터 마이닝 도구, 실시간으로 적응형 피드백을 제공하는 강화학습 모델이 있습니다. 예를 들어, 입대자의 심리적 프로파일과 신체 데이터를 분석하는 머신러닝 모델은 적합한 병과와 직무를 추천할 수 있으며, 강화학습을 통해 병사들의 실시간 만족도와 업무 성과를 반영하여 최적화된 배치를 지속적으로 도출할 수 있습니다. 이러한 AI 기술은 병사 개개인의 잠재력을 극대화하고, 군 조직의 효율성을 강화하며, 궁극적으로 군 복무가 개인과 국가 모두에게 지속 가능한 가치를 제공하는 중요한 수단이 되도록 기여할 것입니다.

지역사회
인프라 혁신

편의점, 은행 지점, 지하철 역사,
약국, 종교시설, 배달 라이더

우리가 무심히 지나치는 장소인 은행 지점, 지하철 역사, 24시간 편의점은 기능적 서비스를 제공하는 공간을 넘어 지역사회의 공공성을 강화할 수 있는 중요한 자원입니다. 이러한 공간들은 도시화와 사회적 단절로 인해 발생하는 문제를 해결하고, 공동체 의식을 회복하며, 탄소 중립과 같은 지속 가능한 목표를 달성하는 데 기여할 수 있습니다. 따라서 이들 공간을 기존의 역할에서 벗어나 사회적 가치를 창출하는 허브로 발전시키는 것이 필요합니다.

24시간 편의점

24시간 편의점은 도시 곳곳에 분포하고 시민의 요구를 빠르게 해결할 수 있는 접근성을 바탕으로 지역 안전과 커뮤니티 활동의 중심지로 발전할 잠재력이 큽니다. AI 기반 모니터링 시스템과

CCTV 연동을 통해 실시간으로 위험 상황을 감지하고 신고할 수 있으며, 긴급 호출 버튼 설치로 신속한 대응 체계를 마련할 수 있습니다. 더불어 비상 물품 소비량을 AI로 모니터링하여 재난 상황에서도 원활히 배포할 수 있도록 지원하며, 주민 요청을 분석해 워크숍과 소규모 모임 일정 등을 자동으로 관리하고 지역 뉴스 및 공지 사항을 제공하는 커뮤니티 허브로 기능할 수 있습니다. 지방자치단체와 협력해 민원 접수, 공공 알림 등 다양한 프로그램을 개발함으로써 주민 만족도를 높이고 공공성을 강화할 수 있습니다. 저층 주거지 화재에 대응하기 위해 소형 소화기, 방독 마스크 등 화재 안전 장비를 비치하고 근무자들에게 초기 대응 교육을 제공하여 긴급 상황에서도 안전성을 높일 수 있습니다. 이러한 정책은 지역 안전을 강화하고 공공-민간 협력의 모범 사례로 자리 잡을 것입니다.

[그림 28] 편의점에 도입 가능한 공공 서비스

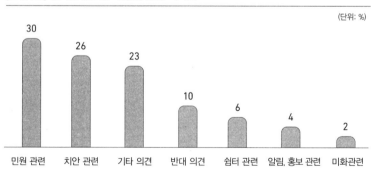

(단위: %)

민원 관련	치안 관련	기타 의견	반대 의견	쉼터 관련	알림, 홍보 관련	미화관련
30	26	23	10	6	4	2

* 서울시 은평구 주민 500명 여론조사 결과

지하철 역사

지하철 역사는 지역 문화와 안전을 통합하는 공간으로 발전할 수 있습니다. AI를 통해 실시간 교통 상황, 일자리 정보, 지역 공지사항 등을 맞춤형으로 제공하고, 비대면 디지털 키오스크를 활용해 정보를 지원함으로써 이용 편의를 높일 수 있습니다. 지역 예술가와 협력하여 정기적인 전시와 공연을 기획하고, 스크린 콘텐츠를 활용해 시민의 참여를 유도할 수 있습니다. 더불어 공기 질 데이터를 분석하여 최적화된 공기 질 관리 장치를 운영하고, 자동 관수 시스템을 통해 녹지 공간을 관리할 수 있습니다. 이러한 지하철 역사는 지역사회의 문화와 안전 중심지로 기능하며 시민들의 활발한 이용을 유도할 수 있는 공공 자산으로 발전할 것입니다.

[그림 29] 지하철 역사에 도입 가능한 공공 서비스

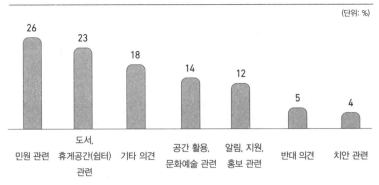

(단위: %)

* 서울시 은평구 주민 500명 여론조사 결과

은행 지점

　은행 지점은 지역 주민들에게 신뢰를 제공하며 다양한 방식으로 지역사회 허브 역할을 할 수 있습니다. AI를 활용하여 주민의 금융 이해도를 분석하고 맞춤형 교육 콘텐츠를 제공하며, 회의, 강연, 전시 등의 지역 활동을 지원하는 복합 공간으로 활용할 수 있습니다. 또한, 재난 발생 시 은행 지점을 임시 대피소로 전환하고, 신속한 재난 대응을 위한 예측 데이터를 제공하는 역할을 할 수 있습니다. 디지털 격차를 해소하기 위해 AI 상담 시스템을 도입하고 노년층을 위한 디지털 접근성 보조 도구를 개발하여 더욱 많은 주민이 디지털 금융 서비스를 활용할 수 있도록 돕습니다. 은행은 초중고 학생들을 대상으로 금융 교육을 제공하며, 초등학생에게는 금융 기초를, 중학생에게는 저축과 투자 개념을, 고등학생에게는 신용 관리와 금융 시장 구조를 교육하여 주민의 경제적 안정과 자립을 돕는 기틀을 마련할 수 있습니다.

[그림 30] 은행 지점에 도입 가능한 공공 서비스

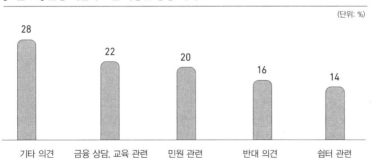

(단위: %)

기타 의견	금융 상담, 교육 관련	민원 관련	반대 의견	쉼터 관련
28	22	20	16	14

* 서울시 은평구 주민 500명 여론조사 결과

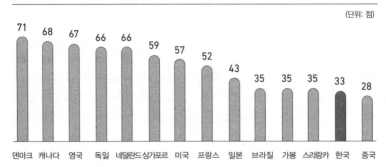

[그림 31] 주요국 금융 이해력 지수

(단위: 점)

덴마크	캐나다	영국	독일	네덜란드	싱가포르	미국	프랑스	일본	브라질	가봉	스리랑카	한국	중국
71	68	67	66	66	59	57	52	43	35	35	35	33	28

* 출처: S&P 글로벌 핀릿 서베이

동네 약국

동네 약국은 지역 어르신들의 약물 관리와 건강 증진에서 중요한 역할을 할 수 있습니다. 약물 복용 일정을 설정하고 알림 서비스를 통해 복용 시기를 안내하며, 약물 데이터와 건강 상태를 분석해 약국과 어르신 간의 소통을 강화할 수 있습니다. 또한, 예방접종 일정과 접종 이력을 관리함으로써 지역사회의 집단 면역 증진에도 기여할 수 있습니다.

종교단체 및 관련 시설

종교 관련 시설은 어르신들에게 정서적 위안을 제공하고 정기적인 모임과 상담을 통해 사회적 고립을 해소하며, 문화 행사와 건강

관리 프로그램을 운영해 사회적 연결을 강화할 수 있습니다. AI를 활용해 어르신들의 정서 상태를 분석하고 맞춤형 상담 프로그램을 제공하며, 건강 상태를 모니터링하여 적절한 지원을 제공할 수 있는 데이터를 활용할 수 있습니다.

배달 라이더

배달 라이더는 정기적인 물품 배송으로 어르신들의 생활 편의를 지원하며, 불법 폐기물 신고와 정화 활동 등 환경 개선에 참여하고, 위기 가정 또는 가정 폭력을 감지 신고하며, 재난 상황에서 응급 물품을 신속히 배송함으로써 지역사회의 복지와 안전을 강화할 수 있습니다. 이들의 활동에서 수집된 데이터를 분석하여 지역사회의 취약 지점을 파악하고 개선책을 마련함으로써 더 나은 지역사회를 만들어갈 수 있습니다.

24시간 편의점, 지하철 역사, 은행 지점은 각각 고유의 강점을 활용해 지역사회의 공공성을 강화할 수 있는 중요한 자원입니다. 여기에 동네 약국, 종교단체, 배달 라이더 같은 자원을 통합하고, AI 기술과 시민 참여를 접목하여 지속 가능한 지역사회를 구축할 수 있습니다. 이러한 노력은 시민의 삶의 질을 향상시키고, 지역사회의 연대와 복지를 강화하는 선도적인 모델이 될 것입니다. 실행 과정에서 데이터 윤리와 디지털 격차 해소를 철저히 고려하며, 단계적으로 추진하는 것이 중요합니다.

이러한 혁신을 가능하게 하기 위해서는 특정 AI 기술의 활용이 필수적입니다. 예를 들어, 공공 안전과 재난 대비를 위해서는 영상 인식을 통한 위험 감지 기술과 수집된 데이터를 실시간으로 분석하는 데이터 처리 기술이 필요합니다. 또한, 시민들의 요구를 반영하고 소통을 강화하기 위해 자연어 처리 기반의 챗봇과 사용자 맞춤형 서비스 제공 기술을 활용할 수 있습니다. 지하철 역사와 같은 대규모 공간에서는 공기 질 개선을 위한 IoT 센서와 기계학습 기반 최적화 기술이 필요하며, 금융 교육과 디지털 접근성을 지원하기 위해 음성 및 텍스트 데이터 분석 기술과 노년층 사용자 친화적인 인터페이스 설계가 요구됩니다. 이러한 AI 기술의 역할은 단순한 기술적 도구를 넘어, 지역사회의 지속 가능성과 공공성 강화를 위한 중요한 파트너로 기능하게 될 것입니다.

이러한 활동은 지역사회의 공공성과 지속 가능성을 강화하는 데 기여할 뿐 아니라, 시민들에게 주체적인 역할을 부여하여 공동체 의식을 회복시키는 데 큰 의의가 있습니다. 주민들이 직접 참여하고 함께 노력함으로써, 서비스를 제공받는 소비자가 아니라, 지역사회의 변화를 이끄는 주체로 자리 잡을 수 있습니다. 이는 도시화와 사회적 단절로 인해 약화된 공동체 문화를 되살리고, 사람 간의 신뢰와 협력을 증진하는 데 중요한 역할을 할 것입니다. 따라서 이러한 혁신은 기술적 도약을 넘어, 사람 중심의 사회적 가치를 실현하는 중요한 과정으로 평가될 수 있습니다.

AI 30.

AI와
소상공인의 만남

소상공인들은 대형 프랜차이즈의 압박, 팬데믹 이후의 사회상, 소비자 행동의 변화 등 여러 도전에 직면하고 있습니다. 이러한 위기 상황에서 AI는 소상공인의 경영과 삶을 혁신적으로 변화시킬 중요한 동반자로 자리 잡을 수 있습니다. 다양한 데이터와 AI 기술의 결합은 소상공인에게 새로운 가능성을 제공합니다. AI는 문제를 진단하고 맞춤형 솔루션을 제안하며, 장기적인 성장을 위한 기반을 구축하여 제공할 수 있습니다.

가상 사례

박진우 씨는 서울 도심에서 이동식 커피 트럭을 운영합니다. 팬데믹 이후 새로운 트렌드에 발맞춰 사업을 확장하고자 했던 박 씨는 기존 방식만으로는 고객을 효과적으로 끌어들이기 어렵다는 점을 깨닫고, AI 기반 플랫폼인

'플렉스 인공지능'을 활용했습니다. 그는 자신의 운영 데이터를 플랫폼에 입력했고, AI는 도심 유동 인구, 대기 오염 지수, 날씨 정보, 주변 행사 일정 등 다양한 데이터를 분석해 가장 이상적인 이동 경로와 시간대를 추천했습니다. 예를 들어, 미세먼지가 높은 날 오후 특정 지역에서 차가운 음료 판매량이 급증한다는 데이터를 기반으로, 그 시간에 해당 지역으로 이동하도록 제안했습니다. 또한, 인근 공원에서 열리는 요가 행사 직후 건강 음료를 홍보할 기회를 추천했습니다.

이뿐만 아니라, AI는 고객 행동 데이터를 분석해 기존 메뉴를 최적화하고 새로운 메뉴를 제안했습니다. 젊은 세대가 선호하는 재료와 포장을 활용해 '콜라겐 커피'와 '비건 스낵 세트'를 개발하라는 제안이 있었습니다. 이것은 고객의 구매 빈도와 만족도를 크게 향상시켰습니다. 또, AI 기반 소셜미디어 도구를 활용해 맞춤형 마케팅을 실행하면서 신규 고객 유입과 브랜드 인지도를 크게 높일 수 있었습니다. 이러한 변화는 첫 달 매출 40% 이상의 증가로 이어졌으며, 박 씨는 변화하는 환경에 즉각 대응할 수 있는 능력을 갖추게 되었습니다. 그의 커피 트럭은 음료 판매뿐만 아니라 지역사회와 연결된 경험 제공 공간으로 발전했습니다.

AI와 데이터를 활용한 몇 가지 혁신적인 아이디어를 제안합니다. 첫째, 창업과 폐업 데이터를 기반으로 소상공인의 성공 가능성을 분석하는 플랫폼을 착안해볼 수 있습니다. 창업자의 과거 경험, 심리적 특성, 취미, 지역 환경, 소셜미디어 활동 데이터를 종합 분석하여 개인 맞춤형 창업 성공 프로파일을 생성할 수 있습니다. 이를 통해 적합한 업종과 지역을 선택하도록 돕고, 폐업 가능성을 예측

해 조기 경고와 대안을 제공하여 실패를 줄이고 심리적 안정감을 높일 수 있습니다.

둘째, 매출과 비용 데이터를 활용해 미래 매출을 현재 자금으로 전환할 수 있는 '미래 매출 환전소'를 도입할 수 있습니다. AI는 과거 데이터를 분석해 미래 매출을 예측하고 이를 가상화폐처럼 평가해 소상공인이 미래 매출을 담보로 대출을 받거나 재고를 구매할 수 있도록 돕습니다.

셋째, 증강현실 기술을 활용해 상권 정보를 시각화하는 '상권 증강현실 지도'를 생각해볼 수 있습니다. 스마트폰이나 AR 안경을 통해 거리를 비추면 상권의 매출, 경쟁 강도, 유동 인구 데이터가 실시간으로 표시되고, AI는 숨겨진 잠재력을 가진 상권을 탐지해 추천합니다.

넷째, 소비자의 감정을 실시간으로 분석해 기분에 맞는 상품이나 서비스를 추천하는 '감정 기반 상품 추천 엔진'을 도입할 수 있습니다. 고객의 표정, 목소리 톤, 소셜미디어 데이터 등을 분석하여 고객의 감정에 적합한 제품을 추천하고 고객 경험을 개선할 수 있습니다.

다섯째, 정부 정책과 지원 데이터를 기반으로 소상공인이 필요한 지원 정책을 쇼핑하듯 선택할 수 있는 '정책 상점화' 플랫폼을 구상해볼 수 있습니다. AI는 조건 충족 여부를 자동으로 검증하고 맞춤형 정책 패키지를 설계해 소상공인이 정책 혜택을 최대로 활용할 수 있도록 지원합니다.

AI 활용에는 초기 도입 비용 부담, 데이터 정확성 및 품질 문제, 개인정보 보호와 지역 소상공인 간 경쟁 불균형 등의 한계와 윤리적 문제가 따릅니다. 이를 극복하기 위해 정부와 지역사회의 지원이 필수적입니다. 정부와 지자체는 플랫폼 이용 비용을 보조하고, 교육 프로그램을 운영하며, 지역 대학과 기술 스타트업과 협력해 소상공인 맞춤형 솔루션 개발을 지원해야 합니다.

결국, AI는 소상공인의 창의성과 혁신을 발현시키는 촉매제가 될 수 있습니다. 데이터 기반의 맞춤형 솔루션은 소상공인의 지속 가능성과 성장 가능성을 확대하며, 소상공인이 지역사회와 함께 더 나은 미래를 만들어가는 핵심 주체로 자리 잡을 수 있도록 돕습니다. 이를 통해 소상공인과 고객 간에는 단순한 거래를 넘어 깊은 연결이 형성될 수 있으며, AI는 지역사회와 경제에 활력을 불어넣는 중요한 계기가 될 것입니다.

이러한 혁신을 실현하기 위해 다음과 같은 AI 기술을 활용할 수 있습니다. 머신러닝 기반 데이터 분석 플랫폼은 유동 인구와 매출 데이터를 통해 최적의 경영 전략을 수립하는 데 도움을 줄 수 있습니다. 자연어 처리 기술은 고객 리뷰와 피드백을 분석하여 만족도를 높이고 개인화된 서비스를 설계하는 데 유용합니다. 증강현실과 가상현실 기술은 상권 분석과 디지털 쇼핑 경험 개선에 활용할 수 있습니다. 자동화된 마케팅 도구는 소셜미디어 캠페인을 운영하고 실시간 성과를 분석해 소상공인의 브랜딩을 강화할 수 있습니다. 적절한 AI 도구를 선택해 활용한다면, 소상공인은 기술 잠재력을 극대화하며 지속 가능한 성장을 이룰 수 있을 것입니다.

AI 31.

AI 기반 공공기관 갈등 관리: 숙의형 웹 조사

최근 사회 구조가 변화하고 가치관이 다양화되면서 갈등이 심화되고 있습니다. 기존의 사법적 해결 방식은 과도한 사회경제적 비용을 유발하는 한계가 있기에, 공공기관이 갈등 예방과 해결 능력을 강화하고 이해당사자들의 참여를 보장하는 체계적인 갈등 관리 방안을 마련할 필요성이 점점 커지고 있습니다. 지역 개발 계획 과정에서 주민과 행정 간의 갈등은 이러한 필요성을 잘 보여주는 사례입니다. 코로나 19로 촉발된 사회경제적 전환과 4차 산업혁명의 가속화는 새로운 갈등 이슈를 만들어내고 있으며, 이에 대응하기 위한 선제적인 법적 기반이 요구됩니다.

이와 같은 상황에서 2020년 송재호 의원이 발의한 갈등 관리 기본 법안은 공공기관의 역할과 책임을 명확히 하여 사회 통합에 기여하고 다양한 이해관계자의 참여를 보장하는 법적 토대를 마련하기 위해 제안되었습니다. 이 법안은 공공기관이 종합적인 갈등 관리 시책을 수립하고 이해당사자와 전문가가 참여할 수 있는 절차를 보장하며, 갈등 영향 분석을 통해 공공 정책 추진 과정에서 발생할 수 있는 갈등을 사전에 방지하거나 해결하는 내용을 포함하고 있습니다. 또한, 국가적 갈등 사안을 다루기 위해 국가 공론 위원회를 설치하고 갈등 관리 지원 기관을 운영함으로써 제도적 기반을 강화하려는 목적을 담고 있습니다.

행정안전부는 법안 준비를 새롭게 하기 위한 연구 TF를 구성하고, 체계적인 연구와 사회적 관심을 높이는 것을 목표로 할 수 있습니다. TF는 법안 통과 이후의 실행 기반을 마련하기 위해 국내외 갈등 관리 사례를 분석하고 국회와의 소통을 강화하며, 다양한 대외 활동과 간담회를 통해 이해관계자 및 전문가와의 협력 확대를 계획할 수 있습니다. 또한, 갈등 관리 매뉴얼 작성과 교육훈련 프로그램 개발, 공론화 절차와 관련된 행정적·재정적 지원 방안 마련을 통해 법안이 효과적으로 시행될 수 있도록 지원해야 합니다.

기술적 혁신은 갈등 관리에서 중요한 역할을 할 수 있습니다. 빅데이터 분석을 통해 갈등 요인을 사전에 탐지하거나 가상현실을 활용하여 갈등 당사자 간 협의를 시뮬레이션하는 방법은 갈등 관리의 새로운 가능성을 열어줄 것입니다. AI는 공공 정책 갈등 해결에서 중추적인 역할을 할 수 있습니다. 자연어 처리 기술을 활용하면 이해관계자들의 의견을 자동으로 분석하고 주요 논점을 도출하거나 갈등의 흐름을 예측하여 효율적인 의사결정을 지원할 수 있습니다. 또한, 머신러닝 알고리즘은 과거 사례를 학습하여 유사한 상황에서 성공적으로 작동했던 갈등 관리 전략을 추천하고, 실시간 데이터 기반의 동적 대응 방안을 제안함으로써 갈등 해결 과정을 더욱 정교화할 수 있습니다.

공공기관에서 추가로 활용할 수 있는 구체적인 AI 도구로는 이해관계자의 여론을 모니터링하고 분석할 수 있는 자연어 처리 기반 플랫폼, 정책 결정 시뮬레이션을 가능하게 하는 AI 기반 정책 도구, 갈등의 잠재적 영향을 시각화하고 대응 시나리오를 제안하는 머신러닝 시스템 등이 있습니다. 이러한 기술은 공공기관의 갈등 관리 업무를 지원하며, 특히 디지털 공론장 플랫폼과 결합하여 의견 수렴과 갈등 해결을 효율적으로 수행할 수 있는 유익한 도구가 될 것입니다. 가령, 정책 시행 전후 데이터를 비교 분석하여 갈등 요인을 실시간으로 파악하거나, 다양한 이해당사자들의 우려를 자동으로 분류하여 정책 설계에 반영하는 방식으로 활용될 수 있습니다.

갈등 관리 기본 법안의 실현 방안으로 디지털 공론장 플랫폼 구축을 제안합니다. 이 플랫폼은 모든 이해관계자가 온라인에서 의견을 나누고 공론화 과정을 통해 합의점을 도출할 수 있는 공간을 제공합니다. 이 플랫폼은 AI 기반의 여론 분석 도구를 통해 참여자의 의견을 실시간으로 분석하고 주요 갈등 쟁점을 시각화하여 보여줍니다. 또한, 가상현실을 활용하여 갈등 당사자들이 실시간으로 시뮬레이션된 정책 시나리오를 체험하며 더 직관적인 이해에 이르고 합의 형성을 할 수 있게 합니다. 예를 들어 대규모 도시 개발 프로젝트에서 주민들이 개발안의 효과와 환경 변화를 가상으로 체험한 후 이를 기반으로 의사결정에 참여할 수 있도록 지원하는 방식입니다. 이러한 접근은 투명성과 포용성을 높이고 정책 수립 과정에서 민주적 정당성을 강화하는 데 크게 기여할 것입니다.

갈등 관리 기본 법안은 현대 사회의 복잡한 갈등 상황에 대응하는 데 중요한 법적 기반을 제공하며 민주주의와 사회 통합의 발전에 필수 도구로 작용할 것입니다. 이를 위해 공공기관과 이해관계자들의 협력, 기술적 혁신의 활용, 사회적 관심의 제고가 필수적입니다. 특히 디지털 공론장 플랫폼과 같은 혁신적인 도구를 활용함으로써 갈등 관리의 효율성과 투명성을 높이고 사회적 비용을 절감하며 통합과 발전을 동시에 추구할 기반을 마련해야 합니다.

실제 사례

신고리 원전 숙의형 여론조사

나와 다른 생각에 '흔들린 22%'··· 찬반 이면의 민의 찾아야
(세계일보, 2017년 8월 27일)

신고리 5·6호기 원전 건설 중단 여부를 둘러싼 숙의형 여론조사는 국민의 다양한 의견이 한데 어우러져 하나의 합주를 이루는 과정과 같았습니다. 응답자 중 22%가 다른 견해를 듣고 자신의 의견을 바꾼 결과가 나타났습니다. 참여자들은 과학적 정보와 다양한 전문가 의견을 접하며 마치 안개 속에서 길을 찾는 듯한 경험을 했습니다. 찬성과 반대라는 양극단이 아닌, 안전과 환경, 경제적 지속 가능성이라는 공통된 목표를 향한 여정이었습니다.

특히 정보 부족으로 기존 입장을 고수했던 일부 응답자들이 숙의를 통해 새로운 시각을 얻어 의견을 변화시킨 점이 주목됩니다. 국민이 느낀 불안감과 신뢰 부족이라는 공통된 배경이 찬반 논쟁의 이면에 자리하고 있었습니다. 안전·환경·경제성이라는 단어들은 우리 귀에 익숙하지만, 그 속에 담긴 국민의 진짜 목소리는 무엇이었을까요? 숙의 과정은 이러한 질문에 답을 찾아가는 시간이었다고 할 수 있습니다. 하지만 숙의 과정에서 모든 목소리가 동등하게 반영되었는지는 다시 되짚어볼 필요가 있습니다. 참여자들의 구성이 과연 사회 전체의 다양성을 제대로 반영했는지 점검해야 할 것입니다. 숙의형 여론조사는 국민의 참여와 토론을 통해 더 합리적이고 신뢰받는 결정을 이끌어낼 가능성을 보여줍니다. 국민의 정보 수준과 논리적 판단 능력을 키우는 데 기여했으며, 앞으로의 정책 결정 과정에서도 숙의형 민주주의를 적극적으로 활용해야 할 필요성이 제기됩니다.

숙의형 민주주의는 단지 정책 결정의 도구가 아니라, 국민이 서로를 이해하고 신뢰를 쌓아가는 민주주의의 새로운 초석이 될 수 있습니다. 미래의 사회적 불안감과 신뢰 부족을 극복할 열쇠가 될 이 방식은 우리가 함께 만들어가는 희망의 합주곡이 될 것입니다.

¤ 숙의형 웹 조사의 장점

상대적으로 공론조사가 가지는 현실적 문제 10가지 정도를 개선할 수 있습니다.

① 많은 예산이 필요 없음

② 많은 시간의 소요되지 않음

③ 대규모의 조사 설비가 필요하지 않음

④ 외부와 단절된 대규모 토론 및 숙박시설의 확보가 필요하지 않음

⑤ 공론조사 참가자 숫자의 제한이 큰 의미가 없음

⑥ 공론조사 참가자의 대표성 문제를 해결할 수 있음

⑦ 공론조사 참가자 편향 문제를 제거할 수 있음

⑧ 충분히 훈련된 운영자가 필요 없음

⑨ 주최 측의 주관적 개입 여지가 없음

⑩ 조사 결과의 사회적 수용성을 고려함

[그림 32] 신고리 5·6호기 원전 건설 중단 숙의형 여론조사 흐름 및 결과

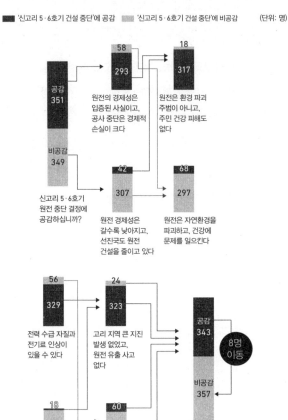

■ '신고리 5·6호기 건설 중단'에 공감　■ '신고리 5·6호기 건설 중단'에 비공감　　(단위: 명)

공감 정도는 1(매우 공감)~8(전혀 공감 안 됨)점으로 응답.
1~4점은 공감, 5~8점은 비공감으로 집계

* 특허 제10-191888호. 공론조사의 문제점을 해결할 수 있는 숙의형 웹 조사 방법(발명: 최정묵)

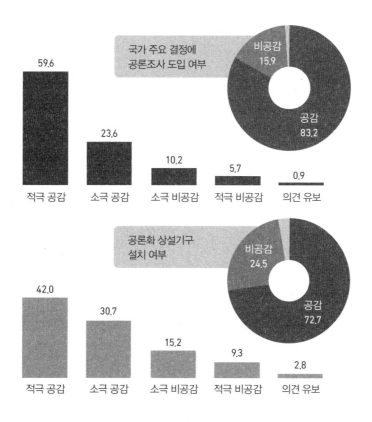

신고리 5·6호기 공론화위 활동 후 공론조사 수용도

* 전국 만19세 이상 성인남녀 1,006명 대상 세계일보, 공공의창, 타임리서치 공동 조사

(단위: %)

국가 주요 결정에 공론조사 도입 여부

- 적극 공감: 59.6
- 소극 공감: 23.6
- 소극 비공감: 10.2
- 적극 비공감: 5.7
- 의견 유보: 0.9

- 비공감: 15.9
- 공감: 83.2

공론화 상설기구 설치 여부

- 적극 공감: 42.0
- 소극 공감: 30.7
- 소극 비공감: 15.2
- 적극 비공감: 9.3
- 의견 유보: 2.8

- 비공감: 24.5
- 공감: 72.7

지역화폐
데이터 활성화

저소득층의 동네 병·의원 진료비,
동네 약값, 휴대폰 사용료 지급

웰니스 페이(WELLNESS PAY)는 지역화폐를 의료비와 통신비 결제에 활용하는 데 그치지 않고 지역 주민들의 건강을 증진하고 지역 경제를 활성화하며 디지털 전환과 연계된 새로운 복지 모델에 기여하게 하는 플랫폼입니다. 이 플랫폼은 주민들의 건강한 삶을 지원하며 지역사회 전체에 긍정적인 변화를 일으키는 혁신적 도구로 설계되었습니다. 웰니스 페이는 지역 병·의원에서 건강검진을 받은 주민에게 추가적인 지역화폐 혜택을 제공하고, 정기적인 건강검진 참여가 경제적 보상으로 이어지도록 하여 건강관리의 중요성을 높입니다. 약국에서는 처방 약뿐만 아니라 건강 보조 식품이나 의료 기기를 구매할 때 일정 금액을 환급받을 수 있도록 하여 지역 내 의료기관과 약국의 소비가 활성화되며, 주민들의 건강 인식과 관리 수준이 근본적으로 향상됩니다. 웰니스 페이는 또한 AI 기반 건강관리 앱과 연계되어 주민들의 건강관리를 보다 효율적이고 개인화된 방식으로 돕습니다.

이 앱은 병원 예약, 약물 복용 알림, 지역화폐 잔액 확인 등의 기능을 제공하며, 주민의 건강 데이터를 분석해 맞춤형 건강관리 팁과 예방적 의료 서비스를 추천함으로써 '건강이 곧 자산이다'라는 개념을 실현하고 주민 개개인의 건강 증진을 지원하는 디지털 동반자가 됩니다. 이와 함께 웰니스 페이는 통신비 결제와 건강 활동을 연계하여 지역화폐로 휴대폰 요금을 결제한 사용자가 만 보 걷기나 정기 건강검진 같은 일정 수준의 건강 활동을 달성하면 통신비의 일부를 추가 지원받을 수 있도록 설계되었습니다.

이러한 구조는 주민들이 일상 속에서 자연스럽게 건강한 행동을 실천하도록 유도하며 정보 소외를 예방하고 지역화폐의 활용도를 극대화합니다. 웰니스 페이는 주민의 건강 증진과 지역 경제 활성화를 동시에 달성하는 새로운 복지 모델로 자리 잡을 가능성을 제시하며, 지역사회 구성원들이 더 건강하고 활기찬 삶을 살 수 있도록 돕는 동시에 정책이 주민의 행동 변화를 이끌어낼 수 있는 사례로 평가받을 것입니다. 건강, 경제, 디지털 전환이 유기적으로 연결된 웰니스 페이는 지역사회의 지속 가능한 발전에 기여하며 '함께 건강하고 함께 성장하는 사회'라는 비전을 실현해 나갑니다.

지역화폐를 활용해 저소득층이 동네 병·의원 진료비, 약국 약값, 휴대폰 요금을 납부할 수 있도록 하는 방안은 복지 강화와 지역 경제 활성화를 동시에 실현할 수 있는 혁신적 정책입니다. 이는 저소득층의 생활 안정과 소비력을 증대시키고, 지역화폐 활용성을 확대해 지역 내 경제 순환을 촉진할 것입니다.

이를 실현하려면 지역화폐 사용처를 병·의원, 약국, 통신사로 확

대해야 합니다. 동네 병·의원과 약국에서 진료비와 약값을 지역화
폐로 결제할 수 있도록 계약을 체결하고, 통신사와 협력하여 휴대
폰 요금을 지역화폐로 납부할 수 있는 시스템을 구축해야 합니다.
이러한 사용처 확대는 지역 상권의 소비를 촉진하고, 소규모 의료
시설과 약국의 매출 증대를 통해 지역 경제 활성화에 기여할 것입
니다.

또한, 의료비 및 통신비 지원에 한정된 복지 전용 지역화폐를 별
도로 발행하는 방안을 검토할 수 있습니다. 사용 목적과 사용처가
명확히 제한된 전용 지역화폐는 정책 자금이 목표에 집중될 수 있
도록 돕고, 자원의 효율적 분배를 가능하게 합니다.

저소득층을 위한 추가적인 혜택도 제공해야 합니다. 예를 들어,
병·의원 진료비를 지역화폐로 결제할 경우 일정 비율의 할인을 제
공하거나, 약값의 일부를 지자체에서 보조할 수 있습니다. 휴대폰
요금 납부에 대해서도 할인이나 보조금 지원을 통해 경제적 부담을
줄일 수 있습니다. 이러한 혜택은 지역화폐의 활용성을 높이고 사
용자 부담을 경감하는 데 중요한 역할을 할 것입니다.

정책의 실효성을 극대화하려면 지역화폐의 디지털 전환이 필수
적입니다. 모바일 앱 기반의 전자 지역화폐를 도입하면 사용자 접
근성을 높이고, 병·의원 및 약국의 결제 시스템과 실시간으로 연
동하여 운영 효율성을 확보할 수 있습니다. 이를 통해 관리 비용을
절감하고 사용자와 참여 기관 모두가 편리하게 이용할 수 있는 시
스템을 구축할 수 있습니다.

시범사업 도입은 정책 실행의 효과적인 방법입니다. 의료 서비스
가 부족한 농어촌 지역이나 저소득층이 밀집한 도시 지역을 우선

선정해 6~12개월간 동네 병·의원, 약국, 통신사와 협력하여 시범 사업을 운영할 수 있습니다. 이후 정책 효과를 분석하여 전국적으로 확대 적용 여부를 결정하면, 안정성을 확보하면서도 개선점을 반영할 수 있습니다.

이 정책이 실현되면 다양한 긍정적 효과가 기대됩니다. 의료비와 약값 부담이 줄어들어 저소득층의 의료 접근성이 개선되고, 휴대폰 요금 부담 완화로 정보 접근성이 강화되며 통신 소외 문제도 해결될 수 있습니다. 지역화폐 사용처가 의료와 통신으로 확장되면 사용률이 증가하고, 지역화폐는 복지 및 경제 정책의 핵심 도구로 자리 잡게 될 것입니다. 또한, 동네 병·의원과 약국의 매출 증대는 지역 의료 네트워크를 강화하고 지역 경제를 더욱 활성화할 것입니다. 현금 지원이 아닌 지역화폐 지원은 자금 유용 가능성을 차단하고 정책 효과를 지역 내에 집중시키는 데도 기여할 것입니다.

다만, 초기에는 병·의원과 약국의 참여가 저조할 수 있습니다. 이를 해결하기 위해 세제 혜택이나 관리 수수료 면제와 같은 인센티브를 제공할 수 있습니다. 운영 비용 증가는 디지털 전환을 통해 최소화할 수 있으며, 사용자 불편은 대대적인 홍보와 간편 결제 시스템 구축으로 해결 가능합니다. 한정된 예산 문제는 중앙정부와의 협력 및 기존 복지 사업과의 연계를 통해 대응할 수 있습니다.

결론적으로, 지역화폐를 활용한 저소득층 의료비 및 통신비 지원 정책은 복지 강화와 지역 경제 활성화를 동시에 이루는 효과적인 방안입니다. 이를 통해 저소득층의 삶의 질을 높이고 지역사회 내 자금 순환을 촉진하며, 지역화폐가 사회적 안전망 강화의 도구로 자리 잡는 계기를 마련할 수 있을 것입니다.

이 정책에서 AI는 중요한 역할을 할 수 있습니다. AI 기반 데이터 분석을 통해 저소득층의 의료비와 통신비 지출 패턴을 파악하고, 이를 바탕으로 지원 대상과 금액을 정밀하게 산정할 수 있습니다. 병·의원과 약국의 이용 현황을 실시간으로 모니터링하여 지역화폐 사용 데이터를 분석하고, 정책 효과를 예측하거나 개선점을 제안할 수도 있습니다. 사용자 편의를 위해 AI 챗봇을 활용해 지역화폐 사용처, 잔액, 혜택 정보를 안내하고, 결제 오류나 불편 사항을 해결하는 고객 지원 역할을 할 수 있습니다. 마지막으로, 지역화폐 발행과 운영 과정에서 부정 사용이나 데이터 유출을 예방하기 위해 AI 보안 시스템을 도입해 안전성을 강화할 수 있습니다.

이와 더불어 의료 서비스 접근성이 제한된 지역을 대상으로 수요 예측 모델링을 도입하거나, 사용자 경험을 개선하기 위한 맞춤형 솔루션을 활용할 수 있습니다. 예를 들어, AI가 지역별 의료 이용 패턴과 통신비 납부 트렌드를 분석하여 정책 설계 시 효과를 최대화할 수 있는 구체적인 기준을 제안할 수 있습니다. 이러한 기능은 정책 실행 과정의 비효율성을 최소화하고, 자원 배분의 공정성과 적절성을 높이는 데 기여할 것입니다.

AI 33.

AI 기반
치안 방범

서울시 성북구 종암동에 거주하는 30대 직장인 이지은 씨는 늦은 저녁 퇴근길마다 불안함을 느꼈습니다. 회사 업무를 마치고 밤 10시가 넘는 시간에 집으로 돌아오는 일이 잦았는데, 그녀가 지나야 하는 골목길은 어둡고 사람의 발길이 드문 곳이었습니다. 몇 년 전 인근 지역에서 발생한 사건들로 인해 그녀는 휴대전화 손전등과 개인 경보기를 늘 휴대하며 스스로 지켜야 한다고 생각했습니다.

하지만 AI와 지리 정보(GIS) 기반 방범 행정이 도입되면서, 그녀의 귀갓길이 크게 달라질 수 있었습니다. 예를 들어, 그녀가 지나던 골목에 AI 분석 CCTV와 스마트 가로등이 설치되었습니다. 가로등이 그녀가 골목에 들어설 때 자동으로 켜져 주위를 환하게 비추고, CCTV는 실시간으로 주변 상황을 모니터링하며 이상 행동을 감지합니다. 또한, 골목길 벽면에 대학생들과 주민들이 함께 그린 안심 거리 벽화가 설치되어 골목의 분위기가 밝고 생동감 있게 변하였습니다.

어느 날 밤 11시, 이지은 씨가 평소보다 늦은 시간에 귀가하던 중이었습니다. 골목길 끝에서 다급한 발소리가 들렸을 때, 가로등이 더 밝아지고 근처 초미니 AI 순찰 드론이 즉시 골목으로 출동해 현장을 관제센터에 실시간으로 전송했습니다. 이러한 정보를 바탕으로 근처를 순찰 중이던 경찰관이 신속히 현장에 도착해 위험 요소를 제거했습니다. 기술이 감시를 넘어 주민들의 안전을 효과적으로 보장할 수 있는 시스템을 제공한 것입니다.

지은 씨와 같은 주민들은 이러한 시스템 덕분에 귀갓길의 불안을 덜 수 있습니다. "골목길에 들어설 때 누군가 나를 지켜보고 있다는 느낌이 든다면 훨씬 안심이 될 것입니다. 특히 가로등과 CCTV 외에 드론까지 즉각 대응한다는 점에서 보호받고 있다는 믿음이 생길 것 같아요"라고 그녀는 말했습니다.

AI와 지리 정보(GIS)를 활용한 방범 행정은 치안을 강화하고 범죄 예방 효과를 극대화하기 위한 혁신적인 접근 방식입니다. 치안은 시민들의 삶의 질을 결정짓는 중요한 요소입니다. 한국은 세계적으로 치안이 우수한 국가로 평가받고 있지만, 강력 범죄와 성범죄 등 여전히 시민들의 일상에 위협을 가할 수 있는 요소가 존재합니다. 따라서 범죄 발생 후 수사와 처벌 체계를 강화하는 것을 넘어, 더욱 선제적이고 효과적인 범죄 예방 활동이 필요하며, 이를 실현하는 데 AI와 지리 정보 기술이 핵심적인 역할을 할 수 있습니다.

AI와 지리 정보를 활용한 방범 행정은 다양한 방식으로 범죄 예방과 대응의 혁신을 가져올 수 있습니다. 과거 데이터를 바탕으로 특정 시간대와 장소에서 범죄 발생 가능성을 예측하는 범죄 예측 모델은 선제적 대응을 가능하게 하며, CCTV 영상에서 이상 행동을 감지하고 실시간으로 경고 알림을 보내는 영상 분석 기술은 범죄 억제력을 높입니다. 예를 들어, 자율주행 기술과 연계한 초미니 AI(유선) 드론을 활용하여 우범 지역을 실시간으로 모니터링하는 방안은 단순히 범죄 예방을 넘어 지역 주민의 안전을 보장할 수 있는 새로운 차원을 열 수 있습니다. 또한, 자연어 처리 기술을 통해 주민 민원을 분석하여 범죄 우려 지역을 식별하는 등 첨단 기술을 응용한 혁신적인 방범 전략이 가능합니다.

지방자치데이터연구소의 연구로 진행된 서울시 성북구 종암동 사례는 이러한 AI와 지리 정보 기반 방범 행정의 실제적 가능성을 잘 보여줍니다. 2016년 인구주택총조사, 성북구 기초 지리 정보, 방범용 CCTV 위치, 행정안전부 범죄 데이터, 주민 설문조사 등 다양한 데이터를 통합 분석해 생활 안전 종합 지도를 구축했습니다. 이 지도는 저녁 8시부터 자정까지의 시간대에 발생할 수 있는 생활 위협 데이터를 기반으로 미시적 위험 지역을 파악하고, 효과적인 방범 정책을 수립하는 데 활용되었습니다.

이 연구에선 알고리즘 기반 데이터 분석만을 진행했지만, 앞으로는 AI 기반 방범 행정의 다양한 활용 방안이 제안될 수 있습니다. 범죄 가능성이 큰 우범 지역에 방범용 CCTV를 우선 배치함으로써 예산을 최적화하고 효과를 극대화할 수 있습니다. 또한, CCTV 설치 시 'CCTV 작동 중' 표시등을 함께 설치해 심리적 억제 효과를 높이는 방안도 고려할 수 있습니다. 이와 함께 지역사회의 참여를

개요
• 성북구를 905개의 골목으로 세분화
• 야간에 생활터 주변의 치안 방범 등 생활 불안을 느끼는 주민을 예측 분석
• 주로 어느 골목에 많이 거주하는지를 1위부터 905위까지 순위 분석
• 분석된 순위를 등급화하여 마이크로 지리 정보로 제작(A 파랑, B 빨강, C 노랑)

* 특허 제10-1788991호. 행태 인식 데이터와 사회경제적 데이터를 이용하여 마이크로 지리 정보 보정·추출하는 방법(발명: 최정묵)

독려하는 방안으로, 대학교 동아리와 협업해 주민들과 소통하며 '안심 거리 벽화·바닥화' 사업을 추진할 수 있습니다. 구청에서 재료비와 활동비를 지원해 주민들의 적극적인 참여를 유도하고, 이를 통해 지역사회의 애착도를 강화할 수 있습니다.

또한, 일정 조건을 충족한 원룸이나 다세대주택에 '안심 인증패'를 부착하여 안전성을 보장하고, 경찰서 및 자율방범대와 협력해 이를 시행하는 방안도 효과적입니다. 고령층을 방범 활동에 참여시켜 공공 일자리 창출과 방범 효과를 동시에 달성할 수도 있습니다. AI 기반으로 야간 순찰 동선을 최적화하고, 방범 등급별로 순찰 빈도와 활동 내용을 조정하여 효율성을 높이는 방안도 유용합니다. 지리 정보 데이터를 활용하면 방범 예산 배분과 사업 우선순위를 보다 과학적으로 설정할 수 있으며, 유해 업소 관리와 불법 주차 단속 같은 행정 과제와의 협업도 가능해집니다.

AI와 지리 정보 기반 방범 행정의 또 다른 중요한 측면은 공공 데이터의 활용과 주민 편익 증대입니다. 방범용 CCTV 같은 기술이 주민에게 제공하는 구체적 이점을 분석하고, 데이터 익명화 처리를 통해 개인정보를 보호하며, 데이터의 공정성과 투명성을 확보할 필요가 있습니다. 예컨대, 특정 지역에서 범죄 발생률 감소와 같은 구체적 데이터를 주민과 공유함으로써, 기술 도입의 가치를 체감할 수 있도록 할 수 있습니다. 특히, 범죄 억제 효과를 높이는 과정에서 풍선 효과를 방지하기 위한 대책도 중요합니다.

이러한 혁신적인 방범 행정을 설계하고 실행하는 데 있어, 외국 사례를 참고하면 더 큰 효과를 기대할 수 있습니다. 미국 로스앤젤레스는 'PredPol' 소프트웨어를 활용해 경찰 순찰 동선을 최적화했으며, 영국 런던은 CCTV와 AI 영상 분석을 통해 테러 예방 및 실시간 감시 체계를 구축했습니다.

방범 행정의 효과를 평가하고 개선하기 위해 범죄율 변화 분석, 주민 만족도 조사 등의 체계적인 평가 방안을 마련해야 합니다. 이와 함께, 데이터 기반 평가 결과를 정책에 반영하여 지속적인 개선과 혁신을 추구해야 합니다. 주민 체감 안전도를 향상시키기 위해 기술과 공동체의 조화를 이루는 방안을 모색하는 것이 중요합니다.

AI와 지리 정보 기반 방범 행정은 치안을 강화하는 차원을 넘어 장기적으로 시민들의 삶의 질을 혁신적으로 향상시킬 가능성이 있습니다. 스마트 시티와 연계한 통합 치안 시스템 구축, 범죄 발생 가능성을 실시간으로 예측하는 자율적 플랫폼 개발, 10년 내 주민 체감 안전도를 획기적으로 증대시키는 목표 등은 AI 방범 행정이 지향해야 할 미래 비전입니다. 기술적 혁신과 더불어, 시민 참여와 공공 가치를 중심에 둔 정책을 수립하는 것이 이 비전을 실현하는 핵심이 될 것입니다.

AI와 지리 정보를 활용한 방범 행정은 자원의 효율적 활용과 치안 수준 향상을 동시에 달성할 수 있는 강력한 도구입니다. 성북구 사례는 이를 실현할 가능성을 보여주는 첫걸음이며, 전국적으로 확대 적용한다면 모두가 안심하고 살아갈 수 있는 안전한 사회를 만들어갈 수 있을 것입니다. 이러한 접근은 범죄율을 낮추는 데 그치지 않고, 시민들이 체감할 수 있는 안전을 제공하며 사회적 신뢰를 회복하고 지역사회의 통합을 강화하는 데 기여할 것입니다.

¤ 미국의 치안 방범 시스템 구축 사례

미국에서는 AI와 빅데이터를 활용한 치안 방범 시스템이 적극적으로 도입되고 있습니다. 대표적인 사례로, 시카고대학교 연구팀은 2014년부터 2016년까지의 시카고 지역 범죄 데이터를 AI 모델에 학습시켜, 특정 구역에서 일주일 전에 발생할 범죄를 90%의 정확도로 예측하는 데 성공했습니다. 또한, 뉴욕 경찰청은 마이크로소프트와 협력하여 '도메인 어웨어니스 시스템(Domain Awareness System)'을 개발, 빅데이터를 통해 범죄를 사전에 감지하고 대응하는 시스템을 구축했습니다. 이러한 시스템들은 방대한 데이터를 분석하여 범죄 발생 가능성이 큰 지역과 시간을 예측하고, 경찰 자원을 효율적으로 배분하는 데 활용되고 있습니다. 그러나 AI 알고리즘의 편향성과 개인정보 보호에 대한 우려도 제기되고 있습니다. 따라서 기술 도입 시 이러한 문제를 신중하게 고려해야 합니다.

34.

주거 복지 사각지대,
폭우 반지하 방어 프로젝트

가상 사례

서울 동작구 상도동에 거주하는 60대 김 씨는 반지하에 거주하면서 매년 장마철마다 침수 위험에 시달려왔습니다. 2022년 여름 집중호우 당시, 그는 집을 빠져나오지 못할 뻔한 위기를 겪었고, 이후 불안감에 휩싸여 매일 날씨 뉴스를 확인하며 살았습니다. 그러나 AI 기반 침수 예측 시스템이 동작구에 도입되면서 그의 삶에 큰 변화가 찾아왔습니다.

AI는 지역의 경사도와 강우 데이터를 분석하여 김 씨의 집이 속한 구역을 침수 고위험 지역으로 식별했습니다. 이를 바탕으로 AI 시스템은 김 씨와 같은 주민들에게 실시간 경보를 보냈고, 침수 상황을 사전에 인지할 수 있도록 도왔습니다. 또한, AI 기반 매칭 플랫폼을 통해 김 씨에게 적합한 지상층 공공임대주택을 추천하며 이주를 지원했습니다. 하지만 김 씨는 이웃과의 관계를 유지하고 싶어 주저했는데, 시스템은 이를 고려해 가까운 거리의 안전한 임대주택을 찾아냈습니다.

더 나아가 AI 플랫폼은 김 씨와 같은 취약계층 주민들이 직접 침수 위험 대응에 참여하는 방안을 제시했습니다. 김 씨는 지역 커뮤니티의 구성원으로서 데이터 입력 작업에 참여했습니다. 그는 집 주변 배수구 상태를 사진으로 찍어 플랫폼에 업로드했고, AI는 이를 분석해 배수구 막힘 현황을 구청에 알렸습니다. 그러자 긴급 정비팀이 즉각 출동해 침수 위험을 사전에 차단할 수 있었습니다.

이러한 과정을 통해 김 씨는 침수 불안을 해소했을 뿐만 아니라, 지역사회와 다시 연결되는 계기를 마련했습니다. 주민들이 제공한 데이터는 AI 학습 모델을 더욱 정교하게 만들었고, 김 씨와 같은 사례는 서울시 전체의 침수 대응 체계를 강화하는 데 기여했습니다.

이 프로젝트는 기술을 적용하는 것을 넘어, 주민과 AI가 협력하여 재난을 예방하고 사회적 관계를 복원하며, 삶의 질을 높이는 혁신적인 사례로 자리 잡았습니다.

2022년 8월 서울에 내린 기록적인 집중호우는 반지하 거주자와 같은 주거 취약계층의 문제를 극명히 드러냈습니다. 관악구에서 발생한 반지하 가족의 비극적인 사망 사건은 우리 사회의 주거 복지 사각지대를 적나라하게 보여주는 사례였습니다. 반지하 거주자들은 단지 침수와 같은 물리적 재난뿐 아니라, 사회적 고립, 경제적 불안정, 열악한 생활 환경으로 인해 깊은 정신적 고통을 겪고 있습니다. '반지하'라는 단어가 단순히 주거 형태를 의미하는 것이 아니라, 우리가 외면한 취약계층의 현실을 상징한다는 점에서 이 문제

의 심각성은 더 이상 간과할 수 없습니다.

　이러한 문제를 해결하기 위해 AI를 활용한 혁신적인 접근법을 제안합니다. AI는 복잡한 주거 문제를 해결하는 데 있어 설계자와 같은 역할을 할 수 있습니다. 그러나 설계도만으로는 충분하지 않습니다. 그것을 구체화하는 것은 결국 인간의 의지와 협력입니다. AI를 활용한 접근은 크게 세 가지 목표를 가지고 있습니다. 첫째, 데이터 기반 분석을 통해 침수 위험 지역 및 주거 취약계층에 대한 정확하고 신속한 위험 예측과 대응 방안을 제공해야 합니다. 둘째, AI 기반 맞춤형 주거 지원 체계를 구축하여 주거 취약계층이 직면한 복잡한 문제를 개별적으로 해결할 수 있도록 합니다. 셋째, 주거 복지 정책의 실효성을 높이고 장기적인 주거 안정과 재난 대비를 강화해야 합니다. 이러한 목표는 재난 피해를 최소화하고 주거 취약계층의 삶의 질을 근본적으로 향상시키는 데 기여할 것입니다.

　우선, 데이터 기반 침수 위험 예측과 대응 방안을 마련하기 위해 국토교통부 경사도 데이터, 기상청 강수량 데이터, 통계청 주거지 데이터를 통합하여 AI 기반 예측 모델을 개발합니다. 이를 통해 강우량과 지형적 특성을 반영한 침수 위험 지역을 정밀하게 예측하며, 서울을 8m×8m의 격자로 나누어 위험 단계를 세분화합니다. 제작된 침수 위험 지도는 조기 경보 시스템과 연계하여 주민들에게 위험 정보를 신속히 전달하고, 물막이판이나 방범창 같은 물리적 대비책을 고위험 지역에 우선 배치할 수 있도록 합니다. 또한, 침수 위험 지역과 공공임대주택 분포를 통합 분석함으로써 위험 지역 주민들이 안정적으로 이주할 수 있는 정책을 마련합니다. 주민들이 직접 위험 요소를 실시간으로 신고하거나 데이터를 제공할 수 있는 참여형 플랫폼을 개발하는 것도 고려해야 합니다.

다음으로, AI 기반 주거 취약계층 지원 체계 마련을 위해 설문 조사와 현장 조사를 통해 주거 환경, 경제적 상황, 사회적 고립 정도 등을 파악한 데이터를 활용합니다. AI는 이를 분석하여 지원 우선순위를 설정하고 직장, 복지 서비스 접근성, 생활권 등을 고려한 최적의 이주지를 추천합니다. 특히 고령자 및 장애인의 사회적 네트워크 유지를 지원하며, 복지 서비스와 주거 정책을 통합 관리하는 AI 플랫폼을 구축하여 신청부터 지원까지의 과정을 간소화합니다. 예를 들어, 주민들이 공동으로 대비책을 논의하고 실행하는 커뮤니티 시스템을 AI와 결합하면, 사회적 관계망 복원에도 기여할 수 있습니다.

지속 가능한 주거 복지 정책을 위해 수요자 중심의 공공임대주택 공급도 제안합니다. 침수 위험 지역 주민들에게는 지상층 공공임대주택을 우선 제공하며, 기존 생활권 내 이주를 지원해 사회적 관계 단절을 방지합니다. AI를 활용하여 공공임대주택의 품질·입지·접근성을 실시간으로 점검하고 개선하며, 주민 피드백을 자동 분석해 정책 개선에 반영합니다. 장기적인 임대주택 공급 확대와 더불어 지상층 및 취약계층 특화 임대주택의 비율을 늘리고, 지역별 수요에 따라 공급 우선순위를 조정합니다.

현재 진행 중인 지역 맞춤형 대책으로는 성동구의 전수조사와 침수 위험 대응 체계 구축, 관악구의 방범창 개선 및 물막이판 설치, 성북구와 은평구의 취약계층 돌봄 공무원(통장 등 포함) 매칭 등이 있습니다. 이러한 사례를 바탕으로 AI 기반 대책을 최적화하고, 자치구 간 데이터 공유와 협력을 통해 침수 위험 지역과 공공주택

[그림 34] 반지하 침수 피해 예측 지리 정보

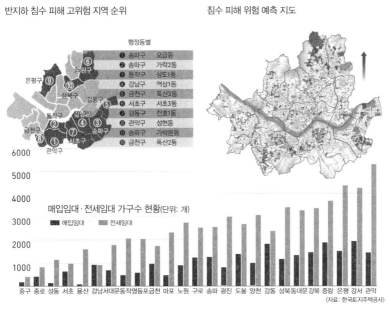

반지하 침수 피해 고위험 지역 순위   침수 피해 위험 예측 지도

행정동별

❶ 송파구	오금동
❷ 송파구	가락2동
❸ 동작구	상도1동
❹ 강남구	역삼1동
❺ 금천구	독산3동
❻ 서초구	서초3동
❼ 강동구	천호1동
❽ 관악구	성현동
❾ 송파구	가락본동
❿ 금천구	독산2동

매입임대 · 전세임대 가구수 현황(단위: 개)
■ 매입임대   ■ 전세임대

중구 종로 성동 서초 용산 강남 서대문 동작 영등포 금천 마포 노원 구로 송파 광진 도봉 양천 강동 성북 동대문 강북 중랑 은평 강서 관악

〈자료: 한국토지주택공사〉

*위의 지도와 그래프는 2023년 지방자치데이터연구소와 서울신문이 서울 지역 반지하 침수 피해 예상 지역을 실제로 분석한 자료임

공급 불균형 문제를 해결할 수 있습니다. AI 기반 접근은 재난 대비 및 피해 최소화, 주거 취약계층의 삶의 질 개선, 정책 효율성 증대, 지속 가능한 주거 복지 체계 구축, 주민 신뢰 증대 등의 기대 효과를 가져올 것입니다. 이러한 노력은 단지 재난 대응뿐만 아니라 주거 취약계층의 삶에 햇빛이 스며들게 하는 사회적 변화를 만들어낼 것입니다.

AI를 활용한 데이터 기반 주거 복지 사각지대 해소는 물리적 환경 개선과 함께 주민들의 삶의 질 향상과 안전망 구축에 크게 기여할 것입니다. 이 프로젝트는 침수 위험 지역 및 주거 취약계층에 대한 선제적 대응과 맞춤형 지원 체계를 설계하는 데 초점을 맞추고 있습니다. 주거 복지는 단순히 집의 제공한다는 차원을 넘어 인간 다운 삶을 보장하는 기본권 실현입니다. 국가와 지방자치단체는 AI 기술을 적극 도입해 지속 가능한 주거 복지 체계를 구축하고, 단계적 실행 계획과 협력 강화를 통해 실질적이고 효과적인 변화를 이루어야 합니다.

AI 35.
키오스크 기반
건설 현장 안전 관리 시스템

서울 도심 한복판에서 대형 건설 프로젝트가 진행되고 있습니다. 10층 규모의 오피스 빌딩이 세워지는 현장은 수백 명의 근로자가 출입하는 곳으로, 다양한 공정이 동시에 이루어집니다. 이 현장에는 안전을 최우선으로 고려한 스마트 키오스크 시스템이 설치되어 있으며, 이 기술 덕분에 이전보다 훨씬 체계적인 안전 관리가 가능해졌습니다. 아침 7시, 작업자들이 출근하며 키오스크 앞에 줄을 섭니다. 각자 QR코드로 출입을 인증하고, 키오스크 화면에 뜨는 안전교육 영상을 5분간 시청한 뒤 간단한 퀴즈를 풉니다. 안전 교육을 이수한 근로자만이 현장에 출입할 수 있도록 시스템이 설계되어 있습니다. 과거에는 형식적으로 진행되던 안전 교육이 이제는 실질적인 학습 과정이 되었고, 이수 여부가 자동으로 기록됩니다.

개인 보호장비 착용을 점검하고 공사를 시작하려는 순간, 한 근로자의 헬멧 착용 여부를 감지한 키오스크에서 경고 알람이 울립니다. AI 기반 카메라가 그의 안전모가 올바르게 착용되지 않았음을 인식한 것입니다. 해당 작업자는 안전모를 올바르게 착용한 후 키오스크에서 다시 인증을 받아야만 작업 구역에 들어갈 수 있습니다. 이전에는 관리자가 일일이 확인해야 했지만, 이제는 키오스크가 자동으로 감지하여 근로자의 안전을 지키는 역할을 합니다.

오전 10시, 한 근로자가 갑자기 가슴 통증을 호소합니다. 동료들이 키오스크의 비상 버튼을 누르자, 즉시 응급구조팀과 현장 관리자에게 경고가 전송되었습니다. 키오스크는 그가 방금 체크인했던 작업 위치를 자동으로 기록하여 정확한 위치 정보를 제공합니다.

1분도 채 되지 않아 응급구조팀이 도착하고, 키오스크 화면에 표시된 응급처치 가이드를 보며 동료들이 적절한 조치를 합니다. 심정지 상황을 대비해 AED(자동 심장 충격기) 사용법이 키오스크 화면에 안내되고, 실시간으로 응급조치 절차가 제공됩니다.

AI 기반 사고 예측 시스템도 활발히 작동하고 있습니다. 오후 2시, 키오스크는 통합된 전산망을 통해 서울지역 건설 현장의 지난 한 달간 데이터를 분석한 결과, 이 시간대에 낙하물 사고가 자주 발생했다는 경고 메시지를 관리자에게 전송합니다. 이에 따라 관리자는 즉시 낙하물 방지망을 점검하고, 안전 점검을 강화하도록 지시합니다. AI가 예측을 통해 사전에 사고를 방지하는 역할을 하는 것입니다.

건설 현장 안전에 대한 시민 참여도 점차 확대되고 있습니다. 인근 주민들이 건설 현장 주변에서 발견한 위험 요소를 스마트폰 앱으로 신고하면, AI가 해당 신고의 신뢰도를 평가하여 현장 관리자에게 전달합니다. 또한, 시민들이 키오스크에 부착된 QR코드를 스캔하면 현장의 안전 등급과 최근 사고 발생 여부를 확인할 수 있습니다. 이러한 활동은 안전한 현장을 만드는 데 기여합니다.

건설 현장은 사고 위험이 큰 환경이며 추락, 낙하물 충격, 협착, 감전, 붕괴 등의 사고가 빈번하게 발생할 수 있습니다. 이러한 사고는 기술 도입만으로 해결될 성격이 아니며, 건설 현장에서 안전을 바라보는 태도와 문화를 바꾸는 것이 필수적입니다. AI와 시민 참여 기술은 단순한 사고 예방 도구가 아니라, 안전이 당연한 가치가 되는 미래를 만드는 수단이 되어야 합니다. 이를 위해 키오스크 기반의 스마트 안전 관리 시스템 도입과 시민 참여와 AI 기술을 결합한 통합 안전 관리 모델을 제안합니다.

사고를 예방하려면 근로자의 습관을 바꾸고, 현장의 안전 점검을 일상화하는 것이 필수적입니다. 경고 문구나 형식적인 안전 교육이 아니라, 근로자가 현장에서 실질적으로 안전을 실천할 수 있는 환경을 조성해야 합니다. 이를 위해 출입 관리 및 안전 교육 인증 시스템을 도입할 수 있습니다. 키오스크에서 QR코드, 얼굴 인식, 신분증 인식을 통해 근로자의 안전 교육 이수 여부를 검증하고, 미이수자는 즉시 교육 영상을 시청하도록 설정할 수 있습니다. 단순히 교육을 이수했는지 확인하는 것이 아니라, 교육 내용을 숙지하고 있는지를 테스트하는 기능도 포함하여 실효성을 높일 수 있습니다. 또한, 출입 기록을 자동화하여 사고 발생 시 누가, 언제, 어디에 있었는지를 신속히 확인할 수 있습니다.

AI 카메라와 센서를 활용한 PPE(개인 보호장비) 착용 확인 시스템을 통해 근로자의 헬멧·안전화·보호구 착용 여부를 실시간으로 체크하고, 미착용 시 출입을 제한할 수 있습니다. 작업 전 건강 상태 체크 기능을 추가하여 혈압, 심박수, 체온 등을 측정하고 위험 수치가 감지될 경우 관리자에게 즉시 알림을 보내거나, 해당 작업자를 보다 안전한 환경에서 근무하도록 유도할 수 있습니다. 이를 통해 사고 예방과 함께 근로자의 건강을 지속적으로 관리하는 체계로 발전할 수 있습니다.

사고가 발생하면 즉각적인 신고 및 구조 요청이 이루어져야 합니다. 키오스크에 비상 버튼 기능을 탑재하여 근로자가 신속하게 사고를 신고할 수 있도록 하고, 관리자 및 응급구조팀에 자동 알림이 전송되도록 할 수 있습니다. 음성 인식 기능을 추가하면 근로자가 키오스크에 접근하지 못하는 상황에서도 '긴급 상황'과 같은 특정 단어를 외치는 것만으로 자동 신고 및 위치 확인이 가능해집니다. 응급처치 가이드 제공 기능을 활성화하여 사고 유형별 응급조치 매뉴얼을 영상·이미지·텍스트로 제공하고, AED(자동 심장 충격기) 위치 안내 및 사용법을 제공하여 심정지와 같은 긴급 상황에서 생명을 구할 수 있습니다.

AI 기반 사고 예측 시스템을 도입하여 건설 현장에서 발생하는 사고 데이터를 분석하고, 사고 다발 지역, 시간대, 주요 원인 등을 시각화하여 관리자에게 제공할 수 있습니다. AI는 단순히 사고 데이터를 축적하는 것이 아니라, 작업자의 행동 패턴을 학습하여 맞춤형 안전 가이드를 제공할 수 있습니다. 예를 들어, "A 구역에서 오전 10~12시에 낙하물 사고 발생률이 높으므로, 해당 시간대에 낙하물 방지망 점검을 필수적으로 수행해야 한다"라는 식의 경고 메시지를 자동 생성하여 관리자에게 제공할 수 있습니다.

시민이 단순히 사고 신고자 역할에 그치지 않고 건설 현장의 안전을 평가하고 감시하는 적극적인 참여 주체가 될 수 있도록 하는 방안을 제안합니다. 기존에는 시민이 위험 요소를 발견하면 신고하는 방식이었지만, 이제는 AI와 연계하여 건설 회사와 현장의 평가 시스템을 구축할 수 있습니다. 시민들이 스마트폰 앱을 통해 건설 현장의 위험 요소를 촬영하고, AI가 이를 분석하여 신고의 신뢰도를 자동 평가하도록 할 수 있습니다. 또한, 신고 건수가 많거나 반복적인 사고가 발생한 건설사는 '안전 등급'을 낮추는 방식으로, 건설사가 자체적으로 안전을 강화하도록 유도할 수 있습니다.

이러한 방식은 시민이 더 능동적으로 안전 관리에 참여하도록 하며, 건설사 또한 시민의 평가를 신경 쓰면서 자연스럽게 안전 관리 강화를 위한 자발적인 노력을 기울이도록 유도할 수 있습니다. 이를 보완하기 위해 시민 패널을 구성하고, 이들이 직접 건설 현장의 안전 점검에 참여할 수 있도록 하면 더 효과적일 것입니다.

건설 현장의 안전은 형식적 규제만으로 해결될 수 없습니다. 의무적으로 안전을 지켜야 하는 것이 아니라, 안전을 지키고 싶어지는 환경을 만들어야 합니다. 이를 위해 게임화 기법을 활용한 시스템을 구축할 수 있습니다. 예를 들어, 건설 현장에서 안전 수칙을 준수하는 근로자에게는 포인트를 부여하고, 이를 인센티브(예. 지역 상품권, 공공시설 할인 등)로 교환할 수 있도록 합니다. 또한, 건설 현장별로 '가장 안전한 작업장 TOP 10'을 선정하여, 시민과 건설사 모두가 안전 관리를 강화하도록 유도할 수 있습니다.

기술은 사람을 돕는 도구일 뿐입니다. 진정한 변화는 건설 현장

[그림 35] 산업재해 사망 사고 발생 현황(잠정)

단위: 명

50인(억*) 미만   50인(억*) 이상

*건설업은 공사금액 기준

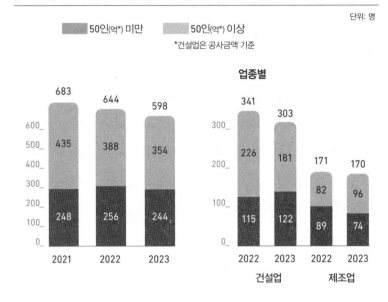

업종별

[그림 36] OLS 키오스크를 사용해 물류 기기 출하를 진행하는 모습

* 출처: 로지스올시스템즈

을 바라보는 태도와 문화에서 시작됩니다. AI와 키오스크는 근로자가 안전을 습관화하고, 건설사가 책임감을 갖도록 만드는 환경 조성 도구로 활용될 수 있습니다. 시민은 관찰자가 아니라, 안전을 직접 모니터링하고 평가하는 주체가 되어야 하며, AI는 위험을 감지하는 도구를 넘어 '안전 가이드'를 제공하는 역할을 해야 합니다. 이러한 변화가 이루어진다면, 우리는 더 이상 사고가 발생한 후 해결책을 찾는 것이 아니라, 사고 자체가 일어나지 않는 환경을 만들 수 있을 것입니다. 이제 우리는 기술 도입이 아닌, 건설 현장의 안전 패러다임을 바꾸는 데 집중해야 합니다.

5장

건강, 교육,
복지와 안전

AI 36.
초중고생
생활 건강관리 앱

중학교 2학년인 민수는 새 학기를 맞아 학교에서 필수적으로 설치한 '생활 건강 앱'을 사용하기 시작했습니다. 매일 아침 학교에 가기 전, 민수는 앱에 접속해 자신의 건강 상태를 점검했습니다. 체력 저하로 인해 운동이 필요하다는 생각을 하던 민수는, 앱의 간단한 질문에 답하며 키와 몸무게를 입력하고 일주일간의 걸음 수와 식사 패턴을 기록했습니다. 일주일 뒤, 민수는 '운동 부족'과 '수면 부족'이라는 결과를 받았고, 이를 해결하기 위한 '일일 5,000보 걷기'와 '정해진 시간에 취침'이라는 추천을 받았습니다. 민수는 알림 기능을 활용해 매일 목표를 지키기 위해 노력했고, 한 달 뒤 긍정적인 변화를 실감하며 규칙적인 운동 습관을 갖게 되었습니다.

고3 수험생인 지영은 수능을 3개월 앞두고 스트레스로 인해 자주 불면증을 겪었습니다. 학기 초에 학교에서 설치를 의무화한 '생활 건강 앱'을 활용하여 매일 아침 정신건강 자가 진단을 진행했습니다. 자가 진단 문항에 답하며 자신의 스트레스 수준과 원인을 분석한 결과, '고위험 스트레스 상태'라는 알림을 받았습니다. 앱은 지영에게 명상 오디오와 심호흡 훈련을 추천하며, 필요한 경우 상담 기능을 통해 도움을 받을 수 있도록 안내했습니다. 지영은 매일 밤 명상을 하고, 기분 일기를 작성하며 자신의 감정을 돌아보기 시작했습니다. 이후 불안감이 점차 줄어드는 것을 느끼며, 감정을 더 잘 이해하게 되었습니다.

[그림 37] 청소년 생활 건강 실태

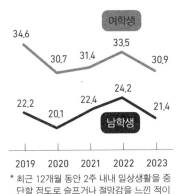

청소년 우울감 경험률(%)
단위: %

* 최근 12개월 동안 2주 내내 일상생활을 중단할 정도로 슬프거나 절망감을 느낀 적이 있는 사람의 비율

청소년 아침식사 결식률(%)
단위: %

* 최근 7일 동안 아침식사를 5일 이상 하지 않은 사람의 비율

* 출처: 교육부, 질병관리청

청소년들의 건강은 개인의 문제만이 아닙니다. 학교와 지역사회, 나아가 국가의 중요한 관심사가 되었습니다. 디지털 환경과 빠른 생활 속도로 인해 청소년들은 신체 활동 감소와 정신적 스트레스 증가라는 이중적 문제에 직면하고 있습니다. 이를 해결하기 위해 교육부가 학생들이 학기 초에 의무적으로 설치하고 사용하는 '생활 건강 앱'을 개발하여 모든 학생이 자신의 건강 상태를 체계적으로 확인하고 관리할 수 있는 환경을 조성하기를 제안합니다.

'생활 건강 앱'은 학생 개개인의 신체 및 정신건강 상태를 실시간으로 점검할 수 있는 자가 진단 기능을 포함하며, 개인 맞춤형 건강관리와 실질적인 개선을 지원합니다. 이 앱은 학생들이 건강한 생활 습관을 형성하도록 돕고, 학교와 학부모가 건강관리에 적극적으로 참여할 기회를 제공할 것입니다.

학생들이 학기 초에 앱을 반드시 설치하고 일상에서 간편히 사용할 수 있도록 설계해야 합니다. 학생들은 매일 아침 앱을 통해 자신의 신체 및 정신건강 상태를 점검하고, 체온, 컨디션, 전날 신체 활동 등의 데이터를 입력하며 건강 목표를 설정합니다. 이렇게 수집된 데이터는 클라우드에 안전하게 저장되며, 교육부와 학부모가 필요할 때 적절히 개입할 수 있도록 보고됩니다.

AI는 학생들의 데이터를 분석하여 맞춤형 건강 조언을 제공합니다. 예를 들어, 수면 부족으로 인해 피로도가 높아진 경우 간단한 스트레칭과 이완 운동을 추천합니다. 또한, AI 챗봇 기능을 통해 학생들의 심리적 부담을 덜어줄 수 있습니다. 이러한 기능은 학생들의 건강을 전반적으로 관리하는 데 실질적인 도움을 줄 수 있습니다.

[그림 38] 교육부가 2020년에 운영한 '건강상태 자가진단' 앱

* 2020년 코로나바이러스 19 발생 직후, 교육부가 전국의 초중고 학생이 기상 후 의무적으로 건강 상태를 체크하는 〈건강상태 자가진단〉 앱을 운영했었다. 이를 다시 활성화하여 사용할 수 있다.

[표 16] 생활 건강 앱의 기대 효과

항목	생활 건강 앱 사용 학생	비사용 학생
신체건강 지표	매일 아침 건강 점검 및 자가 진단, 규칙적인 운동 기록	건강 상태 점검 부족, 운동량 부족
정신건강 지표	스트레스, 불안 등 자가 진단 결과에 따른 맞춤형 조언 제공	스트레스와 불안에 대한 관리 부족
건강관리 습관	건강 목표를 설정하고 일일 관리 목표를 달성	건강관리 습관 형성이 어려움
학업 성취도	체력과 집중력 향상으로 성적 향상	체력 저하로 학업 집중력 저하
부모 및 교사의 지원	데이터 기반으로 효과적인 피드백 제공	문제 발생 시 사후 지원에 한정

[그림 39] 청소년 체육 활동 실태

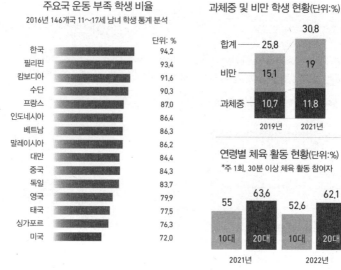

주요국 운동 부족 학생 비율
2016년 146개국 11~17세 남녀 학생 통계 분석

	단위: %
한국	94.2
필리핀	93.4
캄보디아	91.6
수단	90.3
프랑스	87.0
인도네시아	86.4
베트남	86.3
말레이시아	86.2
대만	84.4
중국	84.3
독일	83.7
영국	79.9
태국	77.5
싱가포르	76.3
미국	72.0

과체중 및 비만 학생 현황(단위:%)

	2019년	2021년
합계	25.8	30.8
비만	15.1	19
과체중	10.7	11.8

연령별 체육 활동 현황(단위:%)
*주 1회, 30분 이상 체육 활동 참여자

	2021년		2022년	
	10대	20대	10대	20대
	55	63.6	52.6	62.1

* 출처: 교육부, 문화체육관광부, 연합뉴스, 세계일보

그리고 AI는 학생들의 건강 데이터를 장기적으로 분석하여 트렌드를 파악하고, 이를 통해 더욱 개인화된 건강관리 서비스를 제공합니다. 예를 들어, 특정 시기나 환경에서 공통적으로 나타나는 건강 문제를 예측하고 예방 조치를 제안할 수 있습니다. 또한, 학교나 지역사회 차원에서 건강 캠페인을 효율적으로 계획하고 실행할 수 있도록 자료를 제공합니다.

이 앱을 통해 학생들은 자신의 건강 상태를 더 잘 이해하고 스스로 관리할 수 있는 역량을 키울 수 있습니다. 또한, 교육부와 학교는 데이터를 기반으로 건강 관련 정책과 프로그램을 개선할 수 있으며, 학부모와 교사는 학생들의 건강 상태를 보다 효과적으로 지

[그림 40] 청소년이 직접 개발한 정신건강 앱

* 이 '건강 앱'은 아들 최경준의 아이디어이며 동의를 얻어 실음.

원할 수 있습니다.

  '생활 건강 앱'은 학생 개인의 건강관리뿐만 아니라 국가적 차원의 건강 증진을 위한 중요한 도구로 자리 잡을 잠재력이 있습니다. 이 앱의 도입은 학생들의 신체 및 정신건강을 체계적으로 지원하며, 건강한 미래 세대를 만들어가는 데 기여할 것입니다.

AI 37.
고용노동부의
'AI 일자리 대체 및 창출 의무제'

서울의 한 중견 제조업체에서 10년 넘게 근무하던 김성민 씨는 몇 년 전까지만 해도 AI 자동화에 대한 뉴스를 볼 때마다 불안감을 느꼈습니다. AI가 도입되면 자신의 일이 사라질지도 모른다는 걱정 때문이었습니다. 하지만 정부의 'AI 일자리 대체 및 창출 의무제'가 시행되면서 상황은 달라졌습니다.

회사는 AI 도입 계획을 정부에 보고해야 했고, 대체될 직무에 대한 분석과 함께 새로운 AI 협업 직군을 창출해야 했습니다. 기존 단순 조립 업무를 담당하던 김성민 씨는 회사의 AI-인간 협업형 직무 전환 프로그램을 통해 '스마트 공장 운영 관리자'로 재교육을 받게 되었습니다. 이 과정에서 그는 AI 공정 관리 시스템을 이해하고 운영하는 방법을 배우며 새로운 직무에 적응해나갔습니다. 단순 반복 작업은 AI가 맡았지만, 그는 AI가 원활하게 작동하는지 모니터링하고 오류 발생 시 이를 해결하는 중요한 역할을 맡았습니다.

한편, 같은 공장에서 일하던 최지현 씨는 물류 부서에서 근무하고 있었습니다. AI가 창고 관리 및 배송 시스템을 자동화하면서 그녀의 기존 업무는 줄어들었지만, 정부의 정책 덕분에 회사는 'AI 물류 데이터 분석가'라는 새로운 직군을 만들었습니다. 최지현 씨는 AI가 수집한 데이터를 분석하고 최적의 배송 경로를 설계하는 역할을 맡게 되었습니다. AI와 협업하는 방식으로 일이 바뀌었지만, 그녀의 경험과 새로운 기술이 결합하면서 업무의 효율성이 더 높아졌습니다.

기업들이 정부의 'AI 일자리 창출 목표제'에 따라 일정 비율 이상의 AI 협업형 직군을 창출해야 했기 때문에, 성민 씨와 지현 씨뿐만 아니라 수많은 노동자가 AI 도입으로 인해 실직하는 것이 아니라 새로운 직업을 얻을 수 있었습니다. 또한, AI가 불러올 변화에 대비해 정부는 'AI 직업 전환 지원 센터'를 운영하며 다양한 산업에서 필요한 AI 협업 직군 교육을 제공했습니다. 덕분에 한때 실업 위기를 걱정했던 사람들은 새로운 기회를 얻을 수 있었습니다.

정부는 단순히 기업의 AI 도입을 규제하는 것이 아니라, 기업과 노동자들이 변화에 적응할 수 있도록 지원하는 다양한 정책을 병행하고 있습니다. 우선, AI가 도입되면서 노동자들이 직무를 잃지 않도록 맞춤형 교육과 재훈련을 위한 'AI 직업 전환 바우처'를 제공하고 있으며, 이를 통해 노동자들은 무료로 AI 기술을 학습하고 새로운 직군으로 이동할 기회를 얻고 있습니다. 또한, 정부는 AI를 도입한 기업들이 'AI-인간 협업 직군'의 필요성을 충족할 수 있도록 세제 감면과 연구개발 지원을 확대하고 있습니다. 기업들이 새로운 AI 협업 일자리를 창출할 경우, 이에 대한 인센티브를 제공하는 것이 핵심입니다.

그뿐만 아니라, 정부는 AI가 빠르게 도입되는 산업과 직군을 실시간으로 분석하고 있으며, 'AI 노동시장 데이터 플랫폼'을 통해 지역별·산업별 일자리 변화 추이를 예측하고 있습니다. 이를 바탕으로, 특정 산업에서 일자리가 급격히 줄어들 가능성이 있는 경우, 선제적으로 새로운 직무 전환 프로그램을 시행하고 해당 산업 노동자들을 AI 협업형 직군으로 이동시키는 전략을 추진하고 있습니다. 덕분에 AI 도입으로 인한 노동시장의 충격을 최소화할 수 있었습니다. 이러한 정책을 통해 노동자들이 예측 가능한 환경 속에서 변화에 대비할 수 있도록 돕고 있습니다.

서울뿐만 아니라 전국 곳곳에서도 비슷한 변화가 일어났습니다. AI가 기존의 일자리를 대체하는 속도가 빨라졌지만, 동시에 AI를 관리하고 협업하는 새로운 직무들이 계속해서 생겨나면서 노동자들은 실업자가 되는 것이 아니라 시대 변화에 맞춰 적응하게 되었습니다. 과거에는 기술 발전이 인간의 일자리를 빼앗을 것이라는 걱정이 많았지만, 이제는 AI와 인간이 함께 일하는 것이 더 자연스러워졌습니다. AI는 단순 노동을 대신하면서 인간이 더 창의적이고 복합적인 문제 해결에 집중할 수 있도록 돕는 도구가 되었고, 정부의 적극적인 정책 지원 덕분에 기술 변화가 실업을 유발하지 않고 오히려 새로운 일자리를 창출하는 계기가 되었습니다.

이제 김성민 씨는 AI 자동화에 대한 두려움 대신, 더 나은 업무 환경과 성장 기회를 얻은 것에 감사하고 있습니다. 그는 "AI가 우리 일자리를 없애는 것이 아니라, 새로운 기회를 만들어 주는 것"이라는 말을 실감하며, 같은 고민을 하는 후배 직원들에게 변화를 두려워하지 말라고 조언하고 있습니다. AI 시대의 노동시장 변화는 피할 수 없는 현실이지만, 어떻게 준비하느냐에 따라 그 결과는 전혀 달라질 수 있습니다. 정부의 지속적인 지원과 기업의 변화 적응 노력이 함께할 때, AI는 노동시장의 위기가 아닌 기회의 문을 여는 열쇠가 될 것입니다.

AI의 사회경제적 도입이 가속화되면서 기존 일자리 감소가 예상되는 가운데, 고용노동부가 AI 자동화로 인한 직업 전환과 새로운 일자리 창출을 유도하는 정책을 마련해야 합니다. 단순한 실업 대책이 아니라 'AI-인간 공존 노동시장'을 체계적으로 설계하는 전략이 필요하며, 이를 위해 AI 도입 기업의 일자리 창출을 의무화하는 제도를 도입하고, 실업 예방과 직업 전환 지원을 위한 시스템을 구축해야 합니다. 세계경제포럼(WEF)이 2025년 1월 발표한 「미래 일자리 보고서 2025」에 따르면, AI 기술 진보로 인해 2030년까지 1억 7,000만 개의 새로운 일자리가 생기고 9,200만 개의 일자리가 사라져, 전 세계 일자리의 약 22%가 변동될 것이라고 합니다. 이는 AI 도입이 일자리 감소뿐만 아니라 새로운 일자리 창출의 기회도 제공함을 의미합니다. 따라서 AI와 인간이 협력하는 노동시장을 구축하는 방향으로 정책을 설계해야 합니다.

AI 자동화가 모든 산업에 동일한 영향을 미치는 것은 아닙니다. 단순 반복 업무가 많은 제조업과 금융업은 AI에 의해 빠르게 대체될 가능성이 크지만, 창의적 문제 해결 능력이 요구되는 직무는 AI가 완전히 대체하기 어려운 특성이 있습니다. 따라서 직업별·산업별 AI 대체 위험을 정밀 분석하여 맞춤형 정책을 마련해야 합니다. 이를 위해 'AI 직업 변화 빅데이터 센터'를 설립하여 산업별 AI 도입 현황, 직업별 자동화 가능성, AI 기술 발전 속도를 종합적으로 분석하는 'AI 일자리 빅데이터 플랫폼'을 구축해야 합니다. 또한, 글로벌 및 국내 AI 자동화 트렌드를 실시간으로 분석하여 사라질 가능성이 큰 직업군 및 산업군을 사전 예측하며, 'AI 대체 위험 지수'를 개발하여 직업별 AI 대체율 및 대체 시점을 예측할 필요가 있습니다. 일정 규모 이상의 기업(예. 종업원 300명 이상)은 AI 자동화를 도입할 경우 고용노동부에 미리 보고하도록 법제화하고, 기업이 AI 도입 시 대체될 직무와 예상 절감 비용을 분석하여 제출하도록 하여, 정부가 AI 도입 시 일자리 창출을 고려할 수 있도록 가이드라인을 제공해야 합니다.

세계경제포럼은 자동화 기술이 인간을 대체하는 분야로 회계, 데이터 입력, 급여 서비스와 같은 사무 직종을 선정하였으며, 데이터 분석가, AI 기계학습 전문가, 소프트웨어 및 응용프로그램 개발자, 정보보안 분석가 등이 새로운 일자리로 부상할 것으로 전망하고 있습니다.

이러한 변화를 반영하여 'AI 대체 일자리 창출 목표제'를 도입하여 AI가 일자리를 대체할 경우 해당 기업이 최소 50% 이상의 신규 일자리를 창출하도록 유도해야 합니다. 예를 들어, AI가 100명의 노동을 대체하는 경우 최소 50명 이상을 AI 협업 직군으로 재배치하거나, AI 일자리 전환 기금에 기부하도록 하는 방식이 가능합니다. 이를 위해 고용노동부는 'AI-인간 협업형 일자리 설계 기준'을 수립하고, 제조업, 금융업, 법률업, 의료업, 공공행정 등 각 산업군에 특화된 AI 협업 일자리 모델을 정부 차원에서 제안해야 합니다. 기업이 AI 도입 시 참고할 수 있도록 'AI 대체-보완 직업 매핑 표준'을 개발하여 배포하며, 예를 들어 'AI 기반 법률 서비스' 확산 시 기존 법률 보조원을 'AI 법률 시스템 검수 전문가'로 전환하는 방안을 마련해야 합니다.

AI가 일자리 창출의 기회를 제공한다고 해도, 기업이 이를 수용하기까지는 상당한 비용 부담이 발생할 수 있습니다. 따라서 AI 도입 기업이 정부의 재정적 지원을 받을 수 있는 인센티브 구조를 설계하는 것이 필수적입니다. 예를 들어, 'AI-인간 협업 직무 개발 지원금'을 신설하여 AI 협업 일자리를 창출한 기업에 세제 혜택을 제공하는 방안을 고려할 수 있습니다. 미국은 AI 도입 전환기를 대비하여 빈곤 가정을 위한 지원 프로그램을 강화하고, 새로운 일자리 창출에 대비하고 있습니다. 이는 AI 도입으로 인한 일자리 변화에 대응하기 위한 사회 안전망 구축이 중요함을 시사합니다.

세계경제포럼은 AI로 인한 노동시장 변화에 대한 정기적인 분석과 보고를 통해 산업별 AI 자동화 진행 상황, 대체된 직업 수, 신규 창출된 AI 협업 직업 수 등의 데이터를 제공하고 있습니다. 이것은 AI 도입의 영향을 지속적으로 모니터링하고 정책을 개선하는 데 중요한 참고가 됩니다.

AI는 자동화 기술에만 그치지 않고, 인간의 노동을 보완하고 향상시키는 도구가 되어야 합니다. 이를 위해 고용노동부는 AI 도입으로 인한 일자리 문제를 단순한 실업 문제로 접근하지 않고 AI와 인간이 공존하는 노동시장을 구축하는 방향으로 정책을 설계해야 합니다. 이를 위해 AI 자동화로 인해 사라질 일자리를 사전에 예측하는 빅데이터 기반 정책을 마련하고, AI 도입 기업의 일자리 창출을 의무화하며, 실업을 예방하기 위한 AI 직업 전환 지원 센터 운영과 맞춤형 교육 제공을 추진해야 합니다. 또한, 'AI 일자리 전환 기금'과 'AI 실업보험'을 도입하여 사회 안전망을 강화하고, AI 노동시장 변화를 실시간으로 모니터링하여 지속적인 정책 보완과 개선을 수행해야 합니다. 이러한 전략을 통해 AI가 인간 노동을 빼앗는 것이 아니라, 인간 노동을 향상시키는 방향으로 정책을 설계하는 것이 핵심입니다.

AI 38.

AI 기반
참여소득

AI와 참여소득이 결합된 성공적인 사례를 가정해보겠습니다. 한 지방자치단체는 지역 하천의 쓰레기 문제를 해결하기 위해 AI 기반 참여소득 제도를 도입했습니다. 참여자는 모바일 앱에서 환경 정화 활동을 신청하고, 실제 활동 후 수거한 쓰레기의 사진과 데이터를 업로드합니다. AI는 업로드된 데이터를 분석해 활동의 진위와 기여도를 평가하고, 즉시 소득을 지급합니다.

이 시스템은 참여율을 크게 높였으며, 지역 하천의 환경 상태가 빠르게 개선되었습니다. 동시에 AI는 데이터를 통해 특정 구역에서 쓰레기량이 급증하는 패턴을 발견하고, 이를 해결하기 위한 추가 캠페인을 제안했습니다. 이러한 가상 사례는 AI가 참여소득의 효율성과 효과성을 증명하며, 정책의 실질적 성과를 높일 수 있음을 예측하게 합니다.

사회적 연대와 경제적 포용을 위한 새로운 대안

우리 사회의 빈부격차와 불평등이 심화되면서, 이를 해결하기 위한 다양한 정책적 대안이 모색되어왔습니다. 그중 하나로 주목받는 것이 바로 참여소득입니다. 기본소득이 모든 국민에게 조건 없이 소득을 지급하는 방식이라면, 참여소득은 일정한 사회적 기여나 참여를 조건으로 소득을 지급하는 제도입니다. 이 제도는 사회적 가치 창출과 연대를 강화하며, 경제적 포용을 실현할 수 있는 새로운 복지 패러다임으로 떠오르고 있습니다.

그러나 참여소득의 실효성과 공정성을 담보하려면 여러 과제가 존재합니다. 어떤 활동을 인정할 것인지, 부정행위를 방지할 수 있을지, 행정 효율성을 어떻게 확보할지 등 다방면의 도전 과제가 이를 둘러싸고 있습니다. 이러한 문제를 해결하는 열쇠가 바로 AI입니다. AI 기술을 적극적으로 활용한다면 참여소득 제도의 설계와

[그림 41] 참여소득 찬반 여론조사 결과

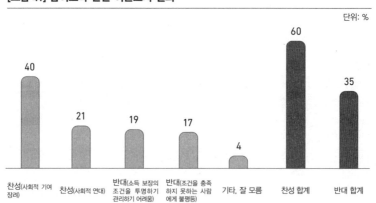

운영이 한층 더 효율적이고 신뢰성 있게 이루어질 수 있습니다.

AI로 참여소득의 투명성과 효율성을 확보할 수 있습니다. 참여소득 제도는 본질적으로 개인의 사회적 기여를 평가하고 이에 대해 적절한 보상을 지급하는 과정이 핵심입니다. 이 과정에서 AI는 여러 역할을 할 수 있습니다.

첫째, 참여 자격과 활동 데이터 관리입니다. 참여자가 자원봉사, 환경 정화, 지역사회 프로젝트 등 다양한 사회적 활동을 수행하면, AI 기반 데이터 수집 및 분석 시스템이 이를 자동으로 기록하고 검증합니다. 예를 들어, 모바일 애플리케이션을 통해 참여자는 자신의 활동을 업로드하고, AI는 이를 평가해 유효성을 확인합니다. 활동 장소, 시간, 사진 등의 데이터를 분석해 신뢰할 수 있는 결과를 도출하며, 행정 비용을 줄이고 평가 과정을 간소화합니다. 이러한 시스템은 활동이 제대로 인정받는다는 신뢰감을 형성하며 더 많은 사람의 참여를 이끌어냅니다.

둘째, 부정행위의 감지와 예방입니다. 참여소득이 정착되기 위해서는 부정행위를 방지하는 것이 필수적입니다. AI는 데이터 패턴을 분석해 허위 보고나 중복 활동 기록을 실시간으로 탐지할 수 있습니다. 예를 들어, 특정 참여자가 비정상적으로 긴 활동 시간을 기록하거나 동일한 보고서를 여러 번 제출하면, AI가 이를 자동으로 탐지하고 추가 검증을 요청할 수 있습니다. 이는 제도 신뢰도를 높이는 데 기여할 것입니다.

셋째, 맞춤형 참여 추천 시스템입니다. AI는 참여자의 관심사, 위치, 능력, 과거 활동 데이터를 분석해 적합한 참여 기회를 추천합니다. 예를 들어, 환경보호에 관심 있는 참여자에게는 지역 쓰레기 분리수거 캠페인을 추천하고, 고령자에게는 적합한 봉사 활동을 안내합니다. 이와 같은 개인 맞춤형 접근은 참여율을 증가시키고, 활동이 참여자의 강점과 연결되도록 하여 사회적 가치를 극대화합니다.

데이터 기반 정책 개선과 자동화된 소득 지급

AI의 역할은 참여를 기록하고 검증하는 데서 그치지 않습니다. 정책 효과를 분석하고 개선 방향을 제안하는 역할까지 수행할 수 있습니다. 특정 지역의 참여율이 낮다면 AI가 그 원인을 분석하고 (예. 인프라 부족, 홍보 부족 등) 해결책을 제시할 수 있습니다. 이는 정책 설계의 지속 가능성을 높이고 신속한 문제 해결을 지원합니다.

또한, AI를 통해 참여소득 지급 시스템을 완전 자동화할 수 있습니다. 활동 데이터가 시스템에 입력되면 AI가 이를 평가한 후 즉시 소득 지급을 승인합니다. 이 과정은 행정적인 지연을 없애고, 참여자들이 정당한 보상을 신속히 받을 수 있도록 합니다. 지급 지연이 없는 시스템은 정책에 대한 긍정적 경험을 제공하며, 더 많은 사람을 참여로 유도하는 선순환 구조를 만듭니다.

AI와 참여소득의 결합은 기본소득과 선별적 복지의 장점을 결합한 대안적 모델로 평가받을 수 있습니다. 공정성과 효율성을 동시에 확보하고, 정책 운영의 편의성과 신속성을 강화하는 AI는 참여소득의 성공 가능성을 높이는 핵심 기술입니다. 특히, 데이터 기반의 정책 설계와 투명한 검증 시스템은 국민의 신뢰를 확보하는 데 필수적입니다.

이제 복지 정책은 기술의 진보와 함께 더 진화할 수 있습니다. 참여소득 제도는 AI를 통해 사회적 연대와 경제적 포용을 실현하는 혁신적이고 지속 가능한 대안으로 자리 잡을 것입니다. AI를 활용한 참여소득의 도입이 새로운 정책의 시행을 넘어, 국민이 주도적으로 사회적 가치를 창출하는 미래로 나아가는 길을 열어줄 것이라 확신합니다.

AI 기반 맞춤형
평생교육 프로그램

전국 3,550개 읍·면·동
주민 평생교육 프로그램

평생학습은 개인과 사회 모두에게 중요한 가치를 제공하며, 삶의 질 향상과 사회 통합, 경제적 발전, 사회적 평등, 문화 전파, 미래 대비에 기여합니다. 개인적으로는 잠재력 계발과 자기실현을 가능하게 하고, 직업 기회 확대와 정신적 건강 증진에도 도움을 줍니다. 특히 고령층에게는 치매 예방 효과를 제공합니다. 사회적으로는 다양한 배경의 사람들이 공통의 경험을 통해 사회적 통합과 공동체 의식을 높일 수 있으며, 디지털 학습과 이민자 언어 교육 같은 사례는 지역 문제 해결과 교류 증진의 성공적인 모델이 됩니다. 경제적 측면에서는 변화하는 노동시장에 적응할 수 있는 기술과 지식을 제공하여 개인의 경제활동을 지속 가능하게 하고, 국가 생산성을 높이는 데 기여합니다.

또한, 교육 기회를 놓친 사람들에게 배움의 기회를 제공함으로써 교육 격차를 줄이고, 사회적 약자가 더 나은 직업과 소득을 얻도록 돕습니다. 평생학습은 다양한 문화를 이해하고 존중하며, 예술과 언어 학습을 통해 문화적 풍요를 더하고, 환경과 윤리, 공공 의식을 다루는 학습으로 지속 가능한 사회를 위한 시민 의식을 함양합니다. 나아가 디지털 전환 시대에 필요한 역량을 제공하여 변화와 위기에 적응할 수 있는 능력을 키웁니다. 특히, 팬데믹 경험은 원격 학습 등 새로운 방식의 중요성을 재확인시켰습니다.

평생학습은 지식을 습득하는 것을 넘어 개인의 삶의 질을 높이고 사회의 통합과 발전에 기여하며, 경제적 경쟁력을 강화하는 데 중추적인 역할을 합니다. 이는 지속 가능한 미래를 위해 국가와 지역사회 차원에서 적극적으로 장려하고 지원해야 할 필수적인 영역입니다.

그러나 평생학습센터 운영에는 몇 가지 한계도 존재합니다. 첫째, 프로그램 다양성 부족이 문제로 지적됩니다. 일부 지역에서는 주민들의 다양한 학습 욕구를 반영하지 못하고, 제한된 프로그램만을 제공하여 참여율 저하를 초래할 수 있습니다. 둘째, 전문 인력 부족 또한 중요한 문제입니다. 평생교육사의 수급 부족이나 전문성 결여로 인해 프로그램의 질이 저하되거나, 효과적인 운영이 어려운 경우가 있습니다. 셋째, 예산 및 지원 부족 역시 큰 제약으로 작용합니다. 충분한 재정 지원이 이루어지지 않을 경우, 시설 및 프로그램 개발이 제한되고, 이는 학습 환경의 질적 저하로 이어질 수 있습니다. 넷째, 주민 참여 저조 또한 문제로 꼽히며, 이는 홍보 부족이나 프로그램의 매력도 부족에서 기인할 수 있습니다. 주민들의 관심과 참여가 저조하면 평생학습센터의 활성화에 부정적인 영향을 미칩니다.

이러한 문제들을 해결하기 위해서는 지역 특성에 맞는 프로그램 개발, 전문 인력 양성, 충분한 재정 지원, 그리고 주민 참여를 적극적으로 유도하기 위한 홍보와 매력적인 콘텐츠 개발이 필수적입니다. 구체적인 사례는 공식 보고서나 감사 결과 등을 통해 확인할 수 있으며, 이를 바탕으로 더욱 효과적인 개선책을 모색하는 것이 중요합니다.

읍·면·동 평생학습센터에서 AI와 데이터를 활용하면 기존 문제를 효과적으로 해결하고 주민 참여를 증대시킬 수 있습니다. AI는 개인 맞춤형 교육 제공, 효율적인 프로그램 설계, 접근성 및 참여율 개선, 운영 효율성 향상, 성과 측정 및 피드백 자동화, 원격 학습 및 접근성 강화 등 다양한 방식으로 기여할 수 있습니다.

첫째, AI는 개인 맞춤형 교육을 제공하는 데 중요한 역할을 합니다. 현재의 프로그램은 주민 개개인의 요구를 충분히 반영하지 못하는 한계가 있습니다. 이를 해결하기 위해 AI는 학습 추천 시스템을 통해 주민들의 관심사, 연령대, 직업, 학습 이력을 분석하여 개인 맞춤형 프로그램을 추천할 수 있습니다. 또한, 적응형 학습을 통해 학습자의 진도와 수준을 실시간으로 분석하여 개인별 최적화된 학습 과정을 제공함으로써 학습 효율성을 극대화할 수 있습니다.

둘째, AI는 프로그램의 다양성과 효과성을 높이는 데 기여할 수 있습니다. 데이터 기반 기획을 통해 주민 설문, 소셜미디어 데이터, 지역 인구 통계 등을 분석하여 인기 주제와 필요한 교육 프로그램을 설계할 수 있습니다. 또한, 트렌드 예측 기술을 활용해 지역 및 국가 수준의 평생교육 트렌드를 분석하고 미래 수요를 예측함으로써 변화에 선제적으로 대응할 수 있습니다.

셋째, AI는 접근성과 참여율 개선에도 기여할 수 있습니다. AI 챗봇은 주민들이 프로그램 정보를 쉽게 탐색하고 질문할 수 있도록 돕습니다. 또한, 개인의 학습 일정에 맞춘 알림을 자동으로 발송하고, 프로그램 시작 전에 참여 독려 메시지를 전송함으로써 주민들의 참여를 효과적으로 유도할 수 있습니다.

넷째, AI는 운영 효율성을 향상시킬 수 있습니다. 전문 인력과 예산 부족이라는 문제를 해결하기 위해 AI 튜터를 활용하여 강사 부족을 보완할 수 있습니다. 또한, 센터의 운영 데이터를 분석하여 비효율적 요소를 제거하고 예산 사용을 최적화함으로써 행정적 부담을 줄일 수 있습니다.

다섯째, AI는 프로그램의 성과를 체계적으로 측정하고 피드백을 자동화할 수 있습니다. AI는 프로그램 참여율, 학습 만족도, 성과 데이터를 분석하여 운영 개선 방향을 도출할 수 있습니다. 더불어, 학습자는 프로그램 종료 후 AI를 통해 실시간으로 설문에 응답하고, 이를 운영자가 바로 반영할 수 있습니다.

여섯째, AI는 원격 학습과 접근성을 강화할 수 있습니다. AI 기반 온라인 플랫폼은 다양한 학습 콘텐츠를 시간과 장소에 구애받지 않고 제공하여 주민들이 학습 기회를 더욱 쉽게 누릴 수 있도록 합니다. 특히, 고령층과 같은 디지털 취약계층을 위해 AI 도우미 서비스를 제공함으로써 디지털 격차를 해소하고 평생학습 참여를 촉진할 수 있습니다.

이와 같은 AI 활용을 실현하기 위해 적합한 기술과 데이터를 선택하는 것이 중요합니다. 예를 들어, 자연어 처리를 활용하여 주민 설문조사 및 소셜미디어 의견 분석을 통해 학습 요구를 파악하

[표 17] 기존 평생교육과 AI 및 데이터 기반 평생교육 비교

비교 항목	현재 진행 중인 평생교육	AI 및 데이터 기반 평생교육
프로그램 설계 방식	• 담당자가 주민 수요 조사와 경험에 기반하여 기획 • 과거 인기 프로그램을 반복 운영	• AI가 주민 데이터(관심사, 연령대, 학습 이력 등)를 분석하여 맞춤형 프로그램 설계 • 트렌드 예측으로 미래 수요 반영
대상자 맞춤성	• 특정 연령대나 직업군 중심의 제한적 맞춤 • 개별 학습자의 특성 반영 부족	• AI 추천 시스템으로 개인 맞춤형 프로그램 제공 • 학습 수준과 목표에 따라 적응형 학습 가능
운영 효율성	• 강사·예산·시설 부족으로 제한적인 운영 • 수기 행정과 비효율적 자원 배분	• AI로 강사 및 시설 사용 최적화 • 데이터 분석으로 예산 사용 효율 극대화
참여 독려 및 홍보	• 전단지, 현수막, 커뮤니티 게시판 등 오프라인 중심 • 홍보 효과 분석 부족	• AI 기반 자동화 홍보 (개인화된 메시지·SMS·이메일 발송) • SNS 데이터 분석으로 홍보 전략 최적화
학습 제공 방식	• 대부분 오프라인 강좌 중심 • 일부 온라인 강좌는 제한적	• 온·오프라인 융합 학습 제공 • AI 튜터와 챗봇으로 실시간 학습 지원
평가 및 피드백	• 만족도 설문 중심으로 단순 피드백 • 평가 결과 활용도 낮음	• AI가 학습 성과(참여율, 진도, 만족도 등) 실시간 분석 • 즉각적 피드백 제공 및 개선 방향 제안
접근성	• 거주지 근처 평생학습센터에서만 학습 가능 • 디지털 취약계층 지원 부족	• 모바일 플랫폼과 온라인 학습으로 시공간 제약 없음 • 디지털 취약계층을 위한 직관적 인터페이스 제공.
주요 문제점	• 지역별 격차와 운영 편차 큼 • 프로그램 다양성 부족 • 고령층 대상 프로그램 한정적	• AI 도입 초기 비용과 기술 이해 부족 • 데이터 관리와 윤리적 문제 해결 필요
주요 기대 효과	•주민들의 기초 교육 및 소통 기회 제공 •일부 지역에서 지역 공동체 강화	• 프로그램의 다양성과 참여율 증대 • 학습 효과와 운영 효율성 극대화 • 미래 사회 변화에 대비 가능

거나 AI 챗봇을 통해 주민 상담 서비스를 제공할 수 있습니다. 추천 시스템을 사용하여 개인 맞춤형 프로그램을 추천하고, 머신러닝과 딥러닝 분석으로 학습 성과 데이터를 예측하여 효율적인 운영 방안을 도출할 수 있습니다. 데이터 활용 측면에서는 주민등록 인구 통계, 지역별 경제활동 데이터, 교육 프로그램 운영 데이터, 주민 설문 및 만족도 조사 데이터, 소셜미디어 데이터를 종합적으로 분석하여 지역 주민의 요구를 반영한 프로그램을 설계할 수 있습니다.

이와 함께 AI의 다양한 기능 중 음성 인식, 이미지 인식, 예측 모델링 등이 평생학습센터의 개선과 발전에 핵심 역할을 할 수 있습니다. 예를 들어, 음성 인식 기술은 디지털 소외계층을 위한 음성 안내 서비스를 제공할 수 있고, 머신러닝 기반 예측 모델은 학습자의 성과를 미리 분석하여 잠재적 문제를 사전에 해결할 기회를 제공합니다. 이러한 기술의 활용은 평생학습센터를 단순한 학습 공간에서 데이터와 기술로 연결된 학습 허브로 전환시킬 것입니다.

이러한 AI와 데이터 활용은 프로그램의 개인화 및 다양화를 실현하고, 참여율과 만족도를 높이며, 행정 및 재정의 효율성을 증대시키는 데 기여할 것입니다. 또한, 지역 간 평생학습 불균형을 해소하고 미래 학습 수요에 선제적으로 대응할 수 있는 기반을 마련함으로써 읍·면·동 평생학습센터가 주민들의 학습 요구를 더욱 효과적으로 충족시킬 수 있을 것입니다. AI 기술과 데이터를 적극적으로 활용한다면 평생학습의 새로운 도약이 가능할 것입니다. 여러분의 지역 평생학습센터가 어떤 변화를 통해 더 나은 미래를 만들 수 있을지 상상해보세요.

AI 40.
AI 시대 필수,
헌법 교육 의무화

한정의 씨는 초등학교 때부터 헌법 교육을 받으며 성장했습니다. 그는 헌법 수업을 통해 기본권과 법치주의의 가치를 배우고, 이를 실생활에서 어떻게 적용할 수 있을지 고민하기 시작했습니다. 중학교 시절, 그는 모의 법정을 통해 헌법적 사고방식을 실제 사례에 적용하며 사회문제를 바라보는 관점을 넓혔습니다. 고등학교 때는 디지털 윤리 워크숍에 참여해 AI와 헌법의 연관성을 탐구하며 기술이 공공의 이익을 위해 활용될 수 있다는 신념을 가지게 되었습니다.

대학생이 된 그는 AI 개발을 전공하며 동시에 헌법과 관련된 선택 과목을 수강했습니다. 그가 속한 연구팀은 지역 의료 서비스 개선을 위한 AI 기반 프로젝트를 진행했는데, 이 과정에서 그는 헌법 제10조(인간의 존엄과 가치)를 핵심 가치로 삼아 AI 시스템을 설계했습니다.

그러던 중, 그는 대규모 AI 시스템이 개발 및 운영 과정에서 소외계층에게 불리하게 작용할 수 있음을 발견했습니다. 특히 의료 데이터의 편향성이 정확한 진단을 방해하고, 일부 지역 주민들이 AI 의료 서비스 접근에서 배제되는 문제를 파악했습니다. 그는 이 문제를 공공의 안녕을 침해하는 심각한 사회적 도전으로 인식하고 과감하게 문제를 제기했습니다.

그는 먼저 학내 연구팀과 함께 문제의 심각성을 데이터로 증명하고, 이를 언론과 소셜미디어를 통해 알렸습니다. 동시에 그는 지방정부와 의료기관에 이 문제를 공론화하고, 헌법적 가치를 기반으로 한 해결책을 제안했습니다. 그는 AI 알고리즘의 편향성을 줄이고, 소외계층도 동등하게 혜택을 받을 수 있도록 의료 데이터를 재구성하는 정책을 마련하도록 촉구했습니다.

그의 노력은 시민사회의 큰 호응을 얻었고, 정부는 그를 디지털 헌법 자문위원으로 임명했습니다. 그는 헌법적 가치를 반영한 AI 윤리 지침을 마련하고, 데이터 공정성을 확보하기 위한 새로운 법안을 제안했습니다. 또한, 그는 TED에서 'AI와 헌법: 기술은 어떻게 모두를 위한 것이 될 수 있는가'를 주제로 강연하며 기술이 공공의 이익을 위해 작동하도록 만드는 데 헌법적 사고가 필수적임을 강조했습니다.

AI와 디지털 사회로의 전환 속에서 헌법적 가치와 공공 정신을 내면화한 창의적이고 책임감 있는 인재 양성이 중요해졌습니다. 이를 위해 초·중·고등학교의 헌법 교육을 의무화하여 미래 사회를 이끌어갈 공공 인재를 육성하고, 인간 중심의 AI 발전 방향을 설정하기 위한 기초를 마련하여야 합니다. AI 기술 발전과 디지털 사회로의 급속한 전환은 다양한 법적·윤리적 쟁점을 동반하고 있습니

다. 이러한 도전 과제를 해결하기 위해 미래 세대는 헌법적 가치와 법치주의 원칙을 내면화할 필요가 있습니다.

현재 한국의 초·중·고 교육과정에서는 헌법 교육이 체계적으로 이루어지지 않고 있으며, 이는 공공 정신과 시민 의식 함양에 한계를 드러내고 있습니다. 예를 들어, 독일과 핀란드는 시민 교육과 헌법 교육을 필수화함으로써 시민사회의 성숙을 앞당기는 모범적인 사례를 보여주고 있습니다. 헌법 교육은 공공 정신을 키우고 법적 사고력을 강화하며, 디지털 사회에서 윤리적 나침반을 제공하는 데 중요한 역할을 합니다.

이 기획은 초·중·고 교육과정에 헌법 교육을 체계적으로 포함시켜 학생들이 기본권, 사회적 책임, 법치주의 원칙 등을 이해하도록 돕는 데 중점을 둡니다. 이를 통해 공공 정신을 함양하고 법적 사고력과 윤리적 판단 능력을 강화할 수 있도록 합니다. 초등학교, 중학교, 고등학교 학생 전원을 대상으로 하는 헌법 교육의 목표는 헌법적 가치와 기본권에 대한 이해를 돕고, 민주주의 원칙과 법적 사고력을 함양하며, AI와 디지털 사회에서의 윤리적 기준을 정립하고, 공공 인재로서의 책임 의식을 고취하는 데 있습니다.

학년별 수준에 맞는 사례 중심 교육, 모의 법정 활동 및 디지털 윤리 워크숍, AI 및 헌법과 관련된 최신 사례 학습과 같은 다양한 방법으로 교육이 이루어질 것입니다. 평가 방식은 창의적 프로젝트 발표, 토론 및 에세이 작성, 사례 기반의 문제 해결 평가를 포함하며, 교육 자료는 AI와 관련된 법적 쟁점 사례집과 헌법 조문 분석 자료 등으로 구성됩니다.

헌법 교육을 통해 공공 분야에서의 인재 양성, 시민 의식 함양,

디지털 사회에서의 윤리적 판단 능력 강화가 기대됩니다. AI 시대를 대비한 인재 양성과 민주사회의 성숙, 공공 정신 내재화 등 장기적 관점에서 긍정적인 영향을 미칠 것입니다. 이를 위해 단계별 추진 계획이 필요합니다. 1단계에서는 시범학교 운영을 통해 기초를 다지고, 2단계에서 교과목 개발 및 교사 연수를 진행하며, 3단계에서 전국적으로 확대하는 방안을 제안합니다. 또한, 교육 자료 제작, 교사 연수, 교육 프로그램 운영 등에 필요한 예산 책정과 자원 배분을 체계화해야 합니다.

헌법 교육의 흥미를 높이기 위해 학생들이 참여할 수 있는 창의적인 학습 활동을 제안합니다. 예를 들어, AI 헌법 제정 모의 법안 작성 대회나 VR 기반 헌법 체험 프로그램은 학생들의 참여를 이끌어내는 흥미로운 활동이 될 수 있습니다. 더불어, 학생들이 헌법 교육에 직접 의견을 제시하거나 커리큘럼에 참여할 기회를 제공함으로써 참여도를 높일 수 있습니다.

교육 관계자를 대상으로 교사 연수 프로그램을 운영하고 교육 자료를 제공하며, 학생들에게는 흥미를 유발할 수 있는 디지털 콘텐츠를 제작하여 제공합니다. 학부모와 지역사회와의 협력을 위해 지역사회 참여 프로그램을 개발하고 학부모 대상 설명회를 개최하며, 정책적 소통을 위해 교육부 및 관련 기관과의 협력과 정책 토론회를 추진하는 게 좋습니다.

교육의 성과를 측정하기 위해 학생들의 법적 사고력 증가, 공공 정신 함양 여부, 교육 만족도 등을 지표로 삼아 성과를 평가하고, 교육 결과에 대한 피드백을 수집하며 지속적으로 개선할 계획을 수립합니다. 초·중·고 헌법 교육 의무화는 디지털 시대의 공공 정신을 튼튼히 세우며, AI가 이끄는 새로운 시대에서 윤리적 나침반이 될 미래 인재를 육성하는 초석이 될 것입니다. 이는 교육의 차원을 넘어 시대의 도전 과제를 품고 나아가는 민주사회의 나래를 펼치는 길잡이가 될 것입니다.

AI 41.

AI 시대의 양 날개,
포용과 혁신

AI 발전과 신뢰 기반 조성 등에 관한 기본법과 디지털 포용법

AI 정부는 기술 혁신뿐 아니라, AI를 통해 국민의 삶을 변화시키고 사회적 연대와 공공선을 실현하는 것을 목표로 삼아야 합니다. 이를 위해 국회와 정부는 '인공지능 발전과 신뢰 기반 조성 등에 관한 기본법(AI 기본법)'과 '디지털 포용법'을 제정하였습니다. AI 기술의 발전은 디지털 포용 정책을 강화하는 기반이 되며, 디지털 포용은 AI 기술이 사회적으로 수용되고 신뢰를 얻을 수 있도록 돕는 역할을 합니다. 이 두 가지 법안이 상호 보완적으로 작동할 때, AI 기술은 경제 성장뿐만 아니라 사회적 형평성과 공공복지를 증진하는 방향으로 나아갈 수 있습니다.

AI 기본법은 대한민국의 AI 정책이 기술 혁신과 신뢰성을 동시에 고려하도록 설계되었으며, 국민의 권익 보호와 국가 경쟁력 강화를 목표로 합니다. AI 기술과 산업이 건전하게 발전할 수 있도록 지원하는 동시에, 사회적 책임과 윤리를 고려한 규제 체계를 마련합니다. 이를 위해 국가인공지능위원회·인공지능정책센터·인공지능안전연구소를 운영하며 AI 기술 개발, 연구, 표준화, 전문 인력 양성, 창업 및 중소기업 지원을 강화하는 방안을 추진합니다. 또한, AI 윤리 원칙을 수립하고 민간자율인공지능윤리위원회를 통해 윤리 가이드라인 준수를 유도하며, 고영향 AI의 안전성을 평가하고 투명성을 보장하기 위한 규제 체계를 마련합니다. AI 기술이 특정 기업의 독점적 자산이 아니라 사회적 공공재로 기능하도록 하기 위함입니다.

디지털 포용법은 AI 기술의 혜택이 특정 계층에 국한되지 않고 모든 국민이 공정한 기회를 가질 수 있도록 법적·제도적 기반을 마련하는 역할을 합니다. 사회적 평등과 경제적 기회를 제공하는 것을 목표로 하며, 정부가 주기적으로 디지털 포용 기본계획과 시행 계획을 수립하도록 규정합니다. 디지털 역량 강화를 위한 교육 프로그램을 개발하고, 취약계층을 위한 일자리 지원을 확대하며, 디지털 서비스 및 제품의 접근성을 보장하기 위한 품질 인증 제도를 도입합니다. 또한, 디지털 경제 생태계의 형평성을 유지하기 위한 다양한 정책을 추진합니다. AI 기술이 디지털 포용을 강화하는 데 중요한 역할을 하므로, AI 기본법과 디지털 포용법은 상호 보완적 관계를 형성해야 합니다. 특히, AI 기술이 노동시장의 구조 변화를 촉진하는 상황에서, 실업과 불평등을 해소할 수 있는 대책을 법적으로 마련할 필요가 있습니다.

AI 기술이 생산성 향상과 경제적 이익에만 머무르지 않고, 국민 개개인의 삶을 개선하고 사회적 연대를 강화하는 방향으로 작동하도록 해야 합니다. 이를 위해 공공 AI 데이터를 국민이 자유롭게 활용할 수 있도록 개방하고, AI 기반의 의료·교육·복지 서비스를 공정하게 제공하며, 특정 대기업이 AI 기술을 독점하지 않도록 거버넌스를 설계해야 합니다. AI 정부는 규제 기구가 아니라, 국민과 함께 AI 거버넌스를 설계하는 협력적 구조를 구축하는 방향으로 나아가야 합니다. 이를 위해 '시민 참여형 AI 공론화 플랫폼'을 운영하여 시민사회, 학계, 기업, 노동자, AI 연구자 등이 정책 결정 과정에 참여하도록 하며, AI 윤리 준수를 시민이 직접 감시하고 평가할 수 있는 체계를 마련해야 합니다.

AI 산업 육성을 넘어 공공 AI 혁신을 추진해야 합니다. 이를 위해 AI 기반 행정 자동화, 소외계층 지원, AI 법률 상담 서비스 확대, 기후 위기 대응 정책을 도입하는 방안을 고려해야 합니다. 또한, AI가 노동 환경을 개선하고 불평등을 해소할 수 있도록 활용하는 방안을 함께 모색해야 합니다. AI 기술이 인간을 대체하는 것이 아니라, 인간과 협력하여 공공 가치를 창출하는 방향으로 발전해야 합니다.

AI 정부는 AI 윤리를 법적 강제력에 의존하는 것이 아니라, 사회적 합의를 바탕으로 형성되는 공동체적 가치로 발전시켜야 합니다. 이를 위해 AI 윤리 기준을 시민과 개발자가 공동으로 수립하는 사회적 합의 과정으로 만들고, AI 윤리 교육과 공론화를 지속적으로 추진해야 합니다. AI 윤리는 특정 기관이나 기업이 독점해서는 안 되며, 사회 전체가 함께 논의하고 조율하는 방향으로 정립해야 합니다. 시민이 직접 참여하는 AI 윤리 감시 체계를 구축하고, AI 기술이 민주적 거버넌스를 강화하는 방향으로 작동할 수 있도록 해야 합니다.

정부가 기술적 혁신을 넘어 공공의 이익을 위한 AI, 시민이 주도하는 AI, 인간과 협력하는 AI를 구축할 때, 책임 있는 AI 사회를 실현할 수 있을 것입니다. AI 기본법과 디지털 포용법이 제시하는 정책적 틀을 바탕으로, AI 정부는 산업적 발전이 아닌 국민의 삶을 실질적으로 변화시키는 방향으로 나아가야 합니다. 공공 AI 혁신, 디지털 복지를 통한 형평성 보장, AI 기반 노동 보호 정책 수립 등의 적극적인 개입을 통해 AI가 사회적 변화를 이끄는 핵심 동력이 되도록 만들어야 합니다.

AI는 학습 도구를 넘어, 협력과 포용을 이끄는 연결의 힘

AI가 인간 중심적으로 발전해야 한다는 AI 기본법과 디지털 환경에서 모든 사람이 동등한 기회를 누려야 한다는 디지털 포용법의 철학은 교육 혁신과 어떻게 연결될까요?

AI 기반 협력형 열린 학습 플랫폼:
AI와 인간이 함께 배우고 성장하는 열린 교육 생태계

AI는 개별 학습을 지원하는 것을 넘어, 학습자 간 협력을 촉진하고 학습 공동체를 형성하는 방향으로 발전해야 합니다. 기존 AI 학습 시스템이 개인별 맞춤형 지원에 초점을 맞췄다면, 새로운 플랫폼은 학습자 간 연결을 강화하는 AI를 목표로 삼아야 합니다. AI는 학습자의 강점과 약점을 분석하여 최적의 스터디 파트너와 팀을 구성하고, 협업이 원활하게 이루어질 수 있도록 조율합니다. 추천 기능을 넘어, 학습자들이 서로 배우고 가르치면서 함께 성장할 수 있도록 돕습니다. 또한, AI는 학습 과정에서 실시간 피드백을 제공하여 학생들이 이해도를 높이고 학습을 심화할 수 있도록 지원합니다. 예를 들어, 특정 개념을 어려워하는 학생에게 적절한 자료를 추천하는 한편, 해당 개념을 잘 이해한 학생과 연결해 상호 학습을 유도합니다. AI는 지식을 제공하는 역할을 넘어서, 학습자가 집단 지성을 형성하고 협력할 수 있도록 돕는 조율자 역할을 합니다.

이 플랫폼은 공익 프로젝트 기반 학습의 중심이 됩니다. 학생들은 AI를 활용하여 환경, 교통, 에너지 문제 등을 해결하는 프로젝트를 직접 수행하게 됩니다. 예를 들어, AI가 실시간으로 지역의 미세먼지 데이터를 분석하고, 학생들이 이를 바탕으로 해결책을 도출하는 방식입니다. AI는 데이터를 제공하는 것뿐만 아니라, 학생들의 토론 과정에서 적절한 자료와 사례를 추천하며 논의의 깊이를 더하도록 지원합니다. 또한, AI 멘토와 인간 멘토를 결합한 모델을 도입해 AI가 개인 맞춤형 학습을 지원하면서도 교사 및 선배 멘토와 협력할 수 있는 균형 잡힌 구조를 마련합니다. 이를 통해 AI는 학습자와 지식을 연결하는 가교가 됩니다. AI를 활용한 협력형 학습 모델을 통해 학생들은 정보를 습득하는 것에서 더 나아가, 문제를 해결하고 실천하는 과정에서 학습하게 됩니다. 이는 배움의 과정이 곧 실천으로 이어지도록 설계하는 것을 목표로 합니다.

AI 기반 포용적 평생교육 플랫폼:
누구나 배우고 성장할 수 있는 AI 맞춤형 평생교육

AI는 특정 계층만을 위한 기술이 되어서는 안 됩니다. 교육 역시 마찬가지입니다. 디지털 시대에는 누구나 학습할 기회를 보장받아야 하지만, 현실적으로 고령층, 장애인, 저소득층, 경력 단절자 등은 충분한 교육 기회를 누리지 못하고 있습니다. AI 기반 포용적 평생교육 플랫폼은 이러한 문제를 해결하기 위해 디지털 환경에서 소외된 이들에게 학습을 다시 연결하는 다리 역할을 합니다.

AI는 학습자의 배경, 직업, 관심사를 분석해 개인 맞춤형 학습 경로를 설계하고 추천합니다. 예를 들어, 은퇴 후 창업을 고려하는 분께는 기초 창업 교육부터 실무 중심 사례 학습까지 연계된 학습 로드맵을 제공합니다. 강의 추천을 넘어, 학습자의 상황에 맞춰 최적의 학습 흐름을 조율하는 것이 핵심입니다. 또한, 글을 읽기 어려운 학습자를 위해 음성 및 영상 기반 AI 학습 보조 시스템을 제공합니다. AI 음성 비서 기능을 활용하여 질문과 응답 방식의 학습을 지원하며, AI 기반 실시간 번역 기능을 통해 외국어 장벽을 해소합니다. 다문화 가정, 외국인 노동자, 난민 등 다양한 계층이 학습에 자유롭게 참여할 수 있도록 AI가 콘텐츠를 자동 번역하고, 문화적 차이를 반영한 맞춤형 학습을 지원합니다. 디지털 문해력 향상 프로그램도 함께 운영됩니다. AI는 스마트폰 사용법, 온라인 금융 서비스 이용, 보안 교육 등 실생활에 필요한 디지털 교육을 맞춤형으로 제공합니다. 실생활에서 바로 활용할 수 있는 학습 모델을 설계해 배움이 실질적인 변화로 이어지도록 합니다. 이 플랫폼의 궁극적인 목표는 교육을 통한 사회적 연결망 회복입니다. 누구나 AI를 통해 평등하게 배울 수 있도록 하고, 학습을 통해 사회적 관계를 형성할 수 있도록 돕는 것이 지향점입니다.

AI 기반 학생 주도형 학습 거버넌스:
학생이 교육의 주체가 되는 AI 민주적 교육 시스템

교육은 더 이상 일방적인 전달 방식으로 이루어질 수 없습니다. 학생들은 교육의 소비자가 아니라, 교육을 직접 설계하고 운영하는 주체가 되어야 합니다. AI 기반 학생 주도형 학습 거버넌스는 이러한 원칙을 실현하기 위해 학생들이 AI와 협력하여 교육 정책을 제안하고 실행하는 시스템을 구축합니다. AI는 학생들의 의견을 분석하고, 이를 교육 정책 개선에 반영할 수 있도록 돕습니다. 예를 들어, AI는 학생들이 제안한 아이디어를 데이터로 정리하고, 이를 교육기관과 공유해 실질적인 정책 변화로 연결합니다. 또한, AI 교육 개선 피드백 시스템을 통해 학생들의 학습 경험을 분석하여 교육 프로그램을 최적화합니다. 학생들의 창의적 학습 기여도와 협력적 학습 태도를 평가하는 AI 학습 참여 점수 시스템도 운영됩니다. 성적 중심의 평가에서 벗어나 참여와 협력을 강조하는 새로운 평가 모델을 도입하는 것이 목표입니다. 이를 통해 학생들은 교육 정책 결정 과정에 적극적으로 참여하며, AI는 데이터를 기반으로 한 피드백 제공을 통해 의사결정을 지원합니다.

AI는 학습을 보조하는 도구가 아니라, 학생과 교육기관 간의 소통 창구가 됩니다. 학생들이 교육 정책을 직접 설계하고 실행할 수 있도록 하며, 이를 통해 교육 민주주의를 강화하고, 학생들이 주도적으로 학습 환경을 구축할 수 있도록 합니다.

AI는 학습자들을 연결하고, 협력을 촉진하며, 학습을 실천으로 확장하는 역할을 감당해야 합니다. AI 기반 협력형 열린 학습 플랫폼을 통해 학생들은 함께 배우고 성장하며, AI 기반 포용적 평생교육 플랫폼을 통해 누구나 학습 기회를 보장받습니다. 또한, AI 기반 학생 주도형 학습 거버넌스를 통해 학생들이 교육의 설계자가 되어 교육 민주주의를 실현합니다. AI는 학습자들을 분리하는 장벽이 아니라, 서로를 연결하는 보이지 않는 다리가 되어야 합니다.

AI 42.
주거지
화재 예측 대응

화재 감지 로봇 고양이 '스파키'의 등장

한 지역에 화재 대응 프로젝트가 진행되었습니다. 초기에 지역 편의점과 공인중개사 사무실에 중소형 화재 진압 장비와 매뉴얼이 비치되었습니다. 여기에 더해, '스파키'라는 이름의 IoT 기반 화재 감지 로봇 고양이가 등장했습니다. 스파키는 화재 감지 장치 역할을 할 뿐만 아니라 주민과 상호작용하며 안전의식을 높이는 데 기여합니다. 온도 상승, 연기 감지, 가스 누출 등 화재 징후를 실시간으로 탐지하여 주민과 소방서에 즉각 알리는 기능이 있습니다. 특히, 아이들이 스파키를 친구처럼 여길 수 있도록 친근한 디자인과 대화 기능이 추가되었으며, 노년층에게는 간단하고 친절한 안내로 안전 점검을 지원합니다. 이를 통해 화재 예방 교육 효과를 높이고, 주민과의 유대감을 강화할 수 있습니다.

골목 방범대에서 '골목 소방대'로 변신

기존의 골목 방범대가 새로운 역할을 맡아 주민들과의 협력을 통해 더욱 강화된 화재 예방 네트워크를 형성할 수 있었습니다. 주민들로 구성된 골목 소방대는 정기적으로 가정을 방문하여 소화기 상태, 전기 설비, 가스 배관 등을 점검했습니다. 예컨대, 오래된 전기 배선이 발견되었을 때 소방대는 이를 구청과 연결하여 무료 교체를 지원받을 수 있도록 도왔습니다. 점검 과정에서 주민 간 신뢰와 협력이 깊어지고, 안전 문화가 지역사회 전반에 확산될 수 있었습니다.

가상현실(VR)을 활용한 화재 훈련

지역 주민센터에서는 VR 화재 시뮬레이터를 활용한 체험형 교육이 진행되었습니다. 주민들은 VR 헤드셋을 착용하고 가상의 화재 상황을 생동감 있게 체험하며 대피 요령을 익힐 수 있었습니다. 예를 들어, 한 노부부는 VR을 통해 자신들의 집 구조를 바탕으로 가장 안전한 대피 경로를 구체적으로 계획할 수 있었습니다. 이러한 훈련은 화재 발생 시 실질적인 대응 능력을 키우는 데 크게 기여하며, 주민 만족도와 신뢰를 높일 수 있었습니다.

이러한 사업들은 지역사회의 안전을 강화하고 주민의 삶의 질을 높이는 데 기여했습니다. 앞으로도 AI 기술과 주민 협력이 조화를 이루어 지속 가능한 화재 예방 시스템을 구축하는 데 큰 역할을 할 것입니다.

주거지 화재 예측 정책 사업은 화재로 인한 인명과 재산 피해를 줄이고 안전한 주거 환경을 조성하기 위해 기획된 데이터 기반 정책입니다. 서울연구원과 지방자치데이터연구소가 2015년부터 2019년까지의 화재 데이터를 분석한 결과, 주거시설의 화재는 비주거시설보다 인명 피해가 더 심각했으며, 특히 소방 접근성이 낮고 화재 진화 장비가 부족한 저층 주거지에서 화재 발생 빈도와 피해 규모가 더 큰 것으로 나타났습니다. 이러한 문제를 해결하기 위해 은평구 녹번동·대조동·역촌동을 대상으로 화재 예측 데이터를 분석하고 골목지도를 작성하여 화재 취약 지역의 특성을 파악하고 효과적인 예방 및 대응 방안을 도출하는 연구를 진행했습니다.

정책 사업은 시범사업, 결과 분석 및 피드백, 확대 적용의 단계로 추진되었습니다. 먼저 은평구 A등급 화재 취약 지역에서 시범사업을 시행하여 예측 모델의 실효성을 검증한 후, 결과를 분석하여 정책과 모델을 개선하고, 이를 바탕으로 은평구 전역과 타 지자체로 확대 적용하는 방식입니다. 화재 예방과 대응책으로는 A·B등급 지역을 중심으로 소화기 및 화재 감지기 설치 의무화를 조례화하고, 예방 교육 및 캠페인을 정기적으로 시행하는 것이 포함되었습니다. 주민들이 직접 참여하는 가정방문 간담회와 소규모 숙의토론을 통해 화재 취약 지역의 구조적 개선점을 도출하고, 지역 내 편의점과 공인중개사 사무실에 소형 화재 진압 장비를 비치하며 관련 교육을 진행하여 화재 초기 대응 능력을 강화하는 방안을 제시했습니다. 이러한 조치는 지역 주민들의 자발적 참여를 유도하고 지역 자원을 효율적으로 활용하는 데 기여할 것입니다.

[그림 42] 화재 예방 골목지도

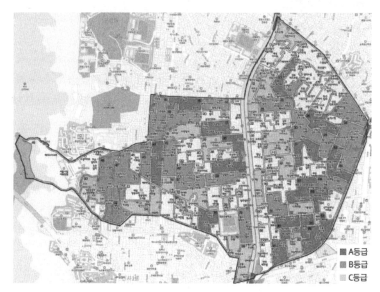

* 2019년 서울연구원과 지방자치데이터연구소가 서울시 은평구 역촌동의 알고리즘 기반 화재 예측 데이터를 분석한 골목지도

화재 예측의 정확도를 높이는 데 필요한 데이터로는 화재 발생 시간대, 원인, 피해 규모, 소방차 출동 및 진압 시간과 같은 화재 관련 정보뿐만 아니라, 건물 유형과 재질, 건축 연도, 도로 폭, 주거 형태별 특성 등 주거지 환경 데이터까지 포함됩니다. 또한, 인구 밀도, 연령대별 구성, 고령자 및 취약계층 비율과 같은 사회적 특성, 계절별 기상 조건, 전기·가스 사용량, 주민의 외출 패턴 등 지역 활동 데이터도 화재 발생 위험을 정밀히 예측하는 데 중요한 역할을 할 수 있습니다. 이러한 다양한 데이터를 수집·정제·통합하여 고품질 데이터를 구축하고 이를 기반으로 AI 모델을 학습시켜 예측 정확도를 극대화할 수 있습니다.

AI 모델로는 랜덤 포레스트나 XGBoost 같은 머신러닝 기법뿐만 아니라, LSTM 같은 딥러닝 모델도 활용할 수 있습니다. 특히 딥러닝 모델은 시간 순서나 이미지를 분석하는 데 강점이 있어 화재 위험 지역의 패턴을 파악하고 골목지도를 제작하는 데 효과적일 것입니다. 강화학습을 통해 가상 화재 시뮬레이션을 반복 학습하여 초기 대응 역량을 강화하는 방안도 고려할 수 있습니다. 설명 가능한 인공지능(Explainable AI)을 도입하면 예측 결과의 주요 변수와 예측 이유를 설명하여 신뢰도를 높이고, 최신 데이터를 반영한 지속 학습 체계를 구축해 유연하게 운영할 수 있을 것입니다.

데이터와 기술뿐만 아니라 경제적·사회적 효과를 고려한 실행 방안도 중요한 요소입니다. 이러한 사업은 화재 발생률 감소와 초기 대응 성공률 증가를 통해 재산 및 인명 피해를 줄이고, 소방 자원의 배분 효율성을 높이며 정책의 신뢰도를 증대시킬 수 있습니다. 국내외 사례와의 비교를 통해 사업의 타당성을 강화할 수도 있습니다. 예를 들어, 싱가포르는 IoT 기반 화재 감지 시스템을 활용하고 있으며, 일본은 고령자 대상 화재 대응 훈련 프로그램을 운영하고 있습니다. 국내에서는 부산광역시가 화재 취약 지역 사전 점검 사업을 통해 긍정적인 성과를 거둔 바 있습니다. 이러한 사례들은 타 지역 화재 예측 사업의 벤치마킹 자료로 활용될 수 있습니다.

정책 사업의 효과를 극대화하기 위해서 데이터 품질 관리와 윤리성 강화, 개인정보 보호를 위한 익명화 및 보안 강화가 필요합니다. 예산 확보와 우선순위 설정도 중요한 과제입니다. 예비비와 추경을 통해 소규모 소화기 지원 예산을 확보하고, A·B·C 등급 지역에 우선적으로 자원을 배분하여 화재 예방 사업을 실행할 수 있습니다. 평가 지표로는 화재 발생 건수, 초기 대응 성공률, 주민 만족도 등을 설정하고, 이를 통해 정책 효과를 지속적으로 모니터링하며 개선해 나갈 수 있을 것입니다.

'인공지능 기반 주거지 화재 예측 정책 사업'은 과학적 데이터 분석과 첨단 AI 기술을 활용하여 지역사회의 안전을 실질적으로 강화하는 혁신적인 프로젝트입니다. 주민의 참여와 협력, 기술적 접근, 경제적 타당성을 기반으로 화재 예방과 대응 체계를 구축하여 안전한 주거 환경을 조성하는 데 기여할 것입니다.

¤ 랜덤 포레스트(Random Forest)

- 랜덤 포레스트는 많은 개별 결정 트리(Decision Tree)를 묶어서 하나의 예측을 만드는 모델입니다. 각 트리는 데이터를 조금씩 다르게 보고 자신만의 결론을 내립니다. 이후 이 결론들을 모아 다수결로 최종 결정을 내립니다.
- 다양한 의견(트리)을 반영하므로 과적합(한쪽으로 치우친 결과)을 방지하고, 안정적이고 신뢰할 수 있는 예측을 제공합니다.
- 예시: 마트에서 어떤 상품이 잘 팔릴지 예측하려고 여러 점포의 매니저들에게 물어보고 의견을 종합하는 것과 비슷합니다.

¤ XGBoost

- XGBoost는 부스팅(Boosting)이라는 방법을 사용하는 모델입니다. 처음에는 간단한 예측을 시작하지만, 틀린 부분에 주의를 기울이며 점점 더 정확한 모델을 만들어갑니다. 새로운 모델이 앞서 발생한 실수를 수정하며 축적합니다.
- 계산 효율이 높고, 예측 정확도가 뛰어나며 다양한 문제에 잘 작동합니다.
- 예시: 시험을 봤을 때 틀린 문제를 복습하면서 다시 공부해, 다음 시험에서는 실수를 줄이는 과정과 유사합니다.

¤ LSTM(Long Short-Term Memory)

- LSTM은 딥러닝에서 순차적 데이터를 처리하는 데 사용(예. 시간에 따라 변하는 데이터)합니다.
- 과거 정보 중에서 중요한 정보는 기억하고, 덜 중요한 것은 잊어버리는 구조로 문장 이해나 주식 예측 같은 시간 흐름이 중요한 문제를 해결합니다.
- 예시: 친구와 대화를 하면서 그날의 핵심 포인트만 기억하고, 사소한 대화 내용은 자연스럽게 잊는 것과 비슷합니다.

AI 43.
개인 의료
통합 시스템 구축

서울에 거주하는 45세의 직장인 김모 씨는 만성 질환인 고혈압과 가족력으로 인해 심장질환 위험이 큰 상태였습니다. 하지만 그는 바쁜 업무와 일상에 눌려 정기 검진을 놓치고 있었고, 자신의 건강 상태를 체계적으로 관리하지 못하고 있었습니다. 그러던 중 김 씨는 회사에서 제공한 AI 기반 개인의료 통합 시스템(이하 PHR 시스템)을 이용하게 됨으로써 자신의 건강 데이터를 통합 관리하기 시작했습니다.

김 씨는 병원에서 받은 건강검진 기록, 평소 사용하던 스마트워치의 심박수 및 혈압 데이터, 그리고 음식 섭취 패턴을 PHR 시스템에 연동했습니다. 시스템은 AI 분석을 통해 김 씨의 데이터를 종합적으로 검토하고, 심혈관 질환 발병 가능성이 커지는 패턴을 탐지했습니다. 이를 기반으로 AI는 김 씨에게 조기 경고를 제공하며 정밀 검사를 권장했고, 동시에 병원 예약을 자동으로 연결해주었습니다.

김 씨는 AI의 경고를 무시하지 않고 권유에 따라 병원을 방문해 검사를 받았습니다. 검사 결과 심장 동맥 협착이 초기 단계에서 발견되었고, 의료진은 이를 바탕으로 약물과 생활 습관 개선을 병행하는 조기 치료를 시작할 수 있었습니다. AI의 경고와 신속한 연결이 없었다면, 김 씨는 이를 발견하지 못한 채 심근경색 같은 심각한 심장질환에 걸릴 수도 있었습니다.

더 나아가, AI는 김 씨의 데이터에 기반해 맞춤형 건강관리 계획을 제안했습니다. 예를 들어, 스마트워치 데이터를 통해 매일 일정 시간 이상 걷도록 목표를 설정하고, 혈압이 높아질 가능성이 있는 시점에 스트레칭 알림을 제공했습니다. 음식 섭취 데이터를 바탕으로 염분 섭취를 줄이는 개인화된 식단도 추천했습니다. 이러한 AI 기반의 실시간 관리로 김 씨는 혈압 수치를 안정적으로 유지할 수 있었고, 생활 습관 또한 점차 개선되었습니다.

김 씨의 가상 사례는 AI 기반 PHR 시스템이 개인의 삶에 실질적인 변화를 가져올 수 있음을 보여줍니다. AI 시스템은 환자의 건강 데이터를 실시간으로 분석하고 조기 경고를 제공하며, 개인화된 치료와 건강관리를 지원하는 방식으로 의료 서비스의 새로운 패러다임을 제시할 수 있습니다. 생명을 구하고 삶의 질을 향상시키는 데 중요한 역할을 하는 AI의 혁신적 사례입니다.

개인 의료 통합 시스템(Personal Health Record Integration System, 이하 PHR 시스템)은 현대 의료 환경에서 환자의 의료 데이터를 통합하고 개인화된 의료 서비스를 제공하여 의료 효율성과 환자 중심 케어를 실현할 수 있습니다. 이 시스템은 환자가 자신의 의료 데이터

에 대한 소유권과 접근성을 강화할 수 있도록 돕는 동시에, 의료진에게는 정확하고 효율적인 진단과 치료 계획 수립을 지원합니다. 또한, 의료 프로세스를 효율화하여 중복 검사와 비효율성을 줄이고 지역 의료 격차를 해소하는 데 기여하며, 개인정보와 의료 데이터를 안전하게 관리해 환자와 의료진 모두에게 신뢰를 제공합니다.

PHR 시스템의 구성 요소로는 데이터 통합 플랫폼, 사용자 인터페이스, 데이터 분석 및 AI, 보안 및 인증 시스템, 표준화 및 확장성, 생태계 및 파트너십이 있습니다. 데이터 통합 플랫폼은 전자 의무 기록(EMR), 병원 정보 시스템(HIS), 웨어러블 디바이스, 모바일 앱에서 수집된 데이터를 통합하여 환자의 건강 정보를 한 곳에 모을 수 있습니다. 특히, 한국 의료 환경에 맞춰 건강보험심사평가원(HIRA)과의 데이터 연계를 통해 더 포괄적인 정보 확보가 가능합니다. 사용자 인터페이스는 환자와 의료진 모두에게 직관적이고 효율적인 환경을 제공합니다. 예를 들어, 환자는 건강 상태를 대시보드에서 확인하고 예약을 관리하며, 알림 기능을 통해 적절한 시점에 필요한 정보를 받을 수 있습니다. 의료진은 환자 기록을 분석하고 진단 및 치료 계획을 수립할 수 있는 유용한 도구를 제공받습니다.

데이터 분석과 AI 기술은 환자의 건강 상태를 예측하고 이상 징후를 탐지하며, 만성 질환 관리와 예방적 건강관리에서 중요한 역할을 합니다. 이를 통해 응급 상황에서도 실시간 데이터를 제공받을 수 있습니다. 보안 및 인증 시스템은 블록체인 기술과 다중 인증을 활용해 데이터를 안전하게 보호하며, 데이터 무결성을 유지하고 접근 권한을 철저히 관리할 수 있습니다. 이 시스템은 국제 의료 데이터 표준을 준수하며, 미래 기술 발전에 대응할 수 있도록 설계됩니다. 또한, 병원, 보험사, IT 기업, 웨어러블 디바이스 제조업체 등 다양한 이해관계자와 협력하여 생태계를 구축하고, 오픈 플랫폼 모델을 통해 서드파티 개발자가 기여할 수 있는 환경을 제공합니다.

시스템 구축은 초기 기획 단계에서 시작됩니다. 주요 이해관계자들과 협력 체계를 구축하고, 환자와 의료진의 요구 사항을 설문조사와 사용자 인터뷰를 통해 수집하여 이를 설계에 반영합니다. 이후, 클라우드 기반 데이터 수집 및 저장 인프라를 구축하고 기존 시스템과의 통합을 위한 API를 설계합니다. 파일럿 프로젝트를 통해 개발과 테스트를 진행하며, 의료진과 환자들의 피드백을 받아 시스템을 개선할 수 있습니다. 최종적으로는 의료진과 환자들에게 시스템 사용법을 교육하고, 단계적으로 전국에 확산하는 절차를 밟습니다. 운영 중에는 실시간 성능 모니터링과 정기적인 업데이트 및 보안 패치를 통해 시스템의 신뢰성과 안정성을 유지해야 합니다.

PHR 시스템 도입 시 의료정보 보호법과 개인정보 보호법을 철저히 준수하며, 데이터 활용의 투명성을 보장하고 환자의 동의를 기반으로 데이터를 관리해야 합니다. 사용자 경험(UX)을 최우선으로 고려해 직관적이고 사용하기 쉬운 인터페이스를 제공하고, 환자가 자신의 건강 목표를 설정하고 이를 추적할 수 있도록 지원합니다. 의료 정보 공유에 대한 심리적 저항을 줄이기 위해 신뢰를 구축하고 성공 사례와 시스템의 안전성을 지속적으로 홍보해야 합니다. 또한, AI 기술 적용 시 알고리즘의 투명성과 데이터 학습 과정의 편향성을 방지하며, 자동화된 의사결정 과정에서 책임 소재를 명확히 해야 합니다. 초기 개발 및 유지보수 단계에서 필요한 자원과 예산을 효율적으로 관리하는 것도 성공적인 시스템 도입의 중요한 요소입니다.

PHR 시스템의 성과를 평가하기 위해서는 환자 만족도, 의료 비용 절감 효과, 건강 개선 성과 등을 성과 지표로 설정하여 시스템 효과를 정량적으로 분석하고 지속적으로 개선할 수 있습니다. 이 시스템은 환자 중심 의료를 실현하고 맞춤형 치료와 예방적 건강관리를 통해 환자의 삶의 질을 높이며, 의료진의 업무 효율성을 향상시키고 의료비 절감을 가능하게 하며 국가 의료 자원의 효율적 활용을 도모합니다. 특히, 지역 의료기관과의 연계를 통해 의료 접근성을 높이고 의료 격차를 줄이는 데 중요한 역할을 할 수 있습니다.

해외 성공 사례로는 미국의 'Epic MyChart'와 핀란드의 'Kanta PHR'이 있습니다. 이들 시스템은 개인화된 의료 정보를 통합하고 사용자에게 실질적인 편리함을 제공하며, 의료진의 업무를 지원하여 성공적인 사례로 평가받습니다.

한국에서도 건강보험심사평가원(HIRA)과의 데이터 연계를 통해 유사한 성공을 거둘 가능성이 큽니다. PHR 시스템은 기술 개발을 넘어 환자와 의료진 모두에게 이익을 제공하며, 의료 생태계를 혁신적으로 전환하는 데 중요한 과제입니다. 이를 실현하기 위해서는 지속적인 협업과 사용자 중심의 접근이 필요하며, 모든 이해관계자가 함께 참여해야 성공할 수 있습니다.

이 정책 사업에서 AI는 의료 데이터 분석, 예측, 맞춤형 서비스 제공 등 다양한 분야에서 핵심적인 역할을 할 수 있습니다. 구체적

[그림 43] 미국의 'Epic MyChart'와 핀란드의 'Kanta PHR'

* 출처: Epic Systems Corporation. 2020.　　* 출처: Kanta

¤ **Epic MyChart**

미국의 병원과 의료 네트워크에서 사용하는 시스템으로, 특정 병원이 'Epic Systems'라는 민간 회사의 프로그램을 도입해야 환자가 'MyChart'를 사용할 수 있습니다. 환자는 진료 예약, 검사 결과 확인, 처방전 열람, 의사와의 메시지 소통 기능 등을 활용할 수 있습니다. 하지만 이 시스템은 병원 중심으로 운영되기 때문에 다른 병원에서 정보를 연동하기가 어렵고, Epic 시스템을 사용하지 않는 병원에서는 사용할 수 없다는 한계가 있습니다.

¤ **Kanta PHR**

핀란드 정부가 관리하는 국가 차원의 건강 기록 시스템으로, 핀란드 국민이라면 누구나 이용할 수 있습니다. 병원에서 생성된 진료 정보뿐만 아니라, 환자가 자신의 건강 데이터를 추가하거나 스마트 기기와 연동해 기록을 저장할 수도 있습니다. 모든 의료기관이 이 시스템에 통합되어 있어, 어디서나 일관된 정보를 볼 수 있다는 것이 큰 장점입니다. 또한, GDPR을 준수해 개인정보 보호를 철저히 하고 있습니다.

으로, AI는 환자의 과거 진단 기록과 건강 데이터를 분석하여 질병 위험도를 예측하고, 이상 징후를 조기에 감지해 의료진과 환자에게 경고를 제공합니다. 또한, 만성 질환 관리를 위한 개인화된 치료 계획을 제안하거나, 환자의 생활 패턴에 기반한 건강 개선 조언을 자동으로 생성할 수 있습니다. 응급 상황에서는 실시간 데이터를 분석하여 최적의 응급처치 방법을 도출하고, 의료진에게 신속히 정보를 제공함으로써 생명을 구하는 데 기여할 수 있습니다. AI는 이러한 기능을 통해 의료진의 업무 부담을 줄이고, 환자 중심의 의료 서비스를 강화하며, 의료 자원의 효율적인 활용을 도울 수 있는 핵심 도구로 활용되어야 합니다.

AI 44.
염증성 호흡기 질환
지역 방어 시스템

가상 사례

    서울의 한 자치구에서는 최근 유행하는 감염병 위험도를 지역별로 정밀하게 예측하기 위해 AI 기반 '스마트 골목 방역 네트워크' 프로젝트를 시범 운영했습니다. 이 프로젝트는 감염병 데이터를 분석하여 AI가 각 골목의 위험도를 평가하고, 이를 기반으로 맞춤형 방역 활동을 제안하는 혁신적인 접근 방식이었습니다. 예를 들어, 특정 골목이 주택이 밀집되고 고령 인구가 다수 거주하는 지역으로 분석될 경우, AI는 해당 지역을 '고위험'으로 분류하고 방역팀에 알림을 전송함으로써 방역팀이 해당 지역에서 선제적으로 방역 활동을 수행할 수 있도록 했습니다.

    또한, AI는 감염병 확산 위험에 대해 습도와 온도 등 날씨 패턴을 학습하고, 골목길의 유동 인구 데이터를 결합하여 분석하고 방역 소독 차량의 우선 경로를 추천했으며, 배달 서비스 종사자가 빈번히 드나드는 골목에서는 접촉 위험도를 높게 평가하여 이동식 방역기를 배치하거나 주민들에게 마스크 착용 강화를 권장하는 메시지를 전송하기도 했습니다. 이와 함께 주민 참여형 기술도 적극 활용했는데, 주민들은 스마트폰 앱을 통해 자신의 건강 상태나 의심 증상을 실시간으로 입력할 수 있었고, AI는 이를 분석하여 추가 방역 필요성을 판단했습니다. 예를 들어, 한 골목에서 기침이나 발열 증상을 보고한 주민이 다수 발생하면 AI는 해당 골목을 '집중 방역 구역'으로 지정하고 이동식 방역 장비와 의료진을 우선 배치했습니다.

이 프로젝트는 기술적 혁신을 넘어 주민 참여와 협력을 기반으로 하는 새로운 방역 패러다임을 제시했으며, AI 시스템은 주민들에게 실시간 정보를 제공함으로써 주민들이 일상에서 자신의 행동을 조정할 수 있도록 돕고 방역 정책에 대한 신뢰를 높이는 데 기여했습니다. 방역 활동이 선제적으로 이루어지면서 감염 확산을 크게 줄이는 성과를 거두었고, AI 기반 예측 시스템은 방역 자원의 낭비를 최소화하고 효율적으로 활용될 수 있음을 입증했습니다. 이러한 사례는 감염병 대응에서 AI와 데이터, 그리고 주민 참여를 결합한 혁신적인 접근법으로 평가받으며 다른 지역으로 확산 가능한 방역 모델로 주목받았습니다.

실제 사례

지방자치데이터연구소는 2020년 12월부터 2021년 4월까지, 코로나 19와 같은 감염병의 지역 발생 예측과 대응 방안 마련을 위한 연구를 수행했습니다. 연구의 주요 목적은 독감 및 감기와의 비교를 통해 코로나 19 발생 패턴을 분석하고, 시공간적 예측 모델을 구축하며, 국민의 방역 정책에 대한 인식과 감염병 예방의 사회적 요구를 파악하는 것이었습니다. 또한, 시·군·구 및 읍·면·동 단위로 세분화된 데이터를 활용하여 맞춤형 방역 전략을 도출하는 데 있었습니다. 국민건강보험(2019~2021년) 자료, 전국 기초자치단체 통계, 독감 및 감기의 연령별 발병률 자료를 주요 데이터로 삼아 수집하고 활용했습니다. 독감과 감기의 연령별 발병률을 비교해 코로나 19 발생 패턴의 유사성을 확인하고, 감염병 발생의 시계열 경로와 패턴을 분석하며, 카토그램(cartogram)을 활용해 감염병 발생 위험 지역을 시각화했습니다. 특정 지역 즉, 기초자치단체 수준의 분석에서는 골목길 수준의 예측을 시행하였습니다. 더 나아가 서울시 은평구, 광진구, 동대문구 등에서는 골목길 수준의 예측 분석도 하였습니다.

연구 결과에 따르면, 코로나 19의 발병 패턴은 감기와 유사하며, 50대 부모와 20대 자녀로 구성된 가정이 주요 방역 대상으로 나타났습니다. 연간 발생률 분석 결과, 6월까지는 감소세를 보이다가 9월부터 증가할 가능성이 크다는 점이 밝혀졌습니다. 예측 지도 작성 결과, 17개 시·도 및 238개 시·군·구 단위로 지역 위험도가 평가되었습니다. 코로나 19는 고령층에서 사망률이 높았고 19세 이하 연령층에서는 사망자가 발생하지 않았습니다. 기존 통계 모델의 상관계수는 0.85~0.86 수준이었습니다. 만약 AI 기반 딥러닝 모델을 활용할 수 있었다면, 데이터 간 복잡한 상호작용을 학습해 더 높은 예측 정확도를 달성할 수 있었을 것입니다.

AI를 사용할 수 있었다면, 실시간 대량 데이터 처리가 가능하여 즉각적인 예측 결과를 제공하고 기존 통계 기법으로는 포착하기 어려운 다차원적 변수 간 상관관계를 효과적으로 분석할 수 있었을 것입니다.

[그림 44] 코로나 19 예측 분석 시스템 사례

📍 코로나 19 예측 분석

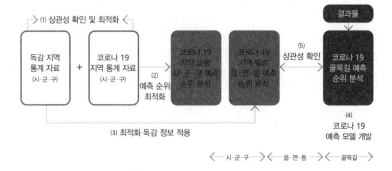

📍 감기, 코로나 확진자 발생 건수

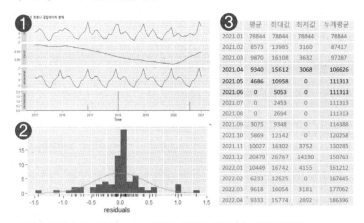

	평균	최대값	최저값	누계평균
2021.01	78844	78844	78844	78844
2021.02	8573	13985	3160	87417
2021.03	9870	16108	3632	97287
2021.04	9340	15612	3068	106626
2021.05	4686	10958	0	111313
2021.06	0	5053	0	111313
2021.07	0	2453	0	111313
2021.08	0	2694	0	111313
2021.09	3075	9348	0	114388
2021.10	5869	12142	0	120258
2021.11	10027	16302	3752	130285
2021.12	20479	26767	14190	150763
2022.01	10449	16742	4155	161212
2022.02	6233	12625	0	167445
2022.03	9618	16054	3181	177062
2022.04	9333	15774	2892	186396

❶ 계절성이 뚜렷이 나타남. 감기와 코로나19 데이터를 결합해봄. 계절성 통제, 시계열 분석을 함.
❷ 통계적으로 유의했음. 측정값에서 얻은 값과 계산값(이론)의 차이를 확인함.
❸ 월별로 확진자 발생 건수를 추세로 확인함.

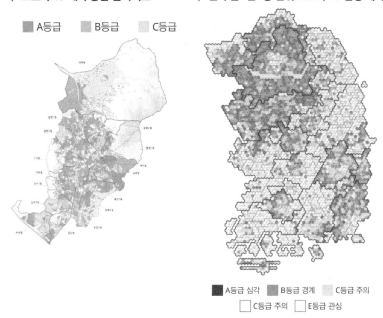

　　AI 기반 방역 체계의 도입을 위해 지방정부 중심의 방역 혁신 전략을 다음과 같이 제안합니다. 첫째, 골목 단위를 최소 방역 단위로 설정하고 이동식 소독 시스템과 방문형 보건소를 운영하며 AI 기반 위험도 예측 시스템을 통해 세밀한 방역 전략을 수립하는 방안이 실현 가능합니다. 둘째, 감염병 데이터를 활용한 선제적 방역 활동과 행동 백신(마스크 착용, 거리 두기 등) 캠페인을 강화하는 찾아가는 방역 활동이 가능합니다. 셋째, 중앙정부와 지방정부, 민간기업과 시민 간 협력을 강화해 공동 대응 체계를 구축하며, 주민 참여 플랫폼을 운영해 AI 기반 시스템으로 방역 상황을 실시간 모니터링하고 정책 참여를 지원하는 협치 방역이 가능합니다.

구체적인 실행 로드맵은 데이터 인프라 구축, 감염병 데이터 표준화와 통합 플랫폼 설계, 지방정부와 중앙정부 간 데이터 공유 체계 확립을 포함합니다. 이후 독감·감기 데이터를 활용한 AI 기반 시범 지역 예측 모델을 검증하며, 신뢰성을 높이기 위해 외부 전문가의 평가와 보완을 거칩니다. 마지막으로 전국 단위 AI 기반 방역 시스템을 구축해 다양한 건강 위협 요인에 대응할 수 있도록 모델을 확장하는 방안을 강구할 수 있습니다.

AI 기반 방역 체계 도입 시 데이터 프라이버시와 사회적 신뢰 구축은 필수적입니다. 주민 동의를 기반으로 데이터를 활용하며 익명화 기술을 적용해 프라이버시를 보호하고, 정보 취약계층을 대상으로 디지털 접근성을 높이며 방역 정보를 쉽게 제공해야 합니다. AI 모델의 예측 과정과 결과를 주민들에게 투명하게 공개해 신뢰를 확보하고, 이러한 신뢰를 바탕으로 AI 기반 방역 체계를 도입해야 합니다. AI와 지리 정보를 활용한 감염병 대응 체계는 예측 가능성을 높이고 주민 참여와 자치를 강화하며 지방정부의 자율성을 확대하는 데 중요한 역할을 합니다. AI는 감염병 확산 위험을 사전에 파악하고 대응 자원을 최적화하며 지속 가능한 방역 체계를 구축할 수 있습니다. 골목 단위의 세밀한 방역과 주민 참여형 플랫폼 운영은 지역사회의 면역력을 강화할 것입니다. 지방정부가 데이터와 AI 기술을 통해 방역 혁신 체계를 마련하는 것은 감염병 대응을 넘어 새로운 감염병 시대에 대비하는 데 필수적인 도구가 될 것입니다.

활용 가능한 AI 기술로는 딥러닝 기반 시계열 분석, 자연어 처리를 활용한 방역 정보 수집 및 주민 소통 강화, 강화학습을 통해 자원 배분 최적화를 지원하는 모델, 그리고 지리 정보 시스템(GIS)과 연계된 감염병 확산 예측 모델이 있습니다. 이러한 기술은 감염병 발생을 예측할 뿐만 아니라, 예측 결과를 정책적으로 활용할 수 있는 직관적인 시각화 도구와 연계되어야 합니다. 머신러닝을 기반으로 한 데이터 자동화와 실시간 모니터링 시스템은 방역 대응 속도를 높이고, 다변량 데이터를 활용해 더욱 복합적인 방역 전략을 수립하는 데 기여할 수 있습니다. AI는 지방정부와 중앙정부가 협력해 과학적이고 신속한 의사결정을 내릴 수 있도록 돕는 강력한 도구로 자리 잡을 것입니다.

AI 45.
집이 삶을 결정하는 않는 사회를 만드는 AI 정부

가상 사례

서울에서 태어나 자란 35세 직장인 정지수 씨에게는 한 가지 꿈이 있었습니다. 햇살이 잘 드는 거실에서 커피 한 잔을 마시며 책을 읽는 일상이었습니다. 그러나 현실은 달랐습니다. 부모님께서 전세로 거주하시던 오래된 아파트의 가격은 점점 마련하기 어려운 가격으로 치솟았습니다. 지수 씨가 독립을 준비할 즈음에는 서울에서 내 집을 마련하는 것이 불가능한 수준이었습니다. 월급의 절반 이상이 월세로 나갔고, 출퇴근 시간은 길어졌으며, 스트레스는 쌓여만 갔습니다. 친구들과 만나도 이야기의 절반은 집값과 전세대출, 그리고 끝없는 불안에 관한 것이었습니다.

이러한 문제는 지수 씨만의 이야기가 아니었습니다. 대한민국에서 집이란 주거 공간이 아니라 불안과 경쟁, 그리고 계층 이동의 기준이 되어버렸습니다. 많은 사람이 좋은 학군을 찾아 이동하고, 직장과 가까운 곳을 선호하지만, 모든 요소를 충족하는 주거지를 찾기란 쉽지 않습니다. 결국, 높은 집 값은 많은 이의 행복을 빼앗아 갔습니다. 집값을 감당하기 위해 더 오랜 시간 일해야 했고, 가족과 보낼 시간은 줄어들었으며, 여유를 가질 수 있는 삶은 점점 멀어졌습니다. 집이 안식처가 아니라 인생을 걸고 싸워야 하는 전쟁 터가 되어버린 것입니다.

지수 씨의 이야기는 불행히도 가상 사례가 아닙니다. 대다수가 겪는 고통입니다. 그런데 이렇게 살아야만 할까요? 집이란 무엇보다도 '삶의 질'을 보장하는 공간이어야 합니다. AI 정부는 이러한 문제를 해결하기 위해 기존의 주거 정책을 넘어, 데이터와 기술을 활용한 새로운 접근 방식을 제안해야 합니다. 단순히 집값을 낮추거나 공급을 늘리는 방식이 아니라, 개인 맞춤형 주거 환경을 제공하고, 삶의 질을 최적화하는 데 초점을 맞추는 것입니다.

AI 기반 주거 추천 시스템을 통해 개인의 직장, 생활 패턴, 취향을 반영한 최적의 주거지를 제안하고, 지역별 생활 만족도를 데이터화하여 더 균형 잡힌 도시 개발을 지원할 수 있습니다. 또한, 디지털 인프라를 강화하여 지역 간 정보 및 문화 격차를 줄이고, 경제적 여유뿐만 아니라 정신적 만족도를 높일 수 있는 환경을 조성할 것입니다.

사례의 지수 씨의 고민으로 들어가봅시다. 만약 주거 선택이 더 자유로웠다면, '집값'이 아닌 '삶의 질'이 중심이 되는 사회였다면, 그의 삶은 어떻게 달라졌을까요? 꼭 30억 원짜리 고급 아파트에 살아야만 행복한 것은 아닐 것입니다. 오히려 5억 원짜리 집이더라도,

나의 삶의 가치관과 취향이 반영된 곳, 가족과 함께할 시간이 충분한 곳이라면 더 큰 만족을 누릴 수도 있습니다. 그리고 그러한 만족은 단순히 집의 크기나 위치에서 오는 것이 아니라, 일상의 균형과 정서적 안정, 그리고 함께하는 사람들과의 유대감에서 비롯됩니다. 주거 공간은 부동산 자산이 아니라, 정신적 만족과 행복을 창출하는 중요한 요소가 되어야 합니다. AI 정부가 만드는 새로운 주거 패러다임이 필요한 이유가 바로 여기에 있습니다. 이제, 우리는 더 이상 집 때문에 불행해지는 것이 아니라, 집을 통해 더 나은 삶을 설계해야 합니다.

주거 만족도는 부동산 가격이 아니라, 개인의 삶을 얼마나 풍요롭게 만들 수 있는가에 달려 있습니다. 출퇴근의 편리함, 주변 환경, 지역 공동체와의 관계, 문화적 경험, 정신적 안정 등 다양한 요소가 실질적인 만족도를 결정합니다. 기존 주거 정책이 가격과 접근성을 중심으로 평가되어왔다면, 이제는 혁신적인 방식으로 삶의 질을 평가하고 개선하는 정책이 필요합니다. 이를 실현하기 위해서는 주거 만족도를 결정하는 기존 요인을 넘어, 기술과 데이터를 활용한 새로운 평가 방식이 도입되어야 합니다. 기존 주거 만족도 지표는 교통 접근성, 주거 환경, 사회적 요소, 주택 내부 요건, 경제적 안정성에 한정되어 있지만, 우리는 더욱 근본적인 질문을 던져야 합니다. "어떤 환경이 사람들에게 가장 큰 만족을 주는가?" 단순한 물리적 환경이 아니라, 정서적 안정과 창의적 여유를 제공하는 요소들이 포함되어야 합니다. 예술과 문화 향유, 공동체와의 유대감, 지역 내 정보 접근성과 스마트 환경, 맞춤형 생활 지원 시스템 등 비물질적 요소들이 주거 만족도의 핵심이 될 수 있습니다.

국토교통부에서 실시하는 기존의 주거 실태 조사는 주로 물리적 환경과 경제적 안정성에 초점을 맞추고 있어 혁신적인 주거 정책을 반영하는 데 한계가 있습니다. 조사는 매년 이루어지지만, 여전히 과거 방식에서 벗어나지 못하고 있으며, 삶의 질보다는 부동산 가격 안정에 초점을 맞추고 있습니다. 따라서 기존 평가 방식을 뛰어넘어, 주거 만족도를 근본적으로 혁신하는 정책이 필요합니다. 이를 위해 AI 기반 혁신적 분석과 맞춤형 솔루션 제공이 핵심이 되어야 합니다. 주거 만족도를 새롭게 평가하기 위해서는 기존의 지표를 보완하는 '주거 만족도 종합 지수(Housing Satisfaction Index, HSI)'가 도입되어야 합니다. 이는 교통, 환경, 치안, 편의시설뿐만 아니라 디지털 접근성과 스마트 환경, 특히 문화적·정신적 만족도를 함께 분석하여 평가하는 혁신적인 지표가 되어야 합니다.

주거 만족도를 평가하는 요소로는 디지털 접근성과 스마트 환경, 정신적·문화적 만족도, 개인 맞춤형 주거 경험, 사회적 안정성과 안전 요소, 경제적 부담 대비 가치 평가 등이 있습니다. 디지털 접근성과 스마트 환경은 초고속 인터넷 보급률, 공공 와이파이 및 정보 접근성, AI 기반 주거 환경 최적화, 재택근무 친화성 등의 요소를 포함해야 합니다. 정신적·문화적 만족도는 지역 공동체 활성화 수준, 예술·문화적 요소, 휴식 공간과 자연 친화성을 고려해야 하며, 개인 맞춤형 주거 경험은 AI를 활용한 맞춤형 추천, 건강 친화적 설계, 주거 형태 다양성을 반영해야 합니다. 사회적 안정성과 안전 요소는 치안 및 재난 대응 인프라, 소음 및 스트레스 지수, 심리적 안정성을 고려해야 하며, 경제적 부담 대비 가치 평가는 거주 시 실제 비용 대비 혜택 분석, 공공 인프라 접근성 대비 거주 비용 효율성, 지역별 주거비와 삶의 질 균형 평가가 이루어져야 합니다.

이러한 변화는 단순히 정책 방향의 변화로 이루어질 수 없습니다. AI 정부의 도입이 필수적입니다. 기존의 정책 수립 방식은 과거 데이터를 바탕으로 단순히 공급과 수요를 조절하는 데 집중되어 있었습니다. 그러나 AI를 활용하면 개개인의 생활 패턴과 요구를 분석하여 맞춤형 주거 솔루션을 제공할 수 있습니다. 예를 들어, AI 기반의 주거 플랫폼을 구축하면 국민 개개인이 원하는 환경을 직접 설정하고, 최적의 주거지를 추천받을 수 있습니다. 또한, AI는 실시간 데이터를 분석하여 지역별 문제점을 신속하게 파악하고 해결할 수 있도록 도울 수 있습니다.

이타적이고 유능한 AI 정부는 부동산 가격 조절이 아닌, 개인의 삶을 혁신적으로 개선하는 데 초점을 맞춘 주거 정책을 실현해야 합니다. 이를 위해 기존의 주거 만족도 개념을 뛰어넘어, 기술과 데이터를 활용하여 더 정밀한 개인 맞춤형 주거 정책을 수립해야 합니다. 주거 환경이 주택 가격에 좌우되지 않고 개인의 삶과 꿈을 실현할 수 있는 공간이 되도록 하는 것이 AI 정부가 수행해야 할 핵심 역할입니다.

AI 46.
생활체육
바우처 제도

김성수 씨는 서울 중랑구에 거주하는 40대 직장인입니다. 그는 과중한 업무와 스트레스로 건강에 대한 불안감을 느끼고 있었습니다. 체중이 점점 늘고 혈압이 높아지는 것을 자각했지만, 회사와 집을 오가는 바쁜 일상 속에서 운동을 계획하기란 쉽지 않았습니다. 공공 체육시설은 운영 시간이 제한적이어서 직장인인 성수 씨에게는 적합하지 않았고, 민간 피트니스센터를 이용하자니 비용 부담이 컸습니다. 건강을 챙겨야 한다는 생각은 늘 마음속에 있었지만, 실행으로 옮기지 못한 채 시간이 흘러가고 있었습니다.

그러던 중, 구청에서 생활체육 바우처 제도를 도입한다는 소식을 접했습니다. 성수 씨는 바우처 신청 과정에서 자신의 건강 상태를 간단히 평가받았고, 이를 기반으로 동네에서 가장 가까운 피트니스센터와 연계된 프로그램을 추천받았습니다. 바우처를 통해 월 3만 원 상당의 비용이 지원되었고,

앱으로 제공된 개인 건강 코칭 프로그램을 통해 자신의 운동 목표를 설정할 수 있었습니다. AI 코칭은 체중 감량과 심폐 건강 증진을 목표로 하는 성수 씨에게 적절한 운동 프로그램을 제시하며, 매일 실천 가능한 과제를 제공했습니다.

성수 씨는 주 3회 피트니스센터를 방문하며 점차 운동을 생활화했습니다. 운동 후에는 구청과 협력하는 동네 병·의원이나 보건소를 방문해 건강 변화를 정기적으로 체크했습니다. 초기 6개월 동안 체중이 8kg 줄고 혈압도 안정화되었습니다. 특히 운동량과 건강 변화를 실시간으로 추적해주는 AI 헬스케어 앱은 성수 씨에게 큰 동기부여가 되었습니다. 운동 목표를 달성할 때마다 앱에서 가상의 배지를 받거나, 달성률이 높은 주민으로 선정되어 소소한 추가 혜택을 받는 경험도 즐거움을 더했습니다.

또한, 바우처를 통해 연결된 지역 의원에서 주치의를 지정받아 자신의 건강 기록을 꾸준히 관리받을 수 있었습니다. 주치의는 성수 씨의 건강 데이터를 기반으로 필요한 생활 습관 개선 팁과 맞춤형 영양 정보를 제공했습니다. 바우처 사업이 끝난 후에도 성수 씨는 운동의 중요성을 몸소 깨닫고, 지속해서 운동을 이어가며 건강한 삶을 유지하고 있습니다. 그는 "이전에는 건강을 돌보는 일이 막연한 부담처럼 느껴졌지만, 생활체육 바우처 덕분에 체계적인 지원을 받아 건강을 회복할 수 있었고, 이제는 운동이 삶의 일부가 되었다"라고 말했습니다.

성수 씨의 사례는 생활체육 바우처 제도가 재정적 지원에 그치지 않고 주민 건강을 체계적으로 관리하고 지역사회와 의료 기관, 민간 체육시설 간의 협력 구조를 통해 지속 가능한 건강 문화를 만들어낸 성공적인 모델로 평가받습니다.

주민의 삶의 질을 높이는 것은 지방자치단체의 중요한 정책 과제 중 하나입니다. 특히 건강관리는 주민 행복과 직결된 핵심 요소입니다. 생활체육은 이러한 건강관리에서 가장 효과적인 방법의 하나로 평가받습니다. 규칙적인 운동 문화가 정착된 지역에서는 건강 지표와 삶의 질이 동시에 향상되는 경향을 보입니다.

그러나 기존 생활체육 정책은 대부분 공공 체육시설의 건립, 운영, 보수 등 시설 중심으로 이루어져 특정 계층에 혜택이 집중되곤 합니다. 자영업자, 전업주부, 고연령층 등 상대적으로 시간이 자유로운 이들이 주요 수혜층이었으며, 직장인이나 저소득층은 접근이 어려웠던 것이 사실입니다. 따라서 생활체육 정책을 시설 중심에서 사람 중심으로 전환하여 폭넓은 계층에 실질적인 혜택을 제공하는 것이 필요합니다. 이러한 배경에서 생활체육 바우처 제도는 사람 중심의 정책 전환을 위한 중요한 접근 방식으로 설계할 수 있습니다.

지방자치데이터연구소는 이와 관련된 연구를 진행한 적이 있습니다. 이때 사용된 분석과 수치는 기존 통계 자료와 설문조사에 기초한 것으로, AI는 활용하지는 못했습니다. 서울특별시의 지역사회 건강통계(2015년 기준)를 바탕으로 흡연율, 고위험 음주율, 걷기 실천율, 스트레스 인지율, 비만율 등 주민 건강 지표를 분석하였고, 이를 통해 지역별 건강 상태를 파악했습니다. 서울시 중랑구 중화 1·2동과 상봉1동 등 공공 체육시설이 부족한 지역의 민간 체육시설 분포를 조사하여 활용 가능성을 검토하였습니다. 주민 여론조사 결과, 구청 지원으로 민간 체육시설을 이용할 수 있을 경우 87%의 주민이 참여 의사가 있음이 확인되었습니다. 또한, 생활체육 정

[그림 45] 서울시 중랑구 상봉1동 생활체육 바우처 정책 수요 예측 지도

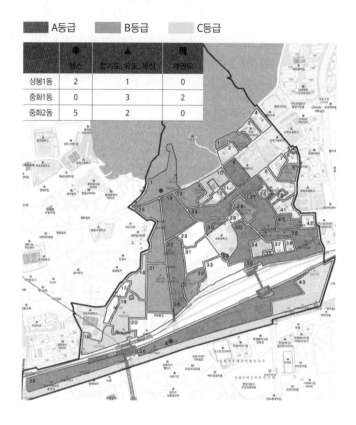

📍 상봉1동 생활체육 정책 관내도: 시설 → 민간

	헬스	합기도, 유도, 복싱	태권도
상봉1동	2	1	0
중화1동	0	3	2
중화2동	5	2	0

책과 관련해 스포츠 시설 확충과 체육 프로그램 확대가 주요 요구 사항으로 도출되었습니다.

이 데이터를 기반으로 생활체육 바우처 제도를 구체적으로 설계 하였습니다. 우선 지리 정보 데이터를 활용하여 동별 수요를 분석 하고, 이를 바탕으로 바우처를 차등 배분합니다. 수요가 많은 지역에는 1,000장, 중간 수요 지역에는 700장, 낮은 수요 지역에는 500장을 배분하여 효율성을 높이고, 공공 체육시설이 부족하거나 민간 체육시설 접근성이 높은 지역을 우선 지원 대상으로 삼습니다. 또한, 취약계층 지원을 강화하여 저소득층에게는 추가 지원금을 제공하거나 무료 바우처를 지급하며, 직장인을 위해 야간 운영 체육시설과 협력하여 바우처 사용 가능 시간을 확대하는 방안을 마련했습니다.

바우처 예산(중랑구 3개 동 기준)은 초기 6억 원으로 약 5,000명에게 연간 4회의 바우처를 제공할 수 있습니다. 예산은 바우처 발행 비용, 운영 관리 비용, 홍보비 등으로 나뉘어 효율적으로 분배됩니다. 바우처는 발급에 그치지 않고, 출석 체크와 연계하여 월 8회 이상 참여를 조건으로 합니다. 이를 충족하지 못한 경우 대기자에게 바우처를 재분배하여 자원의 낭비를 최소화합니다. 바우처 이용자는 보건소와 연계된 건강검진 프로그램에 참여하게 되며, 이를 통해 장기적인 건강 상태를 관리할 수 있습니다. 더 나아가 6개월~1년 단위로 참여율, 운동 횟수, 건강 상태 변화 등을 평가 지표로 삼아 정책 성과를 점검하고 개선 방향을 도출합니다.

바우처 제도의 성공적 운영을 위한 홍보와 참여 독려도 중요합니다. 주민센터, 지역 언론, 소셜미디어 등을 활용하여 적극적인 홍보를 진행하며, 초기 참여자에게 추가 바우처 혜택을 제공해 참여율을 높입니다. 민간 체육시설과의 협력 체계를 강화해 세제 혜택 등 유인을 제공하고, 시설의 자발적인 참여를 유도하는 것도 정책에 포함됩니다.

이러한 정책 노력에 AI를 활용하면 어떨까요? 정책의 정교함과 효율성을 한층 더 높일 수 있습니다. AI를 통해 주민 건강 데이터, 운동 참여 이력, 바우처 사용 패턴을 분석하여 맞춤형 서비스를 제공하고, 지역별 수요를 예측하여 바우처 배분 기준을 자동화할 수 있습니다. 또한, 웨어러블 기기와 모바일 앱을 활용하면 실시간 건강 상태 모니터링과 개인 맞춤형 운동 계획 제공이 가능해지고, AI 기반 예측 모델을 통해 개인별 건강 리스크를 분석하여 예방 중심의 건강관리 서비스를 도입할 수 있습니다. AI는 바우처 참여자의 건강 상태 변화와 정책 효과를 시각화하여 성과를 체계적으로 분석하고, 주민 피드백 데이터를 자동으로 수집·분석하여 정책 개선 방향을 제안할 수도 있습니다.

생활체육 바우처 제도는 시설 중심에서 사람 중심으로 정책을 전환함으로써 주민 건강 증진과 지역 경제 활성화를 동시에 도모할 수 있는 혁신적인 방안입니다. 더불어 지리 정보 데이터와 AI를 결합하면 정책 설계·운영·평가의 모든 측면에서 한층 더 효과적이고 정교한 실행이 가능합니다. 이 제도는 주민 개개인의 건강 증진에 그치지 않고, 장기적으로 지역사회의 건강 격차를 완화하고 의료 비용을 절감하며, 지방자치단체의 행정 역량을 강화하는 중요한 전환점이 될 것입니다. 성공적으로 시행된다면 다른 지역으로의 확대와 타 분야(문화, 교육 등)로의 응용 가능성까지 갖춘 이 제도는 주민 삶의 질 향상과 지역사회의 지속 가능한 발전에 크게 기여할 것입니다.

생활체육 바우처 제도에서 AI는 정책 설계·운영·평가의 모든 단계에서 핵심적인 역할을 할 수 있습니다. 먼저, AI는 지역별 건강 지표와 운동 참여 데이터를 분석하여 바우처 수요를 예측하고, 이를 기반으로 동별 바우처 배분을 최적화할 수 있습니다. 또한, 웨어러블 기기나 모바일 앱을 통해 바우처 이용자의 운동량과 건강 상태를 실시간으로 모니터링하고, 개인별 맞춤형 운동 계획과 건강관리 코칭을 제공합니다. AI 기반 예측 모델을 활용하면 개인별 건강 리스크를 사전에 분석하여 예방 중심의 건강관리 서비스를 제안할 수 있으며, 바우처 참여자의 운동 이력과 건강 변화를 시각화하여 정책 효과를 명확히 보여줍니다. 마지막으로, 주민의 피드백을 자동으로 수집·분석하고, 이를 바탕으로 정책 개선 방향을 설정함으로써 지속적이고 효과적인 사업 운영이 가능하도록 지원합니다.

47.
노인 돌봄 전달 체계 개편을 위한
데이터 분석과 AI의 적용

경기도 화성시에 거주하는 78세 독거 노인 이모 씨는 고혈압과 초기 치매를 앓고 있었지만, 지역사회의 도움을 받지 못해왔습니다. 그러나 AI 기반 노인 돌봄 체계가 도입되면서 그의 삶은 크게 변화했습니다. AI는 이 씨를 돌봄 우선 대상자로 식별하고 발굴팀을 통해 그의 건강과 생활 상태를 확인했습니다.

이 씨는 웨어러블 디바이스를 통해 건강 상태를 모니터링 받고, AI가 추천한 맞춤형 식사와 약 복용 관리 서비스를 제공받았습니다. 화상 진료를 통해 병원 방문 없이 상담을 받았으며, 지역 편의점과 약국은 AI의 조율 하에 생활필수품과 긴급 약품을 지원했습니다.

이 과정에서 지역사회와 협력하여 '돌봄 골목 네트워크'가 형성되었고, 이웃 주민과 자원봉사자들이 이 씨의 일상 돌봄에 참여했습니다. 6개월 후, 이 씨의 건강과 정서 상태는 크게 개선되었으며, AI와 지역사회 협력이 노인 돌봄 체계를 혁신적으로 변화시킬 수 있음을 보여주는 사례가 되었습니다.

고령화 사회로의 급격한 전환 속에서 노인 돌봄은 우리 사회가 해결해야 할 최우선 과제가 되었습니다. 대한민국은 세계 최악의 노인 자살률과 빈곤율을 기록하고 있으며, 이는 돌봄 체계 개편의 시급성을 여실히 보여줍니다. 이러한 문제를 해결하기 위해 중앙정부와 지방정부의 돌봄 전달 체계를 통합하고, 지역사회 중심의 포괄적 돌봄 서비스로 전환하려는 노력이 이어지고 있습니다. 특히, 경기도 화성시 사례를 통해 확인된 데이터 분석 결과는 지역 기반 돌봄 정책의 방향성을 제시합니다. 그리고 이를 더 효과적으로 실현하기 위한 AI 기술의 도입 가능성도 제기되고 있습니다.

현재의 노인 돌봄 체계는 서비스가 분절적으로 운영되며, 의료, 돌봄, 이동 지원 등 다양한 지원이 각각의 영역에서 독립적으로 제공되고 있습니다. 이로 인해 서비스 접근성이 낮고, 불필요한 요양병원 입원과 같은 자원 낭비가 발생하고 있습니다. 그뿐만 아니라, 고령자의 사회적·경제적 여건이 충분히 반영되지 못하면서 복지 사각지대가 존재하는 상황입니다. 요양병원 중심의 돌봄 체계는 이제 지역사회 보호와 재가 중심으로 전환되어야 한다는 요구를 받고 있습니다. 돌봄 전달 체계의 전반적인 효율성과 효과성을 높이는 것이 필수적입니다.

노인 돌봄 전달 체계 개편의 핵심은 데이터 기반의 지역사회 통합 돌봄 서비스 구축입니다. 이를 위해 지역 단위에서 요양병원의 병상 수와 재가 서비스의 적정 비율을 설정하고, 주거와 돌봄이 결합된 어르신 지원 주택 모델을 도입하여 돌봄 접근성을 강화할 필요가 있습니다. 또한, 각 지역에 통합 돌봄 본부를 설치하여 주민 맞춤형 서비스를 제공하고, 공공과 민간이 협력해 돌봄 사각지대를 해소하는 방안이 제안됩니다.

2021년 지방자치데이터연구소는 국민건강보험공단과 함께 데이터를 기반으로 화성시를 세분화하여 돌봄 수요를 골목 수준으로 예측해 A~E 등급으로 분류하는 등의 방법으로 자원을 효율적으로 배치하는 기획을 추진한 바 있습니다. 1개 읍·면·동을 40~80개의 골목으로 세분화하고, 이를 기준으로 분석한 결과 총 1,587곳의 돌봄 수요 세부 지역을 분류했습니다. 이 데이터를 기반으로 우선순위에 따라 맞춤형 돌봄 서비스를 제공함으로써 복지 사각지대를 효과적으로 해소할 수 있음을 확인했습니다.

특히, 이러한 돌봄 전달 체계 개편을 단계적으로 추진하는 것이 중요합니다. 첫 번째로, 특정 지역에서 인프라를 조사하고 발굴팀을 시범 운영하는 방식으로 시범사업을 시작할 수 있습니다. 두 번째 단계에서는 데이터 기반의 돌봄 서비스를 확대하고 ICT 기술 도입을 준비하며, 마지막 세 번째 단계에서는 AI 기반 분석 시스템을 도입해 전국적으로 서비스를 확장할 수 있습니다. 이 과정에서 통합 돌봄 본부를 통해 지역 내 주민 맞춤형 서비스를 제공하고, 예산과 자원을 통합적으로 관리함으로써 재정 효율성도 함께 높일 수 있습니다.

지방자치데이터연구소의 연구는 알고리즘 기반 데이터 분석 방법론을 활용하여 수행되었으며, AI는 사용하지는 않았습니다. 그러나 AI를 도입할 경우 더 높은 예측 정확도와 자원 배치 효율성을 기대할 수 있습니다.

예를 들어, AI를 활용한 예측 모델은 사회경제적·인구학적 데이터를 학습하여 돌봄 사각지대를 보다 정밀하게 예측할 수 있으며, 개별 어르신의 건강 상태와 생활 정보를 기반으로 최적의 지원 프로그램을 추천할 수 있습니다. 또한, 웨어러블 디바이스와 연계하여 건강 데이터를 실시간으로 수집하고 분석함으로써 응급 상황에 즉각 대응할 수도 있습니다. AI 기술은 기존 분석의 예측 정확도를 기존 76.9%에서 90% 이상으로 높이고, 실시간 데이터 기반으로 돌봄 공백을 최소화하며 정책 효과성을 극대화할 수 있습니다.

노인 돌봄 정책은 사회적 공감대 형성이 중요하며, 이를 위해 시민 의견 수렴과 대중매체나 소셜미디어를 활용한 정책 효과 홍보가 필요합니다. 또한, 글로벌 선진 사례를 벤치마킹하여 국내 상황에 맞는 혁신적 돌봄 체계를 설계해야 합니다. 일본의 지역사회 통합 케어 시스템, 스웨덴의 재택 돌봄과 공공 주택 연계 모델, 싱가포르의 헬스 허브 플랫폼 등은 참고할 만한 사례입니다. 이를 바탕으로 지역적 특성을 반영한 맞춤형 돌봄 체계를 구축하고, 장기적으로는 지속 가능한 국가 전략으로 발전시킬 필요가 있습니다.

이러한 모든 방안을 종합하면, 지역 단위에서의 발굴팀 운영 및 확대, 협력적 돌봄 체계 구축, AI와 데이터를 활용한 돌봄 사각지대 발굴, 경제적 여건까지 고려한 맞춤형 지원 확대가 필요합니다. 또한, 복지 사각지대 해소와 돌봄 공백을 줄이기 위해 경제적 지원 방안을 강화하고, 이를 국가 인구구조 변화에 대응하는 필수 전략으로 인식해야 합니다.

[그림 46] 경기도 화성시 노인 돌봄 체계 개편 연구 사례

📍 노인 돌봄 체계 흐름도

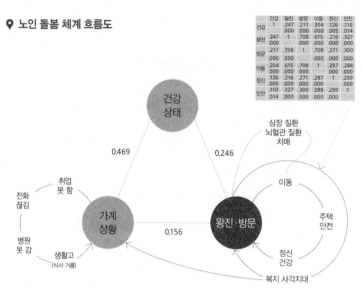

📍 통합 돌봄 수요 예측 골목지도

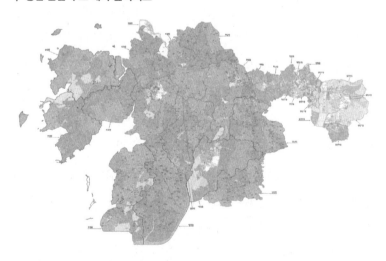

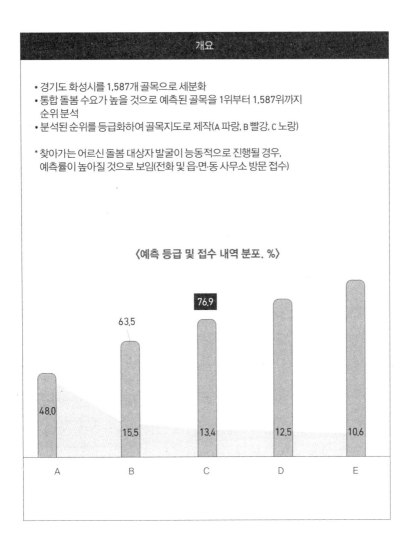

개요

- 경기도 화성시를 1,587개 골목으로 세분화
- 통합 돌봄 수요가 높을 것으로 예측된 골목을 1위부터 1,587위까지 순위 분석
- 분석된 순위를 등급화하여 골목지도로 제작(A 파랑, B 빨강, C 노랑)

* 찾아가는 어르신 돌봄 대상자 발굴이 능동적으로 진행될 경우, 예측률이 높아질 것으로 보임(전화 및 읍·면·동 사무소 방문 접수)

〈예측 등급 및 접수 내역 분포, %〉

	A	B	C	D	E
	48.0	63.5	76.9		
		15.5	13.4	12.5	10.6

노인 돌봄 전달 체계 개편은 단기적인 복지 서비스 개선을 넘어, 고령화 시대를 대비한 국가 전략으로 자리매김해야 합니다. 기존 데이터 분석 결과는 돌봄 체계 개편의 가능성과 효과를 증명했습니다. 여기에 AI와 ICT 기술을 도입하면 더욱 혁신적이고 포괄적인

돌봄 서비스를 실현할 수 있을 것입니다. 데이터와 기술을 활용한 정책 혁신은 대한민국이 직면한 고령화 문제를 해결하고, 지역사회와의 협력을 통해 지속 가능한 미래를 설계하는 데 기여할 것입니다.

노인 돌봄 전달 체계 개편에 AI를 도입하면 데이터 분석과 서비스 운영의 정밀도를 높이고, 실시간 대응 능력을 강화할 수 있습니다. 첫째, AI는 사회경제적·인구학적 데이터와 건강 기록을 학습하여 돌봄 사각지대를 정밀하게 예측하고 우선 지원 대상을 선정하는 데 활용될 수 있습니다. 둘째, 개별 어르신의 건강 상태와 생활 정보를 분석하여 최적화된 맞춤형 돌봄 프로그램을 추천하고, 돌봄 서비스의 효율성을 극대화할 수 있습니다. 셋째, 웨어러블 디바이스와 같은 IoT 기술과 연계하여 어르신의 실시간 건강 데이터를 수집하고 분석하며, 응급 상황 발생 시 즉각적으로 경고 및 대응 체계를 가동할 수 있습니다. 마지막으로, AI는 정책 효과성을 평가하고 서비스 운영 데이터를 기반으로 개선 사항을 도출하는 데도 기여하여 지속 가능한 돌봄 체계 구축에 핵심적인 역할을 할 것입니다.

AI 48.

AI를 활용한 사회적 약자
비대면 의료 지원

실제 사례

저는 비대면 의료에 관한 연구를 진행한 적이 있습니다. 비대면 진료는 사용자가 집에서 건강 상태를 모니터링하고, 의료진과 상담해 진료와 처방을 받을 수 있는 시스템입니다. 이를 통해 의료진은 진료 효율성을 높이고, 개발자는 신뢰성과 안정성을 기반으로 한 서비스를 제공할 수 있습니다.

제 연구에 의하면, 코로나 19 팬데믹 시기에 임시로 허용된 비대면 진료 의료 환경과 의료 서비스 품질이 기술 수용 모델(TAM) 관점에서 사용 품질, 서비스 만족도, 앱 재사용 의도에 영향을 미친 것으로 나타났습니다.

2023년 4월, 만 19세 이상 비대면 진료 앱 이용 경험이 있는 500명을 대상으로 설문조사를 하였습니다. 설문지는 Likert 5점 척도로 구성된 48개 문항으로, 의료 환경과 의료 서비스 품질을 독립변수, 사용 품질(기술 수용 모델)을 매개변수, 서비스 만족도와 앱 재사용 의도를 종속변수로 설정했습니다.

의료 환경 품질은 신뢰도·가용성·보안성·구성 편의성·결제 편의성으로, 의료 서비스 품질은 신뢰도·대응성·공감성·확신성으로 세분화해 분석했습니다.

연구 결과, 의료 환경 품질과 의료 서비스 품질은 유용성과 용이성에 긍정적 영향을 미쳤으며, 이는 서비스 만족도와 앱 재사용 의도에도 정(+)의 관계를 보였습니다. 그러나 하위 변수 간에는 차이가 있었습니다. 의료 환경 품질에서는 신뢰도와 가용성이 유용성과 용이성에 긍정적 영향을 미쳤지만, 보안성·구성 편의성·결제 편의성은 영향이 없었습니다. 의료 서비스 품질의 경우, 신뢰도만 유용성과 용이성에 유의미한 영향을 미쳤으며, 대응성·공감성·확신성은 통계적으로 유의미하지 않았습니다.

[그림 47] 비대면 의료 서비스 품질과 환경 품질이 서비스 만족도 및 앱 재사용 의도에 미치는 영향

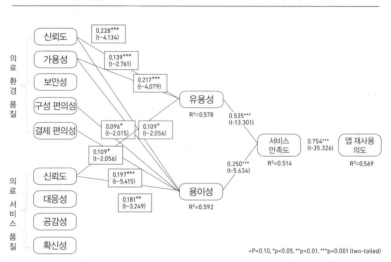

+P<0.10, *p<0.05, **p<0.01, ***p<0.001 (two-tailed)

이 연구는 비대면 진료 앱의 발전을 위해 세 가지 시사점을 제안합니다. 첫째, 앱 인터페이스와 결제 수단의 표준화가 필요합니다. 둘째, 보안 품질 보증제와 데이터 협력 기관 협약 체결을 통해 안정성을 강화해야 합니다. 셋째, 비대면 진료 초기 단계인 한국 사회에서는 제도적 허용과 정책적 지원이 필수적입니다.

특히 사회적 약자와 초고령 사회를 고려해본다면, 비대면 진료는 중요한 역할을 할 것이므로 이를 뒷받침할 체계적 접근이 시급히 요구됩니다.

비대면 의료와 AI

비대면 의료 서비스는 기술적 도구가 아니라 사회적 약자를 위한 디지털 의료 다리입니다. 의료 접근성을 높이고 신뢰를 구축하는 중요한 과정이며, 단순한 기능 개선을 넘어 의료 서비스의 패러다임을 전환하는 방향으로 발전해야 합니다. 연구 결과에 따르면, 의료 환경과 의료 서비스 품질은 기술 수용 모델(TAM)에서 유용성과 용이성을 높이는 핵심 요인으로 작용하며, 이는 서비스 만족도와 앱 재사용 의도로 연결됩니다. 다만, 보안성, 결제 편의성, 대응성과 같은 요소들은 사용자의 실제 수용도에 유의미한 영향을 미치지 않은 것으로 나타났습니다. 따라서 신뢰와 안정성을 높이는 방향으로 의료 서비스를 설계하는 것이 더욱 중요합니다.

비대면 의료에 AI를 활용하면 어떨까요? AI 기반 비대면 의료 정책은 사회적 약자가 단순히 의료 서비스를 이용하는 것을 넘어 자

[그림 48] 비대면 의료와 비대면 진료의 개념과 범위

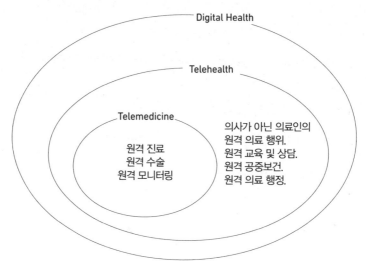

Digital Health

Telehealth

Telemedicine

원격 진료
원격 수술
원격 모니터링

의사가 아닌 의료인의
원격 의료 행위.
원격 교육 및 상담.
원격 공중보건.
원격 의료 행정.

* 출처: 한국과학기술기획평가원

신의 건강을 지속적으로 관리하고 의료진과 신뢰를 형성하는 환경을 조성하는 것을 목표로 합니다. 이를 위해 기술적 요소뿐만 아니라 심리적·사회적 요인까지 고려하는 통합적 접근이 필요합니다. 특히 초고령 사회로 진입하는 한국에서는 비대면 의료가 필수적인 인프라로 자리 잡을 것이며, 이에 대한 선제적 정책 마련이 요구됩니다.

AI 기반 맞춤형 원격 진료 플랫폼 구축

사회적 약자가 의료 기술 발전의 수혜자가 아니라 주체가 될 수 있도록 하는 정책적 지원이 필요합니다. 이를 위해 AI 기반 맞춤형 원격 진료 플랫폼을 구축하여 의료 접근성을 높이고, 환자가 자신의 건강 데이터를 능동적으로 관리할 수 있는 시스템을 마련해야 합니다. AI 챗봇과 가상 비서를 활용한 초기 문진 및 예약 자동화를 제공하여 편의성을 높이고, AI가 건강 데이터를 분석해 진료 전에 의료진에게 사전 정보를 제공하도록 합니다.

AI가 환자의 감정을 분석하고 의료진과의 신뢰를 형성할 수 있도록 감성 AI 기술을 적용하여, 사회적 약자가 더 편안하게 의료 서비스를 이용할 수 있도록 설계합니다. 다국어 지원과 장애인을 위한 음성 인식, 점자 기반 인터페이스를 추가하여 접근성을 높이고, 지역 보건소 및 공공 의료기관과 협력하여 사회적 약자를 위한 맞춤형 상담 시스템을 마련합니다. 또한, AI 데이터를 학습하여 환자의 건강 상태를 장기적으로 추적하고, 단순한 진료 앱이 아닌 '개인 맞춤형 건강관리 플랫폼'으로 발전시킵니다.

의료 환경 및 서비스 품질 개선을 위한 AI 활용

AI는 의료진을 대체하는 것이 아니라 의료진과 환자 사이의 신뢰를 증진하는 도구가 되어야 합니다. 연구 결과에서 의료 환경의 신뢰도와 가용성이 유용성과 용이성에 긍정적인 영향을 미친 것으로 나타난 만큼, AI 기반 의료진 추천 시스템을 도입하여 환자의 신뢰도를 높이는 방향으로 기술을 설계합니다. 사회적 약자는 대형 병원보다 지역 보건소나 공공 의료기관을 주로 이용하므로, AI가 병원 중심의 진료 추천이 아닌 지역사회 기반 의료 자원(약국, 응급구조사 등)과 연계된 모델을 제공합니다.

고령층과 중증 질환자의 경우 응급 상황에서 신속한 대응이 필수적이므로, AI가 웨어러블 기기 및 IoT를 활용하여 실시간 건강 상태를 모니터링하고, 응급 상황 발생 시 의료진과 연결하는 시스템을 구축합니다. AI가 응급 상황을 정확히 인식하고 환자의 개별적인 건강 데이터를 반영할 수 있도록 지속적으로 학습 데이터를 업데이트하는 과정도 필수적으로 포함합니다.

의료 서비스 표준화 및 보안 강화

비대면 진료의 활성화를 위해 기술적 편리함을 넘어 제도적 신뢰를 확보해야 합니다. 연구 결과에서 보안성과 결제 편의성이 사용자의 기술 수용도에 유의미한 영향을 미치지 않았다는 점은, 단순한 기능 강화가 아닌 보안에 대한 심리적 신뢰를 높이는 것이 중요함을 의미합니다. 이를 위해 AI 기반 사기 탐지 및 보안 시스템을 적용하여 의료 데이터의 안전성을 확보하고, 블록체인 기반 의료 데이터 관리 시스템을 도입하여 개인정보 보호를 강화합니다.

사회적 약자를 위한 의료비 지원 시스템을 마련하여 의료급여 및 건강보험과 연계된 비대면 진료 결제 시스템을 구축하고, 결제 수단을 간소화하여 기술 장벽을 낮춥니다. 초고령층의 경우 온라인 결제 방식이 익숙하지 않으므로, 보건소에서 의료비를 대납하고 사후 정산하는 '공공 대납 결제 시스템'을 도입하여 실질적인 접근성을 높입니다.

사회적 약자를 위한 비대면 의료 정책 지원

비대면 의료 정책은 의료 사각지대를 해소하는 방향으로 설계되어야 합니다. 의료 취약 지역을 중심으로 공공 비대면 진료센터를 설립하고, 지역사회 중심의 원격 의료 지원 체계를 구축하는 것이 필수적입니다. 현재의 비대면 진료 논의가 주로 민간 병원 중심으로 이루어지고 있는 만큼, 공공 의료기관과 연계된 비대면 진료 모델을 개발하여 사회적 약자를 위한 실질적인 해결책을 마련해야 합니다.

또한, 원격 진료 보험 수가를 신설하고 지원을 확대하여 의료진이 적극적으로 비대면 진료에 참여할 수 있도록 유도하고, 사회적 약자를 대상으로 비대면 의료 이용 교육을 제공하여 디지털 격차를 해소합니다. 기술적 지원을 넘어 사회적 약자가 의료 서비스를 주체적으로 이용할 수 있도록 돕는 정책적 접근이 필요합니다.

미래 전망과 기대 효과

AI 기반 비대면 의료 서비스는 진료 플랫폼 역할에 머물지 않고 사회적 약자가 자신의 건강을 관리하는 개념으로 패러다임을 변화시키는 계기가 될 것입니다. 이를 통해 의료 서비스의 재사용 의도와 만족도가 높아지고, 사회적 약자의 의료 접근성이 증대되며, 의료진의 업무 부담이 경감되고 진료 효율성이 개선됩니다. AI와 기술 혁신을 통해 공공 의료 서비스의 질이 향상되면서 의료 패러다임이 치료 중심에서 예방·관리 중심으로 전환되는 계기가 됩니다.

이러한 변화는 정책 개선을 넘어 사회적 약자의 건강권을 보장하는 새로운 의료 체계의 구축을 의미합니다. AI가 단순한 기술이 아니라, 사회적 약자의 곁에서 함께 숨 쉬는 의료 파트너가 될 수 있도록 정책적·기술적 노력이 함께 이루어져야 합니다.

AI 49.
의료·요양 통합 지원과 AI 및 데이터 기반 혁신

가상 사례

우리 동네 돌봄 파트너 앱

서울 성북구에 거주하는 정연지 할머니(78세)는 남편을 먼저 떠나보내고 혼자 생활하고 있습니다. 평소 건강이 양호하지만, 무릎이 아파 외출이 어려운 날이 잦아졌습니다. 자녀들은 다른 지역에 거주하고 있어 자주 방문하기 어렵습니다. 정연지 할머니와 같은 동네에 김진수 씨가 살고 있습니다. 그는 57세로 퇴직 후 새로운 일자리를 찾는 중입니다. 김 씨는 은퇴 후 의미 있는 활동을 찾던 중, '우리 동네 돌봄 파트너' 앱을 알게 되었습니다.

김 씨는 AI 매칭 시스템을 통해 거동이 불편한 노인을 돕는 '동네 돌봄 서포터'로 추천받았고, 정 할머니와 연결되었습니다. 앱을 통해 간단한 건강 정보와 돌봄 요청 사항을 확인한 후, 김 씨는 정 할머니의 산책을 도와드리고, 가끔 함께 마트도 가면서 말벗이 되어주기로 했습니다.

어느 날, 정 할머니는 갑자기 심한 어지럼증을 느껴 도움을 요청하고 싶었지만, 전화기를 찾을 힘이 없었습니다. 다행히, '우리 동네 돌봄 파트너' 앱이 AI와 IoT 기반 '스마트 경로당' 시스템과 연동되어 있었습니다. 앱은 일정 시간 동안 할머니의 활동이 없음을 감지하고, 김 씨에게 알람을 보냈습니다. 김 씨는 즉시 할머니 집을 방문하여 상태를 확인했고, 상황이 심각하다고 판단하여 119에 신고했습니다. 이런 응급조치 덕분에 정 할머니는 빠르게 치료를 받고 회복할 수 있었습니다.

이후, 김 씨는 할머니를 위해 AI 건강 모니터링 서비스를 신청했습니다. 할머니는 손목형 웨어러블 기기를 착용하여 건강 데이터를 자동으로 분석할 수 있게 되었습니다. AI가 걸음 수, 심박수, 체온 등을 실시간으로 모니터링하여 이상 징후가 발생하면 즉시 돌봄 네트워크와 의료기관에 경보를 보내는 시스템이었습니다. 이처럼 지역사회 내 AI 기반 돌봄 네트워크와 주민 참여형 서비스가 결합하면서, 돌봄 사각지대가 해소되고, 이웃 간 신뢰도 높아지는 효과를 보였습니다.

스마트 경로당

경기도 고양시에 있는 한 경로당에서는 AI와 IoT 기반 '스마트 경로당'이 운영되고 있습니다. 73세 최영식 할아버지는 몇 년 전 당뇨병 진단을 받고 생활 습관을 개선하려고 노력해왔지만, 운동을 지속하는 것이 어려웠습니다. 하지만 '스마트 경로당'에 AI 기반 운동 프로그램이 도입된 후, 최 할아버지는 AI가 추천하는 맞춤형 운동을 따라 하기 시작했습니다.

AI는 할아버지의 체중, 혈압, 운동량을 실시간으로 분석하여 "최영식 어르신, 오늘 2,000보 이상 걸으면 혈당 관리에 더 좋습니다"라는 식으로 알려주었고, 걸음 수가 부족할 경우 "오늘 오후에는 30분 산책을 추천합니다"라는 음성 알림도 제공했습니다. 또한, AI는 경로당 내 스마트 체중계와 연동하여, 영양 상태까지 분석해 개인 맞춤형 식단 추천도 제공했습니다.

이러한 데이터는 지역 보건소와 연계되어, 보건소에서 어르신들의 건강 변화를 실시간으로 모니터링할 수 있게 되었습니다. 몇 개월 후, 할아버지는 "AI 덕분에 병원에서 약을 줄여도 된다는 말을 들었다"며 기뻐했습니다. 이후, 할아버지는 '주민 건강 코치 양성 사업'에도 참여하여 AI 기반 건강 교육을 받고, 자신처럼 건강을 개선하고 싶은 다른 어르신들에게 생활 습관 조언을 해주는 건강 리더로 활동하게 되었습니다. 이러한 프로그램을 통해, 건강 모니터링을 넘어, 주민 스스로 건강을 관리하고 서로를 돕는 커뮤니티 문화가 형성되고 있습니다.

의료, 요양 등 지역 돌봄의 통합 지원에 관한 법률 시행과 그 추진 방향

의료·요양·돌봄을 통합적으로 지원하기 위한 새로운 법률이 제정되었습니다. 2024년 3월에 공포된 '의료, 요양 등 지역 돌봄의 통합 지원에 관한 법률'은 2026년 3월 27일부터 본격적으로 시행될 예정입니다. 이 법은 돌봄이 필요한 국민이 살던 곳에서 건강한 삶을 지속할 수 있도록 지원하는 제도입니다. 주요 내용은 돌봄 대상자의 범위를 노쇠, 장애, 질병, 사고 등으로 인해 일상생활 유지가 어려운 노인과 장애인으로 설정하고, 신청부터 서비스 제공 및 모니터링까지의 절차를 체계적으로 운영하는 것입니다. 이를 위한 통합 지원 서비스에는 진료, 간호, 재활, 호스피스, 건강관리, 장기요양, 일상생활 및 가족 지원 등이 포함되며, 효과적인 제공을 위해 정보 시스템을 구축하고 지방자치단체에 전담 조직을 설치하는 등 기반을 조성할 계획입니다.

이 제도는 돌봄 통합 지원 모델을 전국으로 확산하고, 대상자를 점진적으로 확대하고자 합니다. 이를 위해 2024년에는 32개 시범 사업을 운영하며, 2026년까지 전국 모든 시·군·구에서 이 제도를 시행할 계획입니다. 또한, 2024년에는 우선적으로 노인을 대상으로 적용한 후, 2025년부터 장애인을 포함하고, 2027년부터는 정신질환자까지 지원 대상을 확대할 예정입니다. 이를 효과적으로 뒷받침하기 위해 재가 서비스도 지속적으로 확충하여 재택 의료센터를 2024년 93개소에서 2027년까지 250개소로 확대하고, 장기요양 통합 재가기관을 2024년 150개소에서 2027년 1,400개소로 늘릴 방침입니다. 또한, 장애인 건강 주치의를 2024년 1,106명에서 2027년 2,500명으로 증원하여 장애인의 건강관리를 강화할 계획입니다.

통합 지원 제도를 보다 효과적으로 시행하기 위해 대상자를 기존 노인 중심에서 장애인과 정신질환자로 확대하고, 신청 절차를 개선하여 주민센터와 건강보험공단 등 다양한 창구에서 신청할 수 있도록 접근성을 높일 것입니다. 또한, 의료·요양·돌봄 필요도를 종합적으로 평가할 수 있도록 통합 판정 체계를 구축하고, 개인별 맞춤형 돌봄 계획을 수립하여 정기적인 모니터링을 통해 서비스가 원활히 제공될 수 있도록 관리할 예정입니다. 수요자 중심의 서비스를 확충하기 위해 보건의료 서비스를 강화하고 재택 의료를 확대하며 병원과 시설 내 서비스 품질을 개선할 계획입니다. 아울러, 장기요양 서비스의 다양화를 통해 맞춤형 재가 서비스를 제공하고,

주거와 돌봄이 유기적으로 연계되도록 체계를 정비할 것입니다. 특히, 만성 질환 및 치매 예방과 관리 체계를 내실화하여 지속적인 건강관리가 이루어지도록 지원하고, 퇴원 후 재가 복귀를 위한 연계 서비스를 확충하여 의료와 돌봄이 단절되지 않도록 할 계획입니다. 장애인을 위한 건강 주치의 및 재활 서비스를 확대하고, 정신건강 지원을 강화하여 지역사회 중심의 치료와 회복이 가능하도록 할 것입니다.

이러한 통합 지원이 지속 가능하도록 모든 시·군·구에 전담 조직과 인력을 확충하고, 시행령과 시행규칙을 마련하여 제도를 법적으로 정비할 예정입니다. 또한, 신청부터 서비스 제공까지 연계하는 통합 지원 정보 시스템을 구축하여 더 효율적으로 운영할 수 있도록 할 것입니다. 이를 전국적으로 확산하기 위해 시범사업 지역을 점진적으로 확대하고 지방자치단체 공무원과 서비스 제공자를 대상으로 교육을 강화할 계획입니다. 통합 지원법의 이행을 지속적으로 점검하기 위해 통합 지원 추진 협의체를 운영하여 정책 추진 상황을 모니터링하고 필요한 조치를 신속히 마련할 것입니다.

이 제도의 시행을 통해 가장 큰 변화를 체감할 대상자는 돌봄이 필요한 국민입니다. 의료와 돌봄이 연계된 재가 서비스를 통해 병원이나 시설이 아닌 본인의 집에서 편안하고 안전하게 생활할 수 있는 환경이 조성될 것입니다. 또한, 간병비 부담을 줄이고 적절한 의료 서비스를 제공받아 살던 곳으로 안전하게 복귀할 수 있도록 지원할 예정입니다. 지방자치단체 차원에서는 돌봄 서비스의 전문성이 향상되고, 통합적 필요도 판정을 기반으로 수요자 중심의 서비스 연계가 이루어질 것입니다. 이를 통해 기존의 돌봄 사각지대를 해소하고 취약계층을 위한 사회 서비스가 활성화될 것으로 기대됩니다. 요양시설과 의료기관에서는 통합 재가기관과 주·야간 보호시설을 통해 다양한 돌봄 서비스를 제공할 수 있으며, 재택 의료 활성화를 통해 환자의 건강 상태에 맞춘 맞춤형 의료·요양 서비스를 제공할 수 있을 것입니다. 또한, 지역 병·의원과 지방자치단체 간 협력 체계를 강화하여 퇴원 후 즉시 지역 돌봄 서비스로 연계될 수 있는 안전한 퇴원 지원 체계를 마련할 것입니다. 이와 같이, 의료·요양·돌봄 통합 지원 정책을 통해 모든 국민이 살던 곳에서 건강하고 안정적인 삶을 유지할 수 있도록 하는 것이 궁극적인 목표입니다.

AI 기반 스마트 돌봄 시스템 구축: 문제 해결 중심 접근

고령화 사회에서 돌봄 서비스의 효율성과 지속 가능성을 높이기 위해 AI와 데이터 분석을 활용한 혁신적 접근이 필요합니다. 현재 돌봄 시스템은 인력 부족과 비효율적 배치로 인해 많은 어려움을 겪고 있으며, 이를 해결하기 위해 AI 기반 맞춤형 서비스, 데이터 기반 정책 개선, 주민 참여 모델을 결합한 통합 돌봄 생태계를 조성해야 합니다.

AI를 활용한 맞춤형 돌봄 서비스 혁신
현재 돌봄 서비스의 가장 큰 문제는 개인의 건강 상태와 필요에 맞춘 맞춤형 지원이 부족하다는 점입니다. AI 기반 돌봄 추천 시스템은 의료 기록, 생활 습관, 장애 정도 등의 데이터를 분석하여 최적의 돌봄 서비스를 제안할 수 있습니다.

웨어러블 기기(스마트워치, 혈압계, 혈당계 등)와 연동된 AI 모니터링 시스템은 실시간으로 건강 데이터를 수집하고 분석하여 질병 악화 가능성을 예측할 수 있습니다. 그러나 AI의 예측력이 완벽하지 않기 때문에 의료진과 돌봄 제공자와의 협력 체계를 구축하는 것이 필수적입니다. 즉, AI와 인간의 역할을 적절히 배분하는 것이 핵심입니다.

AI 상담 및 돌봄 매칭 시스템을 활용하면 24시간 챗봇 상담을 통해 돌봄 신청 절차 안내부터 긴급 문의 응대까지 지원할 수 있습니다. 또한, 요양보호사, 간호사, 재활치료사 등의 배치를 최적화하여 인력 운영의 효율성을 극대화할 수 있습니다. 이 과정에서 AI는 돌봄 제공자의 업무량과 이동 거리 등을 고려하여 최적의 스케줄을 추천하지만, 이때 인간의 경험적 판단과 병행해야 합니다.

데이터 분석을 통한 돌봄 서비스 최적화 및 정책 개선

데이터는 돌봄 서비스의 질을 높이는 핵심 자원입니다. 통합 돌봄 데이터 플랫폼을 구축하여 신청, 서비스 제공, 건강 모니터링, 응급 대응 등의 데이터를 실시간으로 수집하고 분석함으로써 돌봄 수요 예측 및 정책 개선이 가능합니다.

또한, 특정 질환(치매, 만성 질환 등)의 악화 가능성을 예측하여 예방 프로그램을 제공하는 방식으로 개인 맞춤형 돌봄 서비스를 강화할 수 있습니다. 지역별 돌봄 수요 예측을 통해 고령 인구 비율,

장애인 등록 현황, 돌봄 시설 부족 지역 등을 분석하여 돌봄 서비스 우선 지원 지역을 선정하고, 해당 지역에 필요한 돌봄 유형(재활, 호스피스, 일상생활 지원 등)을 최적화하는 것이 필요합니다.

특히, 의료기관과 돌봄 서비스 제공 기관 간 데이터 연계를 강화하면 환자의 병원 입·퇴원 기록과 돌봄 이용 내역을 실시간으로 공유할 수 있습니다. 이를 통해 더욱 효과적인 재가 돌봄 서비스 제공이 가능해집니다.

주민 참여를 통한 지속 가능한 돌봄 모델 구축

AI와 데이터 분석만으로 완벽한 돌봄 체계를 구축할 수 없습니다. 돌봄 서비스의 지속 가능성을 높이기 위해 지역사회의 참여가 필수적입니다.

'지역 돌봄 서포터즈' 프로그램을 통해 지역 주민이 자발적으로 돌봄 활동에 참여할 수 있도록 지원해야 합니다. 또한, 노인 및 장애인과 주민 간 1:1 돌봄 멘토링 시스템을 구축하여 사회적 연계를 강화해야 합니다. 주민 주도형 '커뮤니티 케어 센터'를 운영하여 돌봄 대상자가 생활권 내에서 필요한 돌봄을 받을 수 있도록 하는 것이 중요합니다. 이 과정에서 지역 의료진, 사회복지사, 자원봉사자 등의 협력이 필요합니다.

주민 참여형 돌봄 서비스 플랫폼을 운영하면 주민이 직접 본인의 돌봄 서비스를 선택하고 피드백을 제공할 수 있습니다. 서비스 제공 기관과 지역 주민 간 소통 창구 역할을 하는 애플리케이션을 개발하는 것도 효과적입니다. 또한, 돌봄 서비스의 중요성을 알리는 주민 교육 프로그램을 운영하여 자원봉사 활성화를 촉진할 수 있습니다.

AI, 데이터, 주민 참여 융합을 통한 스마트 돌봄 생태계 조성

미래의 스마트 돌봄 시스템은 기술과 인간 중심 돌봄이 조화를 이루는 방향으로 발전해야 합니다. AI 기반 스마트 헬스케어 시스템과 지역 돌봄 서비스를 결합하여 스마트 돌봄 타운을 조성하고, 자율주행 로봇, 드론, 스마트 IoT 기기 등을 활용한 돌봄 지원 시스템을 도입하는 것이 가능합니다. 그러나 이러한 기술은 보조적인 역할을 해야 하며, 인간 중심의 돌봄이 근본적인 가치로 자리 잡아야 합니다.

데이터 기반 돌봄 혁신 모델을 개발하여 지역별 돌봄 데이터를 분석하고 맞춤형 서비스를 제공하며, 돌봄 서비스 이용 패턴을 학습하여 최적의 서비스 조합을 추천하는 방식으로 효율성을 높일 수 있습니다. 또한, AI 기반 돌봄 커뮤니티 플랫폼을 운영하여 주민, 돌봄 제공자, 의료진이 함께 소통할 수 있도록 해야 합니다. 돌봄 대상자의 상태 변화를 실시간으로 공유하고 신속한 대응이 가능하도록 하는 것이 필요합니다.

AI와 데이터 분석을 통해 돌봄 정책을 지속적으로 개선하고, 주민 참여를 강화하여 자생적인 돌봄 생태계를 형성해야 합니다. 중앙정부, 지자체, 의료기관, 돌봄 제공 기관, 지역 주민 간 협력 체계를 공고히 하여 통합 돌봄 지원 모델을 완성하면, 보다 효과적이고 지속 가능한 돌봄 시스템을 구축할 수 있습니다.

50.

정부의 새로운 역할:
공진화

우리는 기술을 발전시키며 자연으로부터 점점 멀어졌습니다. 인간의 의지 아래 기술로 자연을 통제해야 할까요? 아니면 인간과 자연이 조화를 이루는 방향으로 기술을 활용해야 할까요? AI는 인간과 자연 사이의 단절을 회복하는 역할을 할 수 있을까요?

AI는 인간과 자연의 상호성을 회복하는 매개체가 되어야 합니다. AI 정부는 자연의 흐름을 읽고, 인간의 정서를 이해하며, 기술-인간-자연이 서로 반응하고 진화하는 유기적 거버넌스를 형성해야 합니다.

우리는 유비쿼터스 도시, 스마트 도시를 지나 AI 도시라는 새로운 전환점을 맞이하고 있습니다. 그러나 앞선 도시들은 기술의 완성도를 높이는 데 집중한 나머지, 기술이 지향해야 할 가치와 존재의 의미를 놓쳤습니다. AI 도시는 기능적 진보의 산물이 아니라, 기술과 인간, 자연이 공진화하는 실천적 공간이어야 합니다.

기술이 인간의 삶을 편리하게 만들었지만, 인간과 자연의 관계는 점점 단절되고 있습니다. 우리는 반려동물을 가족처럼 여기고 있지만, 식물은 여전히 장식물처럼 대합니다. 녹색 공간을 원하면서도 도시 속 자연을 점점 뒤로 밀어내고 있습니다. 그러나 AI가 인간, 식물, 반려동물 간의 관계를 보다 정밀하게 조율할 수 있다면, 우리는 자연 친화적이고 정서적으로 풍요로운 사회를 만들 수 있을 것입니다. AI는 더 이상 단순한 기술이 아니라, 인간과 자연을 연결하는 감응적 신경망이 되어, 일상 속에서 인간과 자연이 서로 영향을 주고받으며 공진화할 수 있는 환경을 조성할 수 있습니다.

AI는 이미 인간의 감정과 행동을 분석하는 데 활용되고 있으며, 이를 생태적 영역까지 확장한다면 인간과 식물, 반려동물이 실시간으로 교감하는 환경을 만들 수 있습니다. 예를 들어, AI가 실내 식물과 인간의 감정 상태를 연동하여 공기 질을 조절하거나, 반려동물이 인간의 스트레스를 감지하면 AI의 도움을 받아 보다 적절한 반응을 보이는 것이 가능해지고 있습니다. 식물도 공기 정화 기능을 넘어, 인간의 정서 상태에 따라 색이 변하거나 향기를 조절하며 환경을 최적화하는 방향으로 진화할 수 있습니다. 이러한 감각적 연결이 강화되면, 인간은 자연 속에서 더욱 건강하고 균형 잡힌 삶을 만들 수 있으며, 감정적 고립을 해소할 수 있습니다.

이러한 공진화 개념을 정책적으로 체계화하기 위해서는 새로운 접근이 필요합니다. 현재의 농림축산식품부나 환경부가 이 역할을 맡기에는 다소 한계가 있습니다. 기존 부처는 각각 농업·축산, 환경보호에 초점을 맞추고 있으며, 인간-자연-반려동물의 감각적 교류와 공진화를 연구하고 정책화하는 기능은 부족합니다. 따라서 '생명공진화부' 같은 정부 부처를 신설하여, 인간과 자연이 조화롭게 연결될 수 있는 연구와 정책을 추진하는 것이 바람직합니다.

이 부처는 환경보호를 넘어, AI 기반 생태 네트워크 구축, 인간-식물-반려동물 간 감응적 관계 연구, 공진화된 도시 설계를 담당하게 됩니다. AI는 인간과 자연의 상호작용을 실시간으로 분석하고, 이를 바탕으로 공진화 환경을 설계합니다. 예를 들어, 공원과 도시 공간에서 반려동물과 사람이 더욱 원활히 소통할 수 있도록 스마트 반려동물 쉼터를 도입하고, 실내 공기 질을 개선하는 AI 기반 스마트 식물 시스템을 지원하는 방안을 검토할 수 있습니다. 또한, 병원, 학교, 공공시설 등에서 정서적 안정감을 제공하는 반응형 식물 배치를 연구하여, AI가 인간의 감정 상태를 분석하고 이에 맞춰 자연환경을 조절하는 방식도 고려할 수 있습니다.

도시 설계에서도 공진화 개념을 도입할 수 있습니다. 현재의 도시는 인간 중심으로 설계되어 있으며, 자연과 동물은 보조적 요소로 존재하고 있습니다. 그러나 '공진화 도시' 개념을 적용하면, 인간과 자연이 실시간으로 교감하며 조화로운 환경을 유지할 수 있습니다. 공원과 가로수, 실내 식물들이 인간의 정서와 기후 변화에 반응하고, 반려동물과 인간이 함께 생활할 수 있는 공간이 더 체계적으로 구축됩니다. 예를 들어, AI가 반려동물의 스트레스 수준을 분석하여 특정 공간에서 휴식을 유도하거나, 실내에서 공기 질과 조도를 조절하여 인간의 집중력과 심리적 안정감을 높이는 환경을 조성하는 방식이 가능해지고 있습니다.

이러한 정책이 실현된다면, 먼 미래의 이상적 공진화 모델이 아니라, 지금 당장 실현 가능한 '생활 속 공진화'가 가능해질 것입니다. AI 정부가 이러한 흐름을 주도한다면, 인간과 자연이 더욱 친밀하게 연결되며, 환경 문제 해결과 삶의 질 향상이라는 두 가지 목표를 동시에 달성할 수 있습니다. 이제 우리는 자연을 보호하는 것을 넘어, 자연과 함께 살아가는 방식을 고민해야 할 때입니다. 생명공진화부를 통해 인간과 자연이 감각적으로 연결된 정책을 도입하고, 이를 실현하기 위한 AI 기반 기술이 지원된다면, 인간과 자연의 관계는 단절된 것이 아니라 다시 하나로 엮이는 방향으로 나아갈 것입니다.

AI가 깍두기를
이해할 수 있을까요

'깍두기'는 우리가 잘 아는 음식입니다. 그런데 다른 엉뚱한 뜻도 있습니다. 아이들끼리 편을 나누어 놀이할 때 같은 수로 편을 짭니다. 하지만 놀이 기량이 모두 똑같지는 않지요. 특정 놀이를 잘 못 하는 아이도 있습니다. 숫자가 똑같다고 공평하게 편이 나뉘지는 않습니다. 그래서 조금 더 약한 편이 놀이 역량이 조금 떨어지는 아이를 더 데려가면 균형이 맞춰지기도 합니다. 이때 추가로 배정된 아이를 깍두기라 부릅니다. 이렇듯 스포츠나 게임에서 실력이 상대적으로 부족한 사람이 팀의 균형을 맞추기 위해 포함될 때 사용되는 깍두기는 사회적 맥락에서도 널리 사용되며 특정한 의미를 갖습니다.

그런데 AI가 사회를 설계한다면, 깍두기는 배제해야 할 존재일까요, 아니면 포용해야 할 대상일까요? AI는 최적화를 목표로 하지만, 다양성이 사라지면 사회는 얼마나 유연하게 변화에 대응할 수 있을까요? 깍두기를 없애는 것이 효율성을 높이는 길일까요, 아니면 혁신의 씨앗을 제거하는 것일까요?

깍두기 개념은 사회적 포용과 배제, 정책적 균형, 진화적 다양성의 필요성을 설명하는 데도 활용될 수 있습니다. 깍두기는 사회 시스템 내에서 약자나 비주류의 위치를 의미하며, 사회에는 능력과 영향력이 상대적으로 낮은 개인이나 집단으로 존재합니다. 이들이 배제되지 않고 포함되는 것이 중요합니다. 스포츠나 게임에서는 깍두기가 팀 균형을 맞추는 역할을 하지만, 현실에서는 사회적 약자 보호나 포용적 정책과 연결될 수 있습니다.

이러한 깍두기의 대표적인 사례 중 하나가 앨런 튜링입니다. 그는 현대 컴퓨터과학과 AI의 아버지로 불리지만, 당시 사회에서는 체제에 온전히 흡수되지 못한 깍두기였습니다. 튜링은 어린 시절부터 기존 교육 방식과 맞지 않는 사고방식을 가졌으며, 주류와는 다른 방식으로 문제를 해결했습니다. 그는 동성애자로서 당시 영국 사회에서 차별받았고, 결국 동성애 혐의로 기소되어 화학적 거세를 당하는 등 사회적으로 배척당했습니다. 제2차 세계대전 당시 그는 독일의 암호 기계 에니그마를 해독하여 연합군의 승리에 결정적인 기여를 했으나, 전쟁이 끝난 후 그의 공로는 제대로 인정받지 못했습니다. 그는 튜링 머신 개념을 통해 현대 컴퓨터과학과 AI의 기초를 마련했지만, 그의 사상은 동시대인들에게 이해되지 못하는 경우가 많았습니다. 영국 정부는 그를 범죄자로 취급했고, 결국 1954년 41세의 나이에 사망했습니다.

한때 체제에 필수적인 존재였지만, 체제는 그를 보호하거나 존중하지 않았습니다. 튜링이 없었다면 오늘날 우리가 사용하는 컴퓨터와 AI 기술의 발전도 훨씬 늦어졌을 것입니다. 그러나 그는 한때 체제가 필요로 했으나 체제에 완전히 받아들여지지 못한 깍두기였으며, 이는 우리 사회가 깍두기를 어떻게 다루어야 할지에 대한 중요한 시사점을 제공합니다.

깍두기 개념이 긍정적으로 작용하면 사회적 약자를 위한 배려로 볼 수 있지만, 부정적으로 작용하면 형식적 포함 또는 무늬만 포용으로 변질될 위험이 있습니다. 예를 들어, 기업에서 의미 없는 보직을 주고 실제 의사결정에서는 배제하는 구조가 깍두기의 부정적 사례가 될 수 있습니다. 하지만 적절한 기회를 제공하고 성장하도록 지원한다면, 깍두기는 조직과 사회에 새로운 가능성을 더하는 존재가 될 수 있습니다. 실력이 낮은 사람이 포함되더라도 장기적으로 집단에 미치는 영향은 다르게 나타날 수 있으며, 강한 플레이어만 존재하는 시스템은 단기적으로 효율적이지만, 장기적으로 경직되고 창의성이 부족해질 위험이 있습니다.

깍두기를 단순한 약자가 아니라 새로운 변수나 혁신의 씨앗으로 보는 시각이 필요합니다. 역사적으로도 기존 체제를 흔든 혁신가들은 처음에는 깍두기처럼 여겨졌지만 결국 변화를 이끄는 원동력이 되었습니다.

AI 시대에도 깍두기의 의미는 여전히 중요합니다. 깍두기를 배제하는 것이 효율성을 높이는 길일 수 있지만, 이는 장기적으로 다양성과 창의성을 약화시킬 위험이 있습니다. 반대로 깍두기를 전략적으로 수용하면 사회와 조직은 더욱 유연하고 창의적으로 발전할 수 있습니다. 사회는 깍두기를 어떻게 다루느냐에 따라 변화할 수 있으며, 깍두기를 무조건 보호하는 것이 아니라 그들이 스스로의 가치를 발견하고 역할을 하도록 환경을 조성하는 것이 핵심입니다.

역사적으로도 깍두기처럼 보였던 존재들이 새로운 혁신을 만들어
낸 사례는 많습니다. 깍두기는 도태되어야 할 존재가 아니라, 사회
의 가능성을 넓히는 예측 불가능한 변수이자 기회의 원천입니다.

¤ **여론조사 설문지**

〈AI 정부 관련 설문지〉

조사 개요: 2025년 21~23일(3일간), 전국 성인남녀 500명을 대상으로 온라인 웹 조사를 실시함. 95% 신뢰수준에 허용오차는 ±4.4%

SQ1. 귀하의 성별은 무엇입니까?
① 남성   ② 여성

SQ2. 연령별
귀하의 연령대는 어떻게 되십니까?
① 만 19세 이하   ② 만 20−29세   ③ 만 30−39세
④ 만 40−49세   ⑤ 만 50−59세   ⑥ 만 60〜69세

SQ3. 권역별(거주 지역) 귀하의 거주 지역은 어디입니까?
① 서울   ② 경기/인천   ③ 강원/제주   ④ 세종/대전/충청권
⑤ 광주/전라권   ⑥ 부산/울산/경남권   ⑦ 대구/경북권

Ⅰ. 정부 환경

1. 인공지능을 적극적으로 활용하는 AI 정부를 만든다면, AI 정부가 어떤 사회를 만들 것이라고 생각합니까?

	색상	사회적 경향	키워드
1	보라	• 혈연 및 부족 가치 시스템. 집단의 단결을 통해 생존에 집중. • 개인(욕망)의 희생을 통해 생존 기반 조성, 남성 모임, 조합, 프로스포츠팀, 공동체 조직. 농업, 재개발, 개발도상국, 닫힌 경제 시스템	관습. 전통. 이념. 독재 공포와 신비주의
2	빨강	• 타인 배려보다 개인주의. 효과적 성과. 즉각적인 보상. 참여민주주의 장애요인. 이방인, 어린이, 여성 등 약자에 착취구조. 악당 또는 영웅(강한 지도자)의 시대. 보라로부터 파랑으로 가기 위해 빨강을 신속 통과할 필요	지배. 억압. 약탈. 이기적. 폭력적. 원독점

	색상	사회적 경향	키워드
3	파랑	• 바람직한 방향. 절대적 신념 기반의 진실의 시대. 문명사회의 특징이기도 함. 보이스카우트, 해병대, 종교, 민주주의, 시장경제. 흑백논리. • 질서와 서열 중시. 경직성, 신기술 거부, 선입견, 품질적 풍요의 연기	법. 질서. 공정. 공평. 평등
4	주황	• 투쟁의 원동력. 기술과 의학이 더 좋은 삶을 보장. 철학과 예술의 활성화. • 물질을 중시하나 그것이 전부는 아니라는 관점. 수직·수평 조직의 균형. • 법과 질서를 교묘히 활용하여 착취구조를 합리화. 정신적 공허함 발생	혁신. 과거 단절. 계몽. 위험 감수. 과학. 금융
5	녹색	• 내적 만족감으로 결핍을 충족. 결과보다 과정을 중시. 공동체를 우선함. • 평등주의와 인도주의 중시. 사적 소유 인정하나 협력적 시민을 중시함.	연대. 협력. 평화. 환경
6	노랑	• 공동체 기반 다양성과 개인주의 및 통합성. 정보와 역량 및 지식에 집중. • 기능과 자연적 흐름에 동조하는 사회와 개인	지식. 전문성. 직관적. 통합적

2. 귀하는 인공지능을 적극적으로 활용하는 정부가 가져야 하는 가장 중요한 덕목은 무엇이라고 생각하십니까?

① 도덕성과 자제력 ② 정 많고 잘 도와줌 ③ 실용성과 유능함
④ 감수성과 창의성 ⑤ 분석력과 통찰력 ⑥ 안전성과 책임감
⑦ 낙천적이고 열정적 ⑧ 솔직하고 과감함 ⑨ 평화추구, 포용력

3. 인공지능을 적극적으로 활용하는 정부에서 정책을 어떻게 이해해야 한다고 보십니까?(3개 선택)

① 문제 해결 도구: 사회적, 경제적, 환경적 문제를 해결하기 위한 수단.
② 미래 지향적 설계: 지속 가능한 발전과 미래 세대를 위한 기반 마련.
③ 공정성 실현의 장치: 사회적 불평등을 해소하고 공정한 기회를 제공하는 체계.
④ 사회적 통합의 매개체: 다양한 계층과 집단 간의 조화를 이루는 촉진제.
⑤ 국민의 삶을 향상시키는 서비스: 국민의 삶의 질을 높이기 위해 제공되는 공공 서비스.
⑥ 가치와 철학의 구현: 정부의 철학과 사회적 가치를 실현하는 표현 방식.
⑦ 글로벌 경쟁력 강화: 국가와 국민이 국제적 환경에서 경쟁력을 갖추도록 돕는 전략.
⑧ 다양한 이해관계 조정: 갈등을 해결하고 사회적 합의를 도출하는 조정 도구.

4. 인공지능을 적극적으로 활용하는 정부에서 "좋은 정책" 이란 무엇이라고 생각하십니까?
① 개인의 자유를 극대화하는 정책
② 사회적 공정성과 평등을 실현하는 정책
③ 지속 가능성과 미래 세대를 고려한 정책
④ 경제적 성과와 실질적 결과를 제공하는 정책
⑤ 기타(구체적으로 작성): _____

5. 인공지능을 적극적으로 활용하는 정부 정책의 성공을 평가할 때 가장 중요한 기준은 무엇
　 이라고 생각하십니까?
① 국민의 체감 만족도
② 지속 가능성과 장기적 효과
③ 실행 과정의 공정성과 투명성
④ 국제적 경쟁력과 비교 우위
⑤ 기타(구체적으로 작성): _____

6. 인공지능을 적극적으로 활용하는 정부의 정책은 국민의 삶에 어떤 역할을 해야 한다고 생
　 각하십니까?(2개 선택)
① 보호막: 국민의 기본적인 안전과 생존을 보장.
② 나침반: 국민의 삶의 방향성과 목표를 제시.
③ 촉진제: 국민의 잠재력과 창의성을 끌어내는 지원 역할.
④ 조정자: 다양한 이해관계자의 갈등을 조율하고 합의를 이끄는 역할.
⑤ 혁신의 동력: 사회적 변화와 발전을 주도하는 역할.
⑥ 기타(구체적으로 작성): _____

7. 인공지능을 적극적으로 활용하는 정부에서 정책 성공을 위한 가장 혁신적인 요소는 무엇
　 이라고 생각하십니까?(2개 가능)
① 국민 참여와 피드백 시스템: 정책 설계부터 집행까지 국민 의견을 반영하는 상호작용 플
　 랫폼.
② 데이터 기반 예측과 평가: 정책 효과를 실시간으로 모니터링하고 개선하는 데이터 활용.
③ 유연성과 적응성: 상황 변화에 따라 조정 가능한 정책 구조.
④ 다양성 포용: 문화적, 사회적, 경제적 다양성을 존중하는 통합적 접근.
⑤ 공동 창작 모델: 정부와 시민, 전문가가 함께 정책을 설계하고 집행하는 협력 방식.
⑥ 기타(구체적으로 작성): _____

II. 철학적 기초와 국정 운영 기조

8. 인공지능 기술의 정부 활용에 대한 필요성에 동의하십니까?
① 매우 비동의　　　② 비동의　　　③ 동의　　　④ 매우 동의

9. 정부의 의사결정 과정에 AI가 참여할 경우, 인간 전문가의 의견이 충분히 반영되어야 한다고 보십니까?
① 매우 비동의   ② 비동의   ③ 동의   ④ 매우 동의

10. 정부의 AI 활용이 가져올 수 있는 가장 큰 이점은 무엇이라고 생각하십니까?
① 공정성 강화   ② 효율성 증대   ③ 비용 절감
④ 오류 감소   ⑤ 기타(직접 입력:_____)

11. AI 기술의 발전이 가져올 정부 운영 방식의 변화에 대해 찬성 또는 반대하는 이유를 선택해주세요.
① 찬성: 정책 효율성이 증가한다. 감정적 판단을 배제할 수 있다.
② 반대: 인간적 요소가 부족해질 수 있다. 결정의 투명성이 낮아질 우려가 있다.

12. AI가 정부 정책에서 공정성을 보장하려면 어떤 요소가 가장 중요하다고 보십니까?
① 알고리즘의 투명성   ② 데이터의 공정성
③ 독립적인 검증 절차   ④ 국민 참여 강화

Ⅲ. 국민 삶과 직결된 정책 영역

〈복지〉
13. AI가 복지 수급자를 공정하게 선정할 수 있다고 생각하십니까?
① 매우 비동의   ② 비동의   ③ 동의   ④ 매우 동의

14. AI가 복지 서비스 제공에서 가장 중요한 역할을 할 수 있는 부분은 무엇이라고 생각하십니까?
① 대상자 데이터 분석 및 선정   ② 맞춤형 서비스 추천
③ 복지 자원의 효율적 배분   ④ 서비스 처리 속도 향상

15. AI가 복지 서비스를 처리하는 과정에서 발생할 수 있는 우려는 무엇입니까?
① 개인정보 유출 가능성   ② 판단 기준의 투명성 부족
③ 인간적 상담의 부재   ④ 기타

16. AI를 활용하여 복지 서비스를 개선할 때 가장 중요한 윤리적 요소는 무엇이라고 생각하십니까?
① 개인정보 보호   ② 공정한 접근성   ③ 인간적 공감 보장   ④ 기타

<국방>

17. 국방 분야에서 AI의 가장 중요한 역할은 무엇이어야 한다고 보십니까?
① 정보 분석 및 군사 전략 수립　　　　② 자동화 무기 및 드론 관리
③ 사이버 보안 강화　　　　　　　　　④ 기타

18. AI 기술이 군사 작전에서 인간의 판단을 완전히 대체할 수 있다고 생각하십니까?
① 매우 비동의　　　② 비동의　　　③ 동의　　　④ 매우 동의

19. AI 기반 국방 시스템의 윤리적 우려를 선택해주세요.
① 민간 피해 가능성 증가　　　　　　② 책임 소재 불분명
③ 오작동 위험　　　　　　　　　　　④ 기타

20. AI 국방 기술 개발에서 국제 협력이 필요하다고 생각하십니까?
① 매우 비동의　　　② 비동의　　　③ 동의　　　④ 매우 동의

<행정>

21. AI가 행정 서비스를 자동화하면 공공 서비스의 품질이 향상될 것이라고 생각하십니까?
① 매우 비동의　　　② 비동의　　　③ 동의　　　④ 매우 동의

22. AI를 활용한 행정 서비스 자동화의 가장 큰 이점은 무엇입니까?
① 대기 시간 단축　　② 행정 오류 감소　　③ 비용 절감　　④ 기타

23. AI 행정 시스템이 투명성을 보장하기 위해 필요한 요소는 무엇이라고 생각하십니까?
① 알고리즘 공개　　② 독립 검증 기구 운영　　③ 시민 감시 참여　　④ 기타

24. AI를 활용한 행정에서 시민의 참여를 증진시키기 위한 방안은 무엇이라고 보십니까?
① 실시간 피드백 시스템　　　　　　② 시민 의견 데이터 분석
③ 공청회 AI 통합 운영　　　　　　　④ 기타

<재정>

25. AI가 재정 정책에서 가장 큰 역할을 할 수 있는 부분은 무엇이라고 보십니까?
① 예산 효율성 분석　　　　　　　　② 지출 패턴 분석
③ 사기 및 부정행위 탐지　　　　　　④ 기타

26. AI가 제안한 재정 정책의 신뢰도를 높이기 위해 필요한 조건은 무엇입니까?
① 데이터 출처 공개　　　　　　　　② 정책 결과 예측의 정확성 검증
③ 국민 의견 수렴 과정 강화　　　　④ 기타

27. AI를 활용한 세금 시스템 개선 방안으로 가장 적합한 것은 무엇이라고 보십니까?
① 세금 회피 패턴 탐지　　　　　　② 세금 신고 자동화
③ 세금 불공정 사례 분석　　　　　④ 기타

<교육>
28. AI가 학생들에게 맞춤형 학습을 제공하는 시스템에 대해 찬성 또는 반대하는 이유를 선택해주세요.
① 찬성: 학생 개개인의 학습 속도와 스타일에 맞춘 교육 가능
② 찬성: 교사의 부담 감소
③ 반대: 인간 교사의 중요성 약화
④ 반대: 학생들의 창의력 저하 가능성

29. AI 기반 학습 시스템이 교육 격차를 줄이는 데 효과적이라고 보십니까?
① 매우 비동의   ② 비동의   ③ 동의   ④ 매우 동의

30. 다음 중 AI 기술이 교사를 대체할 가능성이 높은 분야라고 생각되는 것을 모두 선택해주세요.
① 학생의 학습 데이터 분석 및 맞춤형 학습 제공
② 반복적이고 표준화된 지식 전달
③ 학습 관리 및 출석 확인
④ 객관식 시험 채점 및 성적 관리
⑤ 기본적인 상담 및 학습 동기 부여
⑥ 기타: _____

31. 다음 중 AI 기술이 교사를 대체하기 어려운 분야라고 생각되는 것을 모두 선택해주세요.
① 학생과의 감정적 유대 형성
② 창의적이고 비판적인 사고를 가르치는 수업
③ 문제 행동에 대한 심리적 상담 및 지도
④ 협력과 의사소통 능력을 기르는 수업
⑤ 도덕적, 윤리적 가치 전달
⑥ 기타: _____

<인공지능과 인권>
32. AI가 자율성을 가지게 되었을 때, 인권을 인정해야 한다고 생각하십니까?
① 매우 비동의   ② 비동의   ③ 동의   ④ 매우 동의

33. AI 인권을 인정할 경우 발생할 수 있는 사회적 갈등을 해결하기 위해 어떤 접근 방식이 필요하다고 생각하십니까?
① 법적 기준 마련   ② 윤리적 논의 확대
③ AI와 인간의 역할 구분 명확화   ④ 기타(직접 입력:_____)

34. AI가 노동을 수행할 경우 노동자로서의 권리를 보장해야 한다고 생각하십니까?
① 매우 비동의   ② 비동의   ③ 동의   ④ 매우 동의

35. AI의 자율성과 인간의 권리 간 충돌을 해결하기 위한 가장 효과적인 방안은 무엇이라고 생각하십니까?
① 윤리적 가이드라인 수립   ② 법적 규제 강화
③ 사회적 대화 확대   ④ 기타

〈종합〉
36. AI가 공공 정책의 수립 과정에서 국민 의견을 수렴하는 데 얼마나 효과적이라고 보십니까?
① 매우 효과적이다   ② 효과적이다
③ 효과적이지 않다   ④ 전혀 효과적이지 않다

37. AI 도입으로 인해 사라질 가능성이 높은 직업군에 대해 정부는 어떤 대응책을 마련해야 한다고 보십니까?
① 재교육 프로그램 확대   ② 기본소득 도입 검토
③ AI 기술 규제   ④ 기타

38. 자율주행 기술 도입으로 교통 안전성이 향상될 가능성에 대해 어떻게 생각하십니까?
① 매우 높다   ② 높다   ③ 낮다   ④ 매우 낮다

39. AI와 관련된 정책에서 개인정보 보호가 우선적으로 고려되어야 한다고 보십니까?
① 매우 비동의   ② 비동의   ③ 동의   ④ 매우 동의

40. AI가 공공 서비스의 효율성을 높이는 데 있어 가장 중요한 제약은 무엇이라고 생각하십니까?
① 기술적 한계   ② 윤리적 논란   ③ 법적 규제 부족   ④ 기타

〈마지막으로 통계처리를 위한 몇가지만 더 여쭙겠습니다.〉

DQ1. 귀하는 AI 기술에 대해 얼마나 잘 알고 계십니까?
① 매우 잘 알고 있음   ② 어느 정도 알고 있음
③ 거의 알지 못함   ④ 전혀 알지 못함

DQ2. 귀하가 느끼고 생각하시기에, 귀하 가정의 재정 상태는 어떻게 평가하십니까?
① 매우 안정적임   ② 안정적임
③ 불안정함   ④ 매우 불안정함

DQ3. 귀하는 다음 중 어떤 환경에서 거주하고 계십니까?
① 대도시(인구 100만 명 이상)   ② 중소도시(인구 10만~100만 명)
③ 농촌 또는 어촌

끝까지 응답해 주셔서 감사합니다

¤ 여론조사 통계표(%, 명)

1. 인공지능을 적극적으로 활용하는 AI 정부를 만든다면, AI 정부가 어떤 사회를 만들 것이라고 생각합니까?

		사례수	노랑	파랑	빨강	주황	녹색	보라	계
	전체	(500)	28.8	27.0	15.0	13.8	10.2	5.2	100.0
성별	남성	(253)	28.9	25.7	16.6	15.4	8.7	4.7	100.0
	여성	(247)	28.7	28.3	13.4	12.1	11.7	5.7	100.0
연령	만20-29세	(78)	32.1	26.9	15.4	15.4	2.6	7.7	100.0
	만30-39세	(91)	31.9	27.5	15.4	11.0	8.8	5.5	100.0
	만40-49세	(104)	24.0	23.1	20.2	11.5	15.4	5.8	100.0
	만50-59세	(121)	31.4	24.8	12.4	18.2	9.1	4.1	100.0
	만60-69세	(106)	25.5	33.0	12.3	12.3	13.2	3.8	100.0
지역	서울	(95)	40.0	20.0	14.7	15.8	5.3	4.2	100.0
	경기/인천	(167)	26.9	30.5	12.0	14.4	10.2	6.0	100.0
	강원/제주	(23)	26.1	30.4	21.7	13.0	4.3	4.3	100.0
	세종/대전/충청권	(49)	14.3	30.6	16.3	12.2	20.4	6.1	100.0
	광주/전라권	(46)	34.8	26.1	13.0	13.0	8.7	4.3	100.0
	부산/울산/경남권	(74)	21.6	27.0	18.9	12.2	12.2	8.1	100.0
	대구/경북권	(46)	34.8	23.9	17.4	13.0	10.9	0.0	100.0
지역 규모	대도시 (100만 명 이상)	(279)	31.2	28.3	12.9	15.8	8.2	3.6	100.0
	중소도시 (10만-100만 명 미만)	(204)	26.5	24.0	15.7	12.3	13.7	7.8	100.0
	농촌 또는 어촌	(17)	17.6	41.2	41.2	0.0	0.0	0.0	100.0
AI 기술 인지도	인지	(351)	31.1	25.1	14.2	15.7	9.1	4.8	100.0
	비인지	(149)	23.5	31.5	16.8	9.4	12.8	6.0	100.0
가정 재정 상태	안정적	(274)	29.9	25.5	15.0	14.2	8.4	6.9	100.0
	불안정	(226)	27.4	28.8	15.0	13.3	12.4	3.1	100.0

2. 귀하는 인공지능을 적극적으로 활용하는 정부가 가져야 하는 가장 중요한 덕목은 무엇이라고 생각하십니까?

		사례 수	1) 도덕성과 자제력	6) 안전성과 책임감	5) 분석력과 통찰력	3) 실용성과 유능함	9) 평화 추구, 포용력	4) 감수성과 창의성	2) 정말 고 잘도 와줌	7) 낙천적이고 열정적	계
	전체	(500)	28.4	26.0	18.2	17.2	4.6	3.6	1.4	0.6	100.0
성별	남성	(253)	26.5	25.3	15.8	19.0	5.9	4.3	2.0	1.2	100.0
	여성	(247)	30.4	26.7	20.6	15.4	3.2	2.8	0.8	0.0	100.0
연령	만20~29세	(78)	30.8	11.5	26.9	17.9	1.3	6.4	5.1	0.0	100.0
	만30~39세	(91)	20.9	22.0	16.5	28.6	3.3	6.6	1.1	1.1	100.0
	만40~49세	(104)	29.8	26.0	19.2	15.4	3.8	2.9	1.9	1.0	100.0
	만50~59세	(121)	28.9	33.1	15.7	15.7	3.3	2.5	0.0	0.8	100.0
	만60~69세	(106)	31.1	32.1	15.1	10.4	10.4	0.9	0.0	0.0	100.0
지역	서울	(95)	32.6	29.5	17.9	11.6	4.2	3.2	1.1	0.0	100.0
	경기/인천	(167)	26.9	26.9	19.8	18.0	4.8	2.4	1.2	0.0	100.0
	강원/제주	(23)	34.8	21.7	26.1	4.3	4.3	4.3	4.3	0.0	100.0
	세종/대전/충청권	(49)	14.3	26.5	16.3	28.6	4.1	6.1	2.0	2.0	100.0
	광주/전라권	(46)	23.9	23.9	15.2	23.9	6.5	2.2	2.2	2.2	100.0
	부산/울산/경남권	(74)	31.1	29.7	12.2	17.6	5.4	2.7	1.4	0.0	100.0
	대구/경북권	(46)	37.0	13.0	23.9	13.0	2.2	8.7	0.0	2.2	100.0
지역 규모	대도시(인구 100만 명 이상)	(279)	28.0	28.3	18.6	15.8	5.0	3.2	0.7	0.4	100.0
	중소도시(인구 10만~100만 명 미만)	(204)	28.9	22.5	18.6	18.6	3.9	4.4	2.0	1.0	100.0
	농촌 또는 어촌	(17)	29.4	29.4	5.9	23.5	5.9	0.0	5.9	0.0	100.0
AI 기술 인지도	인지	(351)	29.9	25.6	21.1	14.8	3.7	3.1	1.4	0.3	100.0
	비인지	(149)	24.8	26.8	11.4	22.8	6.7	4.7	1.3	1.3	100.0
가정 재정 상태	안정적	(274)	25.2	25.5	18.2	20.1	4.0	4.4	1.5	1.1	100.0
	불안정	(226)	32.3	26.5	18.1	13.7	5.3	2.7	1.3	0.0	100.0

3. 인공지능을 적극적으로 활용하는 정부에서 정책을 어떻게 이해해야 한다고 보십니까?
(중복응답)

		사례 수	5) 국민의 삶을 향상시키는 서비스: 국민의 삶의 질을 높이기 위해 제공되는 공공 서비스	2) 미래 지향적 설계: 지속 가능한 발전과 미래 세대를 위한 기반 마련	3) 공정성 실현의 장치: 사회적 불평등을 해소하고 공정한 기회를 제공하는 체계	1) 문제 해결 도구: 사회적·경제적·환경적 문제를 해결하기 위한 수단	7) 글로벌 경쟁력 강화: 국가와 국민이 국제적 환경에서 경쟁력을 갖추도록 돕는 전략	8) 다양한 이해관계 조정: 갈등을 해결하고 사회적 합의를 도출하는 조정 도구	4) 사회적 통합의 매개체: 다양한 계층과 집단 간의 조화를 이루는 촉진제	6) 가치와 철학의 구현: 정부의 철학과 사회적 가치를 실현하는 표현 방식
	전체	(500)	62.6	47.4	45.6	44.8	34.0	29.0	23.8	12.8
성별	남성	(253)	58.1	49.8	47.0	42.7	32.8	28.1	26.1	15.4
	여성	(247)	67.2	44.9	44.1	47.0	35.2	30.0	21.5	10.1
연령	만20~29세	(78)	61.5	50.0	30.8	53.8	39.7	25.6	20.5	17.9
	만30~39세	(91)	57.1	47.3	48.4	50.5	39.6	23.1	20.9	13.2
	만40~49세	(104)	68.3	46.2	37.5	54.8	31.7	31.7	19.2	10.6
	만50~59세	(121)	56.2	47.1	58.7	43.0	26.4	26.4	29.8	12.4
	만60~69세	(106)	69.8	47.2	47.2	25.5	35.8	36.8	26.4	11.3
지역	서울	(95)	56.8	53.7	45.3	45.3	41.1	26.3	21.1	10.5
	경기/인천	(167)	70.1	43.7	43.1	46.1	36.5	31.1	21.0	8.4
	강원/제주	(23)	52.2	52.2	56.5	43.5	13.0	34.8	13.0	34.8
	세종/대전/충청권	(49)	61.2	59.2	36.7	46.9	36.7	18.4	18.4	22.4
	광주/전라권	(46)	58.7	52.2	47.8	41.3	32.6	30.4	23.9	13.0
	부산/울산/경남권	(74)	60.8	40.5	51.4	41.9	28.4	31.1	31.1	14.9
	대구/경북권	(46)	60.9	39.1	47.8	45.7	28.3	30.4	39.1	8.7
지역 규모	대도시(인구 100만 명 이상)	(279)	62.4	46.6	44.1	49.1	35.8	27.2	24.4	10.4
	중소도시(인구 10만~100만 명 미만)	(204)	63.7	48.5	45.6	38.7	31.9	31.9	23.5	16.2
	농촌 또는 어촌	(17)	52.9	47.1	70.6	47.1	29.4	23.5	17.6	11.8
AI 기술 인지도	인지	(351)	60.7	49.6	44.2	47.6	33.6	28.8	23.1	12.5
	비인지	(149)	67.1	42.3	49.0	38.3	34.9	29.5	25.5	13.4
가정 재정 상태	안정적	(274)	59.1	48.2	44.2	46.0	37.2	27.4	23.4	14.6
	불안정	(226)	66.8	46.5	47.3	43.4	30.1	31.0	24.3	10.6

4. 인공지능을 적극적으로 활용하는 정부에서 '좋은 정책'이란 무엇이라고 생각하십니까?

		사례 수	2) 사회적 공정성과 평등을 실현하는 정책	3) 지속 가능성과 미래 세대를 고려한 정책	4) 경제적 성과와 실질적 결과를 제공하는 정책	1) 개인의 자유를 극대화하는 정책	계
	전체	(500)	38.0	32.2	27.0	2.8	100.0
성별	남성	(253)	38.7	30.0	27.7	3.6	100.0
	여성	(247)	37.2	34.4	26.3	2.0	100.0
연령	만20~29세	(78)	39.7	24.4	30.8	5.1	100.0
	만30~39세	(91)	29.7	35.2	29.7	5.5	100.0
	만40~49세	(104)	29.8	36.5	29.8	3.8	100.0
	만50~59세	(121)	44.6	27.3	27.3	0.8	100.0
	만60~69세	(106)	44.3	36.8	18.9	0.0	100.0
지역	서울	(95)	31.6	35.8	30.5	2.1	100.0
	경기/인천	(167)	40.1	26.3	30.5	3.0	100.0
	강원/제주	(23)	47.8	30.4	17.4	4.3	100.0
	세종/대전/충청권	(49)	34.7	40.8	22.4	2.0	100.0
	광주/전라권	(46)	32.6	28.3	34.8	4.3	100.0
	부산/울산/경남권	(74)	41.9	33.8	21.6	2.7	100.0
	대구/경북권	(46)	41.3	39.1	17.4	2.2	100.0
지역 규모	대도시 (인구 100만 명 이상)	(279)	36.9	31.2	30.1	1.8	100.0
	중소도시 (인구 10만~100만 명 미만)	(204)	39.2	32.8	23.5	4.4	100.0
	농촌 또는 어촌	(17)	41.2	41.2	17.6	0.0	100.0
AI 기술 인지도	인지	(351)	38.7	31.6	27.6	2.0	100.0
	비인지	(149)	36.2	33.6	25.5	4.7	100.0
가정 재정 상태	안정적	(274)	39.1	31.4	25.9	3.6	100.0
	불안정	(226)	36.7	33.2	28.3	1.8	100.0

5. 인공지능을 적극적으로 활용하는 정부 정책의 성공을 평가할 때 가장 중요한 기준은 무엇이라고 생각하십니까?

		사례 수	3) 실행 과정의 공정성과 투명성	2) 지속 가능성과 장 기적 효과	1) 국민의 체감 만족도	4) 국제적 경쟁력과 비교 우위	계
	전체	(500)	40.6	28.8	22.8	7.8	100.0
성별	남성	(253)	39.9	26.5	24.5	9.1	100.0
	여성	(247)	41.3	31.2	21.1	6.5	100.0
연령	만20~29세	(78)	29.5	34.6	29.5	6.4	100.0
	만30~39세	(91)	31.9	35.2	24.2	8.8	100.0
	만40~49세	(104)	35.6	35.6	18.3	10.6	100.0
	만50~59세	(121)	47.1	21.5	24.0	7.4	100.0
	만60~69세	(106)	53.8	20.8	19.8	5.7	100.0
지역	서울	(95)	40.0	31.6	18.9	9.5	100.0
	경기/인천	(167)	43.1	26.3	22.2	8.4	100.0
	강원/제주	(23)	56.5	17.4	26.1	0.0	100.0
	세종/대전/충청권	(49)	32.7	34.7	22.4	10.2	100.0
	광주/전라권	(46)	37.0	30.4	23.9	8.7	100.0
	부산/울산/경남권	(74)	41.9	24.3	28.4	5.4	100.0
	대구/경북권	(46)	34.8	37.0	21.7	6.5	100.0
지역 규모	대도시 (인구 100만 명 이상)	(279)	40.9	27.6	21.1	10.4	100.0
	중소도시 (인구 10만~ 100만 명 미만)	(204)	39.2	30.9	25.5	4.4	100.0
	농촌 또는 어촌	(17)	52.9	23.5	17.6	5.9	100.0
AI 기술 인지도	인지	(351)	41.6	29.3	22.5	6.6	100.0
	비인지	(149)	38.3	27.5	23.5	10.7	100.0
가정 재정 상태	안정적	(274)	39.1	30.7	22.6	7.7	100.0
	불안정	(226)	42.5	26.5	23.0	8.0	100.0

6. 인공지능을 적극적으로 활용하는 정부의 정책은 국민의 삶에 어떤 역할을 해야 한다고 생각하십니까? (중복응답)

		사례 수	1) 보호막: 국민의 기본적인 안전과 생존을 보장	5) 혁신의 동력: 사회적 변화와 발전을 주도하는 역할	4) 조정자: 다양한 이해관계자의 갈등을 조율하고 합의를 이끄는 역할	2) 나침반: 국민의 삶의 방향성과 목표를 제시.	3) 촉진제: 국민의 잠재력과 창의성을 끌어내는 지원 역할
	전체	(500)	51.0	44.6	40.6	33.6	30.2
성별	남성	(253)	51.0	41.9	41.5	31.2	34.4
	여성	(247)	51.0	47.4	39.7	36.0	25.9
연령	만20~29세	(78)	50.0	43.6	38.5	29.5	38.5
	만30~39세	(91)	49.5	41.8	38.5	39.6	30.8
	만40~49세	(104)	52.9	51.0	40.4	33.7	22.1
	만50~59세	(121)	52.9	41.3	41.3	33.9	30.6
	만60~69세	(106)	49.1	45.3	43.4	31.1	31.1
지역	서울	(95)	51.6	50.5	34.7	31.6	31.6
	경기/인천	(167)	41.3	49.1	38.3	34.1	37.1
	강원/제주	(23)	60.9	39.1	43.5	30.4	26.1
	세종/대전/충청권	(49)	55.1	51.0	40.8	34.7	18.4
	광주/전라권	(46)	43.5	45.7	43.5	34.8	32.6
	부산/울산/경남권	(74)	64.9	25.7	44.6	39.2	25.7
	대구/경북권	(46)	60.9	41.3	50.0	26.1	21.7
지역 규모	대도시(인구 100만 명 이상)	(279)	50.5	45.9	36.2	33.3	34.1
	중소도시(인구 10만~100만 명 미만)	(204)	52.0	41.7	46.1	35.8	24.5
	농촌 또는 어촌	(17)	47.1	58.8	47.1	11.8	35.3
AI 기술 인지도	인지	(351)	49.6	45.3	40.7	32.8	31.6
	비인지	(149)	54.4	43.0	40.3	35.6	26.8
가정 재정 상태	안정적	(274)	50.0	43.8	38.7	33.9	33.6
	불안정	(226)	52.2	45.6	42.9	33.2	26.1

7. 인공지능을 적극적으로 활용하는 정부에서 정책 성공을 위한 가장 혁신적인 요소는 무엇이라고 생각하십니까? (중복응답)

		사례 수	2) 데이터 기반 예측과 평가: 정책 효과를 실시간으로 모니터링하고 개선하는 데이터 활용	1) 국민 참여와 피드백 시스템: 정책 설계부터 집행까지 국민 의견을 반영하는 상호작용 플랫폼	4) 다양성 포용: 문화적·사회적·경제적 다양성을 존중하는 통합적 접근	3) 유연성과 적응성: 상황 변화에 따라 조정 가능한 정책 구조	5) 공동 창작 모델: 정부와 시민, 전문가가 함께 정책을 설계하고 집행하는 협력 방식	6) 기타
	전체	(500)	57.0	46.6	39.8	36.4	20.0	0.2
성별	남성	(253)	58.1	43.5	39.5	42.7	16.2	0.0
	여성	(247)	55.9	49.8	40.1	30.0	23.9	0.4
연령	만20~29세	(78)	65.4	50.0	26.9	38.5	19.2	0.0
	만30~39세	(91)	61.5	42.9	34.1	40.7	20.9	0.0
	만40~49세	(104)	61.5	41.3	41.3	38.5	17.3	0.0
	만50~59세	(121)	46.3	52.1	47.9	33.9	19.8	0.0
	만60~69세	(106)	54.7	46.2	43.4	32.1	22.6	0.9
지역	서울	(95)	63.2	35.8	31.6	38.9	30.5	0.0
	경기/인천	(167)	57.5	49.7	37.7	37.1	18.0	0.0
	강원/제주	(23)	43.5	69.6	60.9	26.1	0.0	0.0
	세종/대전/충청권	(49)	53.1	40.8	44.9	42.9	18.4	0.0
	광주/전라권	(46)	50.0	60.9	45.7	19.6	21.7	2.2
	부산/울산/경남권	(74)	59.5	44.6	39.2	37.8	18.9	0.0
	대구/경북권	(46)	56.5	41.3	43.5	41.3	17.4	0.0
지역 규모	대도시(인구 100만 명 이상)	(279)	61.6	44.4	36.6	35.8	21.5	0.0
	중소도시(인구 10만~100만 명 미만)	(204)	51.5	51.0	43.1	36.3	17.6	0.5
	농촌 또는 어촌	(17)	47.1	29.4	52.9	47.1	23.5	0.0
AI 기술 인지도	인지	(351)	59.8	45.9	36.5	36.8	20.8	0.3
	비인지	(149)	50.3	48.3	47.7	35.6	18.1	0.0
가정 재정 상태	안정적	(274)	61.7	43.1	37.6	38.0	19.7	0.0
	불안정	(226)	51.3	50.9	42.5	34.5	20.4	0.4

8. 인공지능 기술의 정부 활용에 대한 필요성에 동의하십니까?

		사례 수	1) 매우 비동의	2) 비동의	3) 동의	4) 매우 동의	계	BOT2	TOP2	4점 평균
	전체	(500)	2.2	12.0	70.8	15.0	100.0	14.2	85.8	2.99
성별	남성	(253)	1.6	8.7	69.6	20.2	100.0	10.3	89.7	3.08
	여성	(247)	2.8	15.4	72.1	9.7	100.0	18.2	81.8	2.89
연령	만20~29세	(78)	1.3	16.7	65.4	16.7	100.0	17.9	82.1	2.97
	만30~39세	(91)	2.2	9.9	72.5	15.4	100.0	12.1	87.9	3.01
	만40~49세	(104)	3.8	13.5	64.4	18.3	100.0	17.3	82.7	2.97
	만50~59세	(121)	2.5	14.0	70.2	13.2	100.0	16.5	83.5	2.94
	만60~69세	(106)	0.9	6.6	80.2	12.3	100.0	7.5	92.5	3.04
지역	서울	(95)	5.3	6.3	70.5	17.9	100.0	11.6	88.4	3.01
	경기/인천	(167)	1.2	13.2	69.5	16.2	100.0	14.4	85.6	3.01
	강원/제주	(23)	0.0	17.4	73.9	8.7	100.0	17.4	82.6	2.91
	세종/대전/충청권	(49)	2.0	16.3	67.3	14.3	100.0	18.4	81.6	2.94
	광주/전라권	(46)	4.3	10.9	73.9	10.9	100.0	15.2	84.8	2.91
	부산/울산/경남권	(74)	0.0	13.5	74.3	12.2	100.0	13.5	86.5	2.99
	대구/경북권	(46)	2.2	10.9	69.6	17.4	100.0	13.0	87.0	3.02
지역 규모	대도시(인구 100만 명 이상)	(279)	2.5	11.8	68.5	17.2	100.0	14.3	85.7	3.00
	중소도시(인구 10만~100만 명 미만)	(204)	2.0	11.3	74.5	12.3	100.0	13.2	86.8	2.97
	농촌 또는 어촌	(17)	0.0	23.5	64.7	11.8	100.0	23.5	76.5	2.88
AI 기술 인지도	인지	(351)	1.4	9.4	71.5	17.7	100.0	10.8	89.2	3.05
	비인지	(149)	4.0	18.1	69.1	8.7	100.0	22.1	77.9	2.83
가정 재정 상태	안정적	(274)	1.1	9.1	72.3	17.5	100.0	10.2	89.8	3.06
	불안정	(226)	3.5	15.5	69.0	11.9	100.0	19.0	81.0	2.89

9. 정부의 의사결정 과정에 AI가 참여할 경우, 인간 전문가의 의견이 충분히 반영되어야 한다고 보십니까?

		사례 수	1) 매우 비동의	2) 비동의	3) 동의	4) 매우 동의	계	BOT2	TOP2	4점 평균
	전체	(500)	1.2	4.8	50.8	43.2	100.0	6.0	94.0	3.36
성별	남성	(253)	2.4	5.5	51.8	40.3	100.0	7.9	92.1	3.30
	여성	(247)	0.0	4.0	49.8	46.2	100.0	4.0	96.0	3.42
연령	만20~29세	(78)	0.0	5.1	52.6	42.3	100.0	5.1	94.9	3.37
	만30~39세	(91)	2.2	5.5	53.8	38.5	100.0	7.7	92.3	3.29
	만40~49세	(104)	1.0	2.9	51.9	44.2	100.0	3.8	96.2	3.39
	만50~59세	(121)	1.7	7.4	49.6	41.3	100.0	9.1	90.9	3.31
	만60~69세	(106)	0.9	2.8	47.2	49.1	100.0	3.8	96.2	3.44
지역	서울	(95)	0.0	1.1	46.3	52.6	100.0	1.1	98.9	3.52
	경기/인천	(167)	1.2	5.4	49.1	44.3	100.0	6.6	93.4	3.37
	강원/제주	(23)	0.0	4.3	56.5	39.1	100.0	4.3	95.7	3.35
	세종/대전/충청권	(49)	2.0	10.2	53.1	34.7	100.0	12.2	87.8	3.20
	광주/전라권	(46)	0.0	6.5	50.0	43.5	100.0	6.5	93.5	3.37
	부산/울산/경남권	(74)	1.4	6.8	58.1	33.8	100.0	8.1	91.9	3.24
	대구/경북권	(46)	4.3	0.0	50.0	45.7	100.0	4.3	95.7	3.37
지역 규모	대도시(인구 100만 명 이상)	(279)	1.4	3.9	47.7	47.0	100.0	5.4	94.6	3.40
	중소도시(인구 10만~100만 명 미만)	(204)	1.0	4.9	54.9	39.2	100.0	5.9	94.1	3.32
	농촌 또는 어촌	(17)	0.0	17.6	52.9	29.4	100.0	17.6	82.4	3.12
AI 기술 인지도	인지	(351)	0.9	4.0	50.4	44.7	100.0	4.8	95.2	3.39
	비인지	(149)	2.0	6.7	51.7	39.6	100.0	8.7	91.3	3.29
가정 재정 상태	안정적	(274)	0.7	2.9	51.5	44.9	100.0	3.6	96.4	3.41
	불안정	(226)	1.8	7.1	50.0	41.2	100.0	8.8	91.2	3.31

10. 정부의 AI 활용이 가져올 수 있는 가장 큰 이점은 무엇이라고 생각하십니까?

		사례수	2) 효율성 증대	1) 공정성 강화	3) 비용 절감	4) 오류 감소	5) 기타	계
	전체	(500)	50.0	23.6	18.6	6.6	1.2	100.0
성별	남성	(253)	51.0	25.3	15.8	7.1	0.8	100.0
	여성	(247)	49.0	21.9	21.5	6.1	1.6	100.0
연령	만20~29세	(78)	44.9	32.1	19.2	3.8	0.0	100.0
	만30~39세	(91)	49.5	22.0	16.5	8.8	3.3	100.0
	만40~49세	(104)	50.0	26.9	14.4	6.7	1.9	100.0
	만50~59세	(121)	52.9	20.7	18.2	8.3	0.0	100.0
	만60~69세	(106)	50.9	18.9	24.5	4.7	0.9	100.0
지역	서울	(95)	48.4	22.1	17.9	9.5	2.1	100.0
	경기/인천	(167)	49.7	23.4	19.8	7.2	0.0	100.0
	강원/제주	(23)	52.2	21.7	26.1	0.0	0.0	100.0
	세종/대전/충청권	(49)	55.1	28.6	12.2	2.0	2.0	100.0
	광주/전라권	(46)	45.7	28.3	21.7	2.2	2.2	100.0
	부산/울산/경남권	(74)	55.4	17.6	14.9	12.2	0.0	100.0
	대구/경북권	(46)	43.5	28.3	21.7	2.2	4.3	100.0
지역규모	대도시(인구 100만 명 이상)	(279)	51.6	22.2	17.9	6.8	1.4	100.0
	중소도시(인구 10만~100만 명 미만)	(204)	48.5	25.5	18.6	6.4	1.0	100.0
	농촌 또는 어촌	(17)	41.2	23.5	29.4	5.9	0.0	100.0
AI 기술 인지도	인지	(351)	51.9	22.8	17.7	7.1	0.6	100.0
	비인지	(149)	45.6	25.5	20.8	5.4	2.7	100.0
가정 재정 상태	안정적	(274)	54.7	21.9	16.1	6.6	0.7	100.0
	불안정	(226)	44.2	25.7	21.7	6.6	1.8	100.0

11. AI 기술의 발전이 가져올 정부 운영 방식의 변화에 대해 찬성 또는 반대하는 이유를 선택해주세요.

		사례 수	1) 찬성: 정책 효율성이 증가한다. 감정적 판단을 배제할 수 있다.	2) 반대: 인간적 요소가 부족해질 수 있다. 결정의 투명성이 낮아질 우려가 있다.	계
	전체	(500)	74.2	25.8	100.0
성별	남성	(253)	83.0	17.0	100.0
	여성	(247)	65.2	34.8	100.0
연령	만20~29세	(78)	70.5	29.5	100.0
	만30~39세	(91)	78.0	22.0	100.0
	만40~49세	(104)	73.1	26.9	100.0
	만50~59세	(121)	74.4	25.6	100.0
	만60~69세	(106)	74.5	25.5	100.0
지역	서울	(95)	73.7	26.3	100.0
	경기/인천	(167)	74.9	25.1	100.0
	강원/제주	(23)	87.0	13.0	100.0
	세종/대전/충청권	(49)	75.5	24.5	100.0
	광주/전라권	(46)	73.9	26.1	100.0
	부산/울산/경남권	(74)	68.9	31.1	100.0
	대구/경북권	(46)	73.9	26.1	100.0
지역 규모	대도시(인구 100만 명 이상)	(279)	73.5	26.5	100.0
	중소도시(인구 10만 ~100만 명 미만)	(204)	75.0	25.0	100.0
	농촌 또는 어촌	(17)	76.5	23.5	100.0
AI 기술 인지도	인지	(351)	79.2	20.8	100.0
	비인지	(149)	62.4	37.6	100.0
가정 재정 상태	안정적	(274)	79.9	20.1	100.0
	불안정	(226)	67.3	32.7	100.0

12. AI가 정부 정책에서 공정성을 보장하려면 어떤 요소가 가장 중요하다고 보십니까?

		사례 수	2) 데이터의 공정성	1) 알고리즘의 투명성	3) 독립적인 검증 절차	4) 국민 참여 강화	계
	전체	(500)	46.2	26.0	14.6	13.2	100.0
성별	남성	(253)	47.4	26.5	15.0	11.1	100.0
	여성	(247)	44.9	25.5	14.2	15.4	100.0
연령	만20~29세	(78)	38.5	34.6	15.4	11.5	100.0
	만30~39세	(91)	51.6	19.8	14.3	14.3	100.0
	만40~49세	(104)	50.0	24.0	13.5	12.5	100.0
	만50~59세	(121)	47.9	29.8	11.6	10.7	100.0
	만60~69세	(106)	41.5	22.6	18.9	17.0	100.0
지역	서울	(95)	45.3	32.6	11.6	10.5	100.0
	경기/인천	(167)	45.5	24.0	16.2	14.4	100.0
	강원/제주	(23)	52.2	13.0	17.4	17.4	100.0
	세종/대전/충청권	(49)	59.2	20.4	10.2	10.2	100.0
	광주/전라권	(46)	41.3	30.4	17.4	10.9	100.0
	부산/울산/경남권	(74)	40.5	28.4	14.9	16.2	100.0
	대구/경북권	(46)	47.8	23.9	15.2	13.0	100.0
지역 규모	대도시(인구 100만 명 이상)	(279)	48.7	26.2	12.9	12.2	100.0
	중소도시(인구 10만 ~100만 명 미만)	(204)	42.2	26.5	16.7	14.7	100.0
	농촌 또는 어촌	(17)	52.9	17.6	17.6	11.8	100.0
AI 기술 인지도	인지	(351)	48.7	27.6	12.8	10.8	100.0
	비인지	(149)	40.3	22.1	18.8	18.8	100.0
가정 재정 상태	안정적	(274)	52.2	26.6	11.3	9.9	100.0
	불안정	(226)	38.9	25.2	18.6	17.3	100.0

13. AI가 복지 수급자를 공정하게 선정할 수 있다고 생각하십니까?

		사례 수	1) 매우 비동의	2) 비동의	3) 동의	4) 매우 동의	계	BOT2	TOP2	4점 평균
	전체	(500)	3.4	25.4	59.8	11.4	100.0	28.8	71.2	2.79
성별	남성	(253)	3.2	20.2	61.3	15.4	100.0	23.3	76.7	2.89
	여성	(247)	3.6	30.8	58.3	7.3	100.0	34.4	65.6	2.69
연령	만20~29세	(78)	6.4	25.6	48.7	19.2	100.0	32.1	67.9	2.81
	만30~39세	(91)	4.4	22.0	60.4	13.2	100.0	26.4	73.6	2.82
	만40~49세	(104)	3.8	28.8	55.8	11.5	100.0	32.7	67.3	2.75
	만50~59세	(121)	0.8	26.4	62.8	9.9	100.0	27.3	72.7	2.82
	만60~69세	(106)	2.8	23.6	67.9	5.7	100.0	26.4	73.6	2.76
지역	서울	(95)	4.2	23.2	60.0	12.6	100.0	27.4	72.6	2.81
	경기/인천	(167)	2.4	24.6	61.7	11.4	100.0	26.9	73.1	2.82
	강원/제주	(23)	4.3	30.4	56.5	8.7	100.0	34.8	65.2	2.70
	세종/대전/충청권	(49)	0.0	30.6	53.1	16.3	100.0	30.6	69.4	2.86
	광주/전라권	(46)	6.5	17.4	65.2	10.9	100.0	23.9	76.1	2.80
	부산/울산/경남권	(74)	5.4	24.3	62.2	8.1	100.0	29.7	70.3	2.73
	대구/경북권	(46)	2.2	34.8	52.2	10.9	100.0	37.0	63.0	2.72
지역 규모	대도시(인구 100만 명 이상)	(279)	3.6	21.5	62.0	12.9	100.0	25.1	74.9	2.84
	중소도시(인구 10만~100만 명 미만)	(204)	3.4	29.4	57.4	9.8	100.0	32.8	67.2	2.74
	농촌또는어촌	(17)	0.0	41.2	52.9	5.9	100.0	41.2	58.8	2.65
AI 기술 인지도	인지	(351)	3.1	21.7	62.4	12.8	100.0	24.8	75.2	2.85
	비인지	(149)	4.0	34.2	53.7	8.1	100.0	38.3	61.7	2.66
가정 재정 상태	안정적	(274)	2.6	20.4	62.8	14.2	100.0	23.0	77.0	2.89
	불안정	(226)	4.4	31.4	56.2	8.0	100.0	35.8	64.2	2.68

14. AI가 복지 서비스 제공에서 가장 중요한 역할을 할 수 있는 부분은 무엇이라고 생각하십니까?

		사례 수	1) 대상자 데이터 분석 및 선정	2) 맞춤형 서비스 추천	3) 복지 자원의 효율적 배분	4) 서비스 처리 속도 향상	계
	전체	(500)	34.8	27.2	23.2	14.8	100.0
성별	남성	(253)	34.0	30.8	24.1	11.1	100.0
	여성	(247)	35.6	23.5	22.3	18.6	100.0
연령	만20~29세	(78)	29.5	34.6	24.4	11.5	100.0
	만30~39세	(91)	33.0	22.0	28.6	16.5	100.0
	만40~49세	(104)	34.6	24.0	21.2	20.2	100.0
	만50~59세	(121)	38.0	30.6	19.0	12.4	100.0
	만60~69세	(106)	36.8	25.5	24.5	13.2	100.0
지역	서울	(95)	33.7	22.1	23.2	21.1	100.0
	경기/인천	(167)	37.7	24.6	24.0	13.8	100.0
	강원/제주	(23)	43.5	30.4	13.0	13.0	100.0
	세종/대전/충청권	(49)	28.6	34.7	28.6	8.2	100.0
	광주/전라권	(46)	43.5	30.4	17.4	8.7	100.0
	부산/울산/경남권	(74)	36.5	27.0	21.6	14.9	100.0
	대구/경북권	(46)	17.4	34.8	28.3	19.6	100.0
지역 규모	대도시(인구 100만 명 이상)	(279)	35.1	24.0	25.1	15.8	100.0
	중소도시(인구 10만~100만 명 미만)	(204)	35.8	32.4	18.1	13.7	100.0
	농촌 또는 어촌	(17)	17.6	17.6	52.9	11.8	100.0
AI 기술 인지도	인지	(351)	36.5	28.8	21.7	13.1	100.0
	비인지	(149)	30.9	23.5	26.8	18.8	100.0
가정 재정 상태	안정적	(274)	33.9	31.4	21.9	12.8	100.0
	불안정	(226)	35.8	22.1	24.8	17.3	100.0

15. AI가 복지 서비스를 처리하는 과정에서 발생할 수 있는 우려는 무엇입니까?

		사례 수	3) 인간적 상담의 부재	2) 판단 기준의 투명성 부족	1) 개인정보 유출 가능성	4) 기타	계
	전체	(500)	49.0	32.4	18.2	0.4	100.0
성별	남성	(253)	47.0	33.2	19.0	0.8	100.0
	여성	(247)	51.0	31.6	17.4	0.0	100.0
연령	만20~29세	(78)	46.2	34.6	19.2	0.0	100.0
	만30~39세	(91)	45.1	29.7	24.2	1.1	100.0
	만40~49세	(104)	54.8	29.8	14.4	1.0	100.0
	만50~59세	(121)	52.9	33.1	14.0	0.0	100.0
	만60~69세	(106)	44.3	34.9	20.8	0.0	100.0
지역	서울	(95)	55.8	24.2	18.9	1.1	100.0
	경기/인천	(167)	43.7	34.1	22.2	0.0	100.0
	강원/제주	(23)	43.5	43.5	13.0	0.0	100.0
	세종/대전/충청권	(49)	59.2	32.7	8.2	0.0	100.0
	광주/전라권	(46)	39.1	39.1	21.7	0.0	100.0
	부산/울산/경남권	(74)	51.4	32.4	14.9	1.4	100.0
	대구/경북권	(46)	52.2	30.4	17.4	0.0	100.0
지역 규모	대도시(인구 100만 명 이상)	(279)	49.1	30.8	19.7	0.4	100.0
	중소도시(인구 10만~100만 명 미만)	(204)	47.5	34.8	17.2	0.5	100.0
	농촌 또는 어촌	(17)	64.7	29.4	5.9	0.0	100.0
AI 기술 인지도	인지	(351)	47.3	32.8	19.4	0.6	100.0
	비인지	(149)	53.0	31.5	15.4	0.0	100.0
가정 재정 상태	안정적	(274)	45.3	34.7	19.7	0.4	100.0
	불안정	(226)	53.5	29.6	16.4	0.4	100.0

16. AI를 활용하여 복지 서비스를 개선할 때 가장 중요한 윤리적 요소는 무엇이라고 생각하십니까?

		사례 수	2) 공정한 접근성	3) 인간적 공감 보장	1) 개인정보 보호	계
	전체	(500)	42.4	35.4	22.2	100.0
성별	남성	(253)	45.8	31.2	22.9	100.0
	여성	(247)	38.9	39.7	21.5	100.0
연령	만20~29세	(78)	43.6	29.5	26.9	100.0
	만30~39세	(91)	46.2	28.6	25.3	100.0
	만40~49세	(104)	35.6	47.1	17.3	100.0
	만50~59세	(121)	42.1	37.2	20.7	100.0
	만60~69세	(106)	45.3	32.1	22.6	100.0
지역	서울	(95)	36.8	41.1	22.1	100.0
	경기/인천	(167)	44.9	31.7	23.4	100.0
	강원/제주	(23)	43.5	30.4	26.1	100.0
	세종/대전/충청권	(49)	46.9	38.8	14.3	100.0
	광주/전라권	(46)	50.0	26.1	23.9	100.0
	부산/울산/경남권	(74)	39.2	35.1	25.7	100.0
	대구/경북권	(46)	37.0	45.7	17.4	100.0
지역 규모	대도시(인구 100만 명 이상)	(279)	38.7	35.8	25.4	100.0
	중소도시(인구 10만 ~100만 명 미만)	(204)	46.6	34.3	19.1	100.0
	농촌 또는 어촌	(17)	52.9	41.2	5.9	100.0
AI 기술 인지도	인지	(351)	41.0	36.2	22.8	100.0
	비인지	(149)	45.6	33.6	20.8	100.0
가정 재정 상태	안정적	(274)	44.9	33.2	21.9	100.0
	불안정	(226)	39.4	38.1	22.6	100.0

17. 국방 분야에서 AI의 가장 중요한 역할은 무엇이어야 한다고 보십니까?

		사례 수	1) 정보 분석 및 군사 전략 수립	3) 사이버 보안 강화	2) 자동화 무기 및 드론 관리	4) 기타	계
	전체	(500)	40.8	35.6	23.4	0.2	100.0
성별	남성	(253)	39.1	30.8	29.6	0.4	100.0
	여성	(247)	42.5	40.5	17.0	0.0	100.0
연령	만20~29세	(78)	29.5	42.3	28.2	0.0	100.0
	만30~39세	(91)	29.7	47.3	22.0	1.1	100.0
	만40~49세	(104)	45.2	28.8	26.0	0.0	100.0
	만50~59세	(121)	44.6	35.5	19.8	0.0	100.0
	만60~69세	(106)	50.0	27.4	22.6	0.0	100.0
지역	서울	(95)	37.9	37.9	23.2	1.1	100.0
	경기/인천	(167)	44.9	38.9	16.2	0.0	100.0
	강원/제주	(23)	43.5	26.1	30.4	0.0	100.0
	세종/대전/충청권	(49)	32.7	38.8	28.6	0.0	100.0
	광주/전라권	(46)	39.1	34.8	26.1	0.0	100.0
	부산/울산/경남권	(74)	37.8	27.0	35.1	0.0	100.0
	대구/경북권	(46)	45.7	34.8	19.6	0.0	100.0
지역 규모	대도시(인구 100만 명 이상)	(279)	41.2	36.2	22.2	0.4	100.0
	중소도시(인구 10만 ~100만 명 미만)	(204)	42.2	33.8	24.0	0.0	100.0
	농촌 또는 어촌	(17)	17.6	47.1	35.3	0.0	100.0
AI 기술 인지도	인지	(351)	39.0	35.9	25.1	0.0	100.0
	비인지	(149)	45.0	34.9	19.5	0.7	100.0
가정 재정 상태	안정적	(274)	42.0	33.2	24.8	0.0	100.0
	불안정	(226)	39.4	38.5	21.7	0.4	100.0

18. AI 기술이 군사 작전에서 인간의 판단을 완전히 대체할 수 있다고 생각하십니까?

		사례 수	1) 매우 비동의	2) 비동의	3) 동의	4) 매우 동의	계	BOT2	TOP2	4점 평균
	전체	(500)	9.6	42.6	41.8	6.0	100.0	52.2	47.8	2.44
성별	남성	(253)	7.9	33.2	49.4	9.5	100.0	41.1	58.9	2.60
	여성	(247)	11.3	52.2	34.0	2.4	100.0	63.6	36.4	2.28
연령	만20~29세	(78)	6.4	42.3	43.6	7.7	100.0	48.7	51.3	2.53
	만30~39세	(91)	16.5	40.7	34.1	8.8	100.0	57.1	42.9	2.35
	만40~49세	(104)	8.7	48.1	37.5	5.8	100.0	56.7	43.3	2.40
	만50~59세	(121)	8.3	42.1	43.0	6.6	100.0	50.4	49.6	2.48
	만60~69세	(106)	8.5	39.6	50.0	1.9	100.0	48.1	51.9	2.45
지역	서울	(95)	12.6	37.9	44.2	5.3	100.0	50.5	49.5	2.42
	경기/인천	(167)	6.0	45.5	43.7	4.8	100.0	51.5	48.5	2.47
	강원/제주	(23)	8.7	43.5	39.1	8.7	100.0	52.2	47.8	2.48
	세종/대전/충청권	(49)	8.2	36.7	46.9	8.2	100.0	44.9	55.1	2.55
	광주/전라권	(46)	13.0	39.1	43.5	4.3	100.0	52.2	47.8	2.39
	부산/울산/경남권	(74)	10.8	45.9	33.8	9.5	100.0	56.8	43.2	2.42
	대구/경북권	(46)	13.0	45.7	37.0	4.3	100.0	58.7	41.3	2.33
지역 규모	대도시(인구 100만 명 이상)	(279)	9.0	42.3	42.3	6.5	100.0	51.3	48.7	2.46
	중소도시(인구 10만~100만 명 미만)	(204)	9.8	43.1	41.2	5.9	100.0	52.9	47.1	2.43
	농촌 또는 어촌	(17)	17.6	41.2	41.2	0.0	100.0	58.8	41.2	2.24
AI 기술 인지도	인지	(351)	8.8	36.2	47.9	7.1	100.0	45.0	55.0	2.53
	비인지	(149)	11.4	57.7	27.5	3.4	100.0	69.1	30.9	2.23
가정 재정 상태	안정적	(274)	9.5	33.9	48.9	7.7	100.0	43.4	56.6	2.55
	불안정	(226)	9.7	53.1	33.2	4.0	100.0	62.8	37.2	2.31

19. AI 기반 국방 시스템의 윤리적 우려를 선택해주세요.

		사례 수	3) 오작동 위험	2) 책임 소재 불분명	1) 민간 피해 가능성 증가	계
전체		(500)	45.4	36.4	18.2	100.0
성별	남성	(253)	45.1	39.9	15.0	100.0
	여성	(247)	45.7	32.8	21.5	100.0
연령	만20~29세	(78)	25.6	64.1	10.3	100.0
	만30~39세	(91)	45.1	39.6	15.4	100.0
	만40~49세	(104)	50.0	26.9	23.1	100.0
	만50~59세	(121)	49.6	29.8	20.7	100.0
	만60~69세	(106)	50.9	30.2	18.9	100.0
지역	서울	(95)	45.3	35.8	18.9	100.0
	경기/인천	(167)	46.1	40.1	13.8	100.0
	강원/제주	(23)	39.1	39.1	21.7	100.0
	세종/대전/충청권	(49)	49.0	22.4	28.6	100.0
	광주/전라권	(46)	45.7	39.1	15.2	100.0
	부산/울산/경남권	(74)	47.3	33.8	18.9	100.0
	대구/경북권	(46)	39.1	39.1	21.7	100.0
지역 규모	대도시(인구 100만 명 이상)	(279)	45.2	36.2	18.6	100.0
	중소도시(인구 10만 ~100만 명 미만)	(204)	44.6	37.3	18.1	100.0
	농촌 또는 어촌	(17)	58.8	29.4	11.8	100.0
AI 기술 인지도	인지	(351)	43.3	36.5	20.2	100.0
	비인지	(149)	50.3	36.2	13.4	100.0
가정 재정 상태	안정적	(274)	40.5	40.1	19.3	100.0
	불안정	(226)	51.3	31.9	16.8	100.0

20. AI 국방 기술 개발에서 국제 협력이 필요하다고 생각하십니까?

		사례 수	1) 매우 비동의	2) 비동의	3) 동의	4) 매우 동의	계	BOT2	TOP2	4점 평균
	전체	(500)	1.0	12.8	65.0	21.2	100.0	13.8	86.2	3.06
성별	남성	(253)	0.8	11.9	63.6	23.7	100.0	12.6	87.4	3.10
	여성	(247)	1.2	13.8	66.4	18.6	100.0	15.0	85.0	3.02
연령	만20~29세	(78)	1.3	10.3	59.0	29.5	100.0	11.5	88.5	3.17
	만30~39세	(91)	2.2	15.4	65.9	16.5	100.0	17.6	82.4	2.97
	만40~49세	(104)	0.0	12.5	61.5	26.0	100.0	12.5	87.5	3.13
	만50~59세	(121)	1.7	10.7	72.7	14.9	100.0	12.4	87.6	3.01
	만60~69세	(106)	0.0	15.1	63.2	21.7	100.0	15.1	84.9	3.07
지역	서울	(95)	1.1	8.4	65.3	25.3	100.0	9.5	90.5	3.15
	경기/인천	(167)	1.2	12.0	66.5	20.4	100.0	13.2	86.8	3.06
	강원/제주	(23)	0.0	4.3	69.6	26.1	100.0	4.3	95.7	3.22
	세종/대전/충청권	(49)	0.0	14.3	67.3	18.4	100.0	14.3	85.7	3.04
	광주/전라권	(46)	4.3	13.0	65.2	17.4	100.0	17.4	82.6	2.96
	부산/울산/경남권	(74)	0.0	18.9	58.1	23.0	100.0	18.9	81.1	3.04
	대구/경북권	(46)	0.0	17.4	65.2	17.4	100.0	17.4	82.6	3.00
지역 규모	대도시(인구 100만 명 이상)	(279)	1.4	11.8	63.4	23.3	100.0	13.3	86.7	3.09
	중소도시(인구 10만~100만 명 미만)	(204)	0.5	12.7	67.2	19.6	100.0	13.2	86.8	3.06
	농촌 또는 어촌	(17)	0.0	29.4	64.7	5.9	100.0	29.4	70.6	2.76
AI 기술 인지도	인지	(351)	0.6	10.0	66.1	23.4	100.0	10.5	89.5	3.12
	비인지	(149)	2.0	19.5	62.4	16.1	100.0	21.5	78.5	2.93
가정 재정 상태	안정적	(274)	1.1	8.0	67.9	23.0	100.0	9.1	90.9	3.13
	불안정	(226)	0.9	18.6	61.5	19.0	100.0	19.5	80.5	2.99

21. AI가 행정 서비스를 자동화하면 공공 서비스의 품질이 향상될 것이라고 생각하십니까?

		사례 수	1) 매우 비동의	2) 비동의	3) 동의	4) 매우 동의	계	BOT2	TOP2	4점 평균
	전체	(500)	1.6	14.8	68.8	14.8	100.0	16.4	83.6	2.97
성별	남성	(253)	0.8	10.7	66.4	22.1	100.0	11.5	88.5	3.10
	여성	(247)	2.4	19.0	71.3	7.3	100.0	21.5	78.5	2.83
연령	만20~29세	(78)	3.8	9.0	64.1	23.1	100.0	12.8	87.2	3.06
	만30~39세	(91)	1.1	14.3	68.1	16.5	100.0	15.4	84.6	3.00
	만40~49세	(104)	1.0	16.3	64.4	18.3	100.0	17.3	82.7	3.00
	만50~59세	(121)	0.8	15.7	73.6	9.9	100.0	16.5	83.5	2.93
	만60~69세	(106)	1.9	17.0	71.7	9.4	100.0	18.9	81.1	2.89
지역	서울	(95)	2.1	14.7	58.9	24.2	100.0	16.8	83.2	3.05
	경기/인천	(167)	1.2	15.6	68.3	15.0	100.0	16.8	83.2	2.97
	강원/제주	(23)	4.3	13.0	69.6	13.0	100.0	17.4	82.6	2.91
	세종/대전/충청권	(49)	2.0	10.2	75.5	12.2	100.0	12.2	87.8	2.98
	광주/전라권	(46)	2.2	17.4	71.7	8.7	100.0	19.6	80.4	2.87
	부산/울산/경남권	(74)	0.0	17.6	68.9	13.5	100.0	17.6	82.4	2.96
	대구/경북권	(46)	2.2	10.9	80.4	6.5	100.0	13.0	87.0	2.91
지역 규모	대도시 (인구 100만 명 이상)	(279)	1.8	14.3	66.7	17.2	100.0	16.1	83.9	2.99
	중소도시 (인구 10만 ~100만 명 미만)	(204)	1.5	14.2	71.6	12.7	100.0	15.7	84.3	2.96
	농촌 또는 어촌	(17)	0.0	29.4	70.6	0.0	100.0	29.4	70.6	2.71
AI 기술 인지도	인지	(351)	0.9	11.1	70.7	17.4	100.0	12.0	88.0	3.05
	비인지	(149)	3.4	23.5	64.4	8.7	100.0	26.8	73.2	2.79
가정 재정 상태	안정적	(274)	1.1	11.3	69.7	17.9	100.0	12.4	87.6	3.04
	불안정	(226)	2.2	19.0	67.7	11.1	100.0	21.2	78.8	2.88

22. AI를 활용한 행정 서비스 자동화의 가장 큰 이점은 무엇입니까?

		사례 수	1) 대기 시간 단축	2) 행정 오류 감소	3) 비용 절감	4) 기타	계
전체		(500)	40.2	34.2	25.2	0.4	100.0
성별	남성	(253)	32.0	44.7	23.3	0.0	100.0
	여성	(247)	48.6	23.5	27.1	0.8	100.0
연령	만20~29세	(78)	46.2	35.9	17.9	0.0	100.0
	만30~39세	(91)	40.7	36.3	22.0	1.1	100.0
	만40~49세	(104)	45.2	36.5	18.3	0.0	100.0
	만50~59세	(121)	36.4	33.1	30.6	0.0	100.0
	만60~69세	(106)	34.9	30.2	34.0	0.9	100.0
지역	서울	(95)	41.1	36.8	22.1	0.0	100.0
	경기/인천	(167)	41.3	31.7	26.9	0.0	100.0
	강원/제주	(23)	47.8	30.4	21.7	0.0	100.0
	세종/대전/충청권	(49)	42.9	36.7	18.4	2.0	100.0
	광주/전라권	(46)	37.0	39.1	21.7	2.2	100.0
	부산/울산/경남권	(74)	37.8	32.4	29.7	0.0	100.0
	대구/경북권	(46)	34.8	34.8	30.4	0.0	100.0
지역 규모	대도시(인구 100만 명 이상)	(279)	40.5	33.3	25.8	0.4	100.0
	중소도시(인구 10만 ~100만 명 미만)	(204)	39.2	36.8	23.5	0.5	100.0
	농촌 또는 어촌	(17)	47.1	17.6	35.3	0.0	100.0
AI 기술 인지도	인지	(351)	41.3	35.6	23.1	0.0	100.0
	비인지	(149)	37.6	30.9	30.2	1.3	100.0
가정 재정 상태	안정적	(274)	39.1	36.5	24.1	0.4	100.0
	불안정	(226)	41.6	31.4	26.5	0.4	100.0

23. AI 행정 시스템이 투명성을 보장하기 위해 필요한 요소는 무엇이라고 생각하십니까?

		사례 수	2) 독립 검증 기구 운영	1) 알고리즘 공개	3) 시민 감시 참여	계
전체		(500)	43.0	29.0	28.0	100.0
성별	남성	(253)	47.0	30.0	22.9	100.0
	여성	(247)	38.9	27.9	33.2	100.0
연령	만20~29세	(78)	46.2	26.9	26.9	100.0
	만30~39세	(91)	33.0	39.6	27.5	100.0
	만40~49세	(104)	40.4	26.9	32.7	100.0
	만50~59세	(121)	47.9	26.4	25.6	100.0
	만60~69세	(106)	46.2	26.4	27.4	100.0
지역	서울	(95)	43.2	35.8	21.1	100.0
	경기/인천	(167)	42.5	28.7	28.7	100.0
	강원/제주	(23)	43.5	39.1	17.4	100.0
	세종/대전/충청권	(49)	36.7	40.8	22.4	100.0
	광주/전라권	(46)	43.5	21.7	34.8	100.0
	부산/울산/경남권	(74)	40.5	24.3	35.1	100.0
	대구/경북권	(46)	54.3	13.0	32.6	100.0
지역 규모	대도시(인구 100만 명 이상)	(279)	42.3	29.7	28.0	100.0
	중소도시(인구 10만 ~100만 명 미만)	(204)	44.6	28.9	26.5	100.0
	농촌 또는 어촌	(17)	35.3	17.6	47.1	100.0
AI 기술 인지도	인지	(351)	41.9	31.9	26.2	100.0
	비인지	(149)	45.6	22.1	32.2	100.0
가정 재정 상태	안정적	(274)	48.2	26.6	25.2	100.0
	불안정	(226)	36.7	31.9	31.4	100.0

24. AI를 활용한 행정에서 시민의 참여를 증진시키기 위한 방안은 무엇이라고 보십니까?

		사례 수	2) 시민 의견 데이터 분석	1) 실시간 피드백 시스템	3) 공청회 AI 통합 운영	계
	전체	(500)	41.8	37.6	20.6	100.0
성별	남성	(253)	41.9	38.7	19.4	100.0
	여성	(247)	41.7	36.4	21.9	100.0
연령	만20~29세	(78)	41.0	41.0	17.9	100.0
	만30~39세	(91)	39.6	46.2	14.3	100.0
	만40~49세	(104)	50.0	31.7	18.3	100.0
	만50~59세	(121)	38.0	36.4	25.6	100.0
	만60~69세	(106)	40.6	34.9	24.5	100.0
지역	서울	(95)	41.1	41.1	17.9	100.0
	경기/인천	(167)	39.5	39.5	21.0	100.0
	강원/제주	(23)	47.8	30.4	21.7	100.0
	세종/대전/충청권	(49)	46.9	30.6	22.4	100.0
	광주/전라권	(46)	32.6	45.7	21.7	100.0
	부산/울산/경남권	(74)	50.0	36.5	13.5	100.0
	대구/경북권	(46)	39.1	28.3	32.6	100.0
지역 규모	대도시(인구 100만 명 이상)	(279)	41.2	42.3	16.5	100.0
	중소도시(인구 10만 ~100만 명 미만)	(204)	42.6	31.4	26.0	100.0
	농촌 또는 어촌	(17)	41.2	35.3	23.5	100.0
AI 기술 인지도	인지	(351)	39.3	40.5	20.2	100.0
	비인지	(149)	47.7	30.9	21.5	100.0
가정 재정 상태	안정적	(274)	40.1	39.4	20.4	100.0
	불안정	(226)	43.8	35.4	20.8	100.0

25. AI가 재정 정책에서 가장 큰 역할을 할 수 있는 부분은 무엇이라고 보십니까?

		사례 수	1) 예산 효율성 분석	3) 사기 및 부정행위 탐지	2) 지출 패턴 분석	4) 기타	계
전체		(500)	47.4	29.6	22.8	0.2	100.0
성별	남성	(253)	47.8	29.2	22.9	0.0	100.0
	여성	(247)	47.0	30.0	22.7	0.4	100.0
연령	만20~29세	(78)	29.5	44.9	25.6	0.0	100.0
	만30~39세	(91)	48.4	33.0	18.7	0.0	100.0
	만40~49세	(104)	49.0	28.8	22.1	0.0	100.0
	만50~59세	(121)	52.9	24.8	22.3	0.0	100.0
	만60~69세	(106)	51.9	21.7	25.5	0.9	100.0
지역	서울	(95)	48.4	33.7	17.9	0.0	100.0
	경기/인천	(167)	48.5	28.7	22.8	0.0	100.0
	강원/제주	(23)	52.2	17.4	30.4	0.0	100.0
	세종/대전/충청권	(49)	36.7	34.7	26.5	2.0	100.0
	광주/전라권	(46)	50.0	23.9	26.1	0.0	100.0
	부산/울산/경남권	(74)	44.6	31.1	24.3	0.0	100.0
	대구/경북권	(46)	52.2	28.3	19.6	0.0	100.0
지역 규모	대도시(인구 100만 명 이상)	(279)	47.7	30.5	21.9	0.0	100.0
	중소도시(인구 10만~100만 명 미만)	(204)	46.6	28.4	24.5	0.5	100.0
	농촌 또는 어촌	(17)	52.9	29.4	17.6	0.0	100.0
AI 기술 인지도	인지	(351)	49.6	27.6	22.8	0.0	100.0
	비인지	(149)	42.3	34.2	22.8	0.7	100.0
가정 재정 상태	안정적	(274)	47.4	27.0	25.5	0.0	100.0
	불안정	(226)	47.3	32.7	19.5	0.4	100.0

26. AI가 제안한 재정 정책의 신뢰도를 높이기 위해 필요한 조건은 무엇입니까?

		사례 수	2) 정책 결과 예측의 정확성 검증	1) 데이터 출처 공개	3) 국민 의견 수렴 과정 강화	계
	전체	(500)	51.2	30.6	18.2	100.0
성별	남성	(253)	54.5	30.0	15.4	100.0
	여성	(247)	47.8	31.2	21.1	100.0
연령	만20~29세	(78)	39.7	42.3	17.9	100.0
	만30~39세	(91)	46.2	37.4	16.5	100.0
	만40~49세	(104)	61.5	22.1	16.3	100.0
	만50~59세	(121)	51.2	28.9	19.8	100.0
	만60~69세	(106)	53.8	26.4	19.8	100.0
지역	서울	(95)	52.6	32.6	14.7	100.0
	경기/인천	(167)	56.3	31.1	12.6	100.0
	강원/제주	(23)	60.9	26.1	13.0	100.0
	세종/대전/충청권	(49)	46.9	24.5	28.6	100.0
	광주/전라권	(46)	47.8	26.1	26.1	100.0
	부산/울산/경남권	(74)	39.2	35.1	25.7	100.0
	대구/경북권	(46)	52.2	30.4	17.4	100.0
지역 규모	대도시(인구 100만 명 이상)	(279)	48.7	35.5	15.8	100.0
	중소도시(인구 10만 ~100만 명 미만)	(204)	54.4	24.5	21.1	100.0
	농촌 또는 어촌	(17)	52.9	23.5	23.5	100.0
AI 기술 인지도	인지	(351)	52.1	32.2	15.7	100.0
	비인지	(149)	49.0	26.8	24.2	100.0
가정 재정 상태	안정적	(274)	52.2	29.6	18.2	100.0
	불안정	(226)	50.0	31.9	18.1	100.0

27. AI를 활용한 세금 시스템 개선 방안으로 가장 적합한 것은 무엇이라고 보십니까?

		사례 수	2) 세금 신고 자동화	1) 세금 회피 패턴 탐지	3) 세금 불공정 사례 분석	계
전체		(500)	40.2	31.8	28.0	100.0
성별	남성	(253)	37.5	32.0	30.4	100.0
	여성	(247)	42.9	31.6	25.5	100.0
연령	만20~29세	(78)	48.7	28.2	23.1	100.0
	만30~39세	(91)	37.4	35.2	27.5	100.0
	만40~49세	(104)	45.2	29.8	25.0	100.0
	만50~59세	(121)	38.8	35.5	25.6	100.0
	만60~69세	(106)	33.0	29.2	37.7	100.0
지역	서울	(95)	35.8	29.5	34.7	100.0
	경기/인천	(167)	40.7	33.5	25.7	100.0
	강원/제주	(23)	60.9	30.4	8.7	100.0
	세종/대전/충청권	(49)	38.8	30.6	30.6	100.0
	광주/전라권	(46)	34.8	30.4	34.8	100.0
	부산/울산/경남권	(74)	40.5	35.1	24.3	100.0
	대구/경북권	(46)	43.5	28.3	28.3	100.0
지역 규모	대도시(인구 100만 명 이상)	(279)	37.3	33.0	29.7	100.0
	중소도시(인구 10만 ~100만 명 미만)	(204)	44.6	30.4	25.0	100.0
	농촌 또는 어촌	(17)	35.3	29.4	35.3	100.0
AI 기술 인지도	인지	(351)	40.5	31.6	27.9	100.0
	비인지	(149)	39.6	32.2	28.2	100.0
가정 재정 상태	안정적	(274)	40.5	34.3	25.2	100.0
	불안정	(226)	39.8	28.8	31.4	100.0

28. AI가 학생들에게 맞춤형 학습을 제공하는 시스템에 대해 찬성 또는 반대하는 이유를 선택해주세요.

		사례 수	1) 찬성: 학생 개개인의 학습 속도와 스타일에 맞춘 교육 가능	4) 반대: 학생들의 창의력 저하 가능성	3) 반대: 인간 교사의 중요성 약화	2) 찬성: 교사의 부담 감소	계
	전체	(500)	42.2	21.6	18.6	17.6	100.0
성별	남성	(253)	47.4	15.4	15.4	21.7	100.0
	여성	(247)	36.8	27.9	21.9	13.4	100.0
연령	만20~29세	(78)	42.3	23.1	12.8	21.8	100.0
	만30~39세	(91)	42.9	16.5	18.7	22.0	100.0
	만40~49세	(104)	45.2	21.2	21.2	12.5	100.0
	만50~59세	(121)	39.7	24.0	18.2	18.2	100.0
	만60~69세	(106)	41.5	22.6	20.8	15.1	100.0
지역	서울	(95)	38.9	27.4	17.9	15.8	100.0
	경기/인천	(167)	43.7	24.0	14.4	18.0	100.0
	강원/제주	(23)	39.1	8.7	17.4	34.8	100.0
	세종/대전/충청권	(49)	36.7	16.3	24.5	22.4	100.0
	광주/전라권	(46)	47.8	15.2	23.9	13.0	100.0
	부산/울산/경남권	(74)	37.8	21.6	21.6	18.9	100.0
	대구/경북권	(46)	52.2	19.6	19.6	8.7	100.0
지역 규모	대도시(인구 100만 명 이상)	(279)	44.1	23.3	18.3	14.3	100.0
	중소도시(인구 10만~100만 명 미만)	(204)	40.2	18.6	19.1	22.1	100.0
	농촌 또는 어촌	(17)	35.3	29.4	17.6	17.6	100.0
AI 기술 인지도	인지	(351)	43.6	21.1	17.9	17.4	100.0
	비인지	(149)	38.9	22.8	20.1	18.1	100.0
가정 재정 상태	안정적	(274)	40.9	19.7	16.4	23.0	100.0
	불안정	(226)	43.8	23.9	21.2	11.1	100.0

29. AI 기반 학습 시스템이 교육 격차를 줄이는 데 효과적이라고 보십니까?

		사례 수	1) 매우 비동의	2) 비동의	3) 동의	4) 매우 동의	계	BOT2	TOP2	4점 평균
	전체	(500)	5.0	35.6	49.2	10.2	100.0	40.6	59.4	2.65
성별	남성	(253)	3.2	28.1	52.2	16.6	100.0	31.2	68.8	2.82
	여성	(247)	6.9	43.3	46.2	3.6	100.0	50.2	49.8	2.47
연령	만20~29세	(78)	6.4	30.8	50.0	12.8	100.0	37.2	62.8	2.69
	만30~39세	(91)	4.4	33.0	51.6	11.0	100.0	37.4	62.6	2.69
	만40~49세	(104)	7.7	32.7	45.2	14.4	100.0	40.4	59.6	2.66
	만50~59세	(121)	3.3	43.0	46.3	7.4	100.0	46.3	53.7	2.58
	만60~69세	(106)	3.8	35.8	53.8	6.6	100.0	39.6	60.4	2.63
지역	서울	(95)	3.2	38.9	48.4	9.5	100.0	42.1	57.9	2.64
	경기/인천	(167)	4.8	35.9	49.1	10.2	100.0	40.7	59.3	2.65
	강원/제주	(23)	4.3	34.8	52.2	8.7	100.0	39.1	60.9	2.65
	세종/대전/ 충청권	(49)	4.1	32.7	51.0	12.2	100.0	36.7	63.3	2.71
	광주/전라권	(46)	8.7	23.9	52.2	15.2	100.0	32.6	67.4	2.74
	부산/울산/ 경남권	(74)	6.8	35.1	48.6	9.5	100.0	41.9	58.1	2.61
	대구/경북권	(46)	4.3	43.5	45.7	6.5	100.0	47.8	52.2	2.54
지역 규모	대도시(인구 100만 명 이상)	(279)	6.1	34.8	48.0	11.1	100.0	40.9	59.1	2.64
	중소도시 (인구 10만 ~100만 명 미 만)	(204)	3.9	36.3	50.5	9.3	100.0	40.2	59.8	2.65
	농촌 또는 어촌	(17)	0.0	41.2	52.9	5.9	100.0	41.2	58.8	2.65
AI 기술 인지도	인지	(351)	4.6	30.5	52.7	12.3	100.0	35.0	65.0	2.73
	비인지	(149)	6.0	47.7	40.9	5.4	100.0	53.7	46.3	2.46
가정 재정 상태	안정적	(274)	4.0	30.7	54.4	10.9	100.0	34.7	65.3	2.72
	불안정	(226)	6.2	41.6	42.9	9.3	100.0	47.8	52.2	2.55

30. 다음 중 AI 기술이 교사를 대체할 가능성이 큰 분야라고 생각되는 것을 모두 선택해 주세요. (중복응답)

		사례 수	1) 학생의 학습 데이터 분석 및 맞춤형 학습 제공	2) 반복적이고 표준화된 지식 전달	4) 객관식 시험 채점 및 성적 관리	3) 학습 관리 및 출석 확인	5) 기본적인 상담 및 학습 동기 부여	6) 기타
	전체	(500)	56.8	49.2	45.2	41.6	9.0	0.4
성별	남성	(253)	56.5	53.4	39.5	39.9	9.5	0.0
	여성	(247)	57.1	44.9	51.0	43.3	8.5	0.8
연령	만20~29세	(78)	51.3	48.7	46.2	52.6	11.5	0.0
	만30~39세	(91)	52.7	46.2	52.7	41.8	6.6	0.0
	만40~49세	(104)	53.8	45.2	51.0	42.3	9.6	0.0
	만50~59세	(121)	56.2	52.1	33.9	33.9	6.6	0.0
	만60~69세	(106)	67.9	52.8	45.3	41.5	11.3	1.9
지역	서울	(95)	56.8	52.6	56.8	49.5	9.5	0.0
	경기/인천	(167)	57.5	44.9	41.9	36.5	8.4	0.0
	강원/제주	(23)	52.2	60.9	60.9	43.5	8.7	4.3
	세종/대전/충청권	(49)	55.1	44.9	32.7	34.7	4.1	2.0
	광주/전라권	(46)	63.0	58.7	30.4	39.1	15.2	0.0
	부산/울산/경남권	(74)	55.4	43.2	43.2	45.9	8.1	0.0
	대구/경북권	(46)	54.3	56.5	56.5	45.7	10.9	0.0
지역 규모	대도시(인구 100만 명 이상)	(279)	57.3	50.2	47.7	40.9	9.3	0.0
	중소도시(인구 10만~100만 명 미만)	(204)	56.9	46.6	42.6	42.2	8.8	1.0
	농촌 또는 어촌	(17)	47.1	64.7	35.3	47.1	5.9	0.0
AI 기술 인지도	인지	(351)	59.3	48.4	48.7	41.9	8.8	0.0
	비인지	(149)	51.0	51.0	36.9	40.9	9.4	1.3
가정 재정 상태	안정적	(274)	54.7	49.3	43.4	40.9	8.0	0.0
	불안정	(226)	59.3	49.1	47.3	42.5	10.2	0.9

31. 다음 중 AI 기술이 교사를 대체하기 어려운 분야라고 생각되는 것을 모두 선택해주세요. (중복응답)

		사례 수	1) 학생과의 감정적 유대 형성	3) 문제 행동에 대한 심리적 상담 및 지도	5) 도덕적, 윤리적 가치 전달	4) 협력과 의사소통 능력을 기르는 수업	2) 창의적이고 비판적인 사고를 가르치는 수업
	전체	(500)	67.8	55.0	49.6	48.6	45.0
성별	남성	(253)	60.1	50.6	41.9	41.1	42.7
	여성	(247)	75.7	59.5	57.5	56.3	47.4
연령	만20~29세	(78)	65.4	51.3	44.9	47.4	47.4
	만30~39세	(91)	72.5	56.0	47.3	50.5	40.7
	만40~49세	(104)	72.1	58.7	51.0	53.8	48.1
	만50~59세	(121)	66.9	55.4	43.0	47.1	43.0
	만60~69세	(106)	62.3	52.8	61.3	44.3	46.2
지역	서울	(95)	71.6	56.8	53.7	56.8	48.4
	경기/인천	(167)	65.9	54.5	46.7	44.3	40.7
	강원/제주	(23)	69.6	65.2	65.2	52.2	60.9
	세종/대전/충청권	(49)	59.2	42.9	46.9	44.9	44.9
	광주/전라권	(46)	69.6	54.3	43.5	47.8	47.8
	부산/울산/경남권	(74)	70.3	64.9	51.4	51.4	44.6
	대구/경북권	(46)	69.6	45.7	50.0	45.7	43.5
지역 규모	대도시(인구 100만 명 이상)	(279)	71.3	56.3	50.9	50.9	43.7
	중소도시(인구 10만~100만 명 미만)	(204)	62.7	53.4	49.0	44.6	48.5
	농촌 또는 어촌	(17)	70.6	52.9	35.3	58.8	23.5
AI 기술 인지도	인지	(351)	69.8	54.4	51.0	47.0	44.4
	비인지	(149)	63.1	56.4	46.3	52.3	46.3
가정 재정 상태	안정적	(274)	65.0	54.4	45.3	45.3	46.0
	불안정	(226)	71.2	55.8	54.9	52.7	43.8

32. AI가 자율성을 가지게 되었을 때, 인권을 인정해야 한다고 생각하십니까?

		사례 수	1) 매우 비동의	2) 비동의	3) 동의	4) 매우 동의	계	BOT2	TOP2	4점 평균
	전체	(500)	14.2	34.4	39.6	11.8	100.0	48.6	51.4	2.49
성별	남성	(253)	13.4	34.8	37.9	13.8	100.0	48.2	51.8	2.52
	여성	(247)	15.0	34.0	41.3	9.7	100.0	49.0	51.0	2.46
연령	만20~29세	(78)	16.7	48.7	26.9	7.7	100.0	65.4	34.6	2.26
	만30~39세	(91)	13.2	38.5	37.4	11.0	100.0	51.6	48.4	2.46
	만40~49세	(104)	15.4	34.6	36.5	13.5	100.0	50.0	50.0	2.48
	만50~59세	(121)	12.4	25.6	47.9	14.0	100.0	38.0	62.0	2.64
	만60~69세	(106)	14.2	30.2	44.3	11.3	100.0	44.3	55.7	2.53
지역	서울	(95)	12.6	36.8	34.7	15.8	100.0	49.5	50.5	2.54
	경기/인천	(167)	16.2	32.3	40.7	10.8	100.0	48.5	51.5	2.46
	강원/제주	(23)	17.4	21.7	47.8	13.0	100.0	39.1	60.9	2.57
	세종/대전/충청권	(49)	6.1	32.7	42.9	18.4	100.0	38.8	61.2	2.73
	광주/전라권	(46)	15.2	30.4	43.5	10.9	100.0	45.7	54.3	2.50
	부산/울산/경남권	(74)	13.5	45.9	35.1	5.4	100.0	59.5	40.5	2.32
	대구/경북권	(46)	17.4	30.4	41.3	10.9	100.0	47.8	52.2	2.46
지역 규모	대도시(인구 100만 명 이상)	(279)	14.3	31.9	39.1	14.7	100.0	46.2	53.8	2.54
	중소도시(인구 10만~100만 명 미만)	(204)	13.7	37.3	40.7	8.3	100.0	51.0	49.0	2.44
	농촌 또는 어촌	(17)	17.6	41.2	35.3	5.9	100.0	58.8	41.2	2.29
AI 기술 인지도	인지	(351)	15.7	29.9	42.2	12.3	100.0	45.6	54.4	2.51
	비인지	(149)	10.7	45.0	33.6	10.7	100.0	55.7	44.3	2.44
가정 재정 상태	안정적	(274)	13.5	31.8	42.0	12.8	100.0	45.3	54.7	2.54
	불안정	(226)	15.0	37.6	36.7	10.6	100.0	52.7	47.3	2.43

33. AI 인권을 인정할 경우 발생할 수 있는 사회적 갈등을 해결하기 위해 어떤 접근 방식이 필요하다고 생각하십니까?

		사례 수	3) AI와 인간의 역할 구분 명확화	2) 윤리적 논의 확대	1) 법적 기준 마련	계
	전체	(500)	46.4	34.0	19.6	100.0
성별	남성	(253)	43.5	36.4	20.2	100.0
	여성	(247)	49.4	31.6	19.0	100.0
연령	만20~29세	(78)	44.9	37.2	17.9	100.0
	만30~39세	(91)	50.5	28.6	20.9	100.0
	만40~49세	(104)	39.4	36.5	24.0	100.0
	만50~59세	(121)	52.9	28.9	18.2	100.0
	만60~69세	(106)	43.4	39.6	17.0	100.0
지역	서울	(95)	52.6	30.5	16.8	100.0
	경기/인천	(167)	43.1	36.5	20.4	100.0
	강원/제주	(23)	43.5	43.5	13.0	100.0
	세종/대전/충청권	(49)	46.9	38.8	14.3	100.0
	광주/전라권	(46)	47.8	32.6	19.6	100.0
	부산/울산/경남권	(74)	45.9	25.7	28.4	100.0
	대구/경북권	(46)	45.7	37.0	17.4	100.0
지역 규모	대도시(인구 100만 명 이상)	(279)	47.7	30.5	21.9	100.0
	중소도시(인구 10만 ~100만 명 미만)	(204)	43.6	40.2	16.2	100.0
	농촌 또는 어촌	(17)	58.8	17.6	23.5	100.0
AI 기술 인지도	인지	(351)	48.1	33.3	18.5	100.0
	비인지	(149)	42.3	35.6	22.1	100.0
가정 재정 상태	안정적	(274)	41.2	36.9	21.9	100.0
	불안정	(226)	52.7	30.5	16.8	100.0

34. AI가 노동을 수행할 경우 노동자로서의 권리를 보장해야 한다고 생각하십니까?

		사례 수	1) 매우 비동의	2) 비동의	3) 동의	4) 매우 동의	계	BOT2	TOP2	4점 평균
	전체	(500)	9.4	39.2	40.6	10.8	100.0	48.6	51.4	2.53
성별	남성	(253)	9.1	36.0	41.1	13.8	100.0	45.1	54.9	2.60
	여성	(247)	9.7	42.5	40.1	7.7	100.0	52.2	47.8	2.46
연령	만20~29세	(78)	16.7	38.5	33.3	11.5	100.0	55.1	44.9	2.40
	만30~39세	(91)	11.0	38.5	37.4	13.2	100.0	49.5	50.5	2.53
	만40~49세	(104)	11.5	42.3	35.6	10.6	100.0	53.8	46.2	2.45
	만50~59세	(121)	5.8	40.5	43.8	9.9	100.0	46.3	53.7	2.58
	만60~69세	(106)	4.7	35.8	50.0	9.4	100.0	40.6	59.4	2.64
지역	서울	(95)	10.5	41.1	38.9	9.5	100.0	51.6	48.4	2.47
	경기/인천	(167)	8.4	41.9	40.1	9.6	100.0	50.3	49.7	2.51
	강원/제주	(23)	17.4	17.4	43.5	21.7	100.0	34.8	65.2	2.70
	세종/대전/충 청권	(49)	8.2	40.8	36.7	14.3	100.0	49.0	51.0	2.57
	광주/전라권	(46)	10.9	32.6	50.0	6.5	100.0	43.5	56.5	2.52
	부산/울산/경 남권	(74)	9.5	39.2	41.9	9.5	100.0	48.6	51.4	2.51
	대구/경북권	(46)	6.5	41.3	37.0	15.2	100.0	47.8	52.2	2.61
지역 규모	대도시(인구 100만 명 이 상)	(279)	9.7	38.7	39.8	11.8	100.0	48.4	51.6	2.54
	중소도시(인구 10만~100만 명 미만)	(204)	8.3	38.7	43.1	9.8	100.0	47.1	52.9	2.54
	농촌 또는 어촌	(17)	17.6	52.9	23.5	5.9	100.0	70.6	29.4	2.18
AI 기술 인지도	인지	(351)	11.1	34.8	41.9	12.3	100.0	45.9	54.1	2.55
	비인지	(149)	5.4	49.7	37.6	7.4	100.0	55.0	45.0	2.47
가정 재정 상태	안정적	(274)	9.5	34.7	43.4	12.4	100.0	44.2	55.8	2.59
	불안정	(226)	9.3	44.7	37.2	8.8	100.0	54.0	46.0	2.46

478

35. AI의 자율성과 인간의 권리 간 충돌을 해결하기 위한 가장 효과적인 방안은 무엇이라고 생각하십니까?

		사례 수	1) 윤리적 가이드라인 수립	2) 법적 규제 강화	3) 사회적 대화 확대	4) 기타	계
	전체	(500)	55.0	33.8	11.0	0.2	100.0
성별	남성	(253)	49.8	36.0	13.8	0.4	100.0
	여성	(247)	60.3	31.6	8.1	0.0	100.0
연령	만20~29세	(78)	43.6	38.5	17.9	0.0	100.0
	만30~39세	(91)	56.0	36.3	7.7	0.0	100.0
	만40~49세	(104)	55.8	33.7	9.6	1.0	100.0
	만50~59세	(121)	55.4	31.4	13.2	0.0	100.0
	만60~69세	(106)	61.3	31.1	7.5	0.0	100.0
지역	서울	(95)	58.9	29.5	11.6	0.0	100.0
	경기/인천	(167)	60.5	29.3	10.2	0.0	100.0
	강원/제주	(23)	52.2	30.4	17.4	0.0	100.0
	세종/대전/충청권	(49)	42.9	49.0	8.2	0.0	100.0
	광주/전라권	(46)	52.2	34.8	13.0	0.0	100.0
	부산/울산/경남권	(74)	47.3	39.2	12.2	1.4	100.0
	대구/경북권	(46)	56.5	34.8	8.7	0.0	100.0
지역 규모	대도시(인구 100만 명 이상)	(279)	57.7	31.2	11.1	0.0	100.0
	중소도시(인구 10만~100만 명 미만)	(204)	50.5	39.2	9.8	0.5	100.0
	농촌 또는 어촌	(17)	64.7	11.8	23.5	0.0	100.0
AI 기술 인지도	인지	(351)	57.8	32.8	9.1	0.3	100.0
	비인지	(149)	48.3	36.2	15.4	0.0	100.0
가정 재정 상태	안정적	(274)	52.9	37.2	9.9	0.0	100.0
	불안정	(226)	57.5	29.6	12.4	0.4	100.0

36. AI가 공공 정책의 수립 과정에서 국민 의견을 수렴하는 데 얼마나 효과적이라고 보십니까?

		사례 수	1) 전혀 효과적이지 않다	2) 효과적이지 않다	3) 효과적이다	4) 매우 효과적이다	계	BOT2	TOP2	4점 평균
	전체	(500)	1.2	18.8	70.8	9.2	100.0	20.0	80.0	2.88
성별	남성	(253)	1.2	15.0	70.4	13.4	100.0	16.2	83.8	2.96
	여성	(247)	1.2	22.7	71.3	4.9	100.0	23.9	76.1	2.80
연령	만20~29세	(78)	0.0	16.7	71.8	11.5	100.0	16.7	83.3	2.95
	만30~39세	(91)	0.0	22.0	64.8	13.2	100.0	22.0	78.0	2.91
	만40~49세	(104)	1.0	20.2	68.3	10.6	100.0	21.2	78.8	2.88
	만50~59세	(121)	1.7	19.8	72.7	5.8	100.0	21.5	78.5	2.83
	만60~69세	(106)	2.8	15.1	75.5	6.6	100.0	17.9	82.1	2.86
지역	서울	(95)	1.1	14.7	73.7	10.5	100.0	15.8	84.2	2.94
	경기/인천	(167)	1.2	16.2	74.3	8.4	100.0	17.4	82.6	2.90
	강원/제주	(23)	4.3	26.1	60.9	8.7	100.0	30.4	69.6	2.74
	세종/대전/충청권	(49)	2.0	20.4	67.3	10.2	100.0	22.4	77.6	2.86
	광주/전라권	(46)	0.0	17.4	78.3	4.3	100.0	17.4	82.6	2.87
	부산/울산/경남권	(74)	0.0	21.6	67.6	10.8	100.0	21.6	78.4	2.89
	대구/경북권	(46)	2.2	28.3	58.7	10.9	100.0	30.4	69.6	2.78
지역 규모	대도시(인구 100만 명 이상)	(279)	0.7	17.6	71.7	10.0	100.0	18.3	81.7	2.91
	중소도시(인구 10만~100만 명 미만)	(204)	2.0	19.6	69.6	8.8	100.0	21.6	78.4	2.85
	농촌 또는 어촌	(17)	0.0	29.4	70.6	0.0	100.0	29.4	70.6	2.71
AI 기술 인지도	인지	(351)	0.3	14.2	74.4	11.1	100.0	14.5	85.5	2.96
	비인지	(149)	3.4	29.5	62.4	4.7	100.0	32.9	67.1	2.68
가정 재정 상태	안정적	(274)	0.4	16.1	73.0	10.6	100.0	16.4	83.6	2.94
	불안정	(226)	2.2	22.1	68.1	7.5	100.0	24.3	75.7	2.81

37. AI 도입으로 인해 사라질 가능성이 큰 직업군에 대해 정부는 어떤 대응책을 마련해야 한다고 보십니까?

		사례 수	2) 기본소득 도입 검토	1) 재교육 프로그램 확대	3) AI 기술 규제	4) 기타	계
	전체	(500)	41.0	40.0	18.8	0.2	100.0
성별	남성	(253)	47.8	36.0	16.2	0.0	100.0
	여성	(247)	34.0	44.1	21.5	0.4	100.0
연령	만20~29세	(78)	44.9	32.1	23.1	0.0	100.0
	만30~39세	(91)	36.3	39.6	24.2	0.0	100.0
	만40~49세	(104)	42.3	42.3	15.4	0.0	100.0
	만50~59세	(121)	45.5	37.2	17.4	0.0	100.0
	만60~69세	(106)	35.8	47.2	16.0	0.9	100.0
지역	서울	(95)	40.0	44.2	15.8	0.0	100.0
	경기/인천	(167)	45.5	37.1	16.8	0.6	100.0
	강원/제주	(23)	43.5	43.5	13.0	0.0	100.0
	세종/대전/충청권	(49)	34.7	40.8	24.5	0.0	100.0
	광주/전라권	(46)	41.3	32.6	26.1	0.0	100.0
	부산/울산/경남권	(74)	37.8	45.9	16.2	0.0	100.0
	대구/경북권	(46)	37.0	37.0	26.1	0.0	100.0
지역 규모	대도시(인구 100만 명 이상)	(279)	39.4	41.6	18.6	0.4	100.0
	중소도시(인구 10만 ~100만 명 미만)	(204)	43.6	38.7	17.6	0.0	100.0
	농촌 또는 어촌	(17)	35.3	29.4	35.3	0.0	100.0
AI 기술 인지도	인지	(351)	39.3	42.2	18.2	0.3	100.0
	비인지	(149)	45.0	34.9	20.1	0.0	100.0
가정 재정 상태	안정적	(274)	38.0	43.1	18.6	0.4	100.0
	불안정	(226)	44.7	36.3	19.0	0.0	100.0

38. 자율주행 기술 도입으로 교통 안전성이 향상될 가능성에 대해 어떻게 생각하십니까?

		사례 수	1) 매우 낮다	2) 낮다	3) 높다	4) 매우 높다	계	BOT2	TOP2	4점 평균
	전체	(500)	1.8	25.6	58.6	14.0	100.0	27.4	72.6	2.85
성별	남성	(253)	0.8	17.0	60.5	21.7	100.0	17.8	82.2	3.03
	여성	(247)	2.8	34.4	56.7	6.1	100.0	37.2	62.8	2.66
연령	만20~29세	(78)	2.6	20.5	60.3	16.7	100.0	23.1	76.9	2.91
	만30~39세	(91)	0.0	23.1	58.2	18.7	100.0	23.1	76.9	2.96
	만40~49세	(104)	1.9	23.1	55.8	19.2	100.0	25.0	75.0	2.92
	만50~59세	(121)	3.3	25.6	62.8	8.3	100.0	28.9	71.1	2.76
	만60~69세	(106)	0.9	34.0	55.7	9.4	100.0	34.9	65.1	2.74
지역	서울	(95)	1.1	14.7	65.3	18.9	100.0	15.8	84.2	3.02
	경기/인천	(167)	1.2	24.6	58.7	15.6	100.0	25.7	74.3	2.89
	강원/제주	(23)	4.3	34.8	43.5	17.4	100.0	39.1	60.9	2.74
	세종/대전/충청권	(49)	2.0	26.5	67.3	4.1	100.0	28.6	71.4	2.73
	광주/전라권	(46)	4.3	34.8	56.5	4.3	100.0	39.1	60.9	2.61
	부산/울산/경남권	(74)	2.7	32.4	50.0	14.9	100.0	35.1	64.9	2.77
	대구/경북권	(46)	0.0	26.1	58.7	15.2	100.0	26.1	73.9	2.89
지역 규모	대도시(인구 100만 명 이상)	(279)	1.4	22.6	59.5	16.5	100.0	24.0	76.0	2.91
	중소도시(인구 10만~100만 명 미만)	(204)	2.0	29.4	57.8	10.8	100.0	31.4	68.6	2.77
	농촌 또는 어촌	(17)	5.9	29.4	52.9	11.8	100.0	35.3	64.7	2.71
AI 기술 인지도	인지	(351)	2.0	21.1	58.7	18.2	100.0	23.1	76.9	2.93
	비인지	(149)	1.3	36.2	58.4	4.0	100.0	37.6	62.4	2.65
가정 재정 상태	안정적	(274)	1.1	19.7	64.2	15.0	100.0	20.8	79.2	2.93
	불안정	(226)	2.7	32.7	51.8	12.8	100.0	35.4	64.6	2.75

39. AI와 관련된 정책에서 개인정보 보호가 우선적으로 고려되어야 한다고 보십니까?

		사례 수	1) 매우 비동의	2) 비동의	3) 동의	4) 매우 동의	계	BOT2	TOP2	4점 평균
	전체	(500)	0.2	5.2	54.2	40.4	100.0	5.4	94.6	3.35
성별	남성	(253)	0.4	5.9	56.5	37.2	100.0	6.3	93.7	3.30
	여성	(247)	0.0	4.5	51.8	43.7	100.0	4.5	95.5	3.39
연령	만20~29세	(78)	0.0	5.1	56.4	38.5	100.0	5.1	94.9	3.33
	만30~39세	(91)	0.0	4.4	57.1	38.5	100.0	4.4	95.6	3.34
	만40~49세	(104)	0.0	2.9	52.9	44.2	100.0	2.9	97.1	3.41
	만50~59세	(121)	0.8	5.8	56.2	37.2	100.0	6.6	93.4	3.30
	만60~69세	(106)	0.0	7.5	49.1	43.4	100.0	7.5	92.5	3.36
지역	서울	(95)	0.0	4.2	46.3	49.5	100.0	4.2	95.8	3.45
	경기/인천	(167)	0.0	4.2	57.5	38.3	100.0	4.2	95.8	3.34
	강원/제주	(23)	0.0	0.0	52.2	47.8	100.0	0.0	100.0	3.48
	세종/대전/충청권	(49)	2.0	4.1	63.3	30.6	100.0	6.1	93.9	3.22
	광주/전라권	(46)	0.0	2.2	54.3	43.5	100.0	2.2	97.8	3.41
	부산/울산/경남권	(74)	0.0	10.8	51.4	37.8	100.0	10.8	89.2	3.27
	대구/경북권	(46)	0.0	8.7	54.3	37.0	100.0	8.7	91.3	3.28
지역 규모	대도시(인구 100만 명 이상)	(279)	0.0	5.0	52.3	42.7	100.0	5.0	95.0	3.38
	중소도시(인구 10만~100만 명 미만)	(204)	0.5	4.9	56.9	37.7	100.0	5.4	94.6	3.32
	농촌 또는 어촌	(17)	0.0	11.8	52.9	35.3	100.0	11.8	88.2	3.24
AI 기술 인지도	인지	(351)	0.0	4.3	54.1	41.6	100.0	4.3	95.7	3.37
	비인지	(149)	0.7	7.4	54.4	37.6	100.0	8.1	91.9	3.29
가정 재정 상태	안정적	(274)	0.4	4.0	56.9	38.7	100.0	4.4	95.6	3.34
	불안정	(226)	0.0	6.6	50.9	42.5	100.0	6.6	93.4	3.36

40. AI가 공공 서비스의 효율성을 높이는 데 있어 가장 중요한 제약은 무엇이라고 생각하십니까?

		사례 수	2) 윤리적 논란	3) 법적 규제 부족	1) 기술적 한계	계
전체		(500)	58.0	25.0	17.0	100.0
성별	남성	(253)	60.1	19.4	20.6	100.0
	여성	(247)	55.9	30.8	13.4	100.0
연령	만20~29세	(78)	48.7	29.5	21.8	100.0
	만30~39세	(91)	41.8	36.3	22.0	100.0
	만40~49세	(104)	69.2	16.3	14.4	100.0
	만50~59세	(121)	59.5	24.0	16.5	100.0
	만60~69세	(106)	66.0	21.7	12.3	100.0
지역	서울	(95)	58.9	27.4	13.7	100.0
	경기/인천	(167)	55.7	25.7	18.6	100.0
	강원/제주	(23)	69.6	17.4	13.0	100.0
	세종/대전/충청권	(49)	49.0	30.6	20.4	100.0
	광주/전라권	(46)	63.0	21.7	15.2	100.0
	부산/울산/경남권	(74)	59.5	23.0	17.6	100.0
	대구/경북권	(46)	60.9	21.7	17.4	100.0
지역 규모	대도시(인구 100만 명 이상)	(279)	56.3	26.5	17.2	100.0
	중소도시(인구 10만 ~100만 명 미만)	(204)	60.8	22.5	16.7	100.0
	농촌 또는 어촌	(17)	52.9	29.4	17.6	100.0
AI 기술 인지도	인지	(351)	57.5	24.5	17.9	100.0
	비인지	(149)	59.1	26.2	14.8	100.0
가정 재정 상태	안정적	(274)	57.3	24.1	18.6	100.0
	불안정	(226)	58.8	26.1	15.0	100.0

¤ **용어 설명**

- **가상현실(VR)** 컴퓨터로 만든 가짜 세상에 들어가는 기술. VR 기기를 쓰면 마치 그곳에 있는 것처럼 느껴짐. VR로 롤러코스터를 타면 집에서도 놀이공원처럼 느낄 수 있음.

- **강화학습** AI가 시도하고 실수하면서 점점 똑똑해지는 학습 방법. AI가 체스를 배우기 위해 수천 번 게임하면서 이기는 법을 익히는 것.

- **개인 의료 통합 시스템(PHR 시스템)** 내 건강 정보(병원 기록, 약 복용 기록 등)를 한 곳에 모아서 관리할 수 있는 시스템. 병원 앱에서 내 진료 기록과 건강 상태를 확인하는 것.

- **기계학습(Machine Learning)** 컴퓨터가 데이터를 보고 스스로 배우는 기술. 유튜브가 내가 좋아하는 영상을 추천하는 것은 기계학습 덕분이다.

- **기술 수용 모델(TAM, Technology Acceptance Model)** 사람들이 새로운 기술을 사용할지 결정하는 과정과 요인을 설명하는 모델. 기술이 유용하고(Perceived Usefulness), 사용하기 쉽다고(Perceived Ease of Use) 느낄수록 받아들이는 경향이 있음. 예를 들어, 스마트폰의 음성 인식 기능이 편리하고 쉽게 사용할 수 있다면 더 많은 사람이 이를 활용하는 것.

- **다차원 척도(Multidimensional Scaling, MDS)** 복잡한 데이터를 2차원이나 3차원 공간으로 옮겨서 더 쉽게 이해할 수 있도록 도와주는 기술. 엄청나게 큰 지도를 작은 지도에 옮기듯, 데이터 간의 관계를 간단하게 표현한다. 예를 들어, 사람들이 좋아하는 영화의 취향을 분석해서 취향이 비슷한 사람들을 가까이 두는 식으로 시각화할 때 유용하다.

- **대화형 AI 플랫폼** 사람처럼 대화를 나눌 수 있는 똑똑한 컴퓨터. 우리가 말을 걸면 이해하고 대답해줌. 시리(Siri)나 챗GPT 같은 것들이 바로 대화형 AI 플랫폼이다.

- **데이터 마이닝(Data Mining)** 많은 데이터 속에서 보물 같은 정보를 캐내는 기술. 이름 그대로 데이터를 '채굴'해서 의미 있는 패턴이나 관계를 찾아냄. 예를 들어, 고객의 구매 데이터를 분석해서 어떤 상품을 추천할지 정하는 데 활용.

- **데이터셋(Dataset)** 분석하거나 학습시키기 위해 모아놓은 데이터 모음. 쉽게 말하면, 자료를 정리해놓은 파일이나 표. 예를 들어, 학생들의 성적표나 병원의 환자 기록들이 데이터셋의 예. 컴퓨터가 학습하려면 이런 데이터셋이 꼭 필요함.

- **도메인 어웨어니스 시스템(Domain Awareness System)** 도시나 지역에서 벌어지는 일을 실시간으로 모니터링하는 시스템. 큰 도시에서 CCTV와 센서를 이용해 교통 상황, 사고 발생 등을 관리하는

시스템.

- **디지털 리터러시(Digital Literacy)** 디지털 기술과 정보를 이해하고 잘 활용하는 능력. 스마트폰, 컴퓨터를 사용하는 기본적인 기술뿐 아니라, 인터넷에서 정보를 찾아내고 비판적으로 평가하는 능력까지 포함. 현대 사회에서 꼭 필요한 생존 스킬.

- **랜덤 포레스트(Random Forest)** 랜덤 포레스트는 많은 개별 결정 트리(Decision Tree)를 묶어서 하나의 예측을 만드는 모델. 각 트리는 데이터를 조금씩 다르게 보고 자신만의 결론을 내림. 이후 이 결론들을 모아 다수결로 최종 결정을 내림. 다양한 의견(트리)을 반영하므로 과적합(한쪽으로 치우친 결과)을 방지하고, 안정적이고 신뢰할 수 있는 예측을 제공. 마트에서 어떤 상품이 잘 팔릴지 예측하려고 여러 점포의 매니저들에게 물어보고 의견을 종합하는 것과 비슷함.

- **머신러닝 기반 예측 모델(알고리즘)** 컴퓨터가 사람처럼 배우면서 미래에 일어날 일을 예측하려고 노력하는 기술. 여기서 알고리즘은 컴퓨터가 따라야 할 규칙이자 계산 방법. 넷플릭스에서 "당신이 좋아할 것 같은 영화" 같은 식으로 추천해 주는 방식이 이런 모델을 사용한다.

- **메타버스** 가상의 세상에서 친구들과 만나고 어울릴 수 있는 공간. 로블록스, 제페토 같은 게임 플랫폼이 대표적인 예.

- **분배 최적화 AI(Optimization AI for Distribution)** 어떤 자원을 가장 효율적으로 나눌 수 있을지 계산해주는 AI 기술. 예를 들어, 물류 회사가 배달 경로를 정하거나, 전력을 가장 효율적으로 나누는 데 사용됨. 자원을 적게 쓰면서도 최대 효과를 낼 방법을 찾아줌.

- **블록체인(Blockchain)** 데이터를 블록 단위로 묶어서 안전하게 저장하고, 그 블록을 순서대로 연결하는 기술. 여러 사람이 동시에 데이터를 관리하고, 함부로 수정할 수 없어서 신뢰성이 높음. 암호화폐(예 비트코인)의 기반 기술로 유명하지만, 의료, 금융, 물류 등 여러 분야에 활용됨.

- **비정형 데이터** 정리된 표처럼 깔끔한 데이터가 아니라, 복잡하고 다양한 형태를 가진 데이터. 사진, 영상, 음성 또는 우리가 쓰는 글(카톡 메시지 같은 것)이 여기에 해당함. 친구와 찍은 사진이나 동영상처럼 정해진 틀에 들어가지 않는 자료들.

- **빅데이터(Big Data)** 말 그대로 아주 크고 방대한 데이터. 사람들이 스마트폰, 인터넷, 소셜미디어 등을 사용하면서 만들어내는 모든 데이터가 여기에 포함됨. 단순히 크기만 큰 게 아니라, 매우 다양하고 빠르게 쌓여서 기존 방법으로는 처리하기 어려운 데이터를 말함. 이것을 잘 활용하면 소비자 트렌드 분석이나 예측 등에 큰 도움이 됨.

- **시뮬레이션** 어떤 상황처럼 가상으로 만들어서 실제인 것처럼 실험해보는 것. 롤러코스터를 타기 전에 컴퓨터로 안전한지 시험해보는 과정이 한 예이다.

- **심층신경망(Deep Neural Network)** 사람의 뇌를 본떠 만든 컴퓨터 모델로, 복잡한 문제를 해결할 때 쓰임. 여러 층(layer)으로 이루어진 구조라서 아주 세밀한 분석이 가능. 예를 들어, AI가 사람의 얼굴을 인식하거나, 자율주행차가 도로를 분석할 때 사용하는 기술.

- **예측 모델링** 과거의 데이터를 보고 미래에 어떤 일이 일어날지 미리 계산하는 것. 내일 비가 올지 날씨를 예측하는 기상청의 시스템이 예측 모델링이다.

- **웨어러블 디바이스와 같은 IoT 기술** 인터넷에 연결된 기기로 내 몸이나 생활 정보를 측정하고 알려주는 기술. 스마트워치가 심박수를 측정해 주는 것 등이 대표적인 사례.

- **위험 예측 모델(Risk Prediction Model)** 어떤 위험이 발생할 가능성을 미리 계산하는 모델. 보험사에서 사고 확률을 계산하거나, 병원에서 환자의 발병 가능성을 예측할 때 사용. 데이터를 바탕으로 미래의 위험을 미리 알려줘서 대비할 수 있도록 도와줌.

- **음성 인식 기술** 사람 목소리를 듣고 그것을 글자나 명령으로 바

꾸는 기술. "아리야, 노래 틀어줘!"라고 말하면 이해하고 노래를 틀어주는 스피커를 생각하면 된다.

- **이미지 인식 기술** 컴퓨터가 사진이나 그림 속에 무엇이 있는지 알아맞히는 기술. 휴대폰이 사진 속 사람의 얼굴을 찾아내고 친구 태그를 제안하는 기능이 여기에 해당한다.

- **자연어 처리(NLP)** 컴퓨터가 사람의 말을 이해하고 처리하는 기술. 번역 앱이 외국어를 우리말로 바꿔 주는 것.

- **자율주행** 자동차가 스스로 운전하는 기술. 운전자가 없어도 안전하게 이동할 수 있음.

- **전자 의무 기록(EMR)** 병원에서 종이에 쓰던 환자 기록을 컴퓨터에 저장한 것. 의사가 컴퓨터로 환자의 치료 기록을 확인하는 것.

- **증강현실(AR)** 현실 세계에 컴퓨터로 만든 이미지를 더해서 보여주는 기술. 〈포켓몬고〉 게임처럼 카메라로 보이는 현실에 포켓몬을 더하는 것.

- **지리 정보 시스템(GIS)** 지도를 컴퓨터로 만들어서 정보를 분석하고 보여주는 시스템. 네이버 지도나 구글 맵에서 길 찾기 할 때 사용하는 기술.

- **차등 개인정보 보호 기술(Differential Privacy)** 중요한 정보를 지키면서 데이터를 활용하는 방법. 데이터를 숨기는 기술. 앱이 우리 데이터를 연구에 쓰지만, 누가 누구인지 모르게 보호해주는 방법.

- **컴퓨터 비전(Computer Vision)** 컴퓨터가 사진이나 영상을 보고 사람처럼 이해하는 기술. 교통 카메라가 자동차 번호판을 읽는 기술이 여기에 해당한다.

- **클라우드(Cloud)** 데이터를 저장하거나 프로그램을 실행할 수 있는 인터넷 공간. 집에 있는 컴퓨터나 스마트폰이 아니라 인터넷에 연결된 서버를 사용하는 개념. 구글 드라이브나 네이버 클라우드에 사진을 저장하는 게 클라우드를 활용하는 대표적인 사례.

- **AI 기반 예측 모델** AI가 데이터를 분석해서 앞으로 어떤 일이 일어날지 예측하는 기술. 날씨 예보나 주식 시장 변화를 예측하는 프로그램.

- **AI 기반 챗봇** 사람처럼 대화할 수 있는 똑똑한 로봇. AI가 대화를 배우고 사람의 질문에 현명하게 답함. 쇼핑몰에서 "배송이 언제 되나요?"라고 물으면 답해주는 채팅창을 생각하면 된다.

- **AI 드론** 인공지능을 가진 똑똑한 드론. 스스로 길을 찾고 일을 함. 농장에서 드론이 날아다니며 작물을 감시하거나 약을 뿌려

주는 것이 한 예.

- **LSTM(Long Short-Term Memory)** 딥러닝에서 순차적 데이터를 처리하는 데 사용(예 시간에 따라 변하는 데이터). 과거 정보 중에서 중요한 정보는 기억하고, 덜 중요한 것은 잊어버리는 구조. 문장 이해나 주식 예측 같은 시간 흐름이 중요한 문제를 해결함. 친구와 대화를 하면서 그날의 핵심 포인트만 기억하고, 사소한 대화 내용은 자연스럽게 잊는 것과 비슷함.

- **PredPol 소프트웨어** 범죄가 일어날 가능성이 큰 곳을 예측해 주는 프로그램. 경찰이 이 기술로 어디에 순찰을 더 가야 할지 알 수 있음.

- **QR코드** 네모난 점과 줄로 만들어진 그림인데, 휴대폰으로 스캔하면 정보를 알려주는 마법 같은 그림. 카페에서 QR코드 찍으면 메뉴가 나오는 것을 보았을 것이다.

- **XGBoost** 부스팅(Boosting)이라는 방법을 사용하는 모델. 처음에는 간단한 예측을 시작하지만, 틀린 부분에 주의를 기울이며 점점 더 정확한 모델을 만들어 감. 새로운 모델이 앞서 발생한 실수를 수정하며 쌓여감. 계산 효율이 높고, 예측 정확도가 뛰어나며 다양한 문제에 잘 작동. 시험을 봤을 때 틀린 문제를 복습하면서 다시 공부해, 다음 시험에서는 실수를 줄이는 과정과 유사함.

참고 문헌

경기복지재단. (2024). 복지이슈 포커스, 제14호. 경기복지재단.

김문현·김경동·허준영. (2024). 설명 가능한 인공지능의 공공분야 활용을 위한 정책 방향. 이슈페이퍼, 통권 142호. 한국행정연구원.

김법연. (2023). 정부 및 공공영역의 인공지능 활용 확산을 위한 법적 과제. 문화정보 이슈페이퍼, 20233-10호. 한국문화정보원.

김소미. (2022). 주요국 인공지능(AI) 거버넌스 분석(상): 미국, 영국, 독일, 싱가포르, 캐나다를 중심으로. IT & Future Strategy, 제3호. 한국지능정보사회진흥원.

김영식. (2019). AI와 고용, 경제성장, 불평등: 최근 문헌 개관과 정책 함의. 한국경제포럼, 12권 3호. 한국경제학회

김용석·이승환. (2001). 서양과 동양이 127일간 e-mail을 주고받다. 휴머니스트.

김재인. (2023). AI 빅뱅. 동아시아.

김태원. (2023). 공공분야 생성형 AI 활용 방안. THE AI REPORT, 2023. 10. 한국지능정보사회진흥원.

남현숙·안미소·장진철·이동현. (2023). 국내·외 공공부문 인공지능 활용현황 분석 및 시사점. ISSUE REPORT, 2023.03.21. IS-157. 소프트웨어정책연구소.

대통령비서실 인공지능·디지털비서관실. (2024). AI 대전환으로 도약하는 대한민국을 위해 민·관 원팀의 '국가 총력전' 선포. 보도자료. 2024. 9. 26. 대통령비서실.

대통령직속 디지털플랫폼정부위원회. (2024). 공공부문 초거대 AI 도입 및 활용 가이드라인. 대통령직속 디지털플랫폼정부위원회.

딜로이트 AI 연구소. (2023). 인공지능(AI) 활용서: 6대 산업별 활용사례. 딜로이트.

리처드 리소·러스 허드슨(주혜명 역). (2009). 에니어그램의 지혜: 나와 세상을 이해하는 아홉 가지 성격 유형. 한문화.

박정은. (2025). 세계경제포럼 "AI 기술로 전 세계 일자리 급변…2030년까지 22% 바뀐다". 전자신문. 2025.1. 8. https://www.etnews.com/20250108000438?utm_source=chatgpt.com

사이드 돌라바니(박세연 역). (2014). 밈노믹스—21세기 경제 시스템. 엘도라도.

서울디지털재단. (2024) SDF AI 동향 보고서, 2024년 10월호. 서울디지털재단.

서울특별시. 2024. 서울시 인공지능 행정 추진 계획. 서울특별시.

심성희. (2018). 에너지전환 정책 실행을 위한 시사점 연구: 독일에서의 시민 참여와 지방정부의 기여를 중심으로. 에너지경제연구원.

양현채. (2021). 공공행정 분야의 인공지능 활용 강화 방안: 과학기술행정을 중심으로. 과학기술정책 연구노트, 49호. 과학기술정책연구원.

우하린·송방현. (2024). 국가별 공공부문 AI 도입 및 활용 전략. 정부혁신 트렌드, 4호. 한국행정연구원.

이재문. (2017). ['신고리 원전 중단' 숙의형 여론조사] 나와 다른 생각에 '흔들린 22%'…찬반 이면의 민의 찾아야. 세계일보. 2017. 8. 27. https://www.segye.com/newsView/20170827001822?OutUrl=naver

이정아. (2024) 해외 지자체의 인공지능(AI) 활용 사례와 도입 과제. THE AI REPORT, 2024. 11. 한국지능정보사회진흥원.

이주선. (2021). AI 임팩트. 굿지음메이션.

인공. (2023). AI에게 AI의 미래를 묻다. 지음. 메이트북스.

임영모·윤서경·안성원. (2023). 공공부문 인공지능 도입현황 연구. 소프트웨어정책연구소.

전정화·문명섭 등. (2024). 초거대 인공지능 등장에 따른 지식재산 쟁점 대응방안 연구. 대통령직속 국가지식재산위원회.

정민기. (2023). 영국의 민간자금주도사업(PFI)은 왜 실패했는가?. 국토연구원.

조세현·우하린. (2023). 디지털플랫폼정부 구현을 통한 정부혁신 이행방안 연구: RPA(Robotic Process Automation) 등 업무자동화 및 인공지능 기술 활용을 중심으로. 한국행정연구원.

최예지. (2021). 인류와 공존하는 미래 – 인공지능. 이다북스.

최정묵 외. 한국인의 생각 2. (2023). 푸른나무. 2003.

최정묵. (2019). 4월·5월엔 무슨 일이 있을까…점쟁이 대신 빅데이터에 물어봐. 경향신문. 2019. 3. 30. https://www.khan.co.kr/article/201903300600015

최정묵. (2020). 8월 중하순의 빅데이터. 경향신문. 2020. 8. 17. https://www.khan.co.kr/article/202008170300075

최정묵. (2023). 골목지리학의 탄생. 푸른나무.

최정묵. (2023). 국민집권전략. 푸른나무.

최정묵. (2023). 비대면 의료 서비스 품질과 의료환경 품질이 서비스만족도에 미치는 영향에 관한 연구. 의료경영학연구, 17. 경희대학교 경영연구원.

최정묵. (2024). 칼과 방패 그리고 저울 이야기. 경향신문. 2024. 7. 25. https://www.khan.co.kr/article/202407242033005

최정민. (2023). 인공지능 기반 공공 서비스 실태와 개선과제. NARS 현장실태조사, 제8호. 국회입법조사처.

한국법제연구원. (2023). 공공영역에서의 인공지능과 영향평가. 행정포커스 162호. 한국법제연구원.

한국지능정보사회진흥원. (2019). 2019 ICT를 통한 착한상상 프로젝트. 한국지능정보사회진흥원.

한국지능정보사회진흥원. (2023). 국가지능정보화백서. 한국지능정보사회진흥원.

한세억. (2024). 인공지능 정부. 박영사.

한지우. (2021). AI는 인문학을 먹고 산다. 미디어숲.

허준영·김성근·김다니·백재환. (2023). 정부부문 생성형 AI 챗봇 활용실태 및 개선방안. 한국행정연구원.

헨리 키신저 외(김고명 번역). (2023). AI 이후의 세계. 윌북.

황혜신·정수현. (2024). 한국과 미국의 인공지능 전략 추진 거버넌스 분석. 이슈페이퍼, 통권 29호. 한국행정연구원.

Deloitte Global. (2024). 아시아 태평양 지역 내 생성형 AI 업무 활용 현황과 시사점. Deloitte Insights, June 2024. 딜로이트.

이타적이고 유능한 AI 정부
디지털·AI 기반 사회 혁신 공공 전략 50가지 레시피

1판 1쇄 인쇄 2025년 4월 2일
1판 1쇄 발행 2025년 4월 11일

지은이 최정묵

펴낸이 최준석
펴낸곳 푸른나무출판(주)
주소 경기도 고양시 일산서구 강선로 49. 404호
전화 031-927-9279 **팩스** 02-2179-8103
출판신고번호 제2019-000061호 **신고일자** 2004년 4월 21일

ISBN 979-11-92853-06-2 (03350)